计算机(软件)工程导论

刘永山　刘文远　于家新　编著

燕山大学出版社
·秦皇岛·

图书在版编目(CIP)数据

计算机(软件)工程导论/刘永山,刘文远,于家新编著.—秦皇岛:燕山大学出版社,2020.9(2021.6 重印)

ISBN 978-7-5761-0021-1

Ⅰ.①计… Ⅱ.①刘… ②刘… ③于… Ⅲ.①软件工程 Ⅳ.①TP311.5

中国版本图书馆 CIP 数据核字(2021)第 093643 号

计算机(软件)工程导论

刘永山 刘文远 于家新 编著

出 版 人:陈 玉
责任编辑:孙志强
封面设计:刘韦希
出版发行:燕山大学出版社 YANSHAN UNIVERSITY PRESS
地 址:河北省秦皇岛市河北大街西段 438 号
邮政编码:066004
电 话:0335-8387555
印 刷:英格拉姆印刷(固安)有限公司
经 销:全国新华书店

开 本:700 mm×1000 mm 1/16 **印 张:**17.25 **字 数:**415 千字
版 次:2020 年 9 月第 1 版 **印 次:**2021 年 6 月第 2 次印刷
书 号:ISBN 978-7-5761-0021-1
定 价:42.00 元

前　言

本书是学习计算机专业知识的入门教材，内容分为计算机基础知识与计算机工程知识两大部分。

计算机基础知识部分由前四章组成，其中第1章介绍了计算机硬件组成及原理，包括中央处理器、存储器、输入设备和输出设备等；第2章介绍了计算机软件及分类，包括系统软件和应用软件的概念及分类，给出了一些市场上常用的专用软件和操作系统的组成及原理；第3章介绍了程序设计基础，包括结构化程序设计及面向对象程序设计基本思想，以及数据结构和算法设计与分析的基础知识；第4章介绍了计算机网络与安全，包括网络的组成、网络的分类、互联网知识及应用，解释了计算机病毒、网络攻击、数据加密和安全认证等基本原理。通过以上对基础知识的学习，学生可以从总体上了解计算机专业所需学习的基本内容，了解计算机专业领域能解决的实际问题，帮助学生建立一个完整的计算机概念，构建一个初步的计算机专业知识体系框架，为解决实际工程问题奠定良好的基础。

计算机工程知识部分由后四章组成，其中第5章介绍了软件系统设计基础，包括数据库设计和软件工程设计知识，信息系统设计阶段所需做的基本工作及方法和步骤；第6章介绍了电子商务系统设计，包括电子商务的基本概念及框架，电子商务网站设计的基本要求、网站的构成、网站设计过程及规划设计方法；第7章介绍了电子政务系统设计，包括电子政务总体框架、电子政务信息系统分类及常用的电子政务软件设计过程及方法；第8章介绍了计算机新技术，包括人工智能、物联网、数据仓库等的基本概念和基础理论，并介绍了这些新技术在实际中的应用。通过以上工程背景知识的学习，学生可以进一步了解所学专业，掌握在以后工作中解决实际问题的方法，以及所学专业对社会的贡献，激发学习兴趣，为进一步学习专业知识、提高综合素质和能力奠定良好的基础。

本教材突出理论与实践紧密结合的特征，强调工程背景知识，结合实例讲解理论，学生通过实际工程背景问题深化对理论的理解，既培养了学生分析问题的能力，也注重培养了学生解决问题的能力。本书既可作为高等学校计算机及相关专业的计算机工程导论教材，也可作为非计算机专业的计算机应用基础教材。

目 录

第 1 章

计算机硬件组成及原理

1.1 什么是计算机

一提起计算机，很多人马上联想到家里的台式电脑和笔记本，我们经常用它们来听音乐、打游戏、学习。不错，它们确实是百分百的计算机，但是作为一个计算机专业的学生来说把台式电脑、笔记本和计算机画等号显然是不应该的。那么，同学们既然已经选择了计算机专业，是否思考过这个问题——计算机是什么？

计算机是一种能接收和存储信息，并按照存储在其内部的程序对输入的信息进行加工、处理，然后把处理结果输出的高度自动化的电子设备。

按照上面的计算机定义，我们发现计算机不仅仅等于台式电脑和笔记本，同学们作为计算机专业的学生，应该从这个思维中跳出来，在我们看来，我们的手机是计算机，看电影的平板是计算机，手上戴着的智能手表是计算机，甚至家里用来上网的路由器也是计算机，所以计算机时时刻刻存在于我们的身边，我们很难离开它，它还会一直向前发展，这也是我们的计算机专业的价值所在。

1.2 计算机的分类

计算机及相关技术的迅速发展带动计算机类型也不断分化，形成了各种不同种类的计算机。

1. 台式计算机

台式计算机是一种主机、显示器、键盘等设备相对独立的计算机，一般需要放置在电脑桌或者专门的工作台上，因此命名为台式机。

台式计算机是出现最早，也是目前最常见的计算机，其最大优点就是耐用和价格实惠，和笔记本相比，价格相同的前提下配置较好，散热性较好，配件若损坏更换价格相对便宜；缺点就是笨重和耗电量大。常见的台式计算机一般分为分体式计算机与一体式计算机两种。

(1) 分体式计算机

分体式计算机即一般常见的台式计算机。如图 1-1 所示,为一台典型的分体式计算机。

(2) 一体式计算机

随着主机尺寸的缩小,计算机厂商开始把主机集成到显示器中,从而形成一体式计算机,如图 1-2 所示。一体式计算机相较传统的分体台式计算机有着连线少、体积小的优势。

图 1-1　分体式计算机外貌与机箱的内部视图

图 1-2　一体式计算机及拆解图

2. 笔记本电脑

随着微电子技术的飞速发展,集成电路的集成速度突飞猛进,便携式的笔记本电脑应运而生。笔记本电脑(NoteBook)又被称为手提计算机或膝上计算机,是一种可随身携带的小型个人计算机,如图 1-3 所示。与台式计算机相比,它把显示器、键盘和机箱合并在一起,具有体积小、重量轻、便于携带的优点,但是散热效果差,同等性能的硬件配置下价格会比台式计算机高。

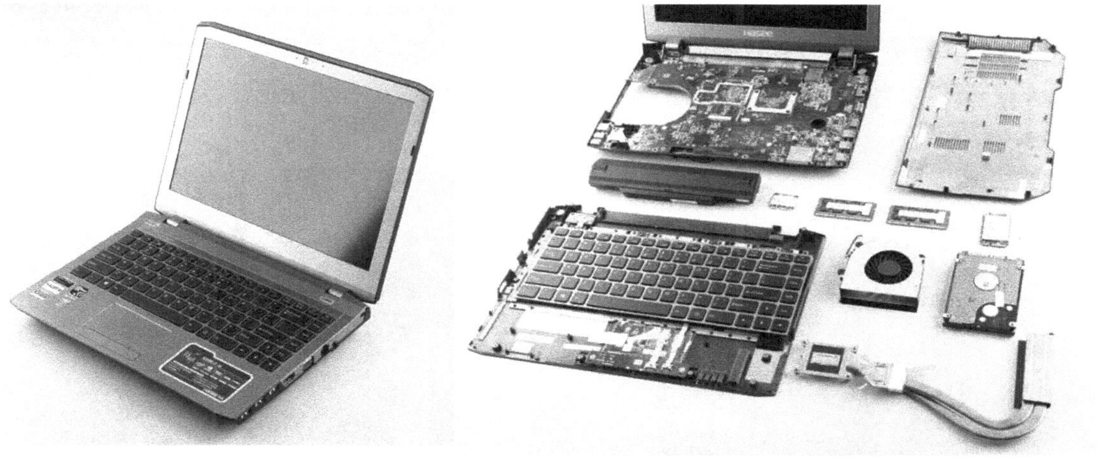

图 1-3　笔记本电脑及拆机图

3. 平板电脑

平板电脑(Tablet PC)是一种小型、方便携带的个人计算机,一般以触摸屏作为基本的输入设备。其外观如图 1-4 所示。平板电脑的主要特点是显示器可以随意旋转,并且都是触摸液晶显示屏,有些产品可以用电磁感应笔手写输入。

图 1-4　平板电脑及拆机图

4. 移动终端(手机、PDA、POS 机)

移动终端大多数为口袋大小的计算设备,包括手机、掌上电脑(PDA)、POS 机等。这些设备通常有一个小的显示屏幕,触控或是小型的键盘输入。通过它可以随时随地访问并获得各种信息。

(1) 手机

移动电话,或称为无线电话,通常称为手机,原本只是一种通信工具,是可以在较广范围内使用的便携式电话终端,由美国贝尔实验室在 1940 年制造的战地移动电话机发展而来。

手机分为智能手机和非智能手机,一般智能手机的性能比非智能手机要好,但是非智能手机比智能手机稳定。智能手机的主频较高,运行速度快,处理程序任务更快速,日常使用更加方便,外观如图 1-5 所示;而非智能手机主频则比较低,运行速度也比较慢。

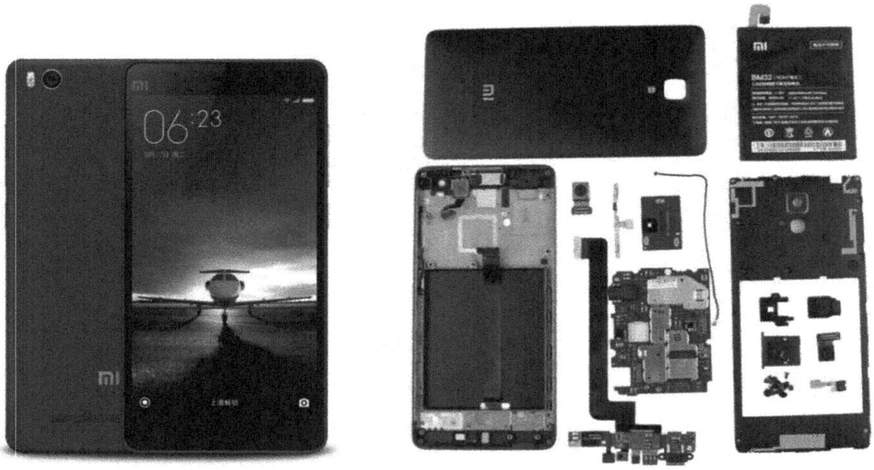

图 1-5　智能手机及拆机图

现在人们普遍使用的是智能手机,智能手机是指像个人电脑一样,具有独立的操作系统,大多数是大屏机,功能强大,实用性强。用户可以自行安装包括游戏等第三方服务商提供的程序,通过此类程序来不断对手机功能进行扩充。从广义上说智能手机除了具备手机的通话功能外,还具备了掌上电脑的大部分功能,特别是个人信息管理以及基于无线数据通信的浏览器和电子邮件功能。智能手机为用户提供了足够的屏幕尺寸和性能,既方便随身携带,又为软件运行和内容服务提供了广阔的舞台。很多增值业务可以就此展开,如:股票、新闻、天气、交通、应用程序下载、音乐图片下载,等等。

(2) PDA

个人数码助理(PDA),一般是指掌上型计算机。相对于传统计算机,个人数码助理的优点是轻便、小巧、可移动性强,同时又不失功能的强大,缺点是屏幕过小,且电池续航能力有限。个人数码助理通常采用触控笔作为输入设备、存储卡作为外部存储介质,外观如图 1-6 所示。在无线传输方面,大多数个人数码助理具有红外(IrDA)和蓝牙(Bluetooth)接口,以保证无线传输的便利性。许多个人数码助理还具备 Wi-Fi 连接以及全球定位系统(GPS)。

5. 嵌入式计算机

嵌入式计算机是指嵌入到对象体系中,实现对象体系智能化控制的专用计算机系统。嵌入式计算机系统是以应用为中心,以计算机技术为基础,并且软硬件可裁剪,适用于应用系统对功能、可靠性、成本、体积、功耗有严格要求的专用计算机系统。它一般由微处理器、外围硬件设备、嵌入式操作系统以及用户的应用程序四个部分组成,用于实现对其他设备的控制、监视或管理等功能,如图 1-7 所示。例如,我们日常生活中使用的电冰箱、全自动洗衣机、空调、电饭煲、数码产品等都采用嵌入式计算机技术。

图 1-6　PDA

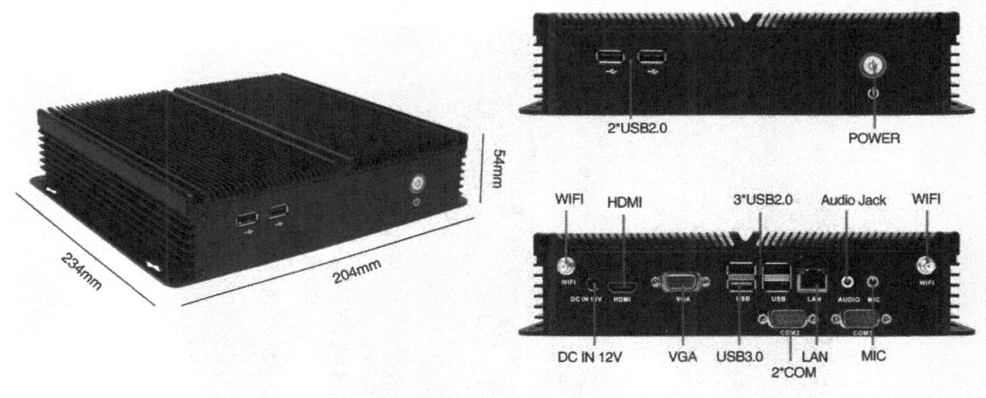

图 1-7　嵌入式计算机

6. 服务器

服务器是指在网络环境下为网上多个用户提供共享信息资源和各种服务的一种高性能计算机，在服务器上需要安装网络操作系统、网络协议和各种网络服务软件。服务器主要为网络用户提供文件、数据库、应用及通信方面的服务。

根据外形可分为：

(1) 机架式

机架式服务器的外形看起来不像计算机，而像交换机，有 1U(1U＝1.75 英寸＝4.445 cm)、2U、4U 等规格。机架式服务器安装在标准的 19 英寸机柜里面，这种结构的多为功能型服务器。如图 1-8 所示。

图 1-8　机架式服务器

(2) 刀片式

所谓刀片服务器(准确地说应叫作刀片式服务器),是指在标准高度的机架式机箱内可插装多个卡式的服务器单元,实现高可用和高密度。每一块"刀片"实际上就是一块系统主板。它们可以通过"板载"硬盘启动自己的操作系统,也可以使用系统软件将这些母板集合成一个服务器集群。如图 1-9 所示。

图 1-9　刀片式服务器

(3) 塔式

塔式服务器应该是大家见得最多,也最容易理解的一种服务器结构类型,因为它的外形以及结构都跟我们平时使用的立式 PC(Personal Computer)差不多,当然,由于服务器的主板扩展性较强、插槽也多出一些,所以个头比普通主板大一些,因此塔式服务器的主机机箱也比标准的 ATX(Advanced Technology Extended)机箱要大,一般都会预留足够的内部空间以便日后进行硬盘和电源的冗余扩展。如图 1-10 所示。

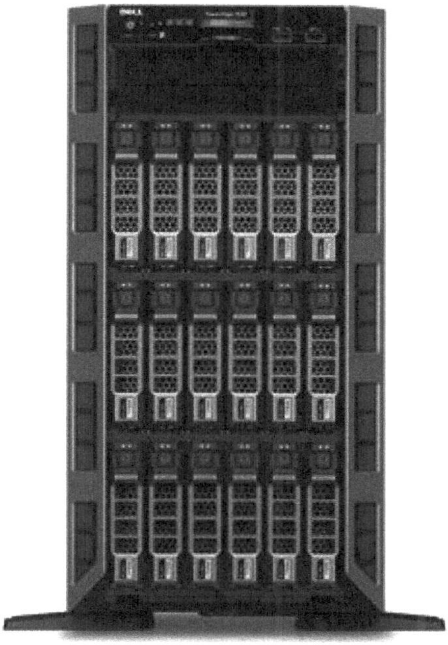

图 1-10　塔式服务器

(4) 机柜式

在一些高档企业服务器中由于内部结构复杂、设备较多,有的还具有许多不同的设备单元或几个服务器都放在一个机柜中,这种服务器就是机柜式服务器。机柜式服务器通常由机架式、刀片式服务器再加上其他设备组合而成。如图 1-11 所示。

图 1-11　机柜式服务器

7. 超级计算机

高性能计算机也就是俗称的超级计算机,或者以前说的巨型机,是能够执行一般个人计算机无法处理的大资料量与高速运算的计算机。其基本组成组件与个人计算机的概念无太大差异,但规格与性能则强大许多,是一种超大型电子计算机。具有很强的计算和处理数据的能力,主要特点表现为高速度和大容量,配有多种外部和外围设备及丰富的、高性能的软件系统。现有的超级计算机运算速度大都可以达到每秒一太(Trillion,万亿)次以上。如图 1-12 所示。

图 1-12 “神威·太湖之光”高性能计算机

超级计算机是计算机中功能最强、运算速度最快、存储容量最大的一类计算机,多用于国家高科技领域和尖端技术研究,是一个国家科研实力的体现,它对国家安全、经济和社会发展具有举足轻重的意义,是国家科技发展水平和综合国力的重要标志。

目前国际上对高性能计算机的最为权威的评测是世界计算机排名(即 TOP500),通过测评的计算机是目前世界上运算速度和处理能力均堪称一流的计算机。

1.3 计算机的基本组成及工作原理

计算机是一种能够按照事先存储的程序,自动、高速地进行大量数值计算和各种信息处理的现代化智能电子设备。按字面理解,计算机就是用于计算的机器,其实最初研制计算机的目的就是帮助人们完成复杂的计算任务,第一台电子计算机 ENIAC 就是为了计算弹道曲线而设计的。当然,现在计算机功能已远远超出传统计算机范畴,可称之为信息处理机。

1. 计算机的基本组成

一个完整的计算机系统包括硬件子系统和软件子系统两大部分。组成一台计算机的物理设备的总称叫作计算机硬件子系统,是看得见摸得着的实体,是计算机工作的物质基础。驱动计算机工作的各种程序的集合称为计算机软件子系统,是计算机的灵魂,是控制和操作计算机工作的逻辑基础。计算机工作时软硬件协调配合,缺一不可。没有高效的软件,就不能充分发挥硬件的作用;没有高性能的硬件环境支持,软件也无法高效运行,甚至根本无法运行。接下来主要介绍计算机的硬件系统。图 1-13 为计算机系统组成。

- 计算机系统
  - 硬件系统
    - 主机
      - 中央处理器
        - 控制器
        - 运算器
      - 主（内）存储器
        - 随机存储器
        - 只读存储器
    - 外部设备
      - 输入设备（鼠标、键盘等）
      - 输出设备（显示器、打印机等）
      - 辅助（外）存储器（软盘、硬盘、光盘等）
      - 其他（网络设备、声卡、显示等）
  - 软件系统
    - 系统软件
      - 操作系统
      - 各种计算机语言
      - 数据库管理系统
      - 系统服务程序
    - 应用软件
      - 字处理软件
      - 计算机辅助类软件
      - 各种信息管理系统软件
      - ……

图 1-13　计算机系统组成

典型的冯·诺依曼型计算机是以运算器为中心的。因为在微处理器问世之前,运算器和控制器是两个分离的功能部件,加上当时的存储器还是以磁芯存储器为主,计算机存储的信息量较少,因此早期冯·诺依曼提出的计算机结构是以运算器为中心的,其他部件通过运算器完成的信息传递。如图 1-14 所示。其中,输入设备、输出设备与存储器之间的数据传送都需要通过运算器。

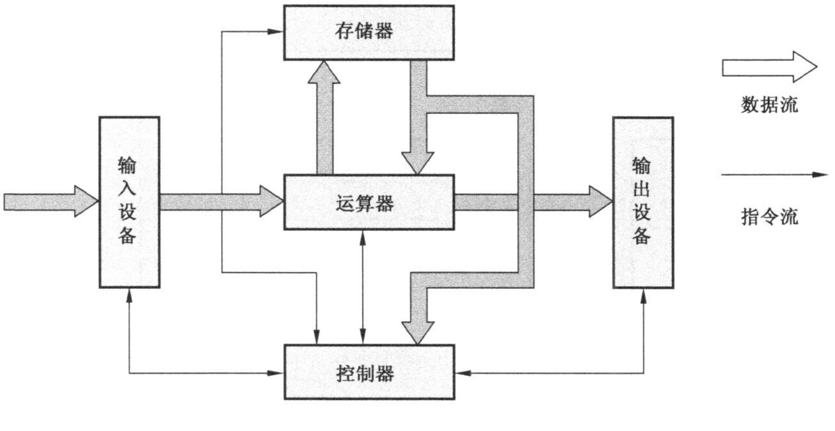

图 1-14　典型冯·诺依曼计算机结构框图

随着微电子技术的进步,人们成功地研制出了微处理器,微处理器将运算器和控制器两个主要功能部件合二为一,集成到一个芯片里。因此,通常将它们合起来统称为中央处理器(Central Processing Unit,CPU)。把输入设备与输出设备简称为 I/O 设备(Input/Output Device)。

同时,随着半导体存储器代替磁芯存储器,存储容量成倍地扩大,加上需要计算机处理加工的信息量与日俱增,以运算器为中心的结构已不能满足计算机发展的需求,甚至会影响计算机的性能。所以为适应发展的需要,现代计算机组织结构逐步转化为以存储器为中心的结构。但是现代计算机基本结构仍然遵循冯·诺依曼思想。如图 1-15 所示。

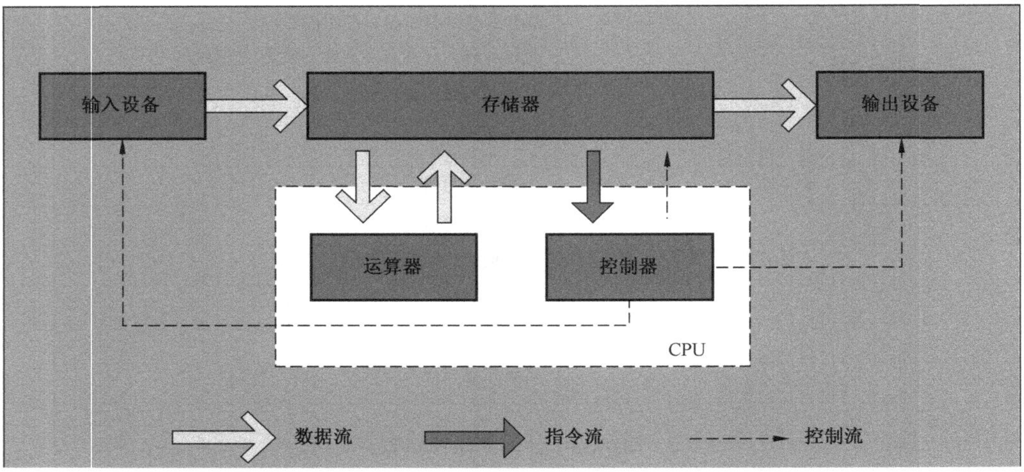

图 1-15　以存储器为中心的计算机结构框图

这样,现代计算机可认为由三大部分组成:CPU、I/O 设备及主存储器 M. M(Main Memory)。如图 1-16 所示。

CPU 与 M. M 合起来又可称为主机,I/O 设备可叫作外设。

图 1-16 中的主存储器存储速度较快,用来临时存放程序和数据,可以直接与 CPU 进行信息交换。另一类叫辅助存储器,简称辅存(又叫外存),用来长期存放程序和数据。

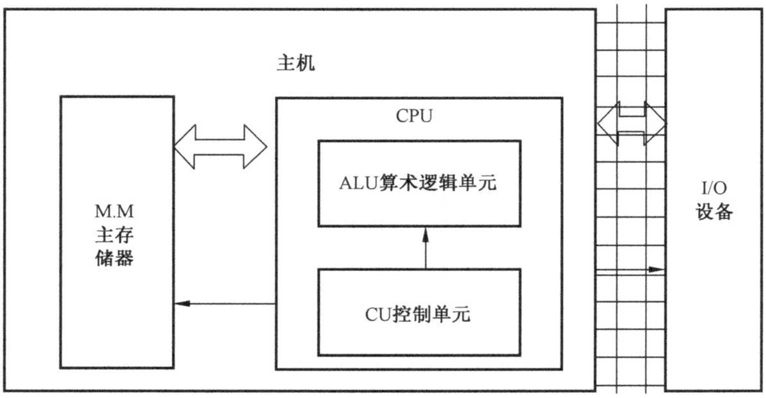

图 1-16　现代计算机的组成框图

算术逻辑运算单元(Arithmetic Logic Unit,ALU),就是前面提到的运算器,用来完成算术逻辑运算。控制单元(Control Unit,CU),即控制器,用来解释存储器中的指令,并发出各种操作命令来执行指令。ALU 和 CU 是 CPU 的核心部件。I/O 设备也受 CU 控制,用来完成相应的输入和输出操作。可见,计算机有条不紊地自动工作,都是在控制器统一指挥下完成的。

2. 计算机的工作原理

要让计算机完成某一任务,大体上按如下步骤进行:

(1) 根据要完成任务的详细工作步骤,编写出相应的程序,程序由若干条指令组成,每条指令完成一个特定的小功能,其实程序就是告诉计算机如何一步一步地完成所要完成的任务。

(2) 通过键盘等输入设备把编好的程序输入到计算机的存储器中,存储器是由大量的存储单元组成的。输入的程序按照顺序存放在若干个存储单元中,一条指令根据其功能的不同,可能占用一个单元,也可能占用若干个单元。

(3) 程序输入到存储器后就可以执行了。程序执行是控制器从存储器中读出程序的第一条指令,然后分析该指令的功能,即该指令要求计算机做什么。根据指令的功能要求,控制器指挥计算机的其他部分完成相应的工作。如需要输入数据,就让键盘来做;如需要计算,就让运算器来做;如需要输出数据,就通知输出设备来完成。

(4) 输出结果。一条指令执行完,控制器读取下一条指令,按同样的方式分析指令的功能,指挥其他部分完成指令的功能,一直到把所有的指令执行完,让计算机完成的任务也就完成了。

以上是对计算机工作原理和工作步骤的一个简要概括,随着学习的深入,会对计算机的工作原理进行详细深入的描述。

1.4　计算机中的数制

计算机的功能就是进行数据处理(信息处理),目前的计算机,不仅能处理数值型数据,还能处理非数值型数据,包括英文字符、汉字、图像、音频和视频等多种媒体数据。数据在计算机中的表示与存储是数据处理的基础。

1. 基本概念

按进位的原则进行计数称为进位计数制,简称“数制”。日常生活中,人们习惯于用十进制进行计数。但在计算机内部,为了便于数据的表示和计算,采用二进制计数方法。二进制数在计算机中易于表示(只有 0 和 1 两种形式)、易于存储,但二进制的一个很大缺点是表示一个数所需多位,人们阅读、书写、记忆等不太方便。例如十进制数$(1000)_{10}$,用二进制数表示则需要 10 位二进制数字$(1111101000)_2$。为了便于人们阅读和书写,在编写程序时,也经常使用十进制数、八进制数和十六进制数。

(1) 基数

每种数制中数码的个数称为该数制的基数。例如,二进制中只有两个数码(0 和 1),其基数为 2,计算时逢 2 进 1;十进制中有 10 个数码(0～9),其基数为 10,计算时逢 10 进 1。

(2) 位权

在每种数制中,一个数码所处位置的不同,代表的数值大小也不同,称为具有不同的位权。例如,十进制数 9999,最左边的 9 代表 9000,最右边的 9 代表 9 个。这就是说,该数从右向左的位权依次是个(100)、十(101)、百(102)、千(103)。

在编写程序时,根据需要,可以用二进制、十进制、八进制、十六进制来表示数据,但在计算机内部,只能以二进制形式表示和存储数据。所以计算机在运行程序时,经常需要先把其他进制转换成二进制再进行处理,处理结果(二进制形式)在输出前再转换成其他进制,以方便用户阅读和使用。表 1-1、表 1-2 给出了常用计数制的基数和所需要的数码,表 1-2 给出了常用计数制的表示方法。

表 1-1　常用数制的基数和数码

数制	基数	数码
二进制	2	0 1
八进制	8	0 1 2 3 4 5 6 7
十进制	10	0 1 2 3 4 5 6 7 8 9
十六进制	16	0 1 2 3 4 5 6 7 8 9 A B C D E F

表 1-2　常用数制的表示方法

十进制数	二进制数	八进制数	十六进制数
0	0	0	0
1	1	1	1
2	10	2	2
3	11	3	3
4	100	4	4
5	101	5	5
6	110	6	6
7	111	7	7
8	1000	10	8
9	1001	11	9
10	1010	12	A
11	1011	13	B
12	1100	14	C
13	1101	15	D
14	1110	16	E
15	1111	17	F
16	10000	20	10

不同数制有不同的基数和位权。

2. 书写规则

为了便于区分各种数制的数据，常采用如下方法进行书写：

(1) 在数字后面加写相应的英文字母作为标识，这种方式便于计算机识别。

B(binary)表示二进制数，二进制数的 101 可写成 101B。

O(octonary)表示八进制数，八进制数的 101 可写成 101O 或 101Q(由于字母 O 和数字 0 容易混淆，常用 Q 代替 O)。

D(decimal)表示十进制数，十进制数的 101 可写成 101D(D 可省略)。

H(hexadecimal)表示十六进制数，十六进制数 101 可写成 101H。

(2) 在括号外面加数字下标，这种方式便于人工阅读。

$(101)_2$ 表示二进制数的 101。

$(101)_8$ 表示八进制数的 101。

$(101)_{10}$ 表示十进制数的 101，十进制数可省略下标。

$(101)_{16}$ 表示十六进制数的 101。

3. 各种数制互相转换

二进制数转换成十进制数，按权展开相加即可。二进制数转换成八进制数，以小数点为界，分别向左向右分成 3 位一组，不够 3 位补 0，分完组后对应成八进制数。二进制数转换成十六进制数，以小数点为界，分别向左向右分成 4 位一组，不够 4 位补 0，对应成十六进制数。

【例 1.1】把二进制数 $(1011001.10111)_2$ 转换成十进制、八进制和十六进制数。

$(1011001.10111)_2$

$=1\times2^6+1\times2^4+1\times2^3+1\times2^0+1\times2^{-1}+1\times2^{-3}+1\times2^{-4}+1\times2^{-5}$

$=64+16+8+1+0.5+0.125+0.0625+0.03125$

$=(89.71875)_{10}$

$(1011001.10111)_2$

$=(001\ 011\ 001\ .101\ 110)_2$

$=(131.56)_8$

$(1011001.10111)_2$

$=(0101\ 1001\ .1011\ 1000)_2$

$=(59.B8)_{16}$

十进制数转换成二进制数，先把十进制数分解成若干个数相加，每个数都是 2 的若干次幂，然后对应成二进制数。八进制数转换成二进制数，每一个八进制位展开成 3 个二进制位即可。十六进制数转换成二进制数，每一个十六进制位展开成 4 个二进制位即可。

【例 1.2】把十进制数 $(98.75)_{10}$、八进制数 $(276.15)_8$ 和十六进制数 $(3AC.1E)_{16}$ 分别转换成二进制数。

$(98.75)_{10}=64+32+2+0.5+0.25=(1100010.11)_2$

$(276.15)_8=(010\ 111\ 110.001\ 101)_2=(10111110.001101)_2$

$(3AC.1E)_{16}=(0011\ 1010\ 1100.0001\ 1110)_2=(1110101100.0001111)_2$

1.5 计算机硬件组成

接下来详细介绍计算机硬件各组成部分。

1. CPU

芯片，又称微电路(Micro-electric Circuit)、微芯片(Microchip)、集成电路(Integrated Circuit, IC)，是指内含集成电路的硅片，体积很小，常常是计算机或其他电子设备的一部分，如图 1-17 所示。随着大规模集成电路技术的迅速发展，芯片集成度越来越高，CPU 可以集成在一个半导体芯片上，这种具有中央处理器功能的大规模集成电路芯片，称为微处理器(Microprocessor)。微处理器就是芯片化的 CPU，所以在多数场合二者具有相同的含义。微处理器不仅是微型计算机的核心部件，也广泛应用在智能洗衣机、移动电话等数字化智能设备上。目前的超高速巨型计算机、大型计算机等高端计算系统也都采用大量的通用高性能微处理器建造。目前，微处理器的国际主要生产厂家有 Intel、AMD、高通等公司，我国也在大力发展芯片及 CPU 制造产业，目前有代表性的国产 CPU 有飞腾、龙芯、申威、麒麟等。

图 1-17 CPU

中央处理器就是机器的“大脑”，是布局谋略、发号施令、控制行动的“总司令官”，也称中央处理机或中央处理单元。它是一块超大规模的集成电路(VLSI)，是一台计算机的运算核心和控制核心，由运算器和控制器组成，另外，还包括寄存器(Register)。运算器负责完成算术运算和逻辑运算；控制器负责从存储器读取指令，并对指令进行分析，然后按照指令的要求指挥各部件工作；寄存器临时保存将要被运算器处理的数据和处理后的结果。

CPU 是现代计算机的核心部件。对于计算机而言，CPU 的规格与频率常常被用来作为衡量一台电脑性能强弱的重要指标，其重要性无与伦比，它负责计算机多项工作的完成，快速处理数据，把工作分类并传输指令给计算机的其他部件，这有点像一个物流中心，要把源源不断又种类繁多的“数据包裹”分析、分类、处理、传送……

（1）CPU 的基本结构

CPU 一般包括三部分：基板、核心、针脚，如图 1-18 所示。其中基板一般为印制线路板（PCB），是核心和针脚的载体。核心和针脚都是通过基板来固定的，基板将核心和针脚连成一个整体。核心内部是众多的晶体管构成的电路。如图中，很多实现各种功能的硬件单元是由大量的晶体管构成的。

图 1-18 CPU 的基本结构

如图 1-19 所示，可以看到大量伸出的针脚用于发出和接收信息。CPU 被安装在用于连接计算机里的所有组件的主板上。

图 1-19 CPU 背面图

（2）CPU 的主要任务

对于冯·诺依曼结构的计算机而言，一旦程序进入存储器后，就可由计算机自动完成取指令、执行指令的任务，控制器就是专用于完成此项工作的，它负责协调并控制计算机各部件执行程序的指令序列，其基本功能是取指令、分析指令、执行指令、访存取数阶段和结果写回阶段。

1）取指令

控制器必须具备能自动地从存储器中取出指令的功能。为此，要求控制器能自动形成指令的地址，并能发出取指令的命令，将对应此地址的指令取到控制器中。第一条指令的地址可以人为指定，也可由系统设定。

2）分析指令

分析指令包括两部分内容：其一，分析此指令要完成什么操作，即控制器需发出什么操作命令；其二，分析参与这次操作的操作数地址，即操作数的有效地址。

3）执行指令

执行指令就是根据分析指令产生的“操作命令”和“操作数地址”的要求，形成操作控制信号序列（不同的指令有不同的操作控制信号序列），通过对运算器、存储器以及I/O设备的操作，执行每条指令。

4）访存取数和结果写回

控制器还必须能控制程序的输入和运算结果的输出，以及对总线的管理，甚至能处理机器运行过程中出现的异常情况（如：掉电）和特殊请求（如：打印机请求打印一行字符），即处理中断的能力。总之，CPU必须具有控制程序的顺序执行（称指令控制）、产生完成每条指令所需的控制命令（称操作控制）、对各种操作加以时间上的控制（称时间控制）、对数据进行算术运算和逻辑运算（数据加工）以及处理中断等功能。

(3) CPU的工作原理（指令执行过程）

CPU是由晶体管组合而成的。简单而言，晶体管就是微型电子开关，它们是构建CPU的基石，你可以把一个晶体管当作一个电灯开关，它们有个操作位，分别代表两种状态：ON（开）和OFF（关）。这一开一关就相当于晶体管的连通与断开，而这两种状态正好与二进制中的基础状态“0”和“1”对应。这样，计算机就具备了处理信息的能力。

但不要以为，只有简单的“0”和“1”两种状态的晶体管的原理很简单，其实它们的发展是经过科学家们多年的辛苦研究得来的。在晶体管之前，计算机依靠速度缓慢、低效率的真空电子管和机械开关来处理信息。后来，科研人员把两个晶体管放置到一个硅晶体中，这样便创作出第一个集成电路，再后来才有了微处理器。

看到这里你一定很想知道，晶体管是如何利用“0”和“1”这两种电子信号来执行指令和处理数据的呢？其实，所有电子设备都有自己的电路和开关，电子在电路中流动或断开，完全由开关来控制，如果你将开关设置为OFF，电子将停止流动，如果你再将其设置为ON，电子又会继续流动。晶体管的这种ON与OFF的切换只由电子信号控制，我们可以将晶体管称为二进制设备。这样，晶体管的ON状态用“1”来表示，而OFF状态则用“0”来表示，就可以组成最简单的二进制数。由众多晶体管所产生的多个“1”与“0”的特殊次序和模式能代表不同的情况，将其定义为字母、数字、颜色和图形。比如，十进位中的1在二进位模式时也是“1”，2在二进位模式时是“10”，3是“11”，4是“100”，5是“101”，6是“110”等等，依此类推，这就组成了计算机工作采用的二进制语言和数据。成组的晶体管联合起来可以存储数值，也可以进行逻辑运算和数字运算。加上石英时钟的控制，晶体管组就像一部复杂的机器那样同步地执行它们的功能。

了解了以上信息，可以运用图1-20来说明一条指令在CPU中执行的大致过程：

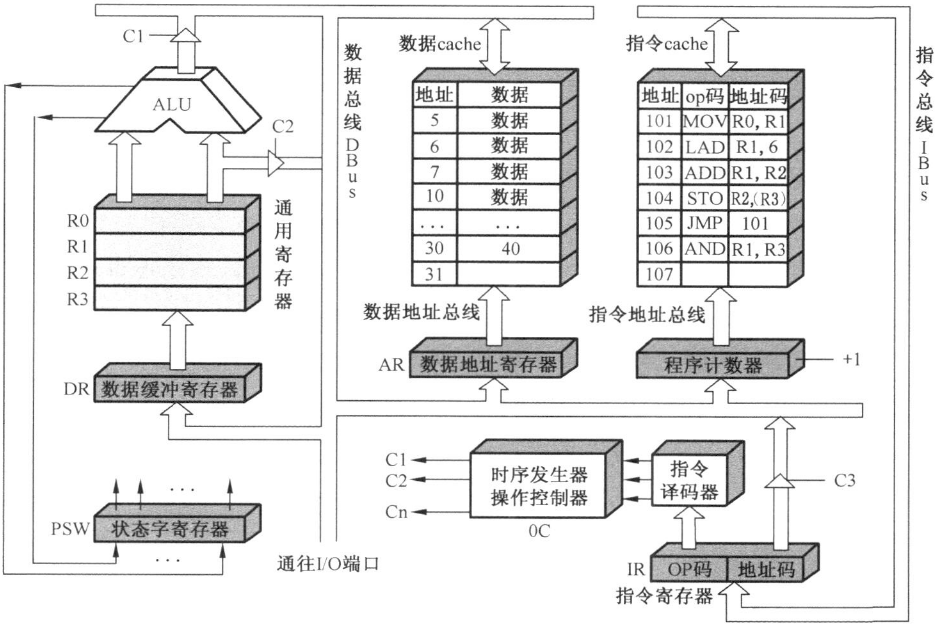

图 1-20　CPU 执行指令图

CPU 内部主要是由运算器和控制器组成的，CPU 内部相当于一个工厂的流水线，内存就相当于是这个工厂的临时仓库。当我们在电脑上打开一个程序的时候，和这个程序相关的数据就会从硬盘传输到内存，这些被临时存储的程序数据，就在内存里面等着被 CPU 提取，而内存里面的数据主要就是这个程序的数据和指令。数据就相当于马上要被加工的原材料，而指令就相当于客户的订单，订单上面写的就是对产品的要求，既然内存相当于是仓库，那么 CPU 工厂自然就有负责在仓库取货的，负责取货的主要有两个：第一个是程序计数器，主要是负责告诉工厂即将要用到的订单在仓库的具体位置，也就是把取得的指令存放在指令寄存器中；第二个是地址寄存器，我们知道 CPU 的速度要比内存快很多，所以地址寄存器主要是负责记录正在提取的原材料在内存的具体位置，并且将取得的数据和计算后的结果存放在数据寄存器中。我们说的这个寄存器和我们熟悉的硬盘、内存都是用来存储数据的，只不过在电脑的存储组件里面寄存器是速度最快的。

已经有了内存，那寄存器存在的意义是什么呢？我们知道 CPU 的速度要比硬盘、内存快很多，所以可以理解成，比如：我们正在桌子上写作业（包括：语文、数学、英语等科目），书柜可以想象成是内存，我们要用什么书都要起身去书柜拿，就耽误了时间。这个时候可以在旁边放一个小桌子，提前把要用科目的书从书柜拿出来放在旁边的小桌子上，小桌子就好比寄存器，我们写某一科目作业时，需要相应科目的书只要随手一拿就可以了，所以 CPU 的寄存器基本就是这个道理。

2. 内存

存储器是一种记忆存储数据的媒介。比如说，你要记忆一段话，可以写在一张纸上，那么这张纸就是这段话的“存储器”。在计算机上,存储器有多种类型,比如内存条就是内存储器,硬盘就是外存储器。存储器的类型不一样,其作用及性能也就不一样。

我们平常所说的内存就是主存储器(Main Memory,M. M),外存就是辅助存储器(Auxiliary Memory)。内存用于存放要执行的程序和相应的数据,是计算机中的主要部件。外存作为内存的后援设备,存放暂时不需要执行而将来要执行的程序和相应的数据。没有内存,程序就不能输入到计算机中,因而也就无法执行;没有外存,输入的程序及相应的数据及各种信息就不能长期保存(关机后内存中的数据会丢失),下次用到该程序还得重新输入。

内存是 CPU 能直接寻址的存储空间,由半导体器件制成。内存的特点是存取速率快。我们平常使用的程序,如操作系统、打字软件、游戏软件等,一般都是安装在外存上的,但仅此是不能使用其功能的,必须把它们调入内存中运行,才能真正使用其功能。我们平时输入一段文字或玩一个游戏,其实都是在内存中进行的。就好比在一个书房里,存放书籍的书架和书柜相当于电脑的外存,而我们工作的办公桌就是内存,当然内存的好坏会直接影响电脑的运行速度。

计算机中常见的内存种类主要有随机存储器(Random Access Memory,RAM),只读存储器(Read Only Memory,ROM),以及高速缓存(Cache),我们平常说的内存更多的时候指的是随机存取存储器。

随机存储器是一种可读写存储器,其特点是存储器的任何一个存储单元的内容都可以随机存取,而且存取时间与存储单元的物理位置无关。随机存取是相对于顺序存取来说的,顺序存取指一种只能按地址顺序从存储单元中读取数据或存储数据的访问方式。例如,要想从 5 号单元中读取数据,得依次找到 0～4 号单元,才能读取 5 号单元中的数据。很显然,这种存取方式的存取速度很慢。随机存取指可以根据地址直接存取任一单元中的数据,这种存取方式的存取速度要快得多。图 1-21 是 RAM 内存条。

图 1-21　RAM 内存条

一个存储器中存储单元的个数称为该存储器的存储容量，存储容量越大，存储的信息就越多。存储容量常用字节数来表示，8 个二进制位(bit，简记 b)组成一个字节(Byte，简记 B)，常用的度量单位有千字节(KB)、兆字节(MB)、吉字节(GB)、太字节(TB)、拍字节(PB)、艾字节(EB)、泽字节(ZB)等。其中，1ZB = 1024EB，1EB = 1024PB，1PB = 1024TB，1TB = 1024GB，1GB = 1024MB，1MB = 1024KB，1KB = 1024B。

3. 主板

计算机各部件需要以适当的方式有机地连接起来，彼此之间相互通信、协调工作。微型机研制人员以主板和总线的方式把这些部件组织在一起，通过主板上的插槽和接口，将各种部件连接在一起，通过总线来实现各部件之间的相互通信。这种方式有利于计算机结构和计算机组装的标准化。

主板(Main Board)，是微型机最基本的也是最重要的部件之一，是其他部件组装和工作的基础，如图 1-22 所示。主板的主要功能有两个：一是提供插接微处理器、内存条和各种功能卡的插槽，部分主板甚至将一些功能卡(如显卡、声卡等)集成在主板上；二是为各种常用外部设备提供通用接口。主板采用了开放式结构，主板上大都有 6～8 个扩展插槽，供外部设备的控制卡(适配器)插接。通过更换这些插卡，可以对微型机的相应子系统进行局部升级，使厂家和用户在配置机型方面有更大的灵活性。主板由芯片、扩展槽和对外接口三个主要部分组成。

图 1-22　主板图

(1) 芯片部分

芯片组：横跨 AGP 插槽左右两边的两块芯片就是南北桥芯片。北桥芯片主要负责 CPU、内存和显卡三者间的通信。南桥芯片则负责硬盘等存储设备和 PCI 总线接口之间的通信。南北桥芯片合称芯片组。如图 1-23 所示。

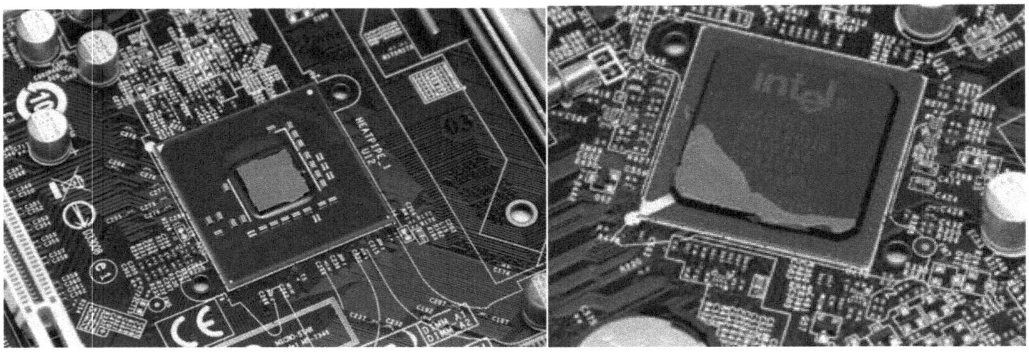

图 1-23　芯片组

声卡芯片:声卡是一台电脑的主要设备之一,现在的声卡一般有板载声卡和独立声卡之分。在早期的电脑上并没有板载声卡,电脑要发声必须通过独立声卡来实现,但是随着主板整合程度的提高、CPU 性能的日益强大,板载声卡几乎成为主板的标准配置了,没有板载声卡的主板反而比较少了。如图 1-24 所示。

图 1-24　声卡芯片

板载声卡有软声卡和硬声卡之分。这里的软硬之分,指的是板载声卡是否具有声卡主处理芯,一般软声卡没有主处理芯片,只有一个解码芯片,通过 CPU 的运算来代替声卡主处理芯片的作用;而板载硬声卡带有主处理芯片,很多音效处理工作不再需要 CPU 参与了。

BIOS 芯片:基本输入/输出系统(Basic Input/Output System,BIOS)芯片保存着计算机系统中的基本输入/输出程序、系统设置信息、自检程序和系统启动自举程序等。现在主板的 BIOS 还具有电源管理、CPU 参数调整、系统监控和病毒防护等功能。BIOS 为计算机提供最基本、最直接的硬件控制功能。如图 1-25 所示。

早期的 BIOS 通常采用 PROM 芯片，用户不能改写其中的数据，即不能更新 BIOS 中的程序版本。目前主板上的 BIOS 芯片采用快闪只读存储器(Flash ROM)。由于快闪只读存储器可以电擦除，因此可以更新 BIOS 的内容，升级比较方便，但也成为主板上唯一可被病毒攻击的芯片，CIH 病毒就是专门攻击 BIOS 系统的，BIOS 中的程序一旦被破坏，主板将不能工作，需要到原生产厂家重新写入正确的 BIOS 程序。

图 1-25　BIOS 芯片

CMOS 芯片：互补金属氧化物半导体(Complementary Metal Oxide Semiconductor，CMOS)芯片用来存放系统硬件配置和一些用户设定的参数，如计算机是从硬盘启动还是从光盘启动等，参数丢失，系统将不能正常启动，必须对其重新设置，如图 1-26 所示。设置方法是系统启动时按设置键(通常是 Del 键)进入 BIOS 设置窗口，在窗口内进行 CMOS 的设置，CMOS 开机时由系统电源供电，关机时靠主板上的电池供电。在电池正常工作的前提下，即使关机，CMOS 中的数据也不会丢失。

图 1-26　CMOS 芯片

(2) 扩展槽部分

内存插槽：通过该插槽可以更换或加插内存条，以扩充内存容量，但要注意内存条与插槽的匹配，如图 1-27 所示。

AGP 插槽：位于北桥芯片和 PCI 插槽之间，AGP 插槽主要针对图形显示进行优化，在 PCI Express 出现之前，AGP 显卡较为流行，其传输速度最高可达到每秒 2.1GB，如图 1-28 所示。随着显卡速度的提高，AGP 插槽已经不能满足显卡传输数据的速度，目前 AGP 显卡已经逐渐淘汰，取代它的是 PCI Express 插槽。

图 1-27　内存插槽

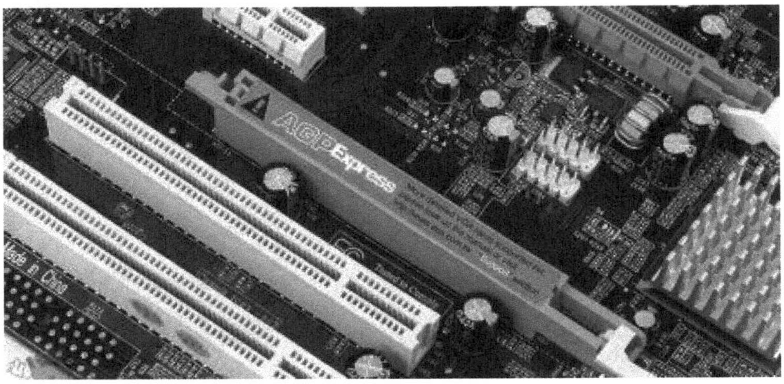

图 1-28　AGP 插槽

PCI 插槽:可以插接声卡、网卡和多功能卡等设备,如图 1-29 所示。

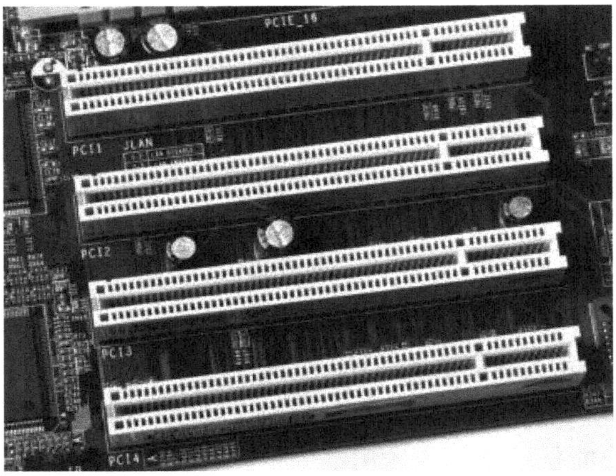

图 1-29　PCI 插槽

PCI Express 插槽:随着 3D 性能要求的不断提高,AGP 已越来越不能满足视频处理带宽的要求,目前主流主板上显卡接口多转向 PCI Express,如图 1-30 所示。

图 1-30　PCIE 插槽

(3) 对外接口部分

硬盘接口:硬盘接口可分为 IDE 接口和 SATA 接口。在型号老些的主板上,一般集成 2 个集成设备电路(Integrated Drive Electronics,IDE)口,可以插接两个 IDE 硬盘。而新型主板上，IDE 接口代之以 SATA 接口。串行高级技术附件(Serial Advanced Technology Attachment，SATA)接口是一种基于行业标准的串行硬件驱动器接口，主要用作硬盘接口，提高了硬盘的读写速度。如图 1-31(左)所示。

LPT 接口：一般用来连接打印机或扫描仪，如图 1-32(右)所示。

图 1-31 硬盘接口(左)和 LPT 接口(右)

I/O(输入/输出)接口：常见的主板上的 I/O 接口至少有以下几种(见图 1-32)：

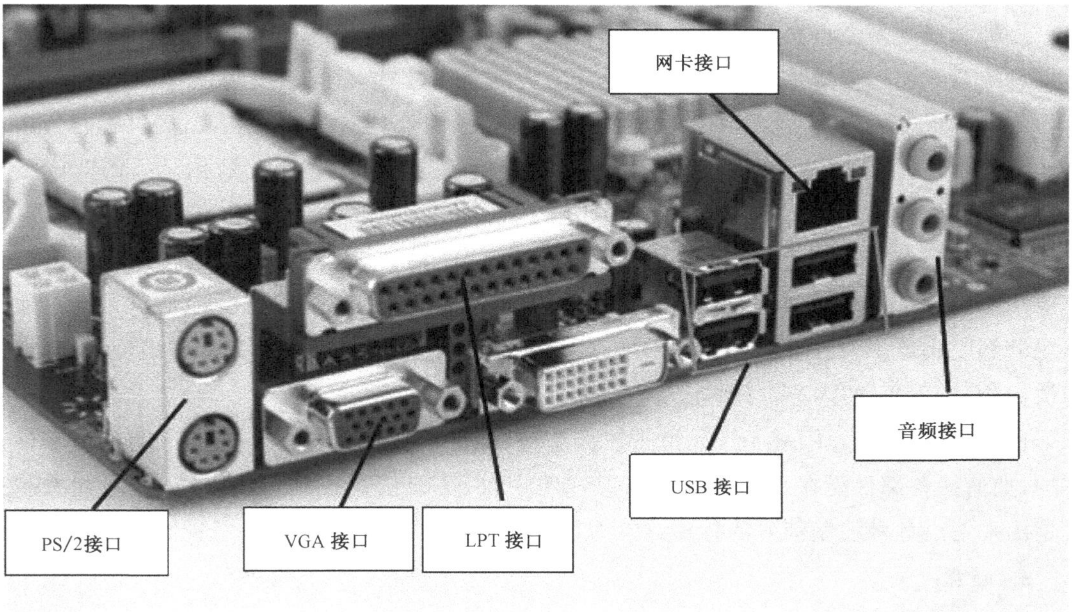

图 1-32 主板 I/O 接口

PS/2 接口：PS/2 接口分为 PS/2 键盘接口和 PS/2 鼠标接口，并且这两种接口完全相同。为了区分键盘接口和鼠标接口，PS/2 键盘接口采用了蓝色显示(下)，而 PS/2 鼠标接口则采用了绿色显示(上)。

VGA 接口：VGA 接口是计算机连接显示器最主要的接口。

USB 接口：通用串行总线(简称 USB)是连接外部设置的一个串口汇流排标准，在计算机上使用广泛,几乎所有的计算机主板上都配置有 USB 接口。USB 接口标准的版本有 USB 1.0、USB 2.0、USB 3.0。

网卡接口:网卡接口通过网络控制器可以使用网线连接至 LAN 网络。

音频信号接口:集成有声卡芯片的主板,其 I/O 接口上有音频信号接口,通过不同的音频信号接口,可以将计算机与不同的音频输入/输出设备相连(如耳机、麦克风等)。

4. 总线

计算机系统中功能部件必须互连,但如果将各部件和每一种外部设备都分别用一组线路与微处理器直接连接,那么连线将会错综复杂,难以实现。为了简化和标准化系统结构,常用一组线路,配以适当的接口电路,与各部件和外围设备连接,这组多个功能部件共享的信息传输线称为总线(Bus)。采用总线结构便于部件和设备的扩充,使用统一的总线标准,不同设备间互连将更容易实现。

所谓总线,是指将信息从一个或多个源部件传送到一个或多个目的部件的一组传输线,是计算机中传输数据的公共通道。

微型机中总线一般有内部总线、系统总线和外部总线之分。内部总线指芯片内部连接各元件的总线。系统总线指连接微处理器、存储器和各种输入/输出模块等主要部件的总线。外部总线则是微型机和外部设备之间的总线。

系统总线根据传送信息内容的不同,分为数据总线、地址总线和控制总线。

数据总线(Data Bus,DB):用于微处理器与内存、微处理器与输入/输出接口之间传送信息。数据总线的宽度(根数)决定着每次能同时传输信息的位数。因此数据总线的宽度是决定计算机性能的一个重要指标。目前,微型计算机的数据总线大多是 32 位或 64 位。

地址总线(Address Bus,AB):从内存单元或输入/输出端口中读出数据或写入数据,首先要知道内存单元或输入/输出端口的地址,地址总线就是用来传送这些地址信息的。地址总线的宽度决定了微处理器能访问的内存空间大小,若某款微处理器有 32 根地址线,则最多能访问 4GB(2^{32}B)的内存空间。

控制总线(Control Bus,CB):由于数据总线、地址总线都是被挂在总线上的所有部件共享的,如何使各部件能在不同时刻占有总线使用权,需要依靠控制总线来完成,因此控制总线是用来发出各种控制信号的传输线。对任一控制总线而言,它的传输只能是单向的。

5. 硬盘

硬盘是电脑主要的存储媒介之一,由一个或者多个铝制或者玻璃制的碟片组成。这些碟片外覆盖有铁磁性材料。如图 1-33 所示,绝大多数硬盘都是固定硬盘,被永久地密封固定在硬盘驱动器中。硬盘一般被安装在计算机的机箱上的启动器架内,通过数据线与计算机主板相连。除了上述的普通硬盘,还有一种固态硬盘(Solid State Disk、IDE Flash Disk、Serial ATA Flash Disk)是由控制单元和存储单元(Flash 芯片)组成,简单地说就是用固态电子存储芯片阵列制成的硬盘,固态硬盘的接口规范和定义、功能及使用方法上与普通硬盘完全相同,在产品外形和尺寸上也完全与普通硬盘一致,包括 3.5″、2.5″、1.8″(″表示英寸)多种类型。由于固态硬盘没有普通硬盘的旋转介质，因而抗震性极佳，同时工作温度很宽，可工作在－45 ℃～＋85 ℃。

图 1-33　硬盘

6. 输入设备

给计算机输入程序、数据和图片等要用输入设备，目前常用的输入设备有键盘、鼠标等。

(1) 键盘

键盘(Keyboard)是最常用也是最主要的输入设备，通过键盘，可以将英文字母、数字、汉字和标点符号等输入到计算机中，还可以向计算机输入数据和命令控制计算机的运行，如图 1-34 所示。在 DOS(Disk Operating System)作为主流操作系统的时代，83 键的键盘为主流产品。随着 Windows 取代 DOS 成为主流操作系统，83 键键盘被 101 键和 104 键键盘取代。在 104 键键盘之后出现的是新兴多媒体键盘，在传统的键盘基础上又增加了不少常用快捷键或音量调节装置，对于收发电子邮件、打开浏览器和启动多媒体播放器等都只需要按一个特殊按键即可，使微型机的操作进一步简化。

图 1-34　机械键盘

那么我们是怎么通过键盘让电脑知道我们输入的是什么呢？原来键盘底下有一张导电的纸，按下某个键，就等于接通了某些电路，就有一个独一无二的输出，只要事先规定好哪种输出对应哪个键，主机就能够知道按下了哪个键了。比如规定“高低高高低低高高低(1 代表高电平，0 代表低电平)”是 K，那么主机只要从键盘那里接收到了 101100110 就知道用户按下了 K。

(2) 鼠标

提到鼠标(Mouse)，大家应该很熟悉，因为鼠标形状像一只老鼠而得名，也成为微型机常用的输入设备，鼠标的使用给人们操作各种图形界面软件带来了极大的方便，省却了记忆各种操作命令的烦扰。常见的鼠标类型有机械式、光电式和无线遥控式。机械式鼠标内有一个实心橡皮球，当鼠标移动时，橡皮球滚动，通过相应装置将移动的信号传送给计算机。光电式鼠标的内部有红外光发射和接收装置，它利用光的反射来确定鼠标的移动，是目前常用的一种鼠标。无线遥控式鼠标又可分为红外无线式鼠标和电波无线式鼠标。

鼠标上一般有两个按键，左键用作确定操作，右键用作弹出菜单等特殊功能。现在人们使用的滚轮鼠标，是在原有两键鼠标的基础上增加了一个滚轮键，它拥有特殊的滑动和放大功能，手指轻轻滑动滚轮就可以使页面上下翻动，对于翻页比较多的操作非常方便。

常见的鼠标接口有串口、PS/2 接口和 USB 接口等，现在主要用的是 USB 接口的鼠标。如图 1-35 所示为一种光电式鼠标。

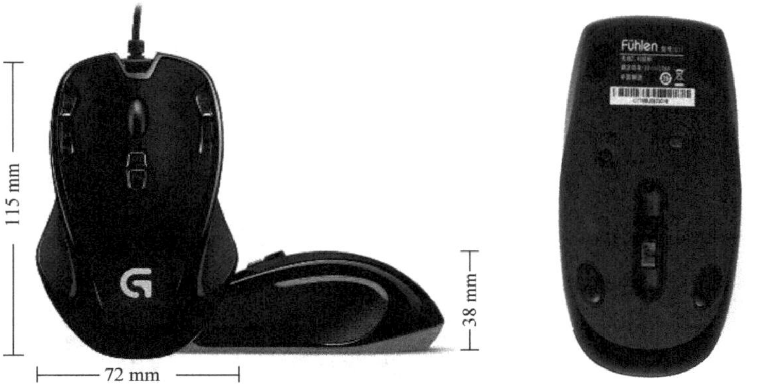

图 1-35　光电式鼠标

我们常用的鼠标就是光电式的，那么光电式鼠标是怎么被我们“指挥”的呢？鼠标下面的光源发射器会向桌子发光，还有个光的接收器。当你移动鼠标时，接收器可以感知到发射器发出的光反射回来时的入射角和方向的不同变化，然后就可以以不同电信号的方式告诉主机鼠标在向着哪个方向移动；鼠标点击的原理和键盘类似，不再赘述。

7. 输出设备

计算机处理信息的结果要输出，常用的输出设备有显示器、打印机等。

(1) 显示器

显示器(Display Device)用来显示字符与图形图像信息，是计算机必配的输出设备。常用的显示器有 CRT 显示器和液晶显示器，早期台式计算机主要配置 CRT 显示器，但近几年台式计算机使用液晶显示器也越来越多，基本上取代了 CRT 显示器，如图 1-36 所示。

CRT 显示器

液晶显示器

图 1-36　显示器

CRT 显示器是一种使用阴极射线管(Cathode Ray Tube,CRT)的显示器,其基本原理是使用电子枪发射高速电子,经过垂直和水平的偏转线圈控制高速电子的偏转角度,最后高速电子击打屏幕上的荧光物质使其发光,通过电压来调节电子束的功率,就会在屏幕上形成明暗不同光点以显示各种图形和文字。彩色屏幕上的每一个像素点都由红、绿、蓝三种涂料组合而成,由三束电子束分别激活这三种颜色的荧光涂料,以不同强度的电子束调节三种颜色的明暗程度就可得到所需的颜色。

液晶显示器(Liquid Crystal Display,LCD)在两片平行的玻璃当中放置液态的晶体,两片玻璃中间有许多垂直和水平的细小电线,通过通电与否来控制杆状水晶分子改变方向,将光线折射出来产生画面。LCD 显示器具有体积小、重量轻、省电、无闪烁和不产生辐射等优点。

显示器要通过显示适配器(Video Adapter)才能与主机相连,显示适配器是连接微处理器与显示器的接口电路,一般做成插卡的形式,所以人们习惯称其为显示卡或显卡。

(2) 打印机

打印机(Printer)也是一种常用的输出设备,其作用是将计算机的处理结果打印在相关介质上。打印机是最常见的计算机外部设备之一,其外观如图 1-37 所示。

1.6　计算机能做什么

计算机的应用领域已渗透到社会的各行各业,正在改变着传统的社会生活方式,推动着社会的发展,它无时无刻不在影响着我们,我们可以通过计算机完成很多的事情。

1. 个人娱乐

我们可以通过计算机来完成各种娱乐活动,比如看视频、听音乐、网上购物,它丰富了我们的个人生活。

激光打印机

喷墨打印机

图 1-37　打印机

2. 科学计算

科学计算是指利用计算机来完成科学和工程技术中提出的数学问题的计算。现在科学技术中,科学计算问题是大量的和复杂的。利用计算机的计算、大存储容量和连续运算的能力,可以实现人工无法解决的各种科学计算问题。如:人造卫星轨迹的计算,导弹发射的各项参数的计算,房屋抗震强度的计算等。

3. 数据处理

用计算机对数据及时地加以记录、整理和计算,加工成人们所要求的形式,称为数据处理。数据处理与数值计算相比较,它的主要特点是原始数据多,处理量大,时间性强,但计算公式并不复杂。在计算机应用普及的今天,计算机已经不再只是进行科学计算的工具,计算机更多地应用在数据处理方面。如:对工厂的生产管理、计划调度、统计报表、质量分析和控制等;在财务部门,用计算机对账目登记、分类、汇总、统计、制表等。我们还可以用计算机实现办公自动化。用计算机进行文字录入、排版、制版和打印,比传统铅字打印速度快、效率高,并且使用更加方便。用计算机通信即通过局域网或广域网进行数据交换,可以方便地发送与接收数据报表和图文传真。

4. 自动控制

自动控制也是计算机应用的一个重要方面。在生产过程中,采用计算机进行自动控制,可以大大提高产品的数量和质量,提高劳动生产率,改善人们的工作条件,节省原材料的消耗,降低生产成本等。

5. 辅助设计

计算机辅助设计(简称 CAD)是借助计算机进行设计的一项实用技术,采用计算机辅助设计过程实现自动化或半自动化,不仅可以大大缩短设计周期,加速产品的更新换代,降低生产成本,节省人力、物力,而且对保证产品有重要作用。

6. 辅助教学

计算机辅助教学(简称 CAI)是利用计算机对学生进行教学。计算机辅助教学的第一个大型系统是在 20 世纪 60 年代由美国伊里诺大学开发的 PLATO。现在世界上发展的各种教学软件已无法准确统计。CAI 的专用软件称为课件，它可按不同教学方式方法以及不同领域内容进行分类。

7. 人工智能

计算机有记忆能力，又擅长进行逻辑推理运算，因此计算机可以模仿人的思维。让计算机具有一定的学习和推理功能，能够自己积累知识，并且独立解决问题，这就是计算机的人工智能。例如，计算机可以对计算机高级语言进行编译和解释；不同国家语言之间的机器翻译；在很多场合下，装上电脑的机器人可以代替人们进行繁重的、危险的体力劳动和部分简单重复的脑力劳动。

1.7 本章小结

本章对计算机硬件的各组成部分作了一个简要介绍。对于选购台式计算机可以直接购买品牌机，或购买部件组装。对于直接购买品牌机，根据自己的需要，只要在品牌、性能和价格之间做出一个综合比较就可以决定购买哪一款了。如果是组装计算机，就要认真选择主板、CPU、内存条、硬盘、光驱、键盘、显示器、鼠标、电源和机箱等，如果需要还要选择打印机、扫描仪等。要注意各部件在厂家、档次和型号上的匹配，否则在使用时容易出现故障。当然初次购买计算机时，最好是在有经验人员的指导下进行。

本章对计算机的硬件部分的基础知识作了一个简要介绍。硬件包括中央处理器、存储器、输入设备和输出设备。中央处理器包括寄存器、运算器和控制器；存储器包括内存和外存；输入设备和输出设备也各有多种不同的种类。无论是硬件还是软件，都在快速地发展着，技术越来越先进，功能越来越强，种类越来越丰富。本章对一些最基本的知识进行了介绍，通过相关书籍、杂志和互联网技术了解计算机硬件技术和产品的最新发展是非常有必要的。

习　题

一、名词解释

1. 计算机；2. 中央处理器；3. 内存；4. 硬盘。

二、思考题

1. 冯·诺依曼提出的计算机结构。

2. 计算机工作原理。

3. 常用的输入设备有哪些？

4. 常用的输出设备有哪些？

三、数制转换

1. 将二进制数$(10110001.10111)_2$转换成十进制数和八进制数。

2. 将$(98.75)_{10}$、$(3AC.1E)_{16}$转换成二进制数。

四、填空题

1. 现代计算机可认为由三大部分组成:(　　)、(　　)及(　　)。

2. 系统总线根据传送信息内容的不同,分为(　　)、(　　)和(　　)。

3. (　　)位二进制位组成一个字节,1KB=(　　)B。

4. 一个完整的计算机系统包括(　　)和(　　)两大部分。

五、选择题

1. 在计算机分类中,PDA 属于(　　)。

A. 移动终端　　B. 嵌入式计算机　　C. 服务器　　D. 超级计算机

2. 为了便于区分各种数制数据,在数字后面加写相应的英文字母作为标识,十六进制数用字母(　　)表示。

A. B　　B. D　　C. O　　D. H

3. 计算机中常见的内存主要是随机存储器,其英文表示为(　　)。

A. ROM　　B. CACHE　　C. AGP　　D. RAM

4. 运算速度最快的计算机是(　　)。

A. 服务器　　B. 台式计算机　　C. PDA　　D. 超级计算机

第 2 章

计算机软件及分类

第 1 章介绍了计算机的硬件组成及其原理，但是如果光有硬件，把它们简单组装到一起“拼”成一个完整的计算机，还不能供人使用，还必须要有软件的支持。软件（Software）是一系列按照特定顺序组织的计算机数据和指令的集合，在硬件的基础上，配置合适的软件，才能充分发挥计算机的整体功能。硬件是计算机的躯体，软件是计算机的灵魂。

“软件”已遍布我们的生活，我们使用的各种手机 App，比如微信、抖音、消消乐等，还有平时在电脑端使用的 QQ、Microsoft Office Word、浏览器等都是软件，严格地讲这些属于应用软件（Application Software），应用软件有时候也称为应用程序，我们在电脑端使用的 Windows 操作系统，在手机端使用的安卓（Android）操作系统、iOS 操作系统，也都属于软件，它们属于系统软件（System Software）。计算机硬件和软件协同合作，以使计算机供人类使用，本章我们将对软件展开详细介绍。

2.1 系统软件

一个完整的计算机系统由硬件子系统和软件子系统组成。软件是用户与硬件之间的桥梁，它控制着硬件该做什么及如何去做。我们通常把不装任何程序的计算机称为“裸机”，硬件好像人的躯体，而软件就是灵魂，没有软件计算机就没有办法工作。软件按照功能一般分为系统软件和应用软件两类。

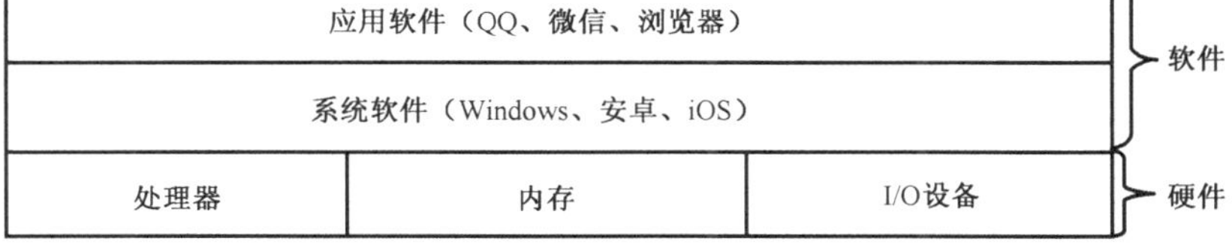

图 2-1　计算机系统分层视图

系统软件靠近硬件层，其功能主要是管理计算机硬件资源，与具体应用领域无关，为应用软件提供一些基本的、共同的功能支持。系统软件使用户可以高效率地使用和管理计算机。

应用软件在系统软件的支持下，用于解决特定领域的具体问题。例如：学生信息管理系统是应用软件，能够完成学生成绩输入、修改、查询和统计等功能，但学生管理系统这个应用软件要在操作系统和数据库管理系统的支持下才能运行,才能完成相应的功能。

系统软件主要包括操作系统、语言处理程序和数据库管理系统等。

1. 操作系统

操作系统是最靠近硬件的软件。对于能否充分发挥计算机硬件的性能,使用者能否方便地操作使用计算机,操作系统起着重要作用。从微型机到超级计算机都必须在其硬件平台上加载相应的操作系统之后,才能构成一个完整的、功能强大的计算机系统。只有在操作系统的指挥控制下,各种计算机资源才能得到合理分配与高效使用,也只有在操作系统的支持下,其他系统软件和各种应用软件才能开发和运行。如果没有高性能的操作系统的支持,整个计算机系统的性能都会受到严重影响。

操作系统可定义为有效地组织和管理计算机系统中的硬件和软件,合理地组织计算机工作流程、控制程序的执行,并向用户提供多种服务功能及友好界面,方便用户使用计算机的系统软件。其作用简单地说就是协调、管理计算机资源,控制程序的执行,提供多种服务和方便用户使用。操作系统对于计算机硬件的性能能否充分发挥,以及使用者能否方便快捷地操作计算机,起着至关重要的作用。

目前,常用的操作系统有 Windows、Linux、Mac OS、安卓、iOS 等。

2. 语言处理程序

编写程序(软件)需要合适的程序设计语言。从 1946 年现代计算机诞生到现在,程序设计语言大体经历了机器语言、汇编语言和高级语言三个阶段。用机器语言编写程序的优点是,程序能够直接在计算机上执行。在机器语言中,用二进制代码表示指令和数据,记忆指令困难,编写程序困难,修改程序更困难,很难编写出功能较为复杂的程序。为此,人们相继发明了汇编语言和高级语言。

汇编语言用类似于英文单词的形式表示指令和数据;高级语言用英文单词表示语句,用类似数学公式方式表示运算表达式,用十进制形式表示数据。汇编语言和高级语言的出现(特别是高级语言的出现)给语言学习和程序设计带来了极大的方便。但是,用汇编语言或高级语言编写出的源程序,计算机并不能直接执行,需要翻译成等价的机器语言程序才能执行。这种翻译工作如果手工完成,工作量非常大,也容易出错。人们开发了相应的翻译程序,用于汇编语言源程序的翻译程序叫汇编程序,用于高级语言源程序的翻译程序叫编译程序。各种汇编程序和编译程序都属于系统软件,借助于这样的系统软件,才能使用汇编语言或高级语言编写解决实际问题的应用软件。例如,安装 C 语言编译程序后,就能在其提供的环境下编写和运行 C 语言程序,完成所需要的功能。目前语言处理程序主要有 Visual Studio 系列、CMake、QMake 等,如图 2-2 所示为语言处理程序 Visual Studio 2017。

3. 数据库管理系统

计算机应用面最广的一个领域是信息管理,信息管理的关键技术是数据库技术,把信息存入数据库中并编写相应的数据库应用程序是开发信息管理系统的主要工作。如果没有数据库管理系统提供支持环境,数据库的建立及数据库应用程序的开发是很困难的,甚至无法实现。

数据库管理系统是一个帮助人们建立数据库和开发数据库应用程序的系统软件，有了这个系统软件的支持，建立数据库变得容易了，开发数据库应用程序也变得容易了。开发的数据库应用程序就是一个应用软件。目前常用的数据库管理系统有 Oracle、SQL Server 和 MySQL 等。

图 2-2　Visual Studio 2017

2.2　操作系统

在计算机的发展进程中，计算机的性能越来越高，操作使用越来越方便。虽然计算机性能提高的物质基础是计算机硬件技术的快速发展，但操作系统的发展保证了硬件功能的充分发挥。早期的计算机只有计算机专业人员才能使用，操作系统的出现和功能不断完善，给人们操作使用计算机带来了很大的方便，现在的计算机已进入了千千万万个家庭，操作系统的出现与发展起了非常重要的作用。

操作系统是系统软件中最重要的部分。有了计算机硬件系统后，首先需要安装的计算机软件就是操作系统，操作系统是最靠近硬件的一种系统软件，是所有其他软件开发和运行的基础。有没有高性能是由计算机硬件决定的，能否把高性能发挥出来，操作系统起着决定性的作用。从微型机到超级计算机都必须在其硬件平台上加载相应的操作系统之后，才能构成一个可以协调运转的计算机系统。只有在操作系统的指挥控制下，各种计算机资源才能得到合理分配与高效使用；只有在操作系统的支持下，其他系统软件和各种应用软件才能开发和运行。如果操作系统的功能不强，计算机硬件、其他系统软件和应用软件的功能很难充分体现。

2.2.1　操作系统实例

最初的计算机没有操作系统，人们通过各种按钮和开关来直接控制计算机运行，自第一个操作系统出现到现在，经过多年的发展，出现了众多的操作系统，为使用各种计算机提供了非常大的方便。下面对几个著名的操作系统进行简要介绍。

1. DOS

磁盘操作系统(Disk Operating System,DOS)是早期配置在PC上的单用户命令行界面操作系统。因为当时这个操作系统主要是存放在磁盘上,操作的文件也主要是存放在磁盘上,所以通常称为磁盘操作系统。它曾经最广泛地应用在PC上,对于计算机的应用普及可以说是功不可没的。其功能主要是进行文件管理和设备管理。DOS是人与机器的一座桥梁,是罩在机器硬件外面的一层“外壳”,有了DOS,我们就不必去深入了解机器的硬件结构,也不必去死记硬背那些枯燥的机器命令,只需通过一些接近于自然语言的DOS命令,就可以轻松地完成绝大多数的日常操作。另外,DOS还能有效地管理各种软硬件资源,对它们进行合理的调度,所有的软件和硬件都在DOS的监控和管理之下,有条不紊地进行着自己的工作。

在使用DOS时,用户虽然不必死记机器命令,但要记住DOS命令及使用方法。常用的DOS命令如dir(查看当前所在目录的文件和文件夹)、copy(文件复制)、del(文件删除)、md(建文件夹)、type(显示文件的内容)、cd(进入特定的目录)等,这些命令对初学者来说,也是比较难以掌握的。

DOS操作系统对硬件平台的要求很低,适用性较广。常用的DOS有三种不同的品牌:Microsoft公司的MS-DOS、IBM公司的PC-DOS以及Novell公司的DR-DOS。三种DOS中使用最多的是MS-DOS,MS-DOS也是Intel X86系列PC上最早的操作系统,其操作界面如图2-3所示。

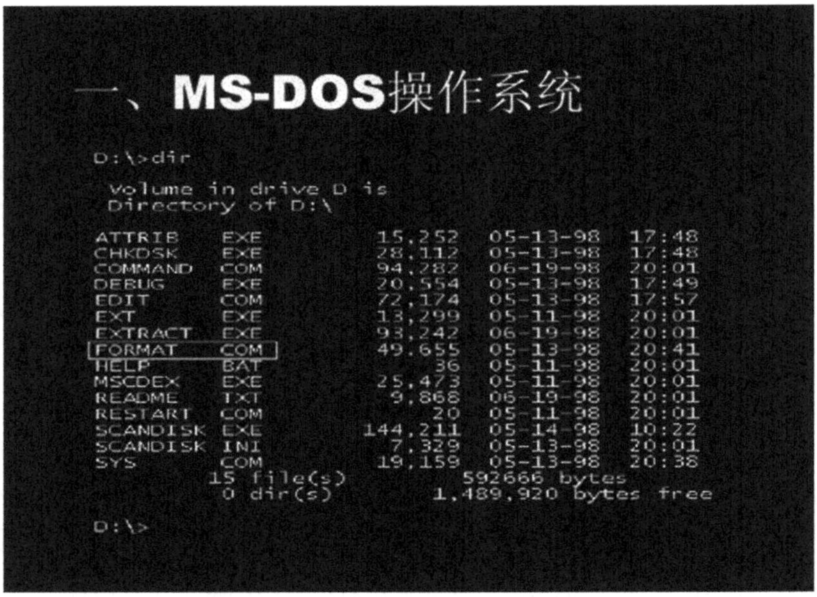

图2-3　MS-DOS操作系统界面

2. Windows操作系统

从1983年到1998年,美国微软公司陆续推出了Windows 1.0、Windows 2.0、Windows 3.0、Windows 3.1、Windows NT、Windows 95、Windows 98等系列操作系统。Windows 98以前版本的操作系统都由于存在某些缺点而很快被淘汰。而Windows 98提供了更强大的

多媒体和网络通信功能，以及更加安全可靠的系统保护措施和控制机制，从而使 Windows 98 系统的功能趋于完善。1998 年 8 月，微软公司推出了 Windows 98 中文版，这个版本当时应用非常广泛。2000 年，微软公司推出了 Windows 2000 的英文版。Windows 2000 也就是改名后的 Windows NT，Windows 2000 具有许多意义深远的新特性。同年，又发行了 Windows Me 操作系统。2001 年，微软公司推出了 Windows XP。Windows XP 整合了 Windows 2000 的强大功能特性，并植入了新的网络单元和安全技术，具有界面时尚、使用便捷、集成度高、安全性好等优点。2005 年，微软公司又在 Windows XP 的基础上推出了 Windows Vista。Windows Vista 仍然保留了 Windows XP 整体优良的特性，通过进一步完善，在安全性、可靠性及互动体验等方面更为突出和完善。

2009 年 10 月 22 日，微软于美国正式发布 Windows 7 作为微软新的操作系统。Windows 7 第一次在操作系统中引入 Life Immersion 概念，即在系统中集成许多人性因素，即以人为本，同时沿用了 Vista 的 AERO（Authentic 真实，Energetic 动感，Reflective 反射性、Open 开阔）界面，提供了高质量的视觉感受，使得桌面更加流畅、稳定。为了满足不同用户群体的需要，Windows 7 提供了 5 个不同版本：家庭普通版（Home Basic 版）、家庭高级版（Home Premium 版）、商用版（Business 版）、企业版（Enterprise 版）和旗舰版（Ultimate 版）。2011 年 9 月 14 日，Windows 8 开发者预览版发布，宣布兼容移动终端。2012 年 2 月，微软发布“Windows 8”消费者预览版。

2014 年 9 月 30 日，微软公司发布 Windows 10 技术预览版，该系统是新一代跨平台及设备应用的操作系统。截至 2019 年 2 月 9 日，Windows 10 正式版已更新至秋季创意者 10.0.17763 版本，预览版已更新至春季创意者 10.0.18362 版本，图 2-4 为 Windows 系列桌面。

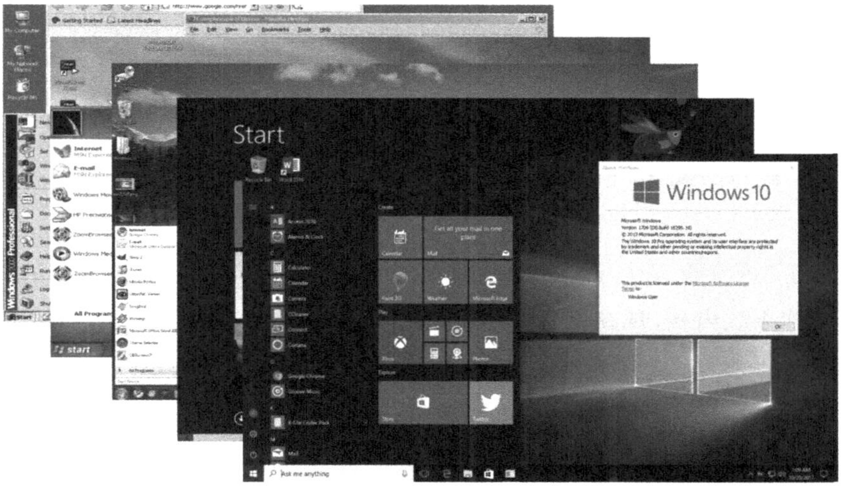

图 2-4　Windows 系列桌面

3. Mac OS

Mac OS 是苹果公司为其 Macintosh 系列计算机设计的操作系统。它早于微软的 Windows，且是基于 GUI 的，它有很强的图形处理能力，被公认为是最好的图形处理系统。2001

年,Mac OS 被重写为可以运行在 IBM 的 Power PC 处理器的 Mac 机上,新的 Mac OS 名为 Mac OS X,具有更好的内存管理和多任务处理能力,图 2-5 为 Mac OS 桌面。

图 2-5　Mac OS 桌面

2006 年,Apple 开始将 Intel 公司的处理器用于 Mac 机,Mac OS 的内核是基于 UNIX 的,系统稳定性、可靠性都很高。过去一直特立独行的 Apple 公司,从使用 Intel 处理架构的 Mac 系统开始有了较大的改变。尽管 Mac 机和 Mac OS 有公认的高性能,但是其用户群却远比 Windows 要小。使 Apple 公司声名鹊起的不是它的 Mac 机,而是它的数码产品,如平板电脑 iPad、智能手机 iPhone、手持式音乐播放器 iPod 等。2018 年 9 月 25 日,苹果推送 Mac OS Mojave 10.14,增加了深色模式,更新了 Safari 浏览器、Mac App Store、访达、桌面、股市、语音备忘录、家庭 App 等。2019 年 WWDC 全球开发者大会上苹果发布 Mac OS Catalina 10.15,用户能将 iPad 用作 Mac 电脑的第二块显示屏,可以实现语音控制。

4. Linux

Linux 是芬兰赫尔辛基大学的一个大学生林纳斯·托瓦兹(Linus Torvalds)在 1991 年编写的一个操作系统内核,现在托瓦兹已成为芬兰著名的计算机科学家。托瓦兹在学习操作系统课程时自己编写了一个操作系统原型(这就是最早的 Linux),并把这个原型系统放在网络论坛(Bulletin Board System,BBS)上,允许 Internet 自由下载。许多人对这个系统进行了改进、扩充和完善,他们上传的代码和评论对 Linux 的发展作出了重要贡献。于是,Linux 从最初的一个人的作品变成了在 Internet 上由无数志同道合的程序员们共同参与的一场软件开发活动。

Linux 遵从国际上相关组织制定的 UNIX 标准 POSIX(Portable Operating System Interface)。它的结构、功能以及界面都与经典的 UNIX 并无两样。然而 Linux 的源码完全是独立编写的，与 UNIX 源码无任何关联。Linux 继承了 UNIX 的全部优点，而且还增加了一条其他操作系统不曾具备的优点，即 Linux 源码全部开放，并能在网上自由下载。现在，Linux 操作系统是一种得到广泛应用的多用户多任务操作系统，许多计算机公司如 IBM、Intel、Oracle、SUN 等都大力支持 Linux，各种常用软件纷纷移植到 Linux 平台上，Linux 和 Windows、UNIX 一起成为操作系统市场的主流产品。

目前 Linux 主要发行版有 Red Hat、Ubuntu、Debian、Mageia、Fedora、SuSE、CentOS、Slackware Linux 以及国产的红旗 Linux 等。如图 2-6 所示为 Ubuntu 16.04 的图形化操作界面。

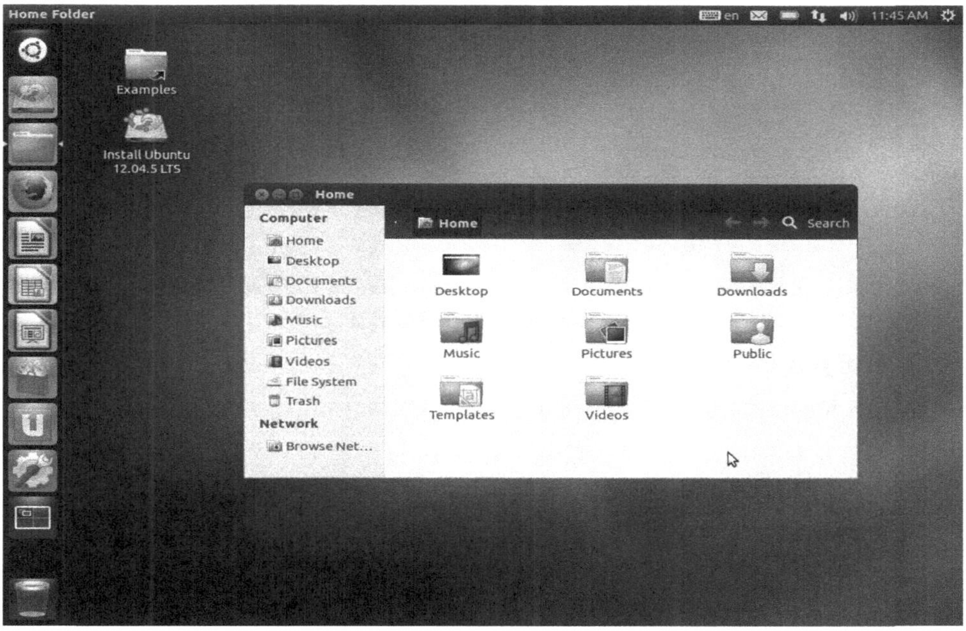

图 2-6　Linux 操作系统

5. Android 操作系统

Android 系统是基于 Linux 内核的开源软件平台和操作系统，主要适用于移动设备，如智能手机和平板电脑。中国内地通常称之为“安卓系统”。Android 操作系统最初由安迪·罗宾(Andy Rubin)开发，主要支持手机，2005 年 8 月由 Google 公司收购注资，在 2007 年 11 月 5 日正式公布。随后，Google 与 84 家硬件制造商、软件开发商及电信营运商组建开放手机联盟(Open Handset Alliance)共同研发改良 Android 系统。随后 Google 以 Apache 开源许可证的授权方式，发布了 Android 的源代码。第一部 Android 智能手机 T-Mobile G1 发布于 2008 年 10 月 22 日。Android 随之逐步扩展市场，2011 年第一季度，Android 在全球的市场份额首次超过塞班系统(Symbian)，跃居全球第一。2012 年 11 月数据显示，Android 占据全球智能手机操作系统市场 76%的份额，中国市场占有率为 90%。2018 年 8 月全球操作系统市场份额 Android 占比 41.66%，位列第一。如图 2-7 所示为安卓操作系统界面。

图 2-7　安卓操作系统界面

6. iOS 操作系统

iOS 是由苹果公司开发，运行于 iPad、iPhone 和 iPod touch 等设备上的移动操作系统。与同是苹果公司开发的 Mac OS 操作系统一样，iOS 也是类 UNIX 商业操作系统。2007 年 1 月 9 日，苹果公司在 Macworld 大会上公布了该系统，该系统最初的设计是针对苹果公司出品的手机 iPhone，名为 iPhoneOS，后来逐渐应用在 iPad、AppleTV 等设备上。1.0 版本功能还比较少，人们现在熟知的苹果应用商店是在 iPhoneOS 2.0 中才集成进去的，在 2010 年的 WWDC 大会上苹果公司正式宣布将 iPhoneOS 更名为 iOS。2011 年 iOS 5.0 发布，增加了 iCloud 备份功能并集成了 Twitter。2013 年 iOS 7 发布，系统整体设计风格转为扁平化，去掉了所有仿实物化的设计。截至 2019 年 5 月，iOS 已更新至 iOS 12，如图 2-8 所示为 iOS 操作系统界面。

2.2.2　操作系统功能及原理

操作系统种类多样，但功能都相似，操作系统功能主要有处理器管理功能、存储器管理功能、设备管理功能、文件管理功能、网络管理功能和提供用户接口。本章对操作系统主要功能及原理作简单介绍，如有兴趣深入研究，可查阅相关操作系统书籍。

图 2-8 iOS 操作系统界面

1. 处理器管理功能

处理器(Central Processing Unit,CPU)是一台计算机的核心,计算机运行得快不快,跟处理器的性能有很大关系,但是 CPU 只有一个,该让哪个应用程序使用 CPU 呢? 一个程序不能总占着 CPU 不放,在什么时间、该怎么样把 CPU 切换给另一个程序使用呢? 怎样分配 CPU 才能使计算机整体运行得更有效率? 怎样分配 CPU 才能最大化发挥计算机性能? 这些都属于操作系统的处理器管理功能。

操作系统引入进程的概念进行处理器管理。进程是操作系统对一个正在运行的程序的一种抽象,是执行起来的程序,是系统进行资源调度和分配的独立单位。把存放在磁盘上的程序看成是一个静止状态,当程序被选中后进入内存,它就成为进程。

现代操作系统支持多任务处理,也就是说,能够对多个进程进行管理。成为进程的程序已经被调入内存,但 CPU 在某一个时间段只能执行一个进程,那么其他进程就必须处于等待状态。在一般情况下,CPU 给每个进程分配时间片并轮流去执行它们。在多数情况下,如果有两个(及以上)进程处于"就绪"状态,要决定哪一个进程被 CPU 执行,就需要进行选择。一种算法是给每个进程设定优先级,CPU 响应优先级高的进程,在同级别的情况下顺序执行;还有一种算法是使得处理器和外设处于同时"忙"的状态,尽可能使系统 "并行",以提高系统的效率;也有的算法使得每个进程都得到"公平"的响应。

进程在其生存周期内,由于受资源制约,其执行过程是间断的,因此进程状态也是不断变化的。一般来说,进程有 3 种基本状态,如图 2-9 所示。

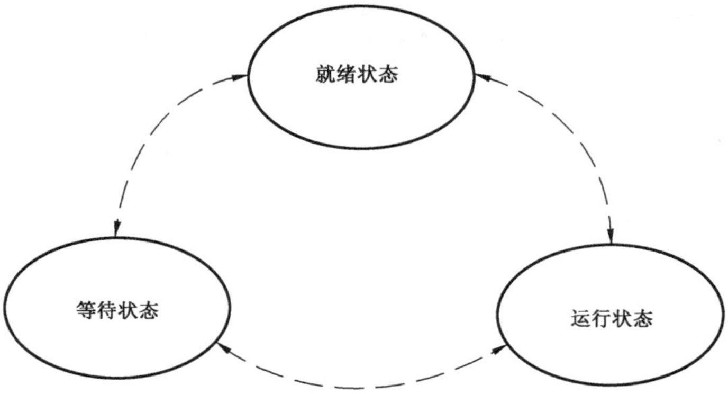

图 2-9　进程三个状态及转换

就绪状态表示,进程已经获取了除 CPU 之外所必需的一切资源,一旦分配到 CPU,就可以立即执行。运行状态表示,进程获得了 CPU 及其他一切所需的资源,正在运行。等待状态表示,由于某种资源得不到满足,进程运行受阻,处于暂停状态,等待分配到所需资源后,再投入运行。

操作系统的处理器管理功能主要体现在对进程的管理上。操作系统管理进程从“创生”到“消亡”整个生存周期过程中的所有活动,包括创建进程、转变进程的状态、执行进程和撤销进程等操作。操作系统的处理器管理功能对于计算机硬件资源的充分利用起着至关重要的作用。

2. 存储器管理功能

这里讲的存储器主要是指内存。内存是一个临时存储设备,在处理器执行程序时,用来存放程序和程序处理的数据,计算机上的程序要想被处理器执行,需要先装载到内存中。此时就会出现一些问题,比如,如何将一个应用程序装入内存中运行?如何防止应用程序恶意更改另一个应用程序使用的内存中的内容?内存空间不足时该怎么办?这些都属于操作系统的内存管理功能。

操作系统的内存管理功能主要为进程分配互不发生冲突的内存空间,保护放在内存中的程序和数据不被破坏;同时组织最大限度地共享内存空间,最大限度地提高内存空间利用率;甚至将内存和外存结合起来,为用户提供一个容量比实际内存大得多的虚拟存储空间。

操作系统引入虚拟存储器(Virtual Memory)的概念来进行内存管理。虚拟存储器是一个抽象概念,它为每个进程提供了自己在独占使用内存的假象,每个进程看到的都是一致的虚拟地址空间。虚拟存储器使每个进程都认为自己拥有连续的可用内存,而实际上,它通常被分割成多个物理内存碎片,还有部分存储在外部磁盘存储器上。虚拟存储器这个抽象概念将内存的具体使用细节隐藏起来,比如,应用程序根本不知道自己看到的虚拟地址是怎么映射到实际物理内存地址的,这个映射过程由操作系统来完成,操作系统为应用程序提供统一的内存使用接口而隐藏了具体的内存使用细节。内存管理功能包括内存分配、内存保护、地址映射和内存扩充等功能。操作系统的存储器管理功能使内存的使用变得简单、内存的利用率获得提高、系统安全性获得提高。

3. 设备管理功能

输入/输出设备(I/O 设备,Input/Output Device)是计算机系统与人或其他系统进行信息交流的重要资源,也是系统中最具多样性和变化性的部分。

I/O 设备包括键盘、鼠标、显示器、硬盘、打印机等供输入/输出的设备。I/O 设备多种多样,同一种 I/O 设备也有很多不同的厂家、分不同的型号,不同的型号必然会导致它们有使用细节方面或多或少的不同,用户使用 I/O 设备如果直接面对这些具体细节,I/O 设备使用起来就会很麻烦,同时,如何让 CPU 和 I/O 设备协作,以提高系统的整体效率也是一个问题。因此,操作系统顺理成章地负责起了设备管理功能。

操作系统引入文件的概念来进行 I/O 设备管理。文件就是字节序列,仅此而已。每个 I/O 设备,包括磁盘、键盘、显示器,甚至网络,都可以视为文件。文件是个简单而精致的概念,它向应用程序提供了一个统一的视角,来看待系统中可能包含的所有各式各样的 I/O 设备。例如,处理磁盘内容的程序员只要使用操作系统提供的统一接口就可以完成任务,而无须了解具体的磁盘技术。进一步说,同一个程序使用操作系统提供的统一接口便可以使用多种磁盘技术,而无须关心磁盘技术的具体内容。

操作系统的 I/O 设备管理功能使 I/O 设备的使用变得简单、可靠而有效率,它为应用程序提供简单一致的机制来控制复杂而又通常大相径庭的低级硬件设备。

4. 文件管理功能

此处的文件不同于上文的文件,上文的文件是一个技术概念,通过这个概念操作系统为应用程序提供简单一致的机制来控制复杂而又通常大相径庭的低级硬件设备。此处的文件指的是存储在外存上的数据文件。比如一个 Word 文档、一张图片、一个视频,甚至是一段程序,程序在不运行时存放在外存上,运行时才由操作系统装入内存,然后由 CPU 执行其中的代码。操作系统要具备文件管理功能,对存放在外存上的大量文件进行有效的管理,以方便用户操作使用这些文件,并保证文件内容的安全。

文件管理功能主要包括文件存储空间管理、目录管理、文件的读写管理、文件的安全保护等。文件的存储空间管理指的是,建立一个新文件时,系统要为其分配相应的存储空间,删除一个文件时,系统要及时回收其所占用的存储空间;文件的目录管理主要任务是为每个文件建立目录项,并对目录项进行管理,从而有效提高文件的操作效率;文件的读写管理就是根据用户的请求,从文件中读出数据或将数据写入文件;文件的安全保护主要任务是防止文件内容被非法读取和篡改,保证文件的安全。

5. 网络与通信管理功能

随着计算机网络的快速发展与普及,操作系统要具备网络与通信管理功能,以保证网络功能的正常、高效实现,主要包括资源管理、通信管理和网络管理等。资源管理要保证网络资源的共享,管理用户对资源的访问,保证信息资源的安全性和完整性。通信管理就是通过通信软件,按照通信协议的规定,完成网络上计算机之间的信息传送。网络管理就是保证网络的安全、高效运行,并对出现的网络故障有合适的应对技术,包括故障管理、安全管理、性能管理、日志管理和配置管理等。

6. 用户接口

为了方便用户使用操作系统,操作系统应向用户提供友好的接口。

操作系统提供的接口包括命令接口、图形接口和程序接口。用户通过命令接口向计算机发出命令以实现相应的功能。但是命令接口要求用户能熟记各种命令的名字和格式,并严格按照规定的格式输入命令,这既不方便又费时间,于是图形接口便应运而生。图形接口使用用户非常容易识别的各种图标将系统的各项功能、各种应用程序和文件直观、逼真地表示出来,用户不必记命令,直接用鼠标点击即可。程序接口是为用户程序访问系统资源而设置的,是用户程序取得操作系统服务的唯一途径。比如内存分配等操作都由操作系统具体执行,操作系统提供内存分配的程序接口,应用程序使用操作系统提供的接口即可方便快捷又相对安全地使用内存。

用户接口是操作系统需要提供的功能,以方便用户使用计算机。

2.3 应用软件

操作系统的功能强大而丰富,但却不是什么事都做,例如:天气预报、聊天、游戏等,因此如果我们想用计算机完成一项具体的工作,还需要有专门的应用软件的支持。应用软件是为特定计算机应用领域而开发的软件,它能使计算机成为多用途的机器,不同的应用软件应用于不同的领域,应用软件直接面向用户需求,用于解决某领域的实际问题,进行业务工作、生活及娱乐等。

操作系统负责整合、协调硬件资源,让计算机能够良好地运转起来,而应用软件在操作系统提供的服务基础上,用计算机解决真实世界的问题,实现用户所需要的功能。

按照软件的应用范围,应用软件可分为专用软件和通用软件。专用软件解决的是某一类特定的问题,通常为特定行业开发,如教育软件、医疗软件、会计核算软件、农业信息化软件等。通用软件与具体的应用领域无关,可以被任何人使用,如办公软件、游戏软件、多媒体应用软件、工具软件等。

本节将细数生活中接触的形形色色的应用软件,为读者展示一个美丽而庞大的软件世界。

2.3.1 通用软件

1. 办公软件

随着人口的增长和科技的进步,人们的生活节奏日益加快,大量的数据统计、工作记录、总结汇报占用了很多工作时间,甚至有很多人戏称自己被埋没在“文山会海”中。有需求就有动力,于是大量的办公软件如雨后春笋般出现在办公室的各个角落,随之带来办公文化的数字化变革。

办公软件的应用范围很广，大到社会统计，小到会议记录。数字化的办公，离不开办公软件的鼎力协助，这也是现代社会办公文化的一个重要特征。目前办公软件朝着操作简单化、功能精细化等方向发展。现在市场上的办公软件可以粗略地分为两类：讲究大而全的Office系列和专注于某些功能深化的小软件。除此之外，政府用的电子政务、税务用的税务系统、企业用的协同办公软件，这些都叫办公软件，办公软件不再仅仅局限于传统的打字制表类软件。

目前常见的办公软件有微软 Office 系列、金山 WPS 系列等，如图 2-10 所示为微软 Office 系列。

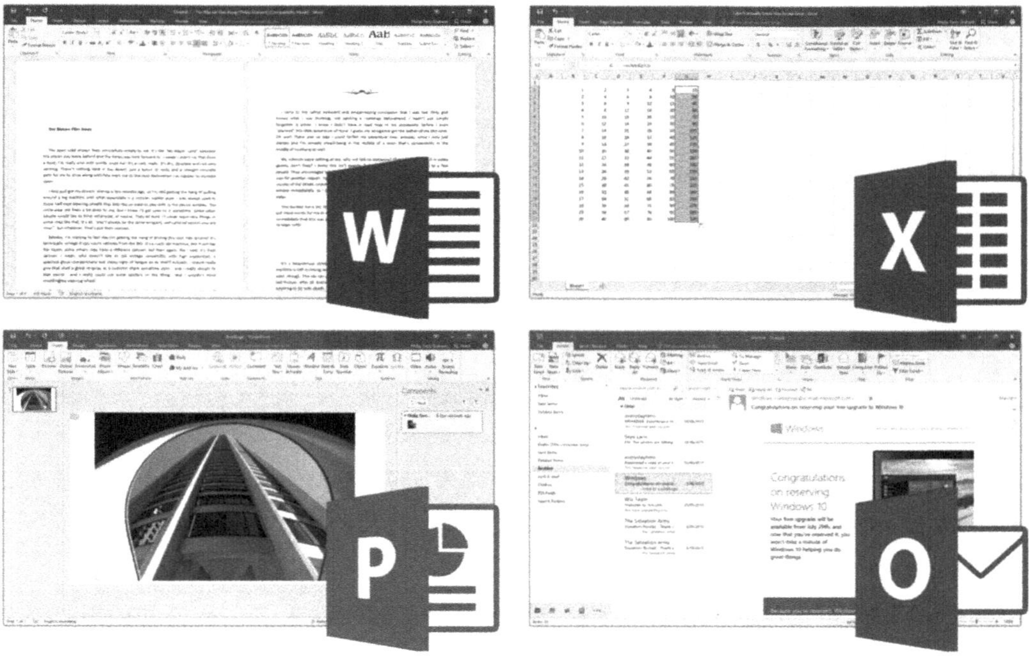

图 2-10 微软 Office 系列

2. 游戏软件

通常人们把各种程序和动画效果结合起来的软件产品称作游戏软件。按照互联网支持的程度和方式，游戏软件可分为单机游戏、网络游戏和网页游戏 。

网络游戏(Online Game)，又称在线游戏，简称网游，指以互联网为传输媒介，以游戏运营商服务器和用户计算机为处理终端，以游戏客户端软件为信息交互窗口的旨在实现娱乐、休闲、交流和取得虚拟成就的具有可持续性的个体性多人在线游戏。通过定义就可以看到网络游戏的形式是互联网多人在线，而其接入游戏需要使用客户端，这就与不需要使用客户端的网页游戏形成了对比。目前常见的游戏如王者荣耀、和平精英、英雄联盟等都属于网络游戏。

网页游戏又称 Web 游戏、无端网游，简称页游，是基于 Web 浏览器的网络在线多人互动游戏,无须下载客户端,只需打开浏览器,等待一段时间即可进入游戏,机器配置在网页游戏中的重要性不如在客户端游戏中那样突出,最重要的是关闭或者切换极其方便,尤其适合上班族。网页游戏是快餐文化的产物,是游戏软件的一个新类别。

单机游戏(Single-Player Game)指仅使用一台计算机或者其他游戏平台就可以独立运行的电子游戏。区别于网络游戏,它不需要专门的服务器便可以正常运行游戏。图 2-11 为单机游戏界面。

图 2-11　单机游戏《侠隐阁》界面

游戏文化在逐渐进步,2019 年 4 月 1 日人社部发布关于新职业的通知,电子竞技员正式成为一种新职业。伴随着游戏产业的迅猛发展,游戏软件必将越来越丰富多彩。

3. 安全软件

安全软件可以用来保护计算机不受恶意软件和未经授权侵入等一切已知的对计算机有危害的程序代码的危害,同时也可以辅助人们管理计算机安全。安全软件的好坏决定了病毒查杀的质量,决定了人们是否能够在尽情享受网络生活带来的方便与快捷的同时安心地操作自己的个人账户。

安全软件包括杀毒软件、辅助性安全软件、反流氓软件和加密软件等。杀毒软件又称作反病毒软件,它能够查找已知的计算机病毒、特洛伊木马等对计算机有危害的程序代码并将它们根除。辅助性安全软件的主要功能是清理垃圾、修复漏洞、查杀木马等。常见的辅助性安全软件包括百度卫士、360 安全卫士、金山卫士等。反流氓软件的主要功能是清理流氓软件,保护系统安全。常见的反流氓软件有恶意软件清理助手、超级兔子、Advanced System Care 等。加密软件主要是通过对数据文件进行加密,防止外泄,从而确保信息资产的安全。图 2-12 为常见的杀毒软件图标。

图 2-12 杀毒软件图标

4. 多媒体应用软件

多媒体应用软件主要是一些创作工具或多媒体编辑工具，包括文字处理软件、绘图软件、图像处理软件、动画制作软件、声音编辑软件以及视频软件等。这些软件概括来说，分别属于多媒体播放软件和多媒体制作软件。

(1) 多媒体播放软件

大多数用户使用多媒体播放软件收听、收看多媒体节目。常用的多媒体播放软件有 Windows 系统本身自带的 Windows Media Player、苹果公司的 Quick Time Player 等。此外还有 Real Player、KMPlayer、暴风影音、QQ 影音、MPV(见图 2-13)等。

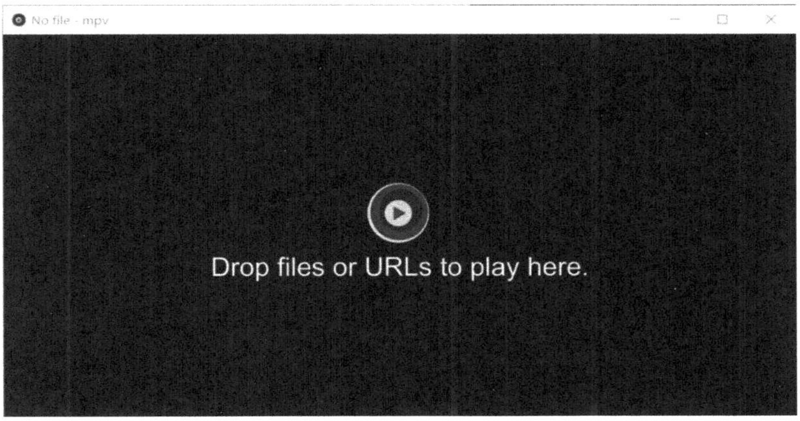

图 2-13 MPV 播放器

(2) 多媒体制作软件

多媒体制作软件包括图像处理软件、动画制作软件、音频处理软件、视频处理软件以及多媒体创作软件等。

1) 图像处理软件

如处理位图图像的 PhotoShop、处理矢量图形的 CorelDRAW 等。

2) 动画制作软件

如 Animator Pro(平面动画制作软件)、3DS Max(三维动画造型软件)、Cool 3D(三维文字动画制作软件)等。

3）音频处理软件

如 Goldwave(数字录音、编辑、合成软件)、Cool Edit Pro(声音编辑处理软件)、L3Enc(声音压缩软件)。图 2-14 为 Cool Edit Pro 操作界面。

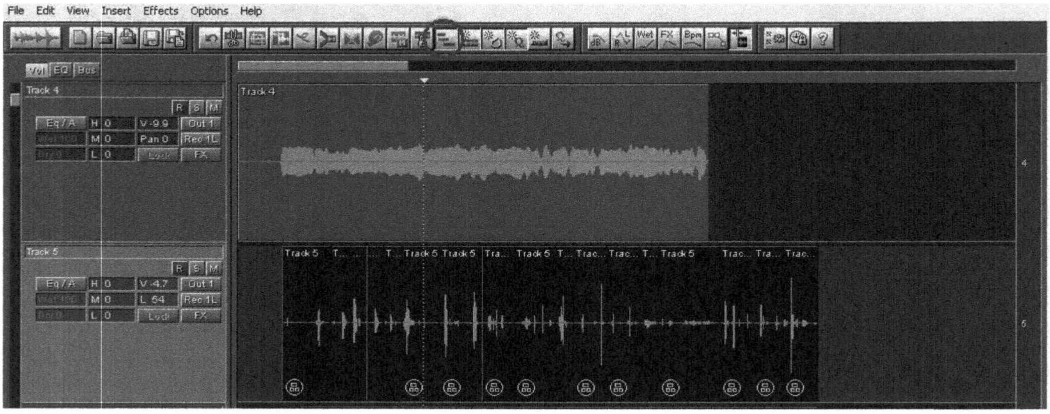

图 2-14　Cool Edit Pro 操作界面

5. 工具软件

工具软件就是指在使用电脑进行工作和学习时经常使用的软件，具有占用空间小、功能单一、使用方便的特点。

随着时代的发展和社会的进步，工具软件迅猛发展，主要表现为种类的多样和功能的完善。常用的工具软件很多，包括压缩解压缩软件(WinRAR、WinZip 等)、翻译软件(金山词霸、网易翻译等)、学习软件(扇贝单词、Good Notes 等)等。

工具软件的发展极大地方便了人们的日常生活，提高了人民生活质量。图 2-15 展示了几种常用的工具软件。

6. 辅助设计软件

计算机辅助设计(Computer Aided Design，CAD)技术是近二十年来最具有成效的工程技术之一。由于计算机有快速的数值计数、较强的数据处理以及模拟的能力，因此目前在汽车、飞机、船舶、超大规模集成电路等设计、制造过程中，CAD 占据着越来越重要的地位。计算机辅助设计软件能高效率地绘制、修改、输出工程图纸。设计中的常规计算帮助设计人员寻找较好的方案。设计周期大幅度缩短，而设计质量却大为提高。应用该技术能使各行各业的设计人员从繁重的绘图设计中解脱出来，使设计工作计算机化。

常用的辅助设计软件有 AutoCAD(见图 2-16)和 Protel 等。AutoCAD 用于机械、汽车、建筑和服装等行业的辅助设计，提供了丰富的绘图和图形编辑功能，便于进行二次开发。Protel 是一个专门用于各种电子线路设计的软件，具有原理图设计、印刷电路板设计、层次原理图设计、电路仿真及逻辑器件设计等功能。

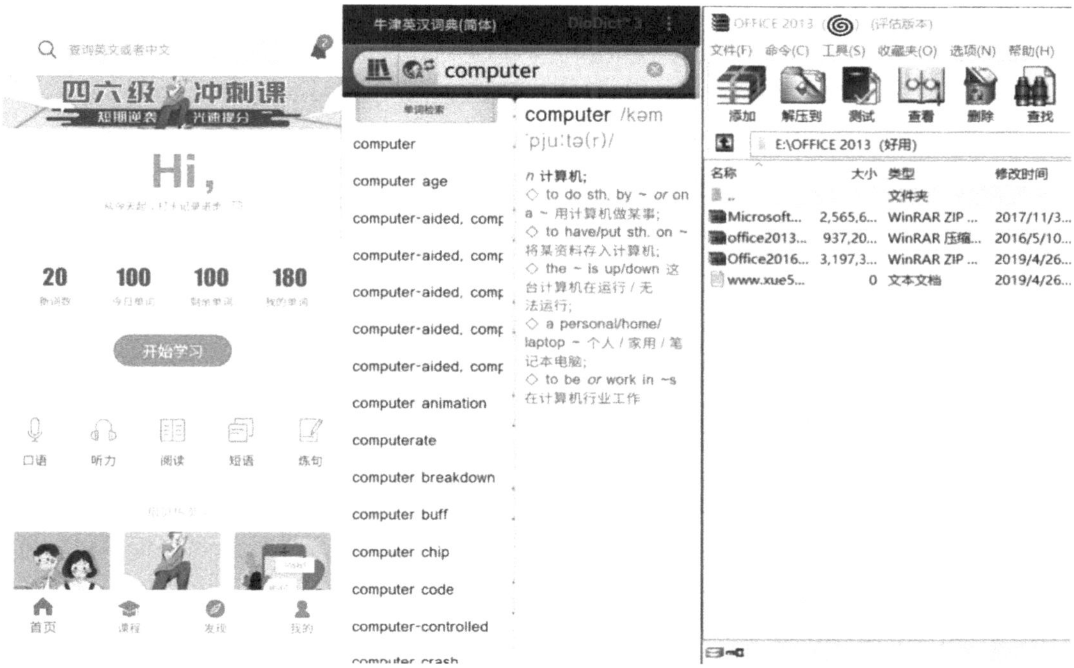

(a) 扇贝单词　　(b) 电子词典　　(c) 压缩软件

图 2-15　几种常用的工具软件

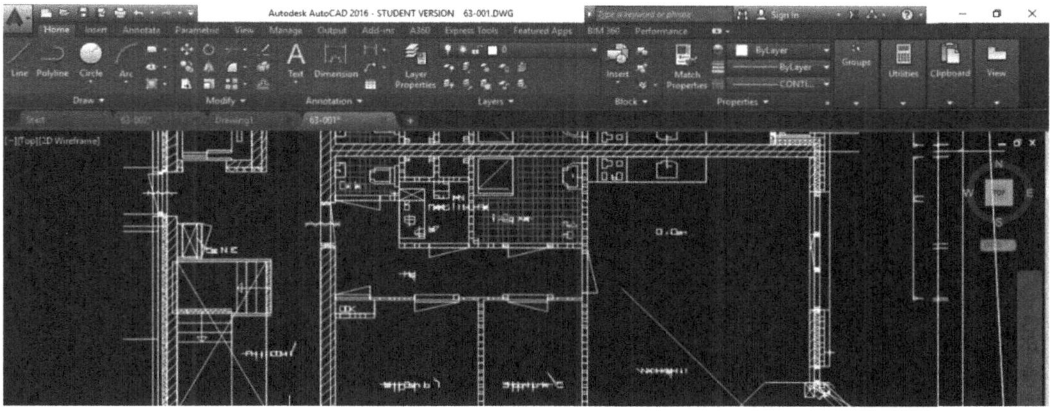

图 2-16　AutoCAD 界面

7. 自动控制软件

在现代化工厂里，计算机普遍用于生产过程的自动控制，例如在化工厂中，用计算机控制配料、温度、阀门的开闭；在炼钢车间，用计算机控制加料、炉温、冶炼时间等；在发电厂用计算机控制发电机组等。

用于生产过程自动控制的计算机一般都是实时控制，对计算机的速度要求不高，但可靠性要求很高，否则会生产出不合格产品或造成重大事故。用于控制的计算机，其输入信息往往是电压、温度、压力或流量等模拟量，要先将模拟量转换成数字量，然后计算机才能进行处理或计算。处理或计算后，以此为依据根据预定的控制方案对生产过程进行控制。这类软件一般统称为 SCADA(Supervisory Control And Data Acquisition，监察控制和数据采集)软件。目前，比较流行的 PC 上的 SCADA 软件有 FIX、In Touch、Lookout 等。

如今自动控制软件不仅仅应用于工厂生产中，日常生活中的自动控制软件也比比皆是，比如安装在冰箱里的用于自动控制冰箱温度的软件、安装在洗衣机里的自动控制洗衣机工作流程的软件、安装在电视中的自动控制软件等。

8. 电子商务软件

如今的网上购物可谓风生水起，各种购物网站应运而生，购物形式也是丰富多彩。网购如今成为人们必不可少的一种生活方式，让我们了解时尚的前沿，足不出户就可以买到我们想要的东西，支付的方便让我们不再为了购物去银行排队领取现金。网购的成功离不开电子商务系统的蓬勃发展。

电子商务系统，广义上是指支持电子商务活动的电子技术手段的集合。狭义上是指，在 Internet 和其他网络的基础上，以实现企业电子商务活动为目标，满足企业生产、销售、服务等生产和管理的需要，支持企业的对外业务协作，从运作、管理和决策等层次全面提高企业信息化水平，为企业提供商业智能的计算机系统。电子商务系统的不断发展完善，为网购提供了强大的物质基础，使人们放心购、安全购、舒适购，也使互联网经济成为中国经济中越来越重要的一个部分。

目前常见的电子商务系统有淘宝(见图 2-17)、京东、拼多多、苏宁易购等。

图 2-17　淘宝网首页

9. 交通出行软件

交通出行随着软件的蓬勃发展而越来越方便，交通出行软件包括打车软件、共享单车软件、地图导航软件等。

打车软件是一种智能手机应用，乘客可以便捷地通过手机发布打车信息，并立即和抢单司机直接沟通。打车软件使用非常方便，通常只需要选择起始点、发出打车请求然后等司机来接即可。目前常见的打车软件有滴滴出行（见图 2-18a）、滴答出行等。打车软件的盛行，提高了乘客的打车效率。

共享单车是指企业在校园、地铁站点、公交站点、居民区、商业区、公共服务区等提供自行车单车共享服务，是一种分时租赁模式，一种新型绿色环保共享经济。目前常见的共享单车软件有摩拜单车（见图 2-18b）等。

地图导航软件也极大地为交通出行助力。用户输入起始地和目的地，地图导航软件即可自动选择合适的线路，并估计所需出行时间。有了地图导航软件，人们再也不用拿着纸质地图比对，也不用再担心因不熟悉而迷路的问题。常见的地图导航软件有高德地图（见图 2-18c）、百度地图等。

(a) 滴滴出行　　(b) 摩拜单车　　(c) 高德地图

图 2-18　交通出行软件

10. O2O 软件

O2O 即 Online to Offline，是指将线下的商务机会与互联网结合，让互联网成为线下交易的前台，这个概念最早来源于美国。

与传统的消费者在商家直接消费的模式不同，在 O2O 平台商业模式中，整个消费过程由线上和线下两部分构成。线上平台为消费者提供消费指南、优惠信息、便利服务（预订、在线支付、地图等）和分享平台，而线下商户则专注于提供服务。

O2O 软件涉及生活中的很多方面，比如订餐（美团、饿了么等），订电影票（猫眼等），机票酒店预定（携程、同程等）。图 2-19 为几种常见的 O2O 软件。

(a) 美团　　(b) 猫眼　　(c) 携程

图 2-19　几种常见的 O2O 软件

2.3.2　专用软件

专用软件与具体的应用领域有关，因此专用软件也可以称为行业应用软件，它可以简单定义为具有该行业独立特征领域知识的应用软件，它是面向客户集成应用的管理软件，它是最接近客户的一类软件。

1. 教育软件

教育软件是软件的一个分支，是软件在教育、教学方面的具体表现，与其他软件有所不同，它既包含软件所有的特征，同时又包括学习教育的功能。教育软件是对学习者进行教育的信息智能化工具，因此不同的用户对教育软件有着不同的期望和需求。需求的不同导致了教育软件的种类很多，但是根据使用人群和软件主要功能的不同，教育软件基本上可以划分为教育管理软件、教学软件和教育辅助工具软件等几大类。

教育管理软件是教育主管单位和学校进行信息的采集、管理、交流的辅助工具。通常有学籍管理、教学管理、人事管理、教学评估等多种功能。例如现在教育部门使用的教学质量评估系统和教学资源管理系统，学校使用的排课系统和教务系统等都划分到这一类。

如图 2-20 所示为燕山大学教务在线首页。教学软件是应用于学校、培训机构和家庭中教师授课、家长辅导、学生自学等场合中的软件，使用人群有教师、学生和学生家长。例如在线考试系统、外语学习软件、电子教室系统等。

图 2-20 燕山大学教务在线首页

辅助工具软件通常是应用于教育行业的服务软件。通常是通用软件在教育行业中的定制软件，例如专用的实验模拟工具和校园即时通信工具。

2. 医疗软件

医疗软件，也就是医院信息管理系统（Hospital Information System，HIS），是一门融医学、信息、管理、计算机等多种学科为一体的边缘科学，在发达国家已经得到了广泛的应用，并创造了良好的社会效益和经济效益。医疗软件是现代化医院运营的必要技术支撑和基础设施，使用医疗软件的目的是以更现代化、科学化、规范化的手段来加强医院的管理，提高医院的工作效率，改进医疗质量，从而树立现代医院的新形象，这也是未来医院发展的必然方向。

医疗软件的实施将在整个医院建设企业级的计算机网络系统，并在其基础上构建企业级的应用系统，实现整个医院的人、财、物等各种信息的流通和共享，为全院的管理水平现代化和领导决策的准确化打下基础。医疗软件可以根据各医院各自的特点制度量身制作。目前，医疗软件系统已在一系列三甲、三乙、二甲等医院运行，为各医院取得了良好的社会效益与经济效益。医疗软件如图 2-21 所示。

3. 会计核算软件

会计核算软件是指专门用于会计核算工作的电子计算机应用软件。凡是具备相对独立完成会计数据输入、处理和输出功能模块的软件，如账务处理、固定资产核算、工资核算软件等，均可视为会计核算软件。不同软件公司开发的会计核算软件所包含的功能模块并不完全相同。会计核算软件以会计理论和会计方法为核心，以会计制度为依据，以计算机和通信技术为基础，以会计数据为处理对象，以提供会计信息为目标。

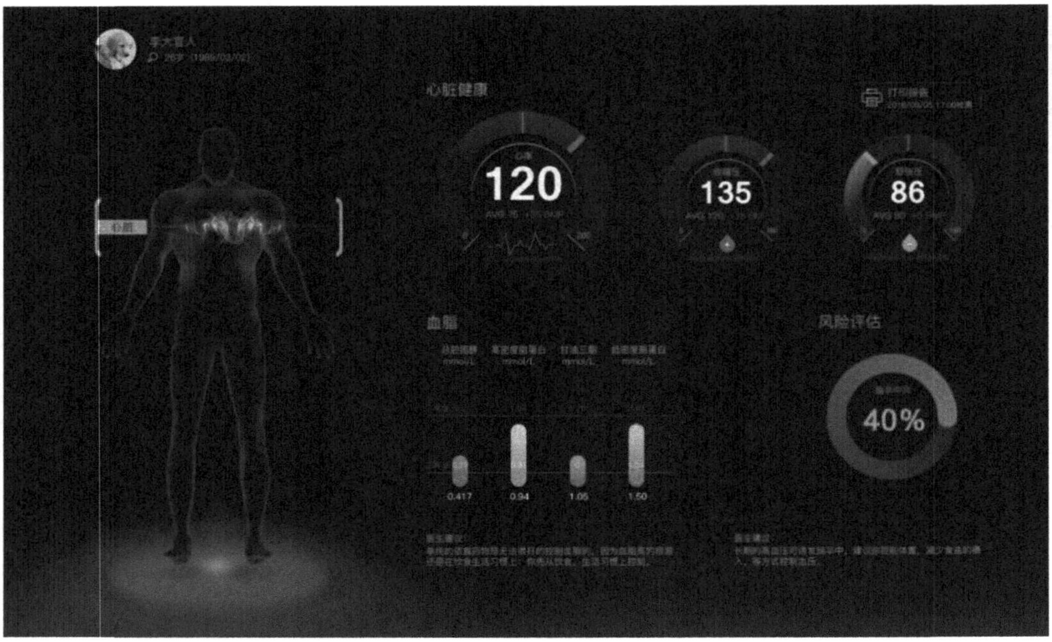

图 2-21 医疗软件

会计核算软件按适用范围分为专用会计软件和通用会计软件两类。

(1) 专用会计软件

一般来说,专用会计核算软件是指由使用单位根据自身会计核算与管理的需要自行开发或委托其他单位开发,专供本单位使用的会计核算软件。其特点是把使用单位的会计核算规则,如会计科目、报表格式、工资项目、固定资产项目等编入会计软件,非常适合本单位的会计核算,使用起来简便易行,但其缺点是受使用范围和时间限制,只适用于个别单位。

(2) 通用会计软件

一般是指由专业软件公司研制,公开在市场上销售,能适应不同单位会计核算与管理基本需要的会计核算软件,我国的通用会计核算软件以商品化软件为主。会计软件如图 2-22 所示。

为了体现"通用"的特点,通用会计核算软件一般都设置"初始化"模块,用户在首次使用通用会计核算软件时,必须首先使用该模块,对本单位的所有会计核算规则进行初始化设置,从而把通用会计核算软件转化为一个适合本单位核算情况的专用会计核算软件。

4. 工业企业信息化软件

近些年来,随着我国经济持续快速高效发展,企业的数量和规模也在不断地扩大,生产分工越来越精细。同时,信息化建设席卷全球,越来越多的企业走向了信息化建设的轨道。工业企业是国民经济发展中的一股重要力量,工业企业要想适应时代和市场的发展,就必须应用强大的信息技术,实现工业企业的信息化。

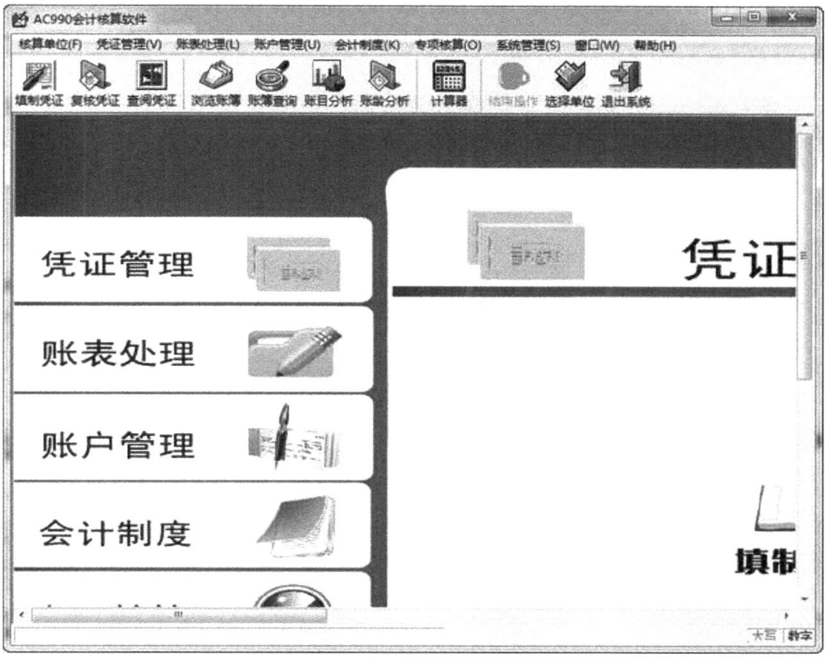

图 2-22 会计核算软件

工业企业信息化实质上是将企业的生产过程、物料移动、事务处理、现金流动、客户交互等业务过程数字化，通过各种信息系统网络加工生成新的信息资源，提供给各层次的人们洞悉、观察各类动态业务中的一切信息，以作出有利于生产要素组合优化的决策，使企业资源合理配置，以使企业能适应瞬息万变的市场经济竞争环境，提高市场竞争力，求得最大的经济效益。

目前常见的工业企业信息化软件有 ERP 系统、CRM 系统、进销存软件等。

(1) ERP 系统

ERP(Enterprise Resource Planning，企业资源规划)系统把企业的物流、人流、资金流、信息流统一起来进行管理，以求最大限度地利用企业现有资源，实现企业经济效益的最大化。ERP 首先是一个软件，同时是一个管理工具。它是 IT 技术与管理思想的融合体，也就是先进的管理思想借助电脑，来达成企业的管理目标。目前，主要 ERP 厂家有金蝶、用友和苏州点迈等。如图 2-23 所示为 FX · ERP 系统。

(2) CRM 系统

CRM(Customer Relationship Management，客户关系管理)系统既是一套原则制度，也是一套软件和技术。它的目标是缩减销售周期和销售成本、增加收入、寻找扩展业务所需的新的市场和渠道以及提高客户的价值、满意度、赢利性和忠实度。CRM 应用软件将最佳的实践具体化并使用了先进的技术来协助各企业实现这些目标。

CRM 应用软件简化协调了各类业务功能(如销售、市场营销、服务和支持)的过程并将其注意力集中于满足客户的需要上。CRM 应用还将多种与客户交流的渠道，如面对面、电话接洽以及 Web 访问协调为一体,这样,企业就可以按客户的喜好使用适当的渠道与之进行交流。

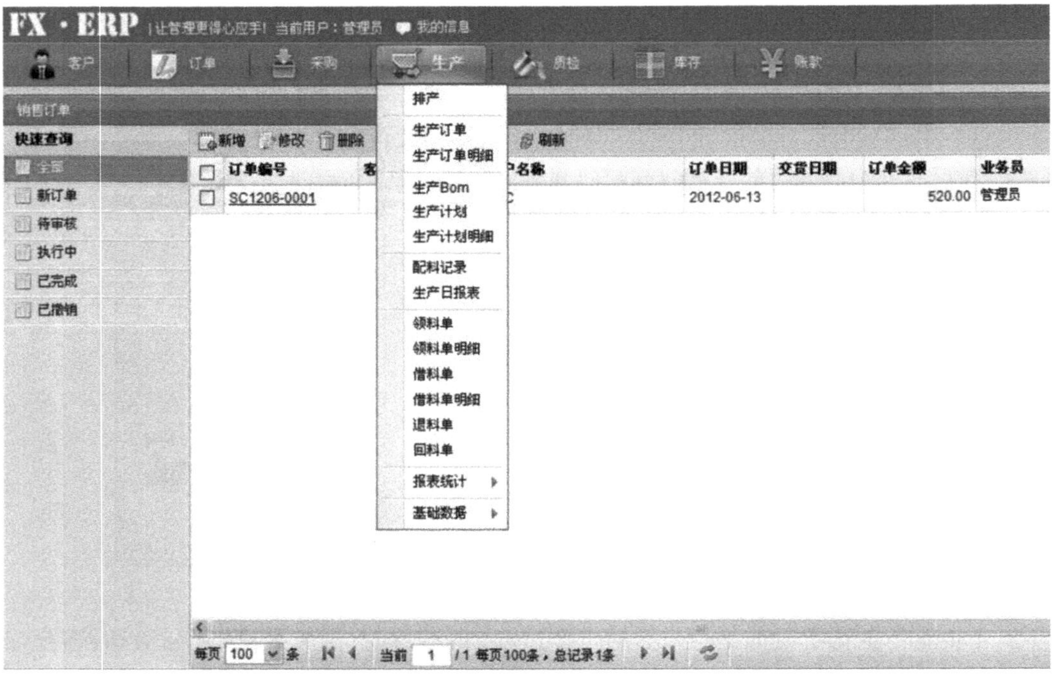

图 2-23　FX・ERP 系统

(3) 供应链管理软件

供应链管理软件是基于协同供应链管理的思想,配合供应链中各实体的业务需求,使操作流程和信息系统紧密配合,做到各环节无缝链接,形成物流、信息流、单证流、商流和资金流五流合一的领先模式。实现整体供应链可视化、管理信息化、整体利益最大化、管理成本最小化,从而提高总体水平。

相信在信息化系统的应用下,工业企业高效管理将变得越来越简单,在信息化高度发达的未来,信息化系统必将在工业企业中发挥更加重要的作用。

5. 其他专用软件

其他行业专用软件还有很多,例如用于酒店的旨在提高酒店管理效率的酒店管理系统,用于生物科技的生物制药虚拟仿真软件、分子建模和研究软件,用于体育训练的安装在健身器材中的嵌入式软件等。

2.4　本章小结

计算机系统由硬件和软件两部分组成。硬件和软件是一个完整的计算机系统互相依存的两大部分,硬件是软件赖以工作的物质基础,软件的正常工作是硬件发挥作用的唯一途径。硬件是计算机的“躯体”,软件是计算机的“灵魂”,没有配备软件的计算机称为“裸机”,是没有多少实用价值的,计算机系统必须要配备完善的软件系统才能正常工作,且充分发挥其硬件的各种功能。

计算机软件包括系统软件和应用软件。

系统软件是计算机正常运行必不可缺少的,是控制和维护计算机系统资源的程序集合。系统软件靠近硬件层,其功能主要是管理计算机硬件资源,与具体应用领域无关,为应用软件提供一些基本的、共同的功能支持。系统软件主要包括操作系统、语言处理程序、数据库管理系统等。

操作系统是计算机系统中极为重要的系统软件,是对计算机系统的硬件软件资源进行控制和管理,方便用户使用,提高系统资源利用率的程序系统。操作系统的概念有两层含义:一是资源管理,主要功能是监视资源、分配资源、回收资源和保护资源;二是方便为用户服务,操作系统是用户与计算机系统之间的接口。操作系统使计算机操作人员和应用软件从计算机底层硬件中完全解放了出来,为用户使用计算机提供了极大的便利。

应用软件在系统软件的支持下,用于解决特定领域的具体问题。按照软件的应用范围,应用软件可分为专用软件和通用软件。专用软件解决的是某一类特定的问题,通常为特定行业开发,如教育软件、医疗软件、会计核算软件、农业信息化软件等。通用软件与具体的应用领域无关,可以被任何人使用,如办公软件、游戏软件、工具软件等。

如今软件已应用于生活中的方方面面,应用还会越来越广泛,因此我们只有好好学习计算机知识,才不会被时代淘汰。

习 题

一、名词解释

1. 系统软件;2. 应用软件;3. 操作系统;4. 高级语言。

二、思考题

1. 操作系统主要有哪些功能?

2. 常见的操作系统有哪些?

3. 文件管理功能主要包括哪些?

4. 处理器管理功能主要包括哪些?

三、填空题

1. 从1946年现代计算机诞生到现在,程序设计语言大体经历了(　　)、(　　)和(　　)三个阶段。

2. 目前应用于移动设备的操作系统,主要是(　　)和(　　)。

3. 进程的3种基本状态为(　　)、(　　)和(　　)。

4. 目前常见的工业企业信息化软件有(　　)、(　　)及(　　)等。

四、选择题

1. 单用户命令行界面操作系统，是指(　　)操作系统。

A. DOS　　B. Windows　　C. Linux　　D. UNIX

2. 以下哪一种不属于数据库系统软件(　　)。

A. Oracle　　B. SQL Server　　C. MySQL　　D. Mac OS

3. 以下哪种软件属于应用软件(　　)。

A. Windows　　B. DOS　　C. iOS　　D. Power Point

4. 以下哪种软件属于系统软件(　　)。

A. 语言处理程序　　B. 多媒体制作软件　　C. 安全软件　　D. 杀毒软件

第 3 章

程序设计基础

在第 2 章中我们了解了计算机系统软件与应用软件，软件是由一个或多个程序组合而成的，程序是由开发人员使用程序设计语言编写出来的，而这个编写程序的过程就是编程。

1984 年 Pascal 语言之父——尼克莱斯·沃斯(Niklaus Wirth，1934—)，凭借一个著名的公式获得图灵奖，这个公式对计算机科学的影响程度足以类似物理学中爱因斯坦的"$E=mc^2$"，这个公式就是"数据结构+算法=程序"，这揭露了程序的本质。

数据结构研究在计算机的程序设计过程中，使用何种方式对相关数据进行存储和组织，以提高程序的执行效率。算法是解决某个特定问题的方法或者步骤，它的主要目的是提供解决问题所需要执行的流程。数据结构与算法要通过程序实现，才能由计算机系统来执行。所以程序就是基于某种或某几种数据结构，采用某种算法或某几种算法去解决问题的过程。

可以这样理解，数据结构和算法形成了可执行的程序。而程序能否快速而有效地完成预定的任务，取决于是否选对了数据结构，程序是否能清楚而正确地把问题解决，则取决于算法。程序运行的过程就是数据的处理过程，数据如何处理，那就是算法问题，数据怎么组织，那就是数据结构的问题。所以要想写出好的程序，数据结构和算法的相关知识都要掌握。

3.1 程序设计

程序设计就是以计算机能理解的某种程序设计语言为工具，把已经设计好的数据结构和算法改写成计算机能够运行的程序。程序设计语言是一种让人与计算机之间进行交流，让计算机理解人的意图并按照人的意图完成工作的符号系统。

程序设计语言是指令或语句的集合，指令或语句是让计算机完成某项功能的命令。在机器语言或者汇编语言中，把这样的命令称为指令，在高级语言中，把这样的命令称为语句。程序设计语言经历了机器语言、汇编语言和高级语言三个阶段，其中机器语言和汇编语言都称为低级语言，而高级语言分为结构化程序设计语言、面向对象程序设计语言、可视化程序设计语言、面向人工智能的程序设计语言和数据库语言等。

1. 机器语言

机器语言是用二进制代码表示的计算机能直接识别和执行的一种机器指令系统的集

合。这种指令集叫作机器码,是电脑的 CPU 可直接解读的数据。每种 CPU 都有自己专用的机器指令集合,这些指令能够被计算机直接执行。每个指令都有唯一的二进制编号,用来表示这些指令。每条机器语言指令只能完成一个非常简单的任务,即使是求两个数的和这样简单的工作,也需要 4 条机器语言指令。

一条机器语言指令是一组有意义的二进制代码。一条机器语言指令实际上包括两种信息即操作码字段和地址码字段。操作码用来表示该指令所要完成的操作(如加、减、乘、除、数据传送等),地址码用来描述该指令的操作对象或数据所在内存单元的地址。

机器语言程序示例:

程序功能:计算 5+10 并存储到另外一个内存单元

部分程序如下:

```
000001 0000000101 //取一个数 5 到运算器中
000011 0000001010 //取一个数 10 并加上运算器中的数 5
000010 0000000110 //结果存到 6 号内存单元中
```

用机器语言编写程序,程序员必须要记住每条指令对应的二进制数是什么,这是一件十分烦琐的工作。而且,编出的程序全是些 0 和 1 的指令代码,直观性差还容易出错,难学、难记、难读,因而很难用来开发实用的计算机程序。机器语言是一种依附于机器硬件的语言,不同硬件之间,代码不具备可复用性,不同型号计算机的机器语言是不相通的,按照一种计算机的机器指令编制的程序,不能在另一种计算机上执行。除了计算机生产厂家的专业人员外,绝大多数的程序员已经不再去学习机器语言了。

2. 汇编语言

由于机器语言难学、难记、难读,因此,在机器语言基础上出现了汇编语言(Assembly Language)。汇编语言同机器语言一样,也是一种依附于机器硬件的语言,但它采用一些可以被人读懂的助记符(多数都是英文单词及其缩写,如 ADD、MOV 等),而不再是机器语言中由 0 和 1 组成的数字串,所以汇编在一定程度上克服了机器语言难以辨认和记忆的缺点。相比机器语言,记忆汇编语言的指令就容易多了,编写出的程序也比较容易理解。

汇编语言程序示例:

程序功能:计算 5+10 并将计算结果存储到另外一个内存单元

部分程序如下:

```
MOV A,5    //将 5 放到寄存器 A 中
ADD A,10   //将寄存器 A 中的值与 10 相加
MOV Z,A    //将 A 中的数存入 Z 内存单元中
```

汇编语言和机器语言是密不可分的,由于计算机只能直接执行由机器语言编写的程序,所以使用汇编语言编写的程序称为汇编语言源程序,它首先需要翻译成功能上等价的机器语言程序,这样才可以被计算机执行,完成这种翻译工作的程序称为汇编器。

虽然汇编语言比机器语言容易理解、记忆和编写,但对大多数用户来说,助记符仍然是

比较难以记忆的,而且需要编程人员对计算机的硬件结构有比较深入的了解。此外,汇编语言和机器语言一样都是依附于机器硬件的语言,不具备通用性和移植性,例如针对 X86 架构的汇编语言称为 X86 汇编语言。但汇编语言编制的程序效率非常高、运行速度快,针对计算机特定硬件而编制的汇编语言程序,能准确发挥计算机硬件的功能和特长,所以汇编语言至今仍是一种常用而强有力的软件开发语言。

3. 高级语言

为了克服汇编语言的缺点,后来人们又设计了高级程序设计语言。相比机器语言中用二进制数字串表示指令,汇编语言中用英文助记符表示指令,在高级语言中,使用英文和数学公式表示指令,使得高级语言更容易被编程人员理解和掌握,同时高级语言引入了循环语句、条件分支语句,大大提高了语言的逻辑表达能力。机器语言和汇编语言都是低级语言,这里的低级并不是语言的优劣,而是指它们的依附于机器的特性,一种计算机的机器指令编制的程序,不能在另一种计算机上执行。高级语言抽象度高,与机器相关度低(或没有相关度),使用方便、通用性强、移植性好,便于各类人员学习和使用。

高级语言程序示例:

程序功能:计算 5+10 并将结果存储到另外一个单元

部分程序如下:

```
Z=5+10 //把 5+10 相加存入 Z 变量中
```

从这个简单的例子可以看出,用高级语言编写程序,既简单又容易理解。高级语言使编程人员专注于逻辑表达,而不像使用低级语言一样分心于具体的机器实现细节。但是低级语言是不可替代的,因为特定的机器有特定的结构,低级语言是与机器相关的语言,高级语言是与机器无关的语言,只有低级语言能够充分利用这些特定的结构来实现更高效率的程序。

3.1.1 结构化程序设计语言

结构化程序设计注重程序的可理解性和可修改性,强调从程序结构和风格上来研究程序设计,它将问题分解为若干个过程,每一个过程称为模块。模块化实际上是把一个复杂的大程序的编写分解为若干个既相互联系、又相对独立的小程序的编写,使得程序易于编写、理解和修改。好的程序设计方法需要有相应的程序设计语言支持,Pascal 是第一个结构化设计语言,后来又出现了至今仍然非常流行的 C 语言。

1. 程序设计的三种基本结构

从程序流程的角度来看,程序由三种基本结构组成,分别是顺序结构、选择结构和循环结构。由这三种基本结构可以组合出任意复杂的程序。换句话说,任何一个结构程序都可以由这三种基本控制结构来表示。

(1) 顺序结构

顺序结构是最基本、最常用的结构。顺序结构就是按照程序语句的书写顺序一条一条地执行,并且每个语句都会被执行到。如图 3-1 所示,这是一个顺序结构,程序会先执行语句 A,然后执行语句 B。

(2) 选择结构

选择结构表示程序的处理需要根据某个特定的逻辑条件的成立与否,选择其中的一个分支执行,每个分支完成不同的功能。如图 3-2 所示,程序开始会判断条件是真是假,如果条件为真,则执行语句 A,如果条件为假,则执行语句 B。

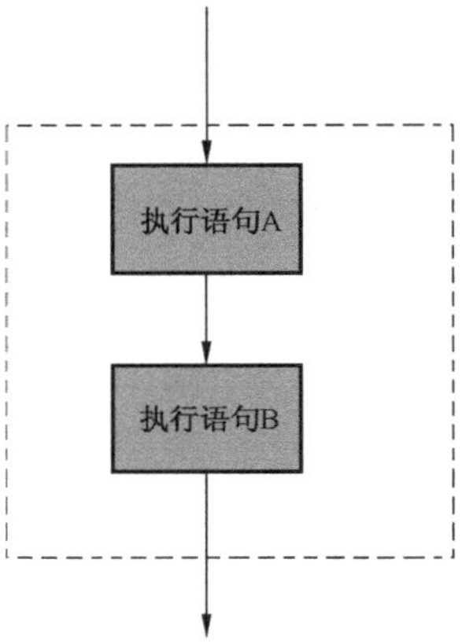

图 3-1　顺序结构

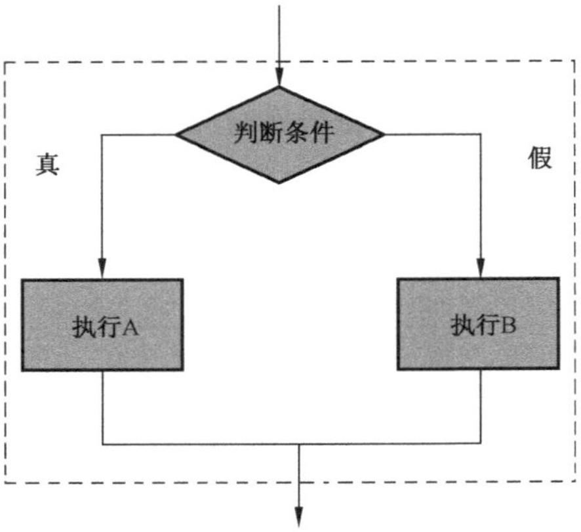

图 3-2　选择结构

(3) 循环结构

用计算机解决实际问题时,常常需要处理重复的内容,循环结构又称为重复结构。根据给定的条件,判断是否需要重复执行相同的程序段,利用循环结构可以简化大量的代码,如图 3-3 所示。

程序进入图 3-3 的循环结构后,开始会判断条件是真是假,如果是真,则执行语句 A,执行完语句 A 会继续条件判断,如果是真,则继续进入语句 A 执行,如此循环往复直到条件为假,则退出循环。

2. C 语言

C 语言之所以命名为 C,是因为 C 语言源自 Ken Thompson 发明的 B 语言。1970 年贝尔实验室使用 B 语言编写了第一个高级语言版的 UNIX 操作系统。但是由于 B 语言功能有限,在 1972 年,贝尔实验室在 B 语言的基础上设计出了 C 语言,并且以 C 语言为基础编写了 UNIX。最初,C 语言是为了编写 UNIX 操作系统而进行研发的,但是由于 C 语言强大的功能和众多的优点以及 UNIX 的日益广泛使用,使得 C 语言迅速推广,广泛应用于大、中、小和微型计算机上。

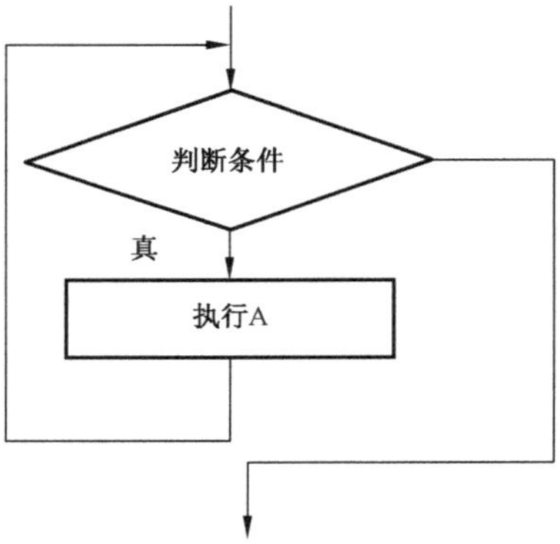

图 3-3　循环结构

C 语言是一门面向过程、抽象化的通用程序设计语言,广泛应用于底层开发。C 语言能以简易的方式编译、处理低级存储器。C 语言是仅产生少量的机器语言以及不需要任何运行环境支持便能运行的高效率程序设计语言。尽管 C 语言提供了许多低级处理的功能，但仍然保持着跨平台的特性，以一个标准规格写出的 C 语言程序可在包括一些类似嵌入式处理器以及超级计算机等平台上进行编译。

（1）语句

C 语言的语句(Statement)是对自然语言语句的模拟，为了让计算机完成一些任务，必须用语句详细描述完成任务需要的一系列步骤，每一步的工作都由语句来体现。C 语言中语句有很多，下面只挑其中一部分作介绍。

1）if-else 语句

if 语句能够实现选择结构。

下面是一个 C 语言 if-else 语句的简单例子：

```
if (C>5)
  A=2;
else
  B=2;
```

上面例子中，程序先判断 C 变量是否大于 5，如果(if)C 大于 5 则将 2 赋值给变量 A，如果 C 不大于 5(else)，则将 2 赋值给变量 B。

2）while 语句

while 语句能够实现循环结构。有关循环结构的介绍，同学们可以回顾前面的图 3.3。

下面是一个 C 语言 while 语句的简单例子：

```
int A=1;
int C=7;
while(C>5)
C=C-1;
A=2;
```

while 的中文意思是“当”，上面例子中，首先定义两个变量 A 和 C，并分别赋值为 1 和 7，然后程序进入 while 循环语句判断 C 是否大于 5，当 $C>5$ 时就执行后面的 $C=C-1$ 语句，直到 C 不大于 5 为止，C 不大于 5 时程序跳出 while 循环并执行后面的语句 $A=2$。

为了帮助同学们理解，我们来详细分析一下上面例子的执行流程。首先定义两个变量 A 和 C 并分别赋值为 1 和 7，然后程序进入 while 循环判断 C 是否大于 5，此时 $C=7$ 大于 5 于是执行 $C=C-1$，执行 $C=C-1$ 之后 C 的值为 6，继续判断 C 是否大于 5，此时 $C=6$ 大于 5 于是执行 $C=C-1$，执行 $C=C-1$ 之后 C 的值为 5，继续判断 C 是否大于 5，此时 $C=5$ 不大于 5，因此程序退出 while 循环，执行 while 循环后面的语句，$A=2$。

3）复合语句

复合语句指由大括号“{ }”括起来的一组语句。如果要在只执行一条语句的地方执行多条语句,那么可以将多条语句用一对大括号“{ }”括起来构成一条复合语句。

例如上面的 while 循环中,我们不仅想在每次判断 C 是否大于 5 之后执行 C=C−1,还想执行 $A=A+1$,那么可以把 while 循环改成下面这样:

```
while(C>5)
{
  C=C-1;
  A=A+1;
}
```

C 程序书写时,每个语句必须以分号“;”结束,对于复合语句,用大括号括起来即可,不用也不能在大括号后面添加分号。

(2) 函数

数学中的函数是一种符号表达,它描述的是一种现象的计算过程,比如“sin”函数,而高级语言中的函数表示一段程序语句的执行。通过函数,我们可以将很多条语句组合起来用一个名字来表示。C 语言程序由函数构成,C 程序可以包含多个函数,但最少也要包含一个函数,这个函数就是 main 函数(又称主函数),C 程序的执行是从 main 函数开始的。下面是一个 main 函数的简单示例:

```
main( )
{
  int A=1;
  int C=7;
  while(C>5)
    C=C-1;
  A=2;
}
```

上面,大括号“{ }”中的内容称为函数体,里面包含我们用 C 语言书写的一系列语句,上述程序从“int A=1”语句开始执行,到“A=2”语句程序执行完毕并退出。

一个函数可以调用另一个函数,像下面这样:

```
void study( )
{
  char str[50]="I am studying!";
  printf("%s", str);
}
void main( )
{
  study( );
```

其他语句
}

上面程序中 main 函数调用一个名为 study 的函数，当 main 函数调用 study 函数时，程序会停止执行 main 函数中的其他语句，转而去执行 study 函数中的语句，等 study 函数中的语句执行完后才会回到 main 函数继续执行其他语句。程序执行流程如图 3-4 所示。

将所有代码全都放到主函数中通常不是个好的编程习惯，通过将一些复杂的代码放到函数中，可以实现功能的模块化。利用函数编写程序，既可以提高程序的清晰度，还有利于代码的重用。

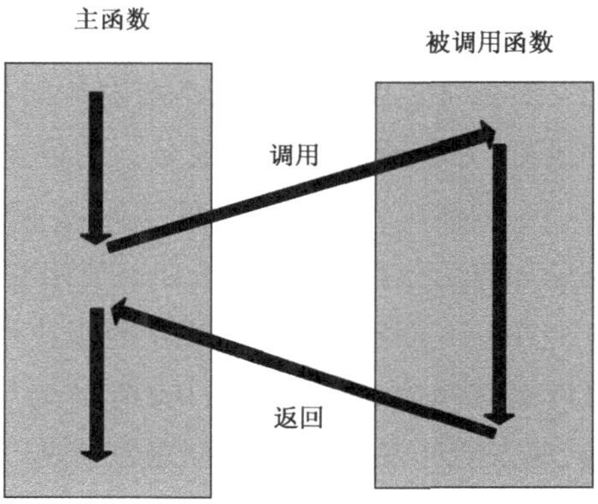

图 3-4 函数调用

3.1.2 面向对象程序设计语言

结构化程序设计方法虽然在一定程度上能够保证较大规模程序的质量，但是随着时间的推移，也逐渐发现其不足之处。比如结构化的程序设计方法过于强调了要实现功能的模块，而被操作的数据被忽视了，也就是说程序模块和数据是松散地耦合在一起的，这种情况下，不仅容易出错，而且一旦出错将难以修改。

为了解决结构化设计的不足之处，人们提出了面向对象的程序设计方法。面向对象的方法不再将问题分解为过程，而是将问题分解为对象，对象将自己的属性和方法封装成一个整体，提供给程序设计者使用，而对象之间的相互作用则通过消息传递来实现。使用面向对象的程序设计方法，可以使得人们对复杂系统的认识过程与程序设计过程尽可能地一致。所以面向对象的程序设计思想已经成为主流的程序设计思想之一。

结构化程序设计方法有许多结构化设计语言支持，同样面向对象的程序设计方法也有很多面向对象的程序设计语言的支持。Simula 67 被认为是第一门面向对象的语言，后来诞生了以 C 语言为基础的 C++语言。1995 年，Sun 公司推出 Java 编程语言。最近，随着人工智能技术的兴起，Python 迅速升温，成为众多 AI 从业者的首选语言。

1. Simula 67

1967 年，Simula 67 语言发布，它被认为是面向对象语言的鼻祖。它引入了所有后来面向对象程序设计语言所遵循的基础概念：对象、类、继承。虽然它并未流行起来，但是它为后来很多主流的面向对象的程序设计语言的许多功能提供了框架。

2. C++

20 世纪 80 年代，贝尔实验室在 C 语言基础上设计出了支持数据抽象和面向对象风范的通用程序设计语言 C++。C++是 C 语言的扩充，它既可以进行 C 语言的过程化程序设计，又可以进行以抽象数据类型为特点的基于对象的程序设计，还可以进行以继承和多态为特点的面向对象的程序设计。

C++语言支持数据封装,类是支持数据封装的工具,对象则是数据封装的实现。在面向对象的程序设计中,将数据和对该数据进行合法操作的函数封装在一起作为一个类的定义。对象被说明为具有一个给定类的变量。每个给定类的对象包含这个类所规定的若干私有成员、公有成员及保护成员。完好定义的类一旦建立,就可看成完全封装的实体,可以作为一个整体单元使用。类的实际内部工作隐藏起来,使用完好定义的类的用户不需要知道类是如何工作的,只要知道如何使用它即可。

在C++现有类的基础上可以声明新类型,这就是继承和重用的思想。通过继承和重用可以更有效地组织程序结构,明确类与类之间的关系,并且充分利用已有的类来完成更复杂、深入的开发。新定义的类为子类,它可以从父类中继承所有非私有的属性和方法,作为自己的成员。

多态就是指一个类实例的相同方法在不同情形有不同表现形式。多态机制使具有不同内部结构的对象可以共享相同的外部接口。这意味着,虽然针对不同对象的具体操作不同,但通过一个公共的类,它们(那些操作)可以通过相同的方式予以调用。

3. Java

Java语言是由Sun Microsystems公司于1995年推出的一个支持网络计算的面向对象的程序设计语言。Java是一门面向对象编程语言,不仅吸收了C++语言的各种优点,还摒弃了C++里难以理解的多继承、指针等概念,因此Java语言具有功能强大和简单易用两个特征。

Java语言作为静态面向对象编程语言的代表,极好地实现了面向对象理论,允许程序员以优雅的思维方式进行复杂的编程。

Java具有简单性、面向对象、分布式、健壮性、安全性、平台独立、可移植性、多线程、动态性等特点。Java可以编写桌面应用程序、Web应用程序、分布式系统和嵌入式系统应用程序等。

4. Python

Python是完全面向对象的语言。函数、模块、数字、字符串都是对象,并且完全支持继承、重载、多继承,有益于增强源代码的复用性。Python最初被设计用于编写自动化脚本(Shell),随着版本的不断更新和语言新功能的添加,越来越多被用于独立的、大型项目的开发。由于Python语言的简洁性、易读性以及可扩展性,在国外用Python做科学计算的研究机构日益增多,一些知名大学已经采用Python来教授程序设计课程。

3.1.3 面向对象程序设计

根据结构化程序设计方法设计出的程序易于阅读、理解和维护,同时还提高了编程的工作效率,降低了软件开发成本。面向对象是一种更优秀的程序设计方法,它基于结构化程序设计,使用结构化程序设计中的变量、表达式、函数等概念,同时引入了类、对象、继承、封装、消息等基本概念来进行程序设计。

不同于结构化程序设计强调功能行为，面向对象程序设计是从现实世界中客观存在的事物（即对象）出发来构造软件系统，并在系统构造中尽可能运用人类的自然思维方式，强调直接以现实世界中的事物（即对象）为中心来思考问题、认识问题。常见的面向对象程序设计语言包括 C＋＋、Java、Python 等。

1. 对象

在现实世界中，任何事物都是对象。它可以是一个有形的具体存在的事物，例如一张桌子、一个学生、一辆汽车，甚至地球；也可以是一个无形的、抽象的事件，例如一次演出、一场球赛、一次出差等。对象既可以很简单，也可以很复杂，复杂的对象可以由若干简单的对象构成，整个世界可以认为是一个非常复杂的对象。

现实世界中的对象既具有静态的属性（或称状态），又具有动态的行为（或称操作、功能）。例如，一个坦克就是一个对象，每个坦克都有型号、重量、炮弹类型等属性，都有移动、开火、装弹等行为（功能）。

所以在现实世界中，对象一般可以表示为：属性＋行为，一个对象往往是由一组属性和一组行为构成的。

面向对象的程序设计采用了以上人们所熟悉的这种思路。在面向对象程序设计中，对象是描述其属性的数据以及对这些数据施加的一组操作封装在一起构成的统一体，每个对象都是由数据和操作代码（通常用函数来实现）两部分组成，如图 3-5 所示。

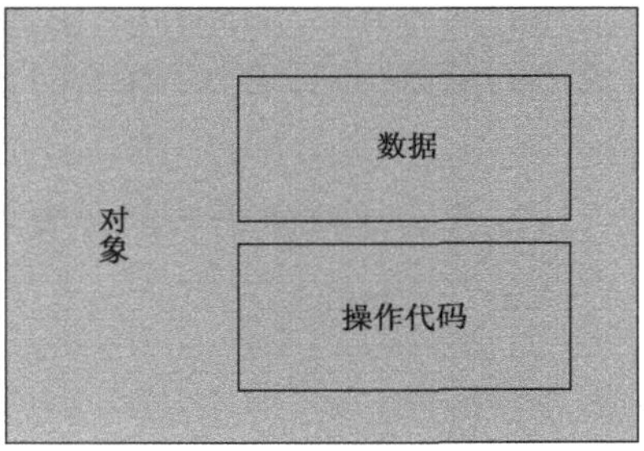

图 3-5　对象

用数据来体现上面提到的“属性”，用函数作为操作代码来实现对数据的操作，以实现某些功能。

2. 类

在现实世界中，“类”是一组具有相同属性行为的对象的抽象。例如，虽然张三、李四、王五每个人的性格、爱好、职业、特长等各有不同，但是他们的基本特征是相似的，都具有相同的生理构造，都能吃饭、说话、走路等，于是把他们统称为“人”类，而具体的每一个人是人类的一个实例，也就是一个对象。类和对象之间的关系是抽象和具体的关系。类是对多个对象进行综合抽象的结果，对象又是类的个体实物，一个对象是类的一个实例。

例如，学生小明是一个对象（见表 3-1）。

表 3-1　对象

对象名		小明
对象的属性	年龄	18 岁
	学历	高中
对象的操作	走路	
	吃饭	
	上课	

一个个像小明这样的学生构成学生类。

将属性、操作相似的对象归为类。也就是说,类是具有共同属性、共同方法的对象的集合。类是对象的抽象,它描述了该对象类型的所有对象的性质,而一个对象则是其对应类的一个实例。

3. 消息和方法

现实世界中的对象不是孤立存在的实体,它们之间存在着各种各样的联系,正是它们之间的相互作用、联系和连接,才构成了世界各种不同的系统。

面向对象程序设计技术必须提供一种机制允许一个对象与另一个对象的交互。这种机制叫消息传递。一个对象向另一个对象发出的请求称为“消息”。当对象接收到发向它的消息时,就调用有关的方法执行相应的操作。例如,有一个士兵对象张三和一个坦克对象坦克1号,对象张三可以发出消息,请求对象坦克1号发射一枚炮弹,当对象坦克1号接收到这个消息后,确定应完成的操作并执行。

在面向对象程序设计中的消息传递实际是对现实世界中的信息传递的直接模拟。调用对象中的函数(也称方法)就是向该对象传送一个消息,要求该对象实现某一行为(功能、操作)。

Java 语言是高级语言的代表之一,在 Java 语言中创建一个类并使用可以像下面这样:

```
class Animal
{
   public String name;
   public void eat()
   {
        //此处省略 eat 函数体代码
   }
}
```

上面定义了一个 Animal 类,它包含一个成员变量 name 和一个成员方法 eat,类使属性和方法结合在一起。接下来我们可以使用 Animal 类实例化一个对象 animal 1:

```
Animal animal 1=new Animal();
```

然后使用这个 animal 1 对象,给他的名字赋值,并调用 eat 方法:

```
animal 1.name="JOJO";
animal 1.eat();
```

3.2 程序设计语言处理系统——编译原理

由机器语言发展到汇编语言,再由汇编语言发展到高级语言,人们编写程序越来越便捷。但实际上,计算机真正能理解的语言只有机器语言,无论是用汇编语言还是高级语言,编写出的程序都必须先被转换成相应等价的机器语言程序才能被计算机理解执行。

这种翻译工作都由专门的语言处理系统来完成。语言处理系统的作用就是把用高级语言或汇编语言编写的程序转换成可被计算机理解执行的机器程序。负责完成这些转换功能的软件就是汇编器、编译器、解释器等，它们统称为程序设计语言处理系统。

1. 汇编器

用汇编语言编写的程序称为汇编语言源程序，转换成的机器语言程序称为目标程序。汇编语言源程序需要由一种“翻译”程序来将源程序转换为机器语言目标程序，这种翻译程序被称为汇编器或者汇编程序。汇编语言语句与机器语言语句具有一一对应性，一条汇编语言助记符指令对应一条机器指令，如图 3-6 所示。

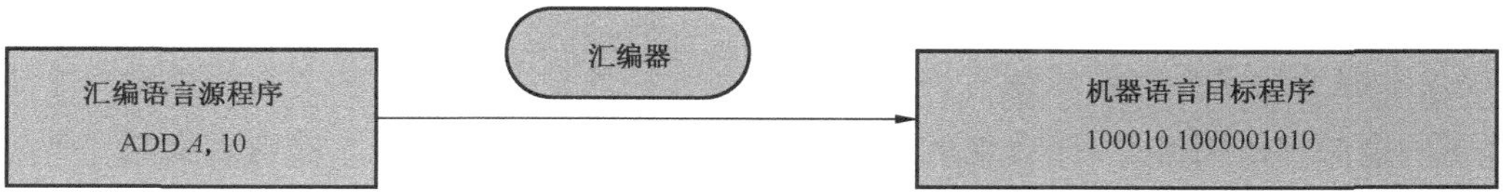

图 3-6　汇编器

2. 编译器

用高级语言编写的程序称为高级语言源程序，把用高级语言编写的源程序翻译成机器语言目标程序的过程称为编译，完成编译工作的软件称为编译器。一条高级语言语句往往可由若干条机器语言语句实现，如图 3-7 所示。

图 3-7　编译器

以上所说的编译器是广义的编译器，能将高级语言源程序转换成机器语言目标程序。实际上编译器通常由两部分组成：编译程序和汇编程序，如图 3-8 所示。

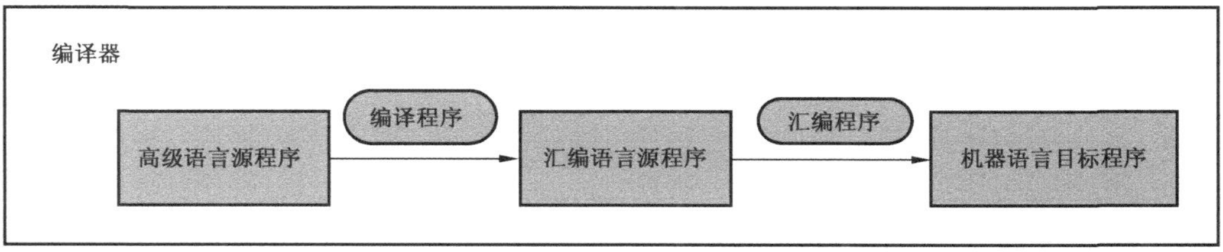

图 3-8　编译器实现

编译器在实际工作中，首先将高级语言源程序通过编译程序转换成汇编语言源程序，然后再通过汇编器的作用，将汇编语言源程序转换成机器语言目标程序。将汇编器集成到编译器，能大大降低编译器的制作难度。

源程序经过编译后，若无错误就会生成一个等价的目标程序，由于一个大型程序通常被分为多个部分进行编译，会形成多个目标程序，因此还需要链接器将多个目标程序连接到一起，形成真正能在机器上运行的可执行程序。可执行程序全部由能被机器理解并执行的机器指令组成，运行时不再需要源程序和编译器，运行速度快。但这种方式不够灵活，每次修改源程序后，都必须重新编译和连接。目前使用的FORTRAN、C、Pascal等高级语言都采用这种方式。

3.3　数据结构和算法

“程序设计”说白了就是大家所谓的编程，一个程序是由程序设计语言编写出来的。然而，仅仅掌握了编程语言就能编写出好的程序吗？答案是否定的！这个问题就像一个老外掌握了一定的汉语词汇量，那么他就能很好地用汉语来实现与中国人的沟通交流了吗？实际上，老外要想更好地说汉语，可能还要掌握一些成语、熟悉一些中国人常用的表达方式和沟通技巧。同理，设计一个程序光会编程语言是远远不够的，还需要用到数据结构和算法。

从另一个角度来理解程序，即“程序＝数据结构＋算法”。程序设计就像盖房子，数据结构就像砖、瓦，而算法就是设计图纸。你若想盖房子首先必须有原料(数据结构)，但是这些原料不能自动地盖起了你想要的房子，你必须按照设计图纸(算法)上的说明一砖一瓦地去搭建，这样你才能拥有你想要的房子(程序)。

3.3.1　数据结构

1. 概念和术语

任何专业的学科都有很多专业的基本概念术语，能够更方便地表达专业性的内容，下面我们将对数据结构中的概念和术语赋以确定的含义，以确定与学生取得“共同的语言”。

(1) 数据

数据是对客观事物的符号表示，在计算机科学中是指所有能输入到计算机中并被计算机程序处理的符号总称。数据是信息的载体，它能够被计算机识别、存储和加工处理。计算机科学中，所谓数据就是计算机加工处理的对象，它可以是数值数据，也可以是非数值数据，如图像、声音、文本等。表3-2中所有的内容都是数据。

表3-2　学生成绩表

学号	姓名	语文	数学	C语言
6201001	张三	85	54	92
6201002	李四	92	84	64
6201003	王五	87	743	73
……				

（2）数据项

数据项是数据不可分割的最小单位。数据项有名和值之分，数据项名是数据项的标识，用变量定义，数据项值是数据项可能的一个取值。表 3-2 中姓名就是数据项，它的取值可以是张三、李四、王五等。

（3）数据元素

数据元素是组成数据的基本单位，在计算机程序中通常作为整体进行考虑和处理。数据元素一般由若干数据项组成。表 3-2 中学生的基本信息就是一个数据元素，由学号、姓名、语文成绩、数学成绩、C 语言成绩等数据项组成。

（4）数据对象

数据对象是具有相同性质的数据元素的集合，是数据的一个子集。表 3-2 中一个班级的成绩表可以看作一个数据对象。

（5）数据结构

数据结构：相互之间存在一种或者多种特定关系的数据元素的集合。在任何问题中，数据元素都不是孤立的，数据元素和数据元素之间存在着关系，这种数据之间的关系就称为结构。

数据元素和数据元素之间的关系称为结构，相同的数据元素不同的关系构成不同的数据结构。比如说把人看成是数据元素，那么人与人之间的关系有很多种，比如：同学关系、朋友关系、师生关系，进而产生了同学结构、朋友结构、师生结构，所以可以看出数据元素相同的情况下，数据和数据之间关系的不同，那么形成的数据结构也是不同的。

上面所说的数据结构中数据元素的关系描述的是数据元素之间的逻辑关系，因此数据结构称为数据的逻辑结构。然而，我们讨论数据结构是为了在计算机中实现对数据的操作，数据结构在计算机中的表示称为数据的物理结构，又称为存储结构。所以，数据结构从两个角度来看分为数据的逻辑结构和物理结构。

2. 逻辑结构

数据的逻辑结构可以看作是从具体问题抽象出来的数学模型，描述的是数据元素之间的逻辑关系。在数据结构这门课程中，根据数据元素之间逻辑关系的不同，通常有下列几种基本逻辑结构：线性结构、树形结构、图状结构。

（1）线性结构

线性结构是最常用、最简单的数据结构，包括线性表、队列、栈等都属于线性结构，线性结构中的数据元素之间存在一对一的关系，每个数据元素有且只有一个前驱（第一个数据元素除外），每个数据元素有且只有一个后继（最后一个数据元素除外），如图 3-9 所示。

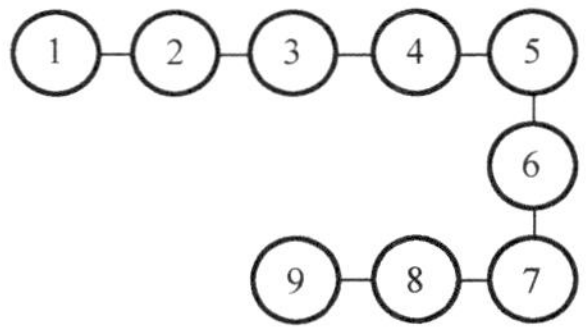

图 3-9　线性结构

(2) 树形结构

树形结构中的数据元素之间存在一对多的关系。比如,一个单位的工作人员之间的关系可以表示成一棵树,每个人只有一个直接领导(单位的最高领导除外),有多个直接下属(最基层的工作人员除外),树形结构广泛应用于具有明显层次关系的人类社会的族谱、各种社会机构中,如图 3-10 所示。

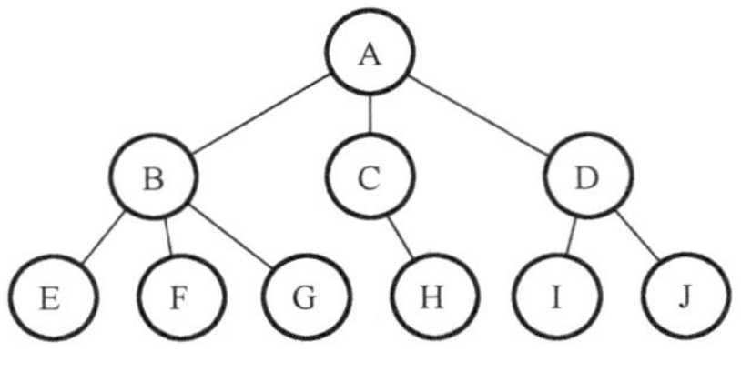

图 3-10　树形结构

(3) 图状结构

图状结构中任意两个数据元素之间都可能相关,数据元素之间存在多个对多个的关系,图状结构也被称网状结构,铁路交通图是一种典型的图状结构,任意两个城市之间可能存在多条路径连通,图状结构被用于描述各种复杂的数据对象,如通信网络结构、国家之间的外交关系、人与人之间的社会关系等,如图 3-11 所示。

使用示意图来画逻辑结构的时候,要注意:每一个数据元素都用一个圆圈来表示。数据元素和数据元素之间的逻辑关系用连线来表示,如果这个逻辑关系是有方向的,那么使用带箭头的连线来表示。

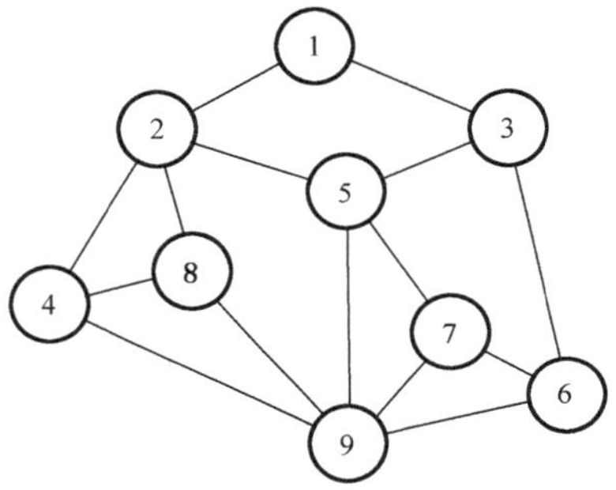

图 3-11　图状结构

3. 物理结构

数据在计算机中的表示称为数据的物理结构或存储结构,它研究数据结构在计算机中的实现方法,包括数据结构中元素的表示及元素间关系的表示。数据的存储结构又可分为顺序存储结构或链式存储结构。

(1) 顺序存储结构

把数据元素存放在地址连续的存储单元里,其元素之间的逻辑关系和物理关系是一致的,如果在逻辑上两个数据元素是相邻的,那么在物理内存单元上两个数据元素也一定是相邻的。如图 3-12 所示,数据元素①和数据元素②在逻辑上是相邻的,同时二者在物理存储器中的地址也是相邻的,满足这种情况的存储结构就叫作顺序存储结构。

图 3-12　顺序结构

(2) 链式存储结构

把数据元素存放在任意内存的存储单元中,这些存储单元可以连续也可以不连续。元素之间的逻辑关系和物理关系不一致,不能通过物理关系来表示逻辑关系,因此需要一个指针存放数据元素的地址,这样通过地址就可以知道相关联的数据元素的位置,如图 3-13 所示。

通过图 3-13 可以发现数据元素在内存中是随意存储的,没有规律,数据元素和数据元素之间的关系通过指针表示，通过看图可以发现数据元素③有一个箭头指向了数据元素④，这个箭头就是指针，通过指针就表示了数据元素③和数据元素④之间的逻辑关系，数据元素③和数据元素④是相邻的，数据元素③的后继是数据元素④，数据元素④的前驱是数据元素③。

用一种形象的方式来区别一下顺序存储结构和链式存储结构，现在有 A、B、C、D 四个人，相当于四个数据元素，他们之间是有逻辑关系的，现在要他们进入 1、2、3、4 四个房间中，就相当于进入 4 个相邻的内存单元中。

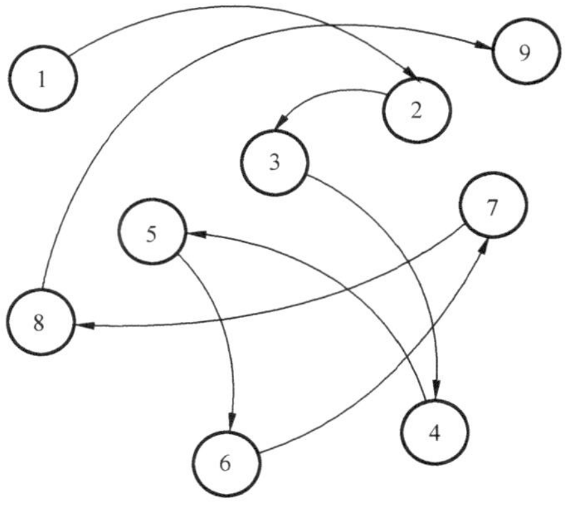

图 3-13　链式存储

如果要是顺序存储结构，那么 A 进 1，B 进 2，C 进 3，D 进 4，因为 A、B、C、D 的逻辑关系是紧邻的，所以他们进入的房间也是紧邻的。

如果要是链式存储结构，那么 A 进 2，B 进 4，C 进 1，D 进 3，虽然 A、B、C、D 的逻辑关系是紧邻的，但是它们并没有按照紧邻的关系进入紧邻的房间。

4. 线性表的存储表示和实现

(1) 线性表的顺序表示和实现

线性表的顺序表示指的是用一段连续的存储单元依次存储线性表的数据元素。线性表的这种表示方式又称顺序表，线性表(a_1，a_2，…，a_n)的顺序存储结构如图 3-14 所示。

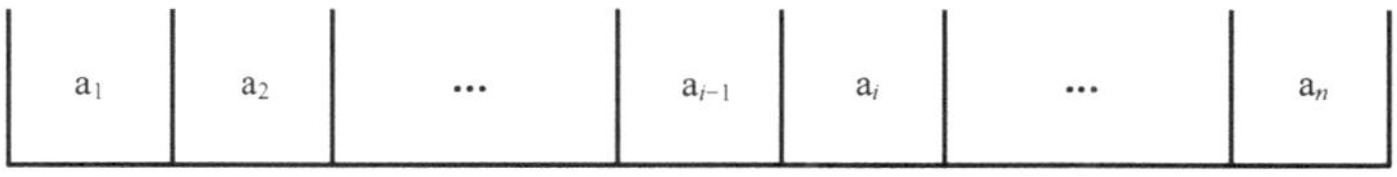

图 3-14　线性表顺序表示

如图 3-14 所示，a_1 是这个顺序表中的第一个元素，所以它的标号是 1，同理 a_n 是该顺序表中的第 n 个元素，所以它的标号是 n。但是在计算机编程语言中却不是这样，计算机语言规定元素下标从 0 开始，也就是说 a_1 的标号是 0，而 a_n 的标号是 $n-1$，如图 3-15 所示。

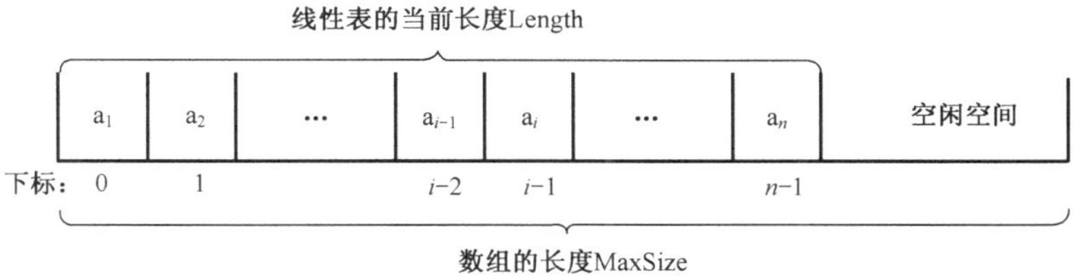

图 3-15　线性表的计算机表示

因为顺序存储是地址连续的，所以只要知道任意一个元素的内存地址，那么就可以，通过公式 $LOC(a_i)=LOC(a_1)+(i-1)c$ 获取到所有元素的内存地址，LOC 表示地址的意思，$LOC(a_1)$表示数据元素 a_1 的地址，c 表示存放一个数据元素的所占的内存空间大小，如图 3-16 所示。

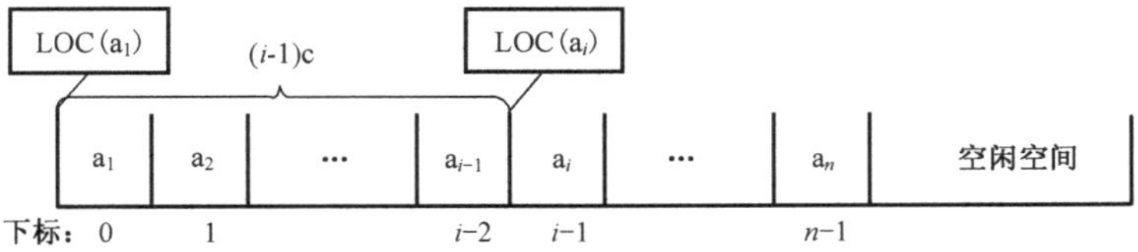

图 3-16　线性表地址计算

只要获得线性表中第一个元素的内存地址,那么通过这个公式可以随时获取该线性表中任意一个数据元素,无论数据元素在什么位置,都会使用相同的时间获取到,我们把具有这一特点的结构叫作随机存取结构,这是顺序存储的优点之一。

1）插入操作

顺序存储结构中每个元素都相互挨着,如果要在 i 位置插入一个数据元素,因为没有空间,所以只能从最后面的元素开始直到第 i 个元素,都逐渐往后移一个空间,这样 i 位置就空了,就可以把元素放到这个位置,这样就实现了元素的插入操作。

其实在实际生活中也有类似的情况,当排队买火车票的时候,有一个人说有急事能不能在你前面插个队,这个时候要想让这个人插入进来,不能你先往后移,因为你后面还有人,你一移动肯定是踩到后面人的脚了,所以只能最后一个人往后移一步,倒数第二个人往后移一步,直到你往后移一步,这样就为这个人创造了一个空间,这个人就可以插入到队伍中了,需要注意的是这个人的位置是原来你的位置,你往后移了一步,把你原来的位置给他了,如图 3-17 所示。

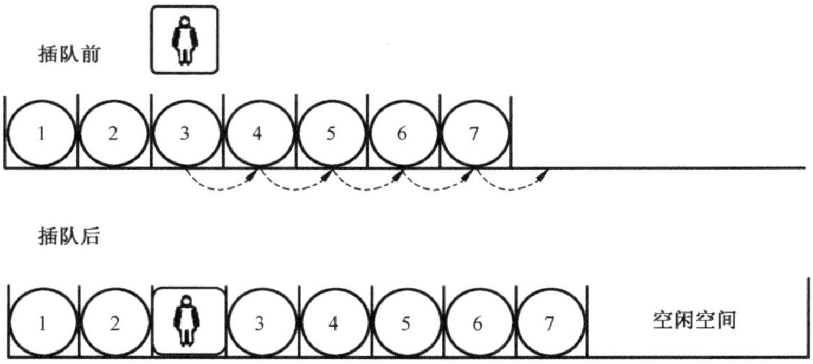

图 3-17　插入操作

2）删除操作

因为顺序存储结构的每个元素都是挨着的,假如删除第 i 个元素,那么第 i 个元素的位置就空了,第 $i-1$ 个元素和第 $i+1$ 个元素就不挨着了,这显然不符合线性表的定义,所以为了解决这个问题,从第 $i+1$ 个元素开始到最后一个元素,都依次往前移一个空间,这样就会使得第 $i-1$ 个元素的后继是第 $i+1$ 个元素,第 $i+1$ 个元素的前驱是第 $i-1$ 个元素。

还拿买火车票举例,排队买火车票的时候,经常有人排着队就突然离开了,这个时候他原来的位置就空了,那么他后面的那个人会往前一步,占据他的位置,之面的也会跟上,直到最后一个人，那么这个就类似删除操作，如图 3-18 所示。

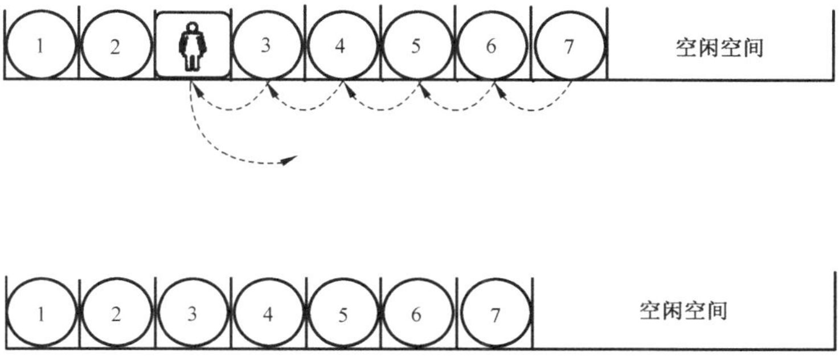

图 3-18 删除操作

(2) 线性表的链式表示和实现

在谍战剧中经常有人在敌方系统内潜伏，为了保证安全，他们往往单线联系，就算敌人抓住其中一个，也不能在很短时间抓到所有的人，因为每个人只能找到唯一的上级和唯一的下级，这种潜伏系统特别像线性表的链式存储结构。

链式存储结构是线性表在计算机中的另外一种表示方法，由于它不要求逻辑上相邻的元素在物理位置上也相邻，因此它可以解决顺序存储的大量移动元素的问题。

线性表的链式存储结构的特点是用一组任意的存储单元存储线性表的数据元素（存储单元可以连续也可以不连续），对于每一个数据元素 a_i 结点来说，除了存储其本身的信息之外，还需要存储直接后继的信息（直接后继的地址）。存储结点数据信息的域称为数据域，存储直接后继结点位置的域称为指针域，指针域中存储的信息称为指针。n 个结点连接成一个链表，即为线性表 $(a_1,a_2,\cdots,a_n)$ 的链式存储结构。

如图 3-19 所示，结点 a_i 和结点 a_{i+1} 在物理位置并没有紧邻在一起，然而结点 a_i 的指针域存储 0500，正好是结点 a_{i+1} 的内存地址，所以结点 a_i 的后继就是 a_{i+1} 结点，这样虽然结点 a_i 和结点 a_{i+1} 在物理上不相邻，但通过指针，结点 a_i 和结点 a_{i+1} 在逻辑上已经相邻。

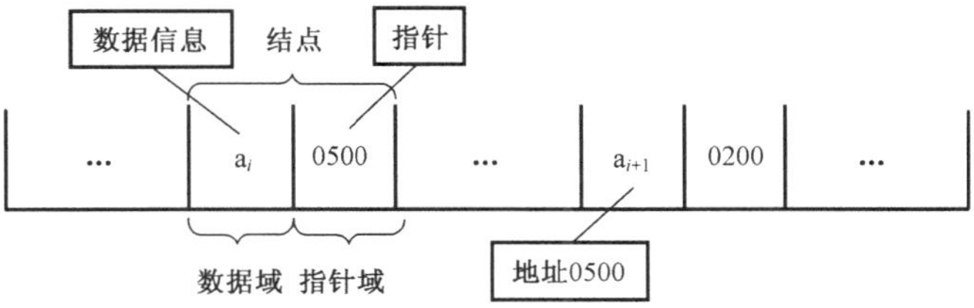

图 3-19 线性表链式表示

如图 3-20 所示，p 是指向线性表中结点 a_i 的指针，则 p→next 是指向结点 a_{i+1} 的指针。换句话说，若 p→data＝a_i，则 p→next→data＝a_{i+1}。

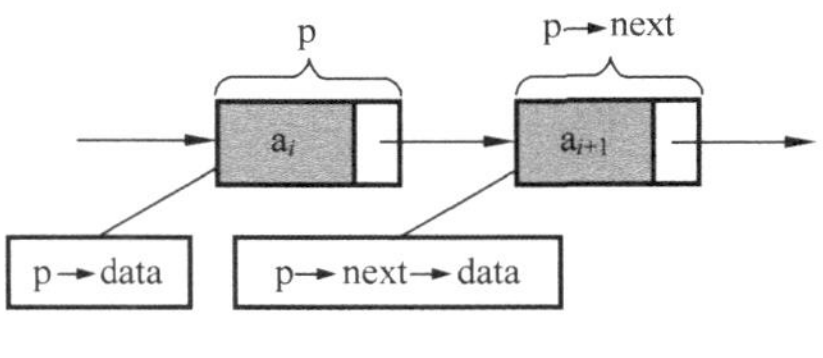

图 3-20 插入操作后链表结构

在单链表中，要想取得第 i 个数据元素必须从头指针（指向第一个结点的指针）出发寻找，因此，单链表是非随机存储结构,所以它查找速度非常慢。

1)插入操作

如图 3-21 所示,插入操作是将值为 e 的新结点插入到单链表的第 $i+1$ 个位置上。首先找到待插入位置的前驱结点,即第 i 个结点,再在其后插入新结点。

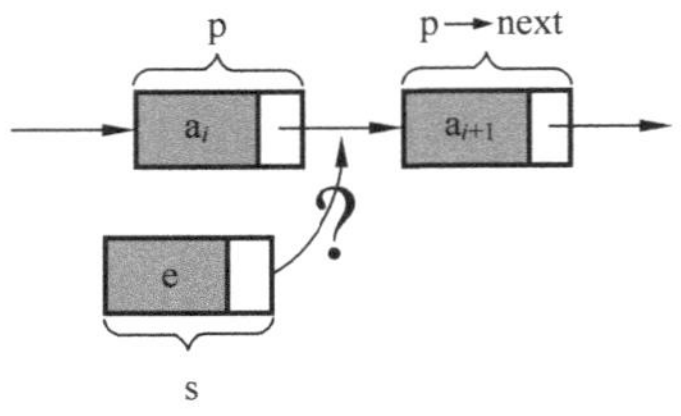

图 3-21 插入操作前链表结构

假设第 i 个结点为 p,首先令新结点 s 的指针域指向 p 的后继结点 a_{i+1},再令结点 p 的指针域指向新的插入结点 s,这样就实现了结点的插入操作,实现插入结点的代码片段如下:

```
s→next=p→next;
p→next=s;
```

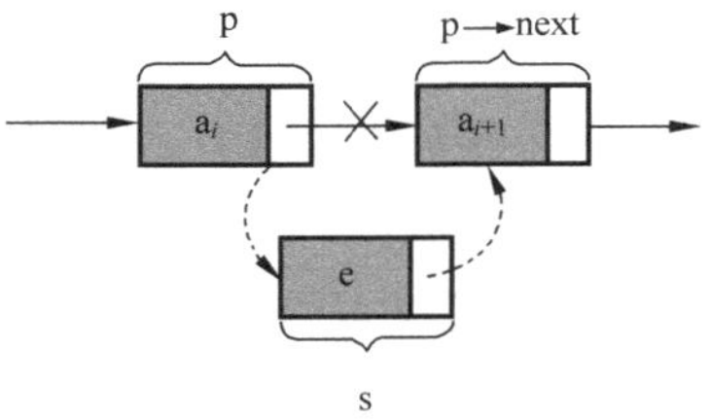

图 3-22 插入操作后链表结构

这两句代码就完成了链表的插入操作,插入过程如图 3-22 所示。

插入操作就像甲、丙同学手拉手上学,路过乙同学家,乙同学也加入他们中间,此时甲同学和丙同学手分开,然后乙拉上丙同学的手,而甲拉上乙同学的手,他们三个手拉手地去上学了,如图 3-23 所示。

图 3-23 插入操作实例图

2)删除操作

在单链表中删除元素 a_i 时,其实是在单链表中实现元素 a_{i-1}、a_i 和 a_{i+1} 之间的逻辑关系的变化。先找到单链表中的第 $i-1$ 个结点,即被删结点的前驱结点,然后令第 $i-1$ 个结点的指针指向第 $i+1$ 个结点,这样就将结点 a_i 从链表中删除了。其操作过程如图 3-24 所示。

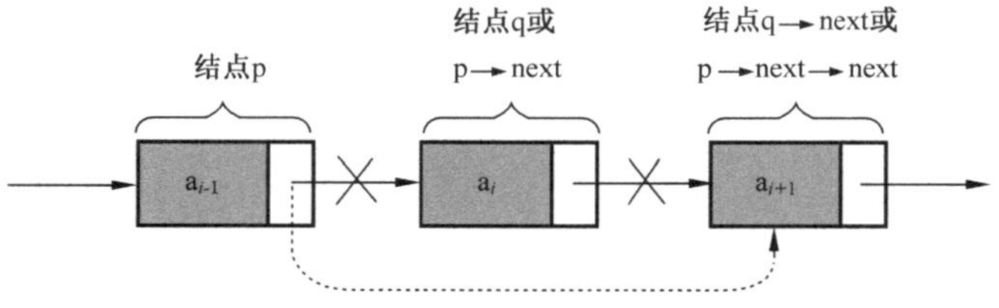

图 3-24 删除操作

实现删除结点的代码片段如下：

```
q=p→next;             //令 q 指向被删除结点
p→next=q→next;        //将 * q 结点从链中断开
free(q);              //释放结点的存储空间
```

假设结点 p 为找到的被删结点的前驱结点，为了实现这一操作后的逻辑关系的变化，仅需要修改 p 的指针域，即将 p 的指针域 next 指向 q 的下一结点。

删除操作就像甲、乙、丙三个同学手拉手放学回家，走着走着，乙同学到家了，此时乙同学松开甲、丙的手，而此时甲同学和丙同学拉起了手，一起继续往前走，如图 3-25 所示。

图 3-25 删除操作实例图

3.3.2 算法

对于初学者来说，算法(Algorithm)可能是第一次听到，但其实我们很早就已经接触过算法了，算法一直在我们身边。相信大家都听说过农夫过河的问题，一个农夫带着一只狼、一只羊和一棵白菜过河，河边只有一条船，由于船小，农夫一次只能带其中的一样过河，如图 3-26 所示。如无人看管，狼要吃羊，羊要吃菜。问农夫如何安排过河，才能使得羊、菜都安然无恙？

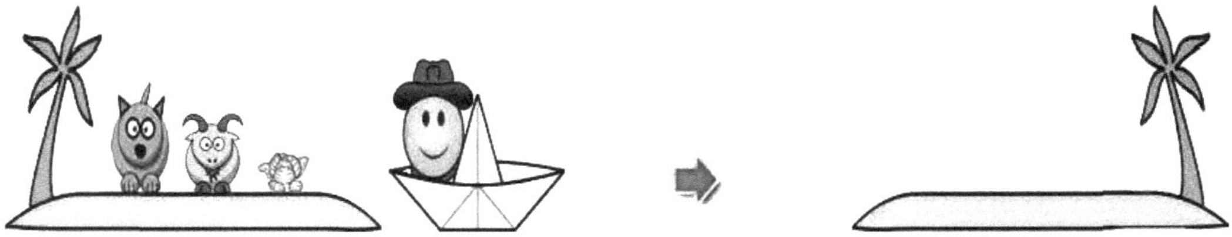

图 3-26 农夫过河实例图

(1) 农夫带着羊渡过河去；

(2) 农夫划船回来；

(3) 农夫带着菜渡过河去；

(4) 农夫带着羊划船回来；

(5) 农夫带着狼渡过河去；

(6) 农夫划船来；

(7) 农夫带着羊渡过河。

农夫过河其实就是经典的算法问题,这个算法解决了农夫过河的问题,所以说,算法听起来高大上,实际上在我们生活中随处可见,每一天我们都会用到各种算法来解决我们遇到的实际问题,只是你还不具备算法的思维。

算法是解决特定问题求解的步骤的描述,在计算机中表现为指令的有限序列,其中每一条指令表示一个或多个操作。

1. 算法的五个重要特性

算法反映解决问题的步骤,不同的问题需要用不同的算法来解决,同一问题也可能有不同的解决办法,但是一个算法必须具有以下特性:

(1) 有穷性:一个算法必须总是在执行有穷步之后结束,并且每一步都可在有穷时间内完成。

(2) 确定性:算法中每一条指令必须有明确的含义,读者理解时不会产生二义性。并且,在任何情况下,算法只是唯一的一条执行路径,即对于相同的输入只能得出相同的输出。

(3) 可行性:一个算法是可行的,即算法中描述操作都是可以通过已经实现的基本运算执行有限次来实现的。

(4) 输入项:一个算法有零个或多个的输入,这些输入取决于某个特定的对象的集合。

(5) 输出项:一个算法有一个或多个的输出,这些输出和输入有着某些特定关系的量。

综上来看,拍黄瓜就是一个算法,它就是一个饭菜制作的流程,解决我们如何做饭的问题。拍黄瓜的算法步骤为:

(1) 黄瓜洗干净。

(2) 放在案板上,用刀拍开,切小块。

(3) 蒜切末,花生用刀碾碎。

(4) 黄瓜加入蒜末、花生粒、生抽、芝麻油、香醋,充分搅拌均匀入味,即可。

按照算法的定义,拍黄瓜具有算法的五个特征:

有穷性:拍黄瓜有明确的四个步骤。

确定性:每个步骤目标明确。

输入项:黄瓜、蒜、花生、生抽、芝麻油、香醋。

输出项:拍黄瓜这道菜。

可行性:每个步骤目标明确,能够在有限时间内完成。

2. 算法设计的要求

比如你要从上海到北京,中间可能有多种换乘方案,是选速度最快的,还是选最省钱的,还是平衡的,制订换乘方案就是算法。

所以,对于一个问题来说,解决问题的算法并不是唯一的,不同算法有好有坏,掌握好的算法会对编程有极大的好处,通常设计一个好的算法应考虑达到以下目标:

(1) 正确性:算法的正确性是指算法至少应该具有输入、输出和加工处理无歧义性、能正确反映问题的需求、能够得到问题的正确答案。

但是算法的“正确”通常在用法上有很大的差别，大体分为以下四个层次：

1）算法程序没有语法错误。

2）算法程序对于合法的输入数据能够产生满足要求的输出结果。

3）算法程序对于非法的输入数据能够得出满足规格说明的结果。

4）算法程序对于精心选择的，甚至刁难的测试数据都有满足要求的输出结果。

对于这四层含义，层次 1)要求最低，但是仅仅没有语法错误实在谈不上是好算法。而层次 4)是最困难的，我们几乎不可能逐一验证所有的输入都得到正确的结果。

因此算法的正确性在大部分情况下都不可能用程序来证明，而是用数学方法证明的。证明一个复杂算法在所有层次上都是正确的，代价非常昂贵。所以一般情况下，我们把层次 3)作为一个算法是否正确的标准就可以了。

(2) 可读性：算法设计是为了便于阅读、理解和交流。可读性高有助于人们理解算法，晦涩难懂的算法往往隐含错误，不易被发现，并且难以调试和修改。我们写代码的目的，一方面是让计算机执行，但还有一个重要的目的是便于他人阅读，让人理解和交流，自己将来也可能阅读，如果可读性不好，时间长了自己都不知道写了些什么。可读性是评价算法好坏很重要的标志。

(3) 健壮性：一个好的算法还应该能对输入数据不合法的情况作合适的处理。比如输入的时间或者距离不应该是负数等。当输入数据不合法时，算法也能作出相关处理，而不是产生异常或莫名其妙的结果。

(4) 时间效率高和存储量低：时间效率指的是算法的执行时间，对于同一个问题，如果有多个算法能够解决，执行时间短的算法效率高，执行时间长的算法效率低。存储量是指算法在执行过程中需要的最大存储空间，主要指算法程序运行时所占用的内存或外部硬盘存储空间。设计算法应该尽量满足时间效率高和存储量低的需求。在生活中，人们都希望花最少的钱，用最短的时间，完成同样的事，算法也是一样的思想，最好用最少的存储空间，花最少的时间，办成同样的事就是好的算法。

3. 算法的应用

算法已经显露了它的锋芒，并且进入我们的生活中，甚至已经开始改变着世界。一个程序的核心在于算法，比如说运行一个软件的速度在计算机硬件性能相同情况下，软件的算法起到了几近决定性作用。无论是现实生活中解决实际问题，还是解决编程中遇到的问题，有无算法驱动将会产生极大的差别。我们将介绍一些常用算法的应用，来显示有无算法的区别，以此来证明算法的价值。

(1) 二分查找

小明是一个赌球爱好者，最近他连续几次提前收到了预测赌球结果的邮件，奇怪的是每一次都预测得非常准确，从一开始由于不屑而错失良机，到渐渐深信不疑，直到最后给邮件发送方汇了巨款才发现上当。那么骗子是如何从几万或几十万用户中寻找这些“幸运儿”的呢？

这里骗子使用了二分法的查找思想，首先骗子将所有用户分为两批，其中一批发送甲队赢的邮件，另外一批发送乙队赢的邮件。然后再从猜对的那一批赌球爱好者中继续分为两批，采用同样的方式，如此反复，如果拥有足够多的赌球爱好者信息，那么总是会有人接收到完全预测正确的邮件。

最正统的二分法是每次都可以排除掉一半的情况，这样的寻找效率是很高的。比如要在1～100的数字中询问出某一个特定的数字，我可以先问，这个数字是否大于50？这样无论是或者不是，我都可以排除掉一半的数字(50之前的被排除，或者50之后的被排除)。假如回答不是，接着我可以问是否大于25？又可以排除掉一半。这样下去，很快就会找到那个数字。

如图3-27所示，我们要寻找88，先看最中间的51，小于51，那么我们就可以将51及其左边的全部排除掉，然后剩下的中间数字是89，大于88，然后将89及其右边的去掉，如此反复，我们最终可以找到88。

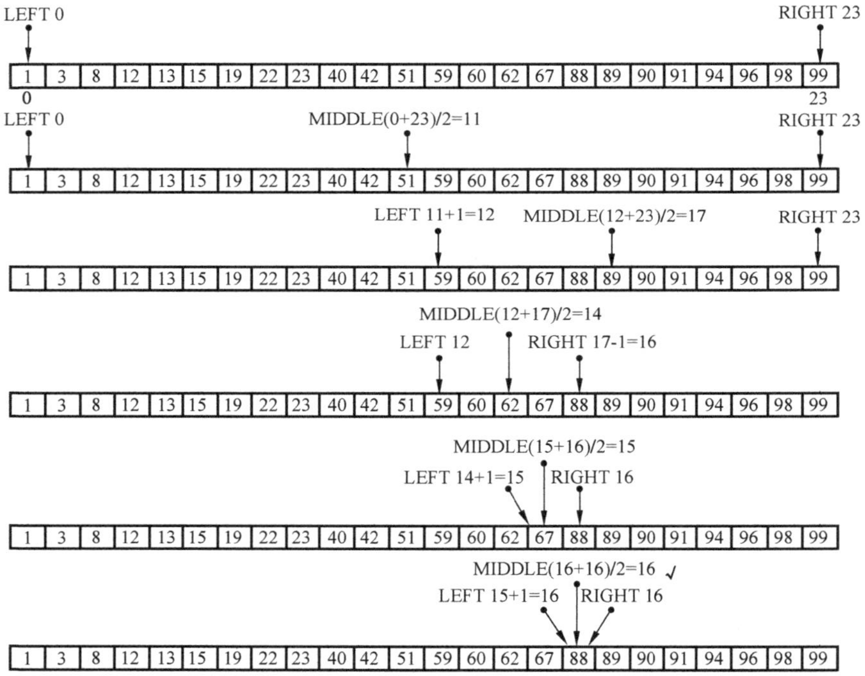

图3-27 二分查找

对于一个长度为 N 的数组，简单顺序查找(从头开始查找)最多需要 N 步；二分查找最多只需要 $\log_2^N$ 步，二分查找相较于简单顺序查找，极大地提高了效率。

(2) 贪心算法

现在流行网上购物，假如你想要开一家网站，在全国各省都有生意，现在面临发快递的问题，假设现在的基础物流不是很完善，每家快递公司只能覆盖很少几个省，那么你该如何在覆盖全国所有个省级行政区的情况下，选择最少的快运公司？

这个问题看起来不是很难，但是如果我们不使用算法来直接挑选快递，假如有 50 家快递就会面对上亿次选择，这简直就是不可能解决的问题。

对于一些比较复杂的问题，这时候往往会使用贪心算法：每步操作都选择局部最优解，最终得到的往往就是全局最优解。这似乎是想当然的做法，但是在很多情况下真的行之有效。我们可以使用贪心算法来解决这个问题：选择一家覆盖了最多未覆盖省的快递公司。反复重复直到所有省市被覆盖，这样很快就会选择出快递公司。

假如快递公司目前覆盖的中国省级行政区如表 3-3 所示，我们可以使用贪心算法来选择快递，首先邮政可以覆盖的省份最多，所以我们首先选择邮政，然后在剩下的省份中，我们选择使用中通快递，之后在剩余的省份中覆盖最多的是天天快递，依此类推，我们可以找到最终的快递搭配，可能这种搭配并不是最合理的，但是通过这样的方式我们可以快速找到能够覆盖中国所有省级行政区的组合，然后我们会发现这样的搭配组合也不错。

表 3-3　快递公司覆盖地区

快递名称	覆盖省级行政区
中通	河北、北京、天津、山东、陕西、辽宁、吉林、黑龙江
申通	河北、河南、湖北、湖南、陕西、内蒙古、云南
天天	西藏、新疆、宁夏、河北、上海、甘肃、贵州、辽宁、青海
顺丰	广东、广西、浙江、四川、河北、江苏、辽宁、湖南、湖北
邮政	四川、青海、海南、台湾、重庆、贵州、河北、河南、湖北、湖南、辽宁
京东	河北、北京、山东、天津、山西、河南、上海、湖北、河南
圆通	广西、广东、海南、河南、贵州、福建、台湾、河北
百世	贵州、四川、内蒙古、陕西、河北、香港、澳门
韵达	西藏、新疆、天津、海南、河北、香港、澳门
全峰	山东、四川、青海、云南、贵州、河南、河北、
全一	广东、广西、四川、青海、河北、香港、澳门

（3）插入算法

我们在闲暇的时间经常玩扑克牌，每当抓完牌之后，都要将牌从小到大或者从大到小进行整理，此时我们在不经意间使用了插入排序算法，如图 3-28 所示。

图 3-28　插入算法实例图

假如将扑克牌以从小到大的方式进行排列，此时插入排序的思想是这样的：将第二张牌插入第一张牌中，如果第二张牌大于第一张牌就放到右边，小于第一张牌就放到左边。然后将第三张牌按照同样的方式插入已经排好序的两张牌中，依此类推，最后就会将所有的牌排好序。

如图 3-29 所示，现在有一个无序的线性表，第一趟插入：将第 2 个元素插入前面的有序子序列，此时前面只有一个元素，当然是有序的。第二趟比较：将第 3 个元素插入前面的有序子序列，前面的 2 个元素是有序的。然后反复执行，第 n-1 趟比较：将第 n 个元素插入前面的有序子序列，前面 n-1 个元素是有序的，最终 n 个子序列排好序了。

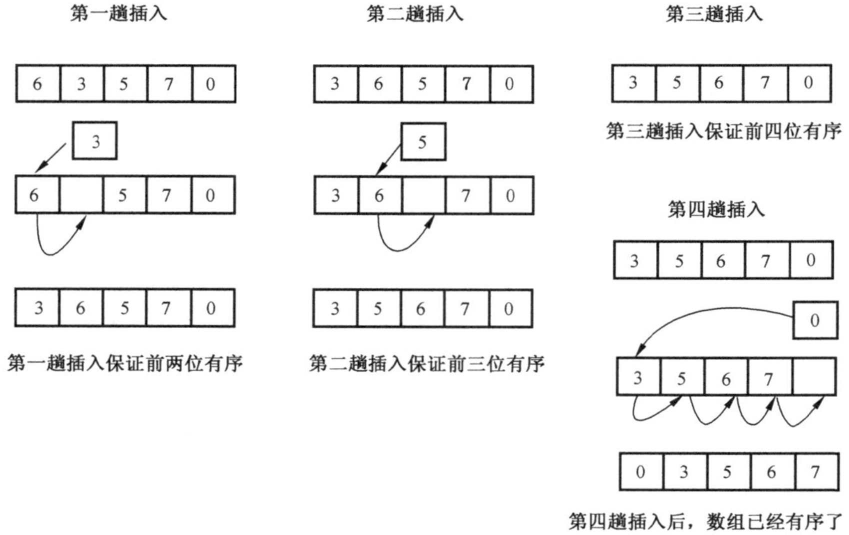

图 3-29　插入算法示意图

3.4　本章小结

程序设计能力、程序设计思维是计算机专业学生应具备的基本能力和素质，在计算机成为各行各业基本工具的今天，操作使用计算机已不再是计算机专业人员的优势。计算机专业人员要发挥专业特长，在工作中有竞争力，较强的程序设计能力和软件开发能力是坚实的基础。

与提高程序设计能力直接相关的知识有程序设计语言、数据结构和算法设计与分析。编写程序，首先要熟悉程序设计语言，熟练掌握基本的程序设计方法和程序调试运行环境。对于数据量比较大或数据之间关系比较复杂的程序，还要熟悉数据结构的知识，但计算机专业学生在具备一定的程序设计能力的基础上，重点还是要培养和提高算法设计能力。高级语言是目前常用的程序设计语言，相对来说，高级语言易于学习，需转换成等价的机器语言程序，才能被计算机执行。这些知识的学习，对于提高较大规模软件的开发能力是非常有益的。

习　　题

一、名词解释

1. 程序设计；2. 语言处理系统；3. 数据结构；4. 算法。

二、思考题

1. 举例说明插入算法及二分查找算法的思想。

2. 线性存储和链式存储有什么不同？

3. 结构化程序设计的三种基本结构，给出其框图表示。

4. 对比说明机器语言、汇编语言和高级语言各自特点。

三、填空题

1. 机器语言是用(　　)代码表示的计算机能直接识别和执行的一种机器指令集合。

2. 在面向对象程序设计中，对象一般可以表示为(　　)＋行为。

3. 程序＝(　　)＋算法。

4. 算法中的时间效率指的是算法的(　　)。

四、选择题

1. 以下哪个术语不属于结构化程序设计范畴(　　)。

A. 顺序结构　　B. 循环结构　　C. 选择结构　　D. 消息

2. 以下哪种语言不是面向对象程序设计语言(　　)。

A. C＋＋　　B. Java　　C. Python　　D. C

3. 以下哪种数据结构的数据元素之间存在一对多的关系(　　)。

A. 队列　　B. 栈　　C. 树　　D. 图

4. 线性表在计算机内部可以分为(　　)两种存储方式。

A. 顺序存储结构和树形存储机构　　B. 顺序存储结构和图形存储结构

C. 树形存储结构和图形存储结构　　D. 顺序存储结构和链式存储结构

五、设计题

1. 线性表的顺序存储指的是用一段连续的存储单元,依次存储线性表的数据元素。现给出线性表(a,b,c,d,e,f,g),在 d、e 之间插入一个 m,请写出插入操作的步骤。

2. 给定线性表(a,b,c,d,e,m,f,g),现将 m 从线性表中删除,请写出删除操作步骤。

第 4 章 计算机网络与安全

微型计算机和计算机网络的出现，特别是互联网的出现和快速发展，促进了计算机应用的广泛普及，使计算机逐步成为人们学习、工作和娱乐的基本工具，网络应用成为目前计算机最广泛的应用领域。

计算机中存放着、网络中传输着关乎个人、单位甚至整个国家切身利益的重要信息，这些信息的泄露、丢失和被篡改，不仅会给个人、单位及国家造成巨大的经济损失，还有可能严重危及国家安全及社会稳定。如何保护计算机中存放信息的安全及网络中传输信息的安全，越来越受到人们的广泛关注。本章简要介绍计算机网络知识和与计算机系统安全有关的知识。

4.1 网络基础

早期的坦克大战游戏都是采用单机闯关模式，这种模式已经无法满足我们日趋多元化的游戏需求。很多游戏玩家对多人联机游戏有了强烈的需求，单机游戏的“独乐乐”不如联机游戏的“众乐乐”。为此，我们需要将单个独立的计算机以某种方式连接在一起，以实现相互之间的通信和共享。那么如何将多个独立的计算机连接在一起呢？这就需要计算机网络。下面我们就开始进入计算机网络知识的学习。

4.1.1 计算机网络的定义

到底什么是网络呢？我们先给出关于网络、互联网以及因特网的一些最基本的概念。

网络(Network)由若干结点和连接这些结点的链路(Link)组成。网络中的结点可以是计算机、集线器、交换机或路由器等。图 4-1 给出了一个具有四个结点和三条链路的网络。我们可以看到，有三台计算机通过三条链路连接到一个集线器上，构成了一个简单的网络。在很多情况下，我们可以用一朵云表示一个网络。这样做可以不用关心网络中的细节问题。

网络之间还可以通过路由器互连起来，这样就构成了一个覆盖范围更大的网络，即互联网，如图 4-2 所示。因此互联网是“网络的网络”(Network of Networks)。

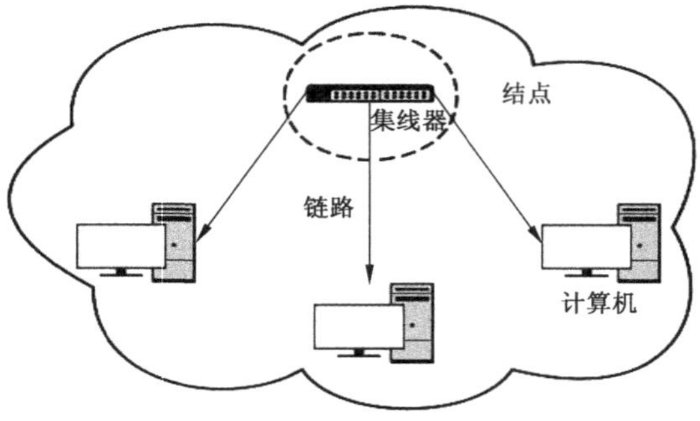

图 4-1　简单的网络

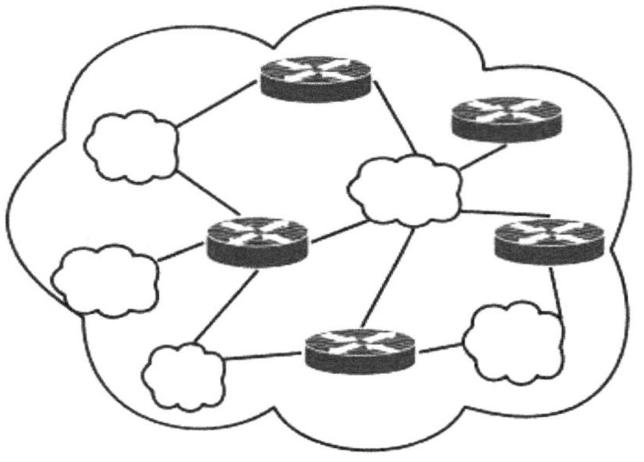

图 4-2　互联网

因特网(Internet)是世界上最大的互联网络(用户数以亿计,互联的网络数以百万计)。习惯上,大家把连接在因特网上的计算机都称为主机(Host)。因特网也常常用一朵云来表示,图 4-3 表示许多主机连接在因特网上。接下来将了解到计算机网络,因特网是世界上最大的计算机网络。

通常认为的"计算机网络"是指将分布在不同地理位置的、具有独立功能的多台计算机及其外部设备,通过通信线路(包括传输介质和网络设备)连接起来,在网络操作系统、网络管理软件及网络通信协议的管理和协调下,实现资源共享和信息传输的计算机系统。这里的"资源共享"包括:硬件资源共享、软件资源共享和数据资源共享三个方面。硬件资源共享的最典型例子就是常用的打印机共享和磁盘共享;软件资源共享的例子有很多,例如我们可以从网上下载各种软件;数据资源共享的典型例子就是数据库资源共享,各网络用户可以集中调用一台数据库服务器中的相关数据信息。你和你的好友共同玩坦克大战的游戏就是数据资源共享的实例。

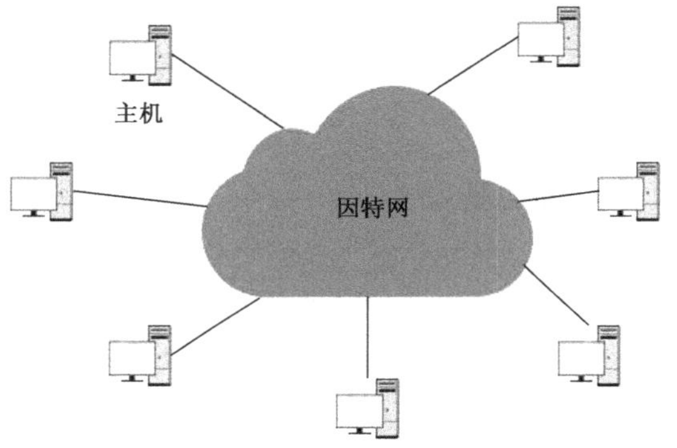

图 4-3　因特网与连接的主机

简单说,计算机网络是自主计算机的互联集合。例如,在家里和公司所看到的那一台台看似独立、位于不同位置的 PC(Personal Computer,即个人计算机),通过一些电缆和一些设备连接起来就构成了计算机网络。网络设备包括网桥、网关、交换机、无线 AP(Wireless Access Point)、路由器、防火墙等。当然这些都只是组成计算机网络的硬件基础,还必须有相应的软件系统做支撑,由它们共同组成计算机网络。

4.1.2　计算机网络的分类

可以依据许多不同的分类标准来对计算机网络进行划分。下面介绍几种目前最常见的计算机网络分类方式。

1. 按覆盖范围分类

按照计算机网络覆盖的地理范围(也是一种按网络规模进行的计算机网络分类)可分为个人区域网、局域网、城域网、广域网和互联网。这种分类方式可以很好地反映出不同类型网络的技术特征,因为不同类型网络覆盖的地理范围不同,故所采用的传输技术也就不同,从而形成了不同的网络技术特点与网络服务功能。

(1) 个人区域网(Personal Area Network,PAN)

一般是在 10 米以内的范围,用于把 PDA、手机、数码相机、打印机和扫描仪等设备与计算机之间以及相互之间进行互连,一般采用无线连接方式,如蓝牙(Bluetooth)、Wi-Fi 等技术。

顺便指出,若中央处理机之间的距离非常近(如仅 1 米的数量级或甚至更小些),则一般称之为多处理机系统而不称它为计算机网络。

(2) 局域网(Local Area Network,LAN)

一般指微型计算机或工作站通过高速通信线路相连(速率通常在 10 Mb/s 以上),但地理上则局限在较小的范围(如 1 千米左右)。在局域网发展的初期,一个学校或工厂往往只拥有一个局域网,但现在局域网已非常广泛地使用,一个学校或企业大都拥有许多个互连的局域网(这样的网络常称为校园网或企业网,见图 4-4)。

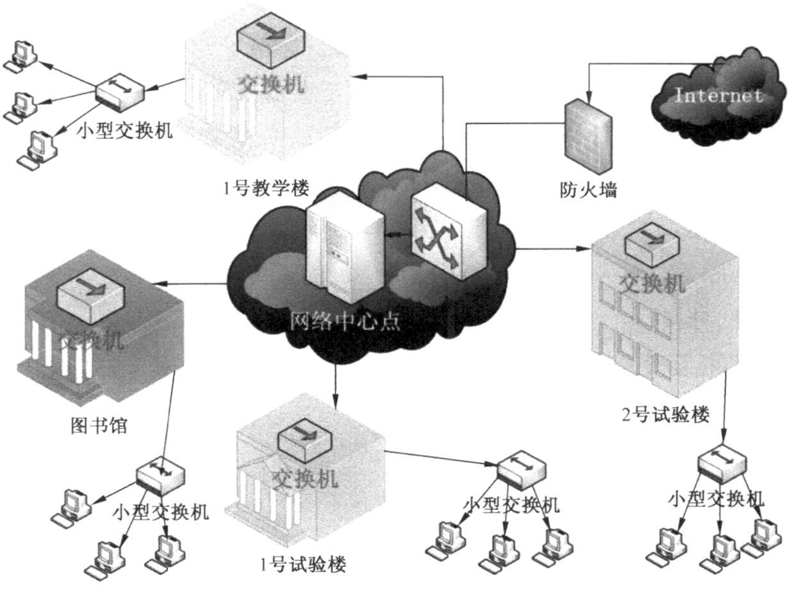

图 4-4　校园网示意图

这种网络的特点就是:连接范围窄、用户数少、配置容易、连接速率高。目前局域网最快的速率要数现今的 10G 以太网了。IEEE 的 802 标准委员会定义了多种主要的 LAN 网:以太网(Ethernet)、令牌环网(Token Ring)、光纤分布式接口网络(FDDI)、异步传输模式网络

(ATM)以及最新的无线局域网(WLAN)。

(3) 城域网(Metropolitan Area Network,MAN)

主要遍布在一个城市内部,所以称之为"城域网"。MAN 主要是用来在一个较大的地理区域(通常是 10～100 千米)内提供数据、声音和图像的传输,一般是用于提供公共服务的。城域网通常为一个或几个单位所拥有,更多的是为公众提供公共服务的,所以一般在政府城域网中应用,如城市银行系统、城市消防系统、城市邮政系统、城市有线电视/广播网络等。MAN 的标准为 IEEE 802.6,通常采用 ATM 技术作为骨干网的传输技术,可同时应用于数据、语音、视频和其他多媒体应用的网络传输技术。目前,光纤技术也在城域网中得到了广泛应用。

(4) 广域网(Wide Area Network,WAN)

广域网也称为远程网,所覆盖的范围比城域网(MAN)更广,它一般是在不同城市之间的 LAN 或者 MAN 网络互联,地理范围可从几百千米到几千千米,Internet 是最大的广域网。WAN 主要也是用于提供公共服务的,由不同 ISP(Internet 服务商)组建,为他们的广大用户提供各种接入和应用服务。因为广域网所连接的用户多,总出口带宽有限,所以用户的终端连接速率一般较低。由于传输距离远,所以误码率较高。例如,中国移动、中国联通和中国电信的宽带服务就是广域网。

(5) 互联网(Internet)

互联网即因特网,又叫作国际互联网。无论从地理范围,还是从网络规模来讲,它都是最大的网络。从地理范围来说,它可以是全球计算机的互联,这种网络的最大特点就是不定性,整个网络的计算机每时每刻随着网络的接入在不断地变化。

图 4-5 显示了局域网、城域网和广域网三者之间的典型关系。其中的"接入网"(又称为本地接入网或居民接入网)是一类比较特殊的计算机网络,位于局域网与城域网或广域网之间的中间小型网络,专门为远程网络互连提供网络用户接入技术,如各种 ISP(Internet 服务商)为我们提供的 ADSL 拨号、光纤接入、分组接入、卫星接入以及各种专线接入等。

2. 按管理模式分类

按计算机网络的管理模式可以把目前的计算机网络划分为对等网(Peer-to-Peer,PTP)和 C/S(Client/Server,客户机/服务器)网。

(1) 对等模式

所谓"对等网",即网络中各成员计算机的地位都是平等的,没有管理与被管理之分。计算机各自为政,谁也不管谁,采用的是分散管理模式。就像日常的一些小沙龙一样,沙龙中各成员是平等的,大家组织在一起仅为了相互交流。对等网中的每台计算机既可以作为其他计算机资源访问的服务器,又可作为工作站来访问其他计算机,整个网络中没有专门的资源服务器,如图 4-6 所示。

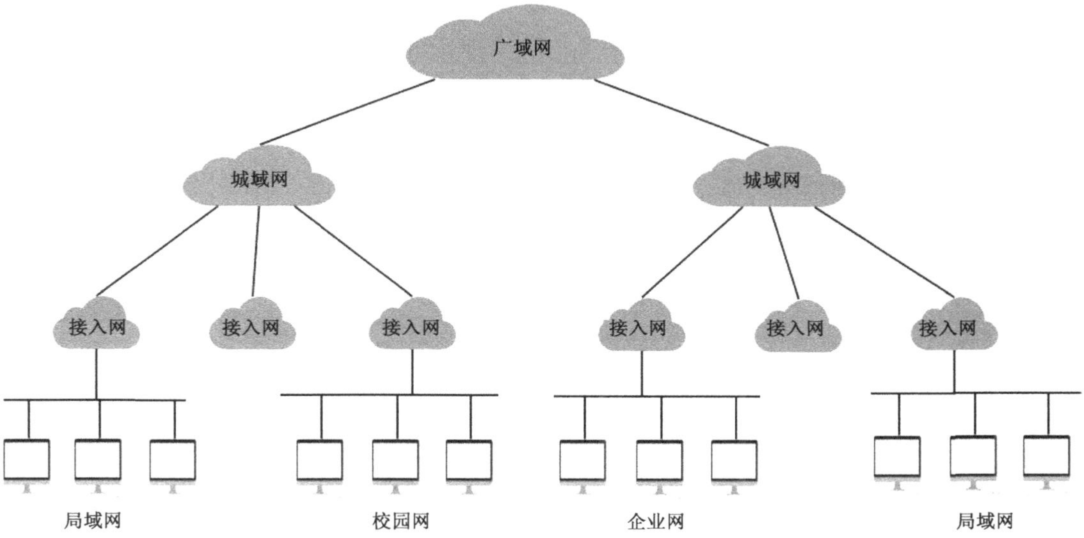

图 4-5　局域网、城域网和广域网之间的关系

对等网可以称是当今最简单的网络，远没有像 C/S 网络配置那样复杂，非常适合家庭、校园和小型办公室用户。除了配置简单的优点之外，还存在许多不足，因为它采用的是分散管理的模式，所以它的管理比较困难，整个网络的安全性不能保证，而且成本较高，性能较差。

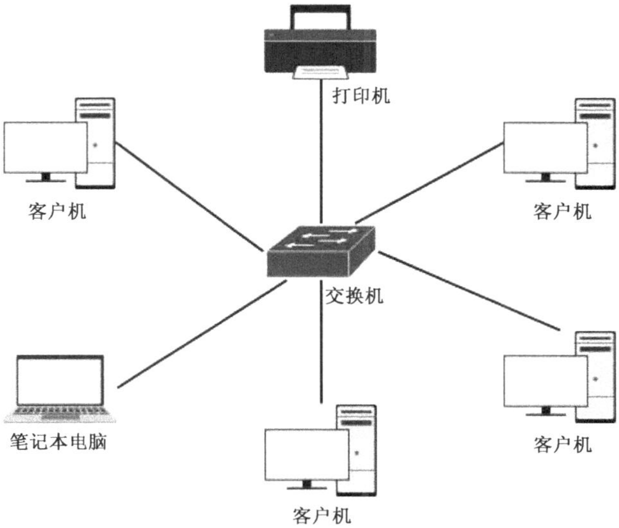

图 4-6　对等网示例

（2）C/S 模式

C/S 模式其实是针对具体服务器功能来说的，这些服务器可以是用于管理整个计算机网络中计算机和用户账户的服务器（如 Windows 域网络中的域控制器），也可以是其他网络或应用服务器（如邮件服务器、数据库服务器、Web 服务器、FTP 服务器等）。这些服务器有一个共同的特点，就是一般只作为服务器角色而存在，专门为网络中其他用户计算机提供对应

的服务。这相当于我们现实生活中每个组织、每个部门都有一个或多个管理者一样,他们负责的就是对相关的组织或部门进行管理。如图 4-7 所示的就是一个单台服务器的 C/S 网。

在 C/S 网中,用户往往可以集中管理,在服务器上的配置可能稍微复杂一些,但在客户端的配置却非常简单。因为可以集中管理账户,所以整个网络的安全性较高。就整体的网络性能而言,比对等网络的要高。

(3) B/S 模式

浏览器/服务器(Browser/Server,B/S)模式,是一种三层结构的分布式计算模式。在 B/S 模式中,客户机上只需要安装一个 Web 浏览器软件,用户通过 Web 页面实现与应用系统的交互;Web 服务器充当应用服务器的角色,专门处理业务逻辑,它接收来自 Web 浏览器的访问请求,访问数据库服务器进行相应的逻辑处理,并将结果返回给浏览器;数据库服务器则负责数据的存储、访问和优化。B/S 模式的结构如图 4-8 所示,也可以把应用服务器和数据库服务器部署在一台服务器计算机上。

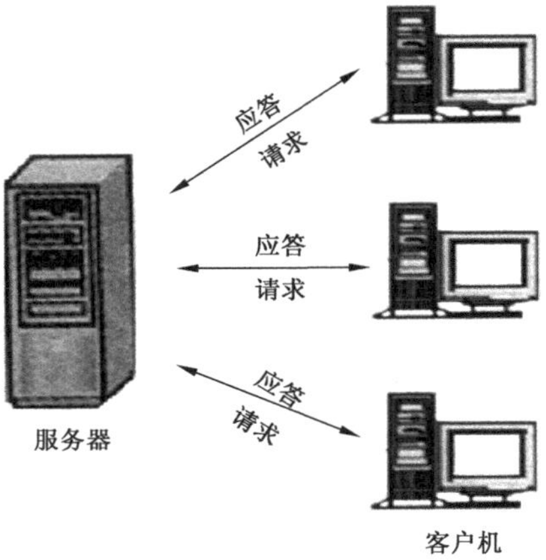

图 4-7　客户机/服务器模式

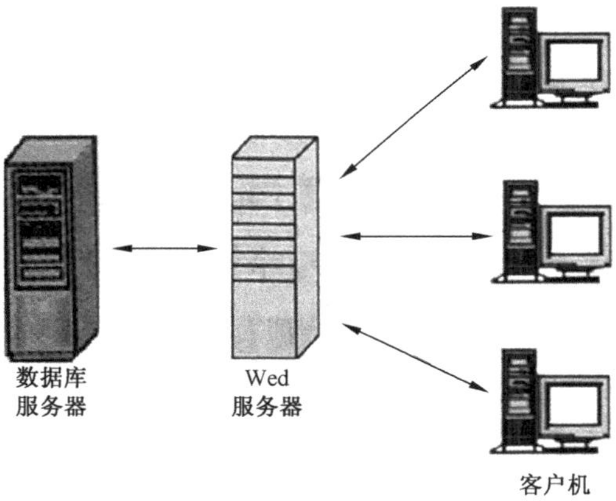

图 4-8　浏览器/服务器模式

在 B/S 模式中,由于所有的业务处理逻辑都集中到应用服务器实现和执行,大大降低了客户机的负担,因此 B/S 模式又称为瘦客户机(Thin Client)模式。

B/S 模式的优点是,应用程序只安装在服务器上,无须在客户机上安装应用程序,程序维护和升级比较简单;简化了用户操作,用户只需会熟练使用简单易学的浏览器软件即可;系统的扩展性好,增加客户比较容易。不足之处是效率不如 C/S 模式高。

从技术发展趋势上看,可以认为 B/S 模式最终将取代 C/S 模式,但是在目前一段时间内,将是一种 B/S 模式和 C/S 模式同时存在、混合使用的情况。C/S 模式比较适合数据处理,B/S 模式比较适合数据发布。

3. 按传输方式分类

按网络传输方式，计算机网络可划分为点对点传输网络和广播式传输网络两种。这种划分方式其实是根据所采用的传输协议进行划分的方式，因为无论是点对点传输网络，还是广播式传输网络，都主要取决于所采用的通信协议，与网络拓扑结构也有一定的关系。

（1）点对点传输网络

每条物理线路连接一对计算机，如果两台计算机没有直接相连的线路，它们之间的数据传输必须经过中间节点转发，采用的通信协议是基于点对点通信的。我们打电话也是点对点通信的，通信只在两部电话机线路之间进行，其他线路上的用户是听不到的，Modem 拨号网络就是基于点对点通信的，如图 4-9 所示。

图 4-9　拨号网络

在点对点传输网络中，某个端口只能和与它相接、相连的对端端口进行通信，不能把数据发送到本网络的其他链路中，也就是只能单点“联系”。就像我们在电视剧中经常听到的“单线联系”一样，某个人只能与组织中另一个人联系，任何一个下级成员根本不知道整个组织中其他成员的联系方式。因此在点对点传输网络中，不存在信道共享与复用的情况。

（2）广播式传输网络

这些网络中所有联网计算机都共享一个公共通信信道，一台计算机可以同时向多台计算机发送数据，是一种一对多的网络结构。图 4-10 就是一个广播式传输网络示例。

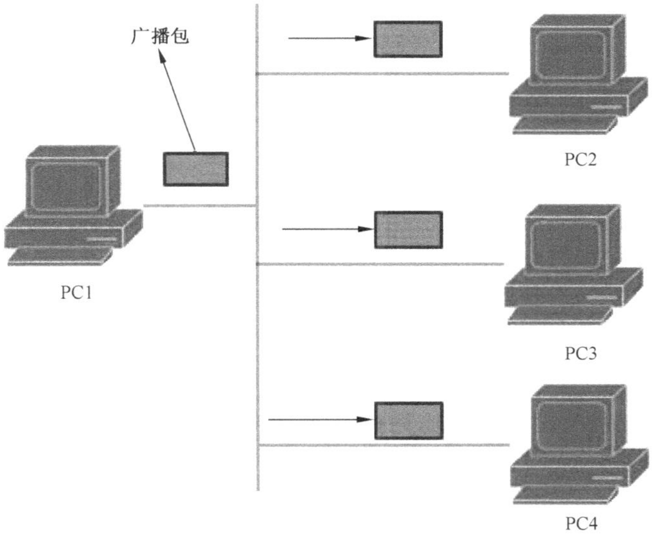

图 4-10　广播式传输网络

在广播式传输网络中传输信息时，任何一个节点都可以发送数据包，通过公共信道（如交换机的背板矩阵，以及设备间的连接通道)或总线传送到网络中的其他计算机上。然后，这些计算机根据数据包中的目的多址接入信道(Multiple Access Channel，MAC)地址进行判断，如果自己的MAC地址与目的MAC地址匹配则接收(与此同时，发送节点就可以知道与目的IP地址对应的MAC地址，下次接收到包括同样目的IP地址的包时就不用再广播了)，否则便丢弃它。

以太网就是典型的广播式传输网络，其所使用的就是各种以太网(Ethernet)协议。本章后面将要介绍的环形拓扑结构的令牌环网络和总线型拓扑结构的令牌总线网络也是广播式传输网络，因为在这两种拓扑结构网络中，任何一个站点发送数据，其他站点都可以接收到，总线两端的计算机是存在公共传输通道的，这条公共传输通道就是那条总线。当然，不仅环形、总线型拓扑结构的网络可以是广播式网络，其他的像星形、树形、网状拓扑结构的计算机网络都可以是广播式传输网络，因为这些网络中都存在公共信道。各种无线网络、卫星传播网络也都是广播式传输网络，因为它们的传输信道都是公用的。

4.1.3 常用的连接设备

1. 调制解调器

调制解调器(Modem)是一种可以将数字信号转换成模拟信号(称为调制，Modulation)，也可以将模拟信号转换成数字信号(称为解调，Demodulation)的网络设备。我们为什么要使用它呢？因为大多数要传输的信号都是具有较低频带的信号，这种信号称为基带信号。如果用基带信号直接传输，则这种传输方式称为基带传输。但是，大多数信道不适宜进行基带信号的传输，因为这样的低频信号在传输中会产生很大的衰减和失真。在数字基带传输中，我们知道可以通过数字编码后在信道中直接传输数字信号，但这也仅适用于近距离传输(如在同一局域网中)，在复杂网络环境中(如存在不同传输介质和信道类型的网络中)不能直接这样传输。因此，需要将基带信号进行调制，变换为适合信道传输的形式，调制是让基带信号去控制载波的某个(或某些)参数，使该参数按照信息的规律进行变化，这就是“调制”过程。“解调”是“调制”的逆过程，即从调制后的信号中恢复原来的调制信号的过程。

2. 中继器

中继器(Repeater)也称为重发器或转发器，是一种在物理层上互联网段的设备，具有对信号进行放大、补偿、整形和转发的功能。电子信号通过传输介质时会发生信号衰减，有效传输距离受到限制，中继器可以把从一段电缆接收到的信号经过放大、补偿和整形后，转发到另一段电缆上，延长信号的有效传输距离，扩展网络的覆盖范围。

3. 集线器

集线器(Hub)是中继器的一种，其区别在于集线器能够提供更多的端口，所以又称为多口中继器。常见的Hub可以有8口、16口、24口或更多端口，供双绞线上的RJ-45插头插入。由于成本比较低，在早期的星形网络中用得比较多，已逐步被交换机取代。

4. 交换机

交换机(Switch)是由输入输出端口以及具有交换数据包等数据单元能力的转发逻辑组成的网络设备。交换机在同一时刻可进行多个端口之间的数据传输。交换机的主要优点是使各个站点独占全部带宽,实现高速网络通信。而集线器使各个端口共享带宽。

5. 路由器

路由器(Router)作用于 OSI 参考模型的网络层,根据网络层的信息,采用某种路由算法,为在网络上传送的数据包从多条可能的路径中选择一条合适的路径。

使用路由器可以实现具有相同或不同类型的网络的互联,网关也可以完成这一功能,但网关是在 OSI 参考模型的高层(从传输层到应用层),实现不同高层协议之间的互相转换。路由器是在 OSI 参考模型的网络层实现这一功能。路由器与网桥相比有明显的优点,具有更强的异构网互联能力、更强的拥塞控制能力和更好的网络隔离能力。

6. 网络适配器

网络适配器(Network Adapter)是把网络站点(计算机)连接到传输介质(双绞线、同轴电缆等)的一种接口部件,以插卡的形式安装在计算机上,所以通常称为网卡。为了与不同传输介质实现连接,网卡的接口类型也有多种,如与粗同轴电缆连接的 AUI 接口、与细同轴电缆连接的 BNC 接口和与双绞线的 RJ-45 接口等。

4.1.4　计算机网络的传输介质

在上一小节中介绍了一些计算机网络不同的分类方式,其实还有一种分类方式,那就是按照传输介质的不同而分类,这一小节中我们将重点介绍信号传输时所用的物理介质。

传输介质又称为传输媒介,就是数据传输系统中在发送器和接收器之间的物理线路。在计算机网络中,有多种可用于实际数据传输的传输介质。常用的传输介质主要有两类:有线介质和无线介质。

1. 有线介质

有线传输介质是较为可靠的引导性连接,承载信息的电信号从一个固定终端传播到另一个固定终端。这种有线介质像滤波器,限制了信道的最大数据传输速率。有线介质向外辐射,在一定程度上可引起对附近的无线电传输或其他有线传输的干扰。有线介质主要包括双绞线、同轴电缆和光纤三种。

(1) 双绞线(Twisted Pair)

它是最古老但又是最常用的传输媒体。把两根互相绝缘的铜导线并排放在一起,然后用规则的方法绞合(Twist)起来就构成了双绞线。相信我们大多数人已在自己家或工作环境中见过双绞线,如图 4-11 所示。一般地说,通过外包一层防护屏蔽,数股双绞线捆扎在一起构成一段电缆。那为什么要将两股线绞合在一起呢?原来它们互相缠绞的目的是削减来自紧挨着的其他股双绞线的电气干扰。每股双绞线构成单个通信链路。

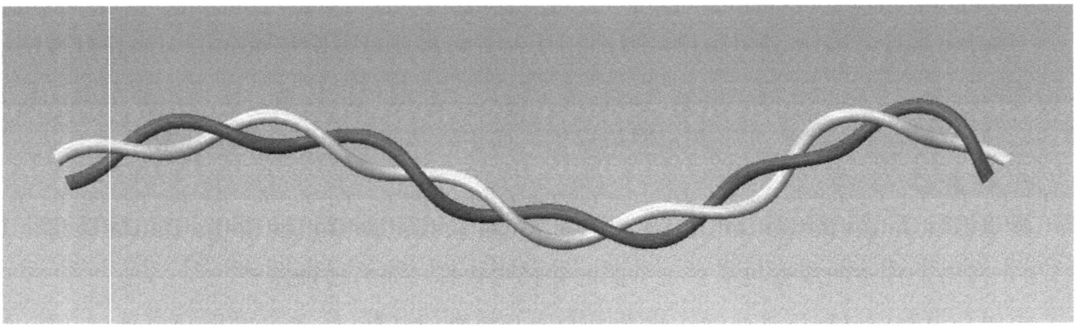

图 4-11　双绞线

双绞线最早使用在电话交换系统中,后来才移植到计算机网络中,当然对应的材质和标准都不一样。在计算机网络中使用的双绞线可分为屏蔽双绞线(Shielded Twisted Pair, STP)和非屏蔽双绞线(Unshielded Twisted Pair,UTP)两大类。STP 是以金属箔进行屏蔽包裹的,以减少芯线间的干扰和串音;而 UTP 则没有这一层屏蔽用的金属箔,分别如图 4-12、4-13 所示。

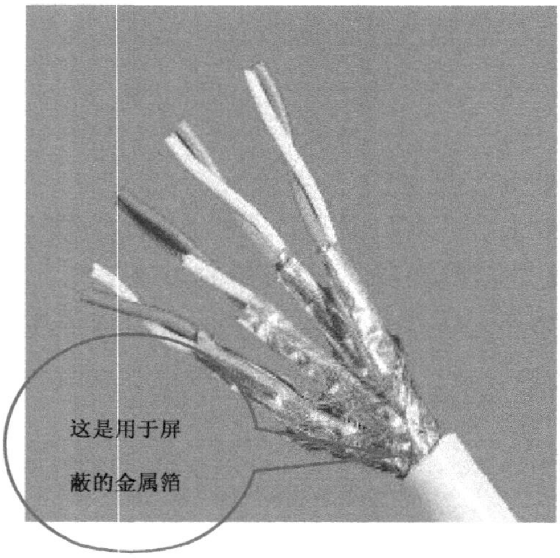

图 4-12　屏蔽双绞线

图 4-13　非屏蔽双绞线

(2) 同轴电缆

与双绞线类似,同轴电缆也由两根铜导体构成,不过这两根铜导体是一内一外沿同一轴心伸展的,而不是并行地缠绞在一起,如图 4-14 所示。这样的结构加上特殊的绝缘材料和屏蔽层,使得同轴电缆能够达到比双绞线高的位传速率,具有很好的抗干扰特性。

在局域网发展的初期曾广泛地使用同轴电缆作为传输媒体。但随着技术的进步,在局域网领域基本上都采用双绞线作为传输媒体。目前同轴电缆主要用在有线电视网的居民小区中。同轴电缆的带宽取决于电缆的质量。目前高质量的同轴电缆的带宽已接近 1 GHz。

(3) 光纤

光纤的完整名称为光导纤维,由光导纤维纤芯、玻璃网层和能吸收光线的外壳组成,是一种细小柔软的传导光脉冲的介质。如图 4-15 所示。单根光纤所能支持的位传速率高得吓人,可达每秒数十甚至数千兆位。光纤不受电磁干扰,到 100 千米距离处的信号衰减仍很低,而且难以被分光窃听。这些特性使得光纤成了首选的长距离有导向传输介质,特别是在越洋链路上。美国和其他一些国家的许多长途电话网络现已全部改用光纤。在因特网主干上,光纤的使用也非常普遍。然而光纤设备(发送器、接收器、交换机等)的高成本还是阻碍了它在短距离传输上的部署,例如在局域网中或在住宅接入网络的入户段。

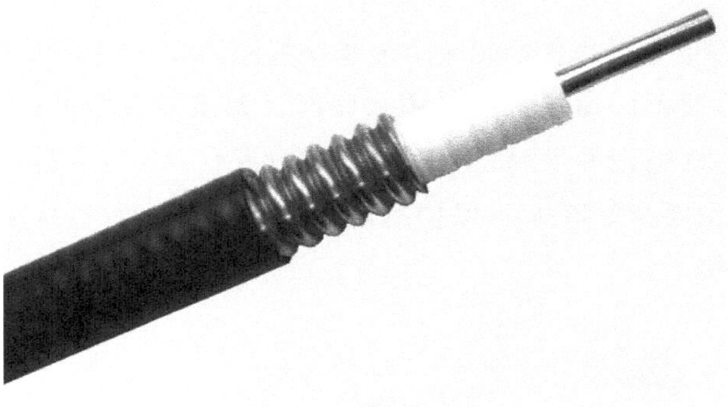

图 4-14　同轴电缆

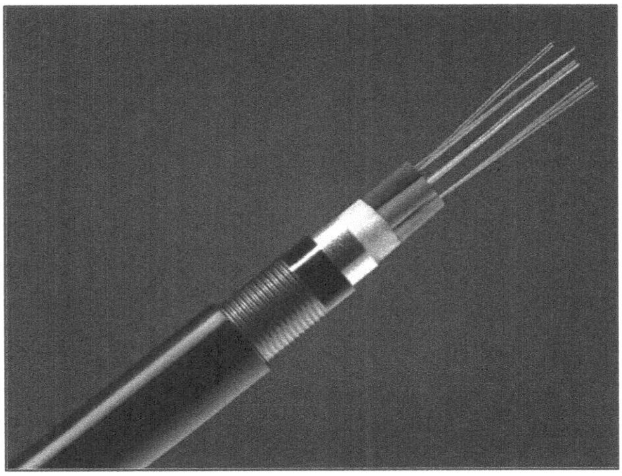

图 4-15　光纤

2. 无线介质

前面介绍了三种有线的传输介质。但是,若通信线路要通过一些高山或岛屿,有时就很难施工。即使在城市中,挖开马路铺设电缆也不是一件很容易的事。当通信距离很远时,铺设电缆既昂贵又费时。但利用无线电波在自由空间的传播就可较快地实现多种通信。这里所用到的通信介质就称为无线介质。无线介质不需要架设或铺埋电缆或光纤,而是通过大气传输,受地理位置的限制小、使用方便,但不足之处是相对不稳定,容易受到障碍物和天气的影响。在数据通信中主要应用于蓝牙、Wi-Fi 和地球卫星等。下面将简单介绍前两种。

（1）蓝牙通信

蓝牙是一种短距离低速无线通信技术，通过测量信号的强度进行定位。它可以支持便携式计算机、移动电话以及其他移动设备之间的相互通信，进行数据和语音传输。利用蓝牙技术，能够有效地将移动电话、笔记本电脑、掌上电脑以及各种数字化的信息设备连接起来，从而甩掉常用的有线电缆；同时形成一种个人身边的网络，使得身边的各种信息化的移动便携式设备都能无缝地实现资源共享。

（2）Wi-Fi 通信

Wi-Fi 是一种允许电子设备连接到一个无线局域网（WLAN）的技术，以前通过网线连接电脑，有了这个技术后就可以通过无线电波来联网。无线路由器可以将宽带网络信号转发给附近的无线网络设备（笔记本电脑、PAD 以及其他带有 Wi-Fi 功能的设备），如图 4-16 所示。连接到无线局域网通常是有密码保护的，但也可是开放的，这样就允许任何在 WLAN 范围内的设备可以连接上。

图 4-16　Wi-Fi 通信

4.1.5　计算机网络的拓扑结构

在实际生活中，计算机与网络设备要实现互联，就必须使用一定的组织结构进行连接，这种组织结构就叫作“拓扑结构”。网络拓扑结构是由网络节点设备和通信介质通过物理连接所构成的逻辑结构。它形象地描述了网络的安排和配置方式，以及各节点之间的相互关系，通俗地讲，“拓扑结构”就是指这些计算机与通信设备是如何连接在一起的。如果不用各种结构连接在一起，网络将不能进行相互通信，例如你和你的异地好友将不能一起玩网游。

使用拓扑结构连接网络可以使通信更快速、便捷，促进人与人之间的交流。

常见的网络拓扑结构主要有星形拓扑结构、环形拓扑结构、总线形拓扑结构、树形拓扑结构和网状形拓扑结构等。

1. 星形拓扑结构

星形拓扑结构(Star Topology)是指各工作站以星形方式连接成网，呈放射状。这种拓扑结构的网络有中央结点(集线器或交换机)，其他结点(工作站、服务器)都与中央结点直接相连，这种结构以中央节点为中心，因此又称为集中式网络。如图 4-17 所示。

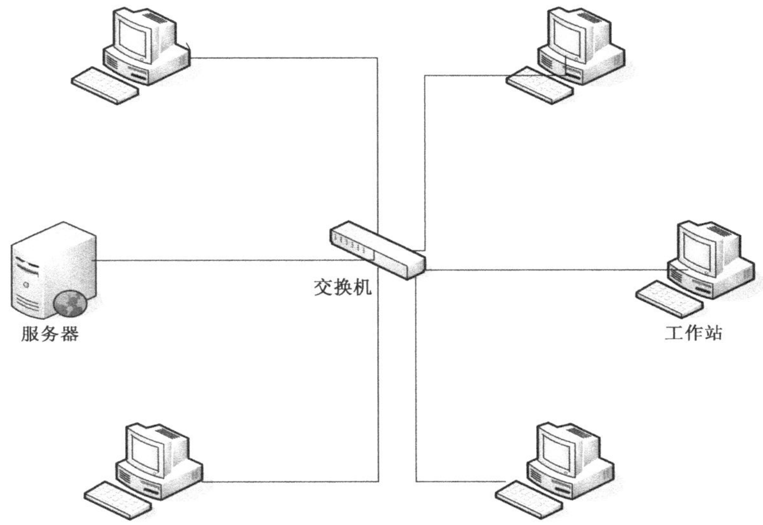

图 4-17　基本星形拓扑结构示例

一般星形结构用于局域网中，在这个拓扑结构中，所有服务器和工作站等网络设备都集中连接在同一台交换机上。一般，学生宿舍内部和学校机房等都采用星形网络来连接，这种拓扑结构甚至可以满足一个小型企业的需求。

星形结构的优点是结构简单，连接方便，管理和维护都相对容易，而且扩展性强；网络延迟时间较小，传输误差低；某个工作站点出现故障不会影响其他站点和全网的工作。缺点是共享资源的能力较差；通信线路利用率不高；对中心结点要求相当高，一旦中心结点出现故障，则整个网络将瘫痪。

2. 环形拓扑结构

环形拓扑结构(Ring Topology)所有站点连接在一个封闭的环路中，一个结点(工作站或服务器)发出的数据要依次通过所有的结点，最后再回到起始结点。每个结点能够接收从一条链路传来的数据，并以同样的速率串行地把该数据沿环送到另一端链路上。这种链路可以是单向的，也可以是双向的。

该网络结构主要应用于采用同轴电缆作为传输介质的令牌网中，图 4-18 就是一个典型的环形网络。实际这种拓扑结构的网络不会是所有计算机真的要连接成物理上的环形，其连成的可以是任意形状，如直线形、半环形等。

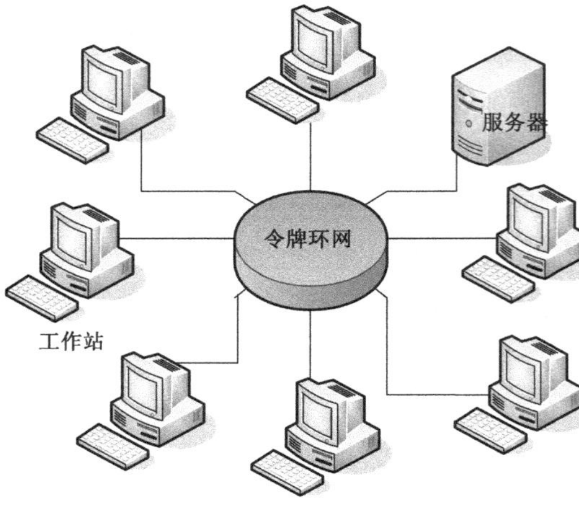

图 4-18 环形拓扑网络示例

环形结构的优点是结构简单,增加或减少工作站时,仅需简单的连接操作;消除了终端用户通信时对中心系统的依赖性。缺点是可靠性差,节点的故障会引起全网故障,而且故障检测困难;由于多个结点共享一个环路,需要一种控制方法来决定每个结点何时能够发出数据,使得信道利用率低,所以这种结构现在用得很少。

3. 总线形拓扑结构

总线形拓扑结构(Bus Topology)与环形拓扑结构有些类似,都是共享一条同轴电缆作为传输介质,通过 RPU(中继转发器)连接多台计算机,而且网络通信中都是以令牌的方式进行的。所谓“总线”就表示,网络中连接的各站点间进行数据通信时都必须通过这条线缆。总线形拓扑结构网络中所有设备通过连接器并行连接到一条传输电缆(通常称之为中继线、总线、母线或干线)上,并在两端加装一个称为“终接器”的组件,如图 4-19 所示。终接器主要用来与总线进行阻抗匹配,最大限度吸收传送端部的能量,避免信号反射回总线产生不必要的干扰。

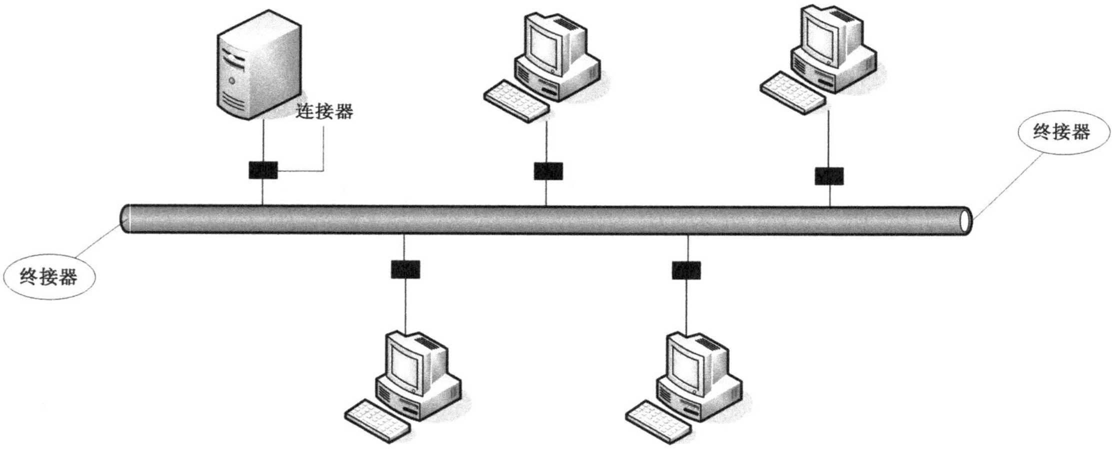

图 4-19 总线形结构示例

总线形拓扑结构的代表技术就是 ARCNet 令牌网络,所以总线形拓扑结构通常认为是令牌总线(Token Bus)结构。物理上是总线网,逻辑上是令牌网。

总线结构的优点是结构简单、易于布线和维护、可靠性高、易于扩展、信道利用率高。缺点是,总线的传输距离有限,通信范围受到限制;故障诊断和隔离较困难;分布式协议不能保证信息的及时传送,不具有实时功能。结点必须是智能的,要有媒体访问控制功能,从而增加了结点的硬件和软件开销,和环形网络一样,这些缺点决定了它在当前网络应用中被极少使用。

4. 树形拓扑结构

树形拓扑结构(从核心交换机到汇聚层,再到边缘层)是自上而下依次分层扩展的,就像一棵倒放的"树"。树形拓扑结构的最顶层(也就是核心层)相当于树的"根",中间层(汇聚层)相对于树的"枝",而最下层(边缘层)则相当于树枝上的"细枝"和"树叶"。自上而下,所用的交换机数量是逐层增多的。简化的树形拓扑结构如图 4-20 所示(图中每一个大圆圈代表一台交换机,最下面的每个小圆圈代表一台所连接的主机)。

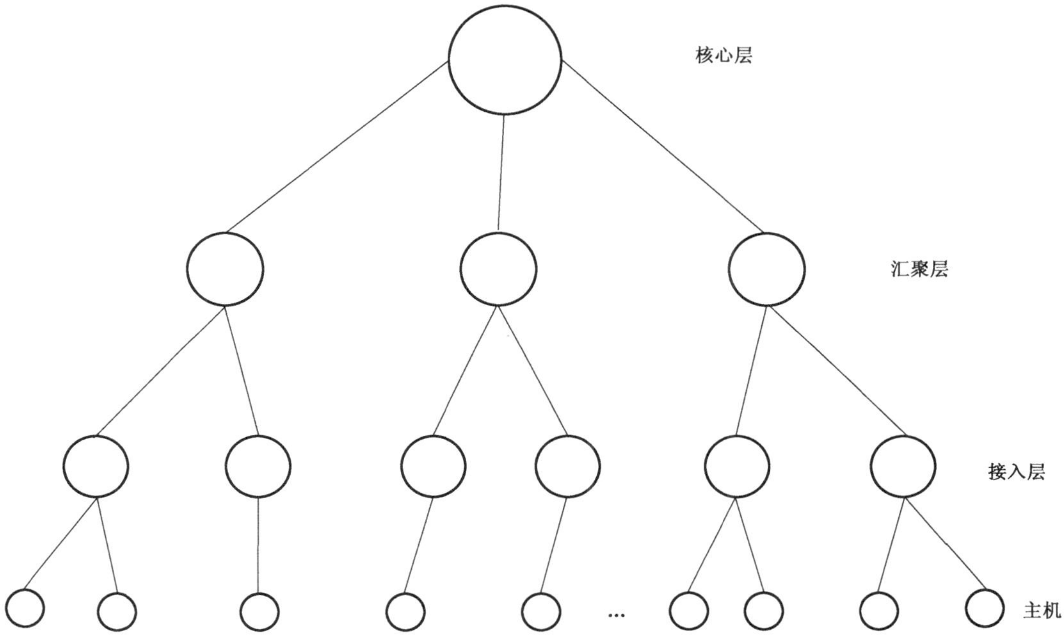

图 4-20 树形拓扑结构

树形拓扑结构应用于城域网中,一些数据服务中心的网络拓扑结构常常都是树形的。例如:中国互联网络信息中心,负责将全国各省的网络进行分配管理,核心层由北京、上海、广州等一些一线城市的核心节点组成,它们各自又负责下一层省市的网络连接,以此类推,可以将全国各个城市都连接在一起。

树形拓扑结构主要优点是扩展性方面。在此拓扑结构中,通过多级树形结构的级联,可以更方便地实现在连接距离和端口数据上的扩展,实现更大规模网络的扩展升级。但树形拓扑结构自身也有一些不足,对"根"设备(核心,或者骨干层)交换机的依赖性太大,如果"根"发生故障,则那些依赖"根"设备访问的服务器或外网则全部不可访问了。另外,处于最顶端的核心层设备,因为下面连接了更多的级联设备和用户,负荷更重,需要配备性能更强的交换机和路由设备,成本比较高。

5. 网状形拓扑结构

网状形拓扑结构(Mesh Topology)又称无规则形拓扑结构。在这种结构中,各结点之间通过传输介质彼此互连,并且每一个结点至少与其他两个结点相连,构成一个网状结构。

网状形拓扑结构又有“全网状结构”和“半网状结构”两种。所谓“全网状结构”就是指网络中任何两个结点间都是相互连接的。如图 4-21 所示的就是一个全网状拓扑结构。而所谓的“半网状结构”是指网络中并不是每个结点都与网络的其他所有结点有连接,可能只是一部分结点间有互联,如图 4-22 所示,A 结点就没有与 E 结点直接连接,C 结点也没有与 A 结点直接连接。

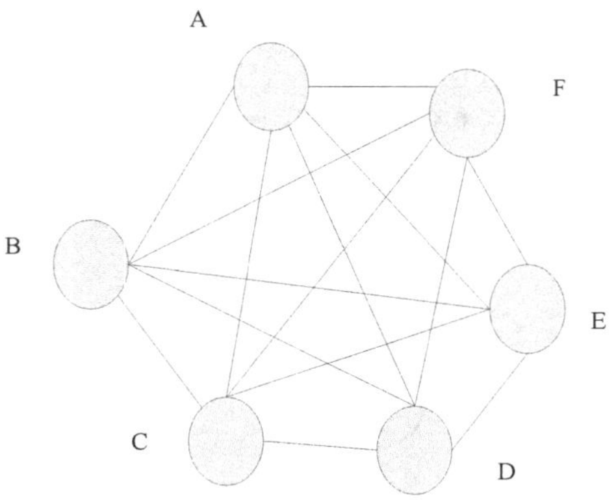

图 4-21 全网状拓扑结构

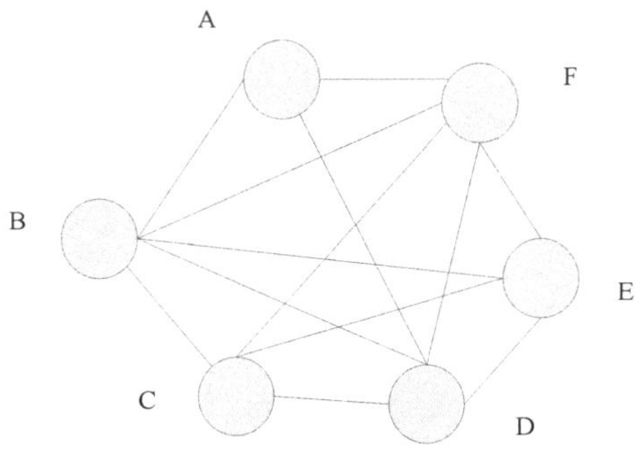

图 4-22 半网状拓扑结构

网状形拓扑结构主要用于广域网中,这时它们连接的不再是终端用户 PC 节点,而是网络设备结点,如网络中的交换机、路由器等设备。网状形拓扑结构一般用于 Internet 骨干网上,如我国的教育科研网的主干网采用的就是网状结构,将国家与国家进行连接,例如:中国、英国、美国和日本各个国家之间的互联。

网状结构的优点是,由于节点之间有许多条路径相连,可以为数据流的传输选择适当的路由,绕过失效的部件或过忙的结点,从而具有较高的可靠性。缺点是结构复杂,连接成本比较高,不易管理和维护。

4.2 互联网

网络之间还可以通过路由器互连起来,这样就构成了一个覆盖范围更大的网络,即互联网,因此互联网是“网络的网络”(Network of Networks)。

4.2.1 互联网的基本原理

全世界几十亿台电脑,连接在一起,相互通信。中国的某一块网卡送出信号,美国的另一块网卡居然就收到了,两者实际上根本不知道对方的物理位置,你不觉得这是很神奇的事情吗? 接下来,我们将探索这样的过程是如何实现的。

网络之间想要互相通信就必须遵守相同的标准(协议),国际标准化组织(ISO)制定的一个用于计算机或通信系统间互联的标准体系,一般称为 OSI 参考模型或七层模型。TCP/IP

是一组用于实现网络互连的通信协议，基于 TCP/IP 的参考模型将协议分成四个层次，它们分别是：网络接口层、网际互联层、传输层（主机到主机）和应用层。两种模型如表 4-1 所示。

Internet 采用的核心协议是 TCP（Transmission Control Protocol）/IP（Internet Protocol）协议，它们使用的通信方式是分组交换。所谓分组交换，简单说就是数据在传输时分成若干段，即若干个数据包，TCP/IP 协议的基本传输单位是数据包，TCP/IP 协议主要包括两个主要的协议：TCP 协议和 IP 协议。

表 4-1　OSI 协议和 TCP/IP 协议

<table>
<tr><th>OSI 七层网络模型</th><th>TCP/IP 四层概念模型</th><th>对应网络协议</th><th>对应的典型设备</th><th>区域</th></tr>
<tr><td>应用层（Application）</td><td rowspan="3">应用层</td><td>TFTP、FTP、NFS、WAIS</td><td>应用程序，如 FTP，SMTP，NTTP</td><td rowspan="4">计算机</td></tr>
<tr><td>表示层（Presentation）</td><td>Telnet、Rlogin、SIMP、Gopher</td><td>编码方式、图像编码、URL 字段传输编码</td></tr>
<tr><td>会话层（Session）</td><td>SMTP、DNS</td><td>建立会话，SESSION 认证、断点续传</td></tr>
<tr><td>传输层（Transport）</td><td>传输层</td><td>TCP、UDP</td><td>进程和端口</td></tr>
<tr><td>网络层（Network）</td><td>网际层</td><td>IP、ICNP、ARP、RARP、AKP、UUCP</td><td>路由器，防火墙、多层交换机</td><td rowspan="3">网络</td></tr>
<tr><td>数据链路层（Data Link）</td><td rowspan="2">网络接口</td><td>FDDI、Ethernet、Arpanet、PDM、SLIP、PPP</td><td>网卡，网桥，交换机</td></tr>
<tr><td>物理层（Physical）</td><td>IEEE 802.IA、IEEE802.2 到 IEEE802.11</td><td>中继器，案线器、网线、HUB</td></tr>
</table>

TCP/IP 协议的工作原理：

（1）首先由 TCP 协议把数据分成若干数据包，给每个数据包写上序号，以便接收端把数据还原成原来的格式。

（2）IP 协议给每个数据包写上发送主机和接收主机的地址，一旦写上源地址和目的地址，数据包就可以在互联网上传送数据了。IP 协议还具有利用路由算法进行路由选择的功能。

（3）这些数据包可以通过不同的传输途径（不同的路由器）进行传输，由于路径不同，加上其他的原因，可能出现顺序颠倒、数据丢失、数据失真甚至重复的现象。这些问题都由 TCP 协议处理，它具有检查和处理错误的功能，必要时还可以请求发送端重发。简言之，IP 协议负责数据的寻址，而 TCP 协议负责数据的可靠传输。

4.2.2　IP 地址和域名

当你与 Internet 上其他用户进行通信时，或者寻找 Internet 的各种资源时，都会用到 IP

地址或者域名。访问网络中的信息时,是通过 IP 地址和对应的端口来通信,但是假如你要访问百度,记住百度的 IP 地址是很费力的,此时就可以通过域名来代替 IP 地址,域名简单好记,但是在本质上还是通过 IP 地址来访问的,只是这一步域名服务器帮你做了。下面将学习什么是 IP 地址,什么是域名。

1. IP 地址

连接在 Internet 上的每台计算机都必须通过某种标识来区分每一台机器,并且一台计算机必须知道另一台计算机的地址,这样双方计算机才能通信,这个用于区分的标识就是 IP 地址。在 TCP/IP 协议中,IP 地址由两部分组成:网络标识(Netid)和主机标识(Hostid),网络标识确定了主机所在的物理网络,主机标识确定了某一物理网络上的一台主机。

每个 IP 地址是一个 32 位的二进制数,可以表示为用小数点分开的 4 个十进制整数,如 10100110111100011001001010O1 便是一个有效的 IP 地址,可以表示成 166.111.25.41。

IP 地址有 4 种格式,即有 4 类网络地址:A 类、B 类、C 类和 D 类,比较常用的是前 3 类地址。其格式如图 4-23 所示。

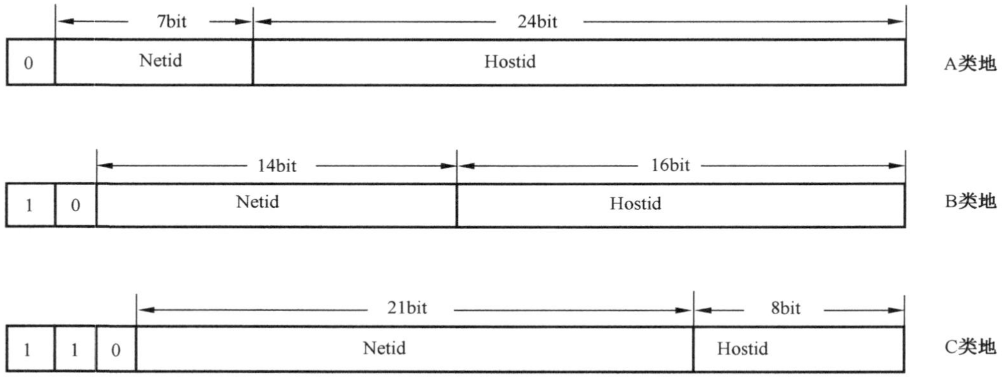

图 4-23　IP 地址格式

A 类地址:用于特大规模网络,地址的最高位固定为 0,随后的 7 位为网络标识,最后 24 位为网络内的主机标识,一个分配了 A 类地址的网络,网络内主机最多可接近 16 777 216 台。地址 1.2.225.4 就是一个 A 类地址。

B 类地址:用于较大规模网络,地址的最高 2 位固定为 10,随后的 14 位为网络标识,最后 16 位为网络内的主机标识,一个分配了 B 类地址的网络,网络内主机最多可接近 65 536 台。地址 166.111.25.41 就是一个 B 类地址。

C 类地址:用于较小规模网格,地址最高 3 位固定为 110,随后的 21 位为网络标识,最后 8 位为网络内的主机标识,一个分配了 C 类地址的网络,网络内主机最多可接近 256 台。地址 202.206.3.135 就是个 C 类地址。

2. 域名

由于数字地址难以记忆和准确输入,人们就用易于记忆的字母表示的计算机名来代替用数字表示的地址,同样每台计算机应该有个唯一的名字以便能区别于网上的其他计算机,网络中用于标识一台计算机的名字通常由 4 个部分组成，各部分之间用英文点(.)分开。格式为主机名.组织名.组织类型名.国家或地区名。

用字母表示的计算机名叫域名(Domain Name)，Internet 最初采用的是非层次结构的命名系统。当网络规模变大后，这种非层次结构的命名系统就很难进行管理。因此 Internet 在 1983 年开始采用层次结构的命名树，如图 4-24 所示，它实际上是一颗倒过来的树，树根在最上面。

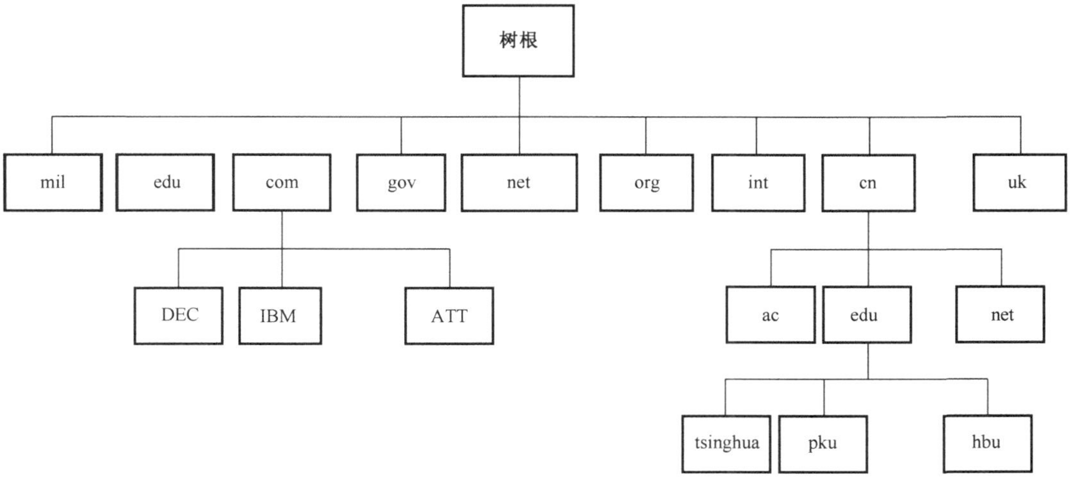

图 4-24　域名命名格式

Internet 将所有联网主机的名字空间划分为许多不同的域(Domain)。树根下是最高一级的域。美国共分 6 个域(与地理位置无关)，即 com(商业机构)、edu(教育单位)、gov(政府部门)、mil(军事组织)、net(网络机构)、org(非营利组织)，命名树中的名字一律不分大小写。如在 com 下面有 DEC 、IBM、ATT(AT&T 公司)等，子域的名字都必须是各不相同的。最高一级的域还有一个叫 int，是供国际组织使用的。在最高一级的其他域名都是由两个字母组成的国家或地区名，例如 cn(中国)、uk(英国)、fr(法国)、jp(日本)等。每个国家或地区自己决定其下属子域的划分方法。我国下属的子域名大体上采用美国的划分方法，但也有所不同，如用 ac 代表科研机构等。

一个完整的域名就是将最低层到最高层的域名串起来，在域名之间加上一个点。例如，域名 c. yyu. edu. cn 就代表 yy 大学计算机科学系的主机，可以看出域名比较容易记忆。

Internet 起源于美国，因此美国的国家名不必加上。如 cs. purdue. edu 就代表美国 purdue 大学计算机科学系的主机。

Internet 通信协议要求在发送和接收数据时必须使用数字表示的 IP 地址。因此一个应用程序在与用字母表示域名的计算机上的应用程序通信之前，必须将域名翻译成 IP 地址，将域名翻译成 IP 地址的软件叫域名系统(Domain Name System，DNS)，每个组织都有一个域名服务器(即在 Internet 的命名树的每一个站点上都有一个域名服务器)，用于存放该组织所有计算机的域名及其对应的 IP 地址，当某个应用程序需要将一个计算机域名翻译成 IP 地址时,这个应用程序就与域名服务器建立连接,将域名发送给域名服务器,域名服务器检索并把正确的 IP 地址回送给应用程序。

4.2.3 互联网服务

随着 Internet 的迅速发展,围绕 Internet 出现了众多的技术创新和服务,这些成果极大地推进了 Internet 的进步,并为 Internet 未来发展奠定了坚实的技术基础。

1. 万维网

万维网 WWW(World Wide Web)并非某种特殊的计算机网络,而是一个大规模的、联机式的信息储藏所,英文简称为 Web。万维网用链接的方法能非常方便地从因特网上的一个站点访问另一个站点(也就是所谓的"链接到另一个站点"),从而主动地按需获取丰富的信息。

因为 Web 用户使用的操作系统、浏览器类型不同,这些操作系统和浏览器所使用的开发语言也可能完全不同,为了在不同用户的计算机上都能正确地显示万维网中的网页信息,也必须为网站的信息制定全球统一的标记方法,于是创造了超文本标记语言 HTML(HyperText Markup Language),它是一种格式化语言,用来结构化信息,如标题、段落和列表等,也可用来在一定程度上描述文档的外观和语义,由万维网协会(World Wide Web Consortium, W3C)维护。使用 HTML 开发的网页文件扩展名为.html(早期 DOS 时代采用的是 3 位扩展名,扩展名为.htm)。

除此之外,计算机要想正常地传递信息,还需提出一个统一的传输协议,即超文本传送协议 HTTP(Hypertext Transfer Protocol)。HTTP 是客户端浏览器和 Web 服务器之间的应用层通信协议,即浏览器访问 Web 服务器上的超文本信息时使用的协议,它保证超文本文档在主机间的正确传输。

2. 搜索引擎

万维网是一个大规模的、联机式的信息储藏所。那么,应采用什么方法才能找到所需的信息呢?如果已经知道存放该信息的网点,那么只要在浏览器的地址框内键入该网点的 URL 和回车键,就可进入该网点。但是,若不知道要找的信息在何网点,那就要使用万维网的搜索工具。

在万维网中用来进行搜索的工具叫作搜索引擎(Search Engine)。常见的搜索引擎有 Google(www.google.com)、百度(www.baidu.com)和搜狗(www.sogou.com)等。利用搜索引擎可以方便地搜索出网页、图片、新闻、软件、MP3、Flash 动画等诸多信息,只要用户输入相应的搜索关键词,搜索引擎就会返回若干条包含该关键词信息的 URL,用户就可以通过该链接获得所需的信息。

3. 电子邮件

大家知道,实时通信的电话有两个严重的缺点:一是电话通信的主叫和被叫双方必须同时在线;二是有些电话常常不必要地打断人们的工作或休息。鉴于这两个缺点,人们提出使用计算机发送邮件。这样的邮件称为电子邮件(E-Mail)。

电子邮件是 Internet 上应用最为广泛的功能之一。电子邮件把邮件发送到收件人使用的邮件服务器,并放在其中的收件人邮箱(Mail Box)中,收件人可在自己方便时上网到自己使用的邮件服务器进行读取。电子邮件不仅使用方便,还具有传递迅速和费用低廉的优点。现在的电子邮件不仅可传送文字信息,还可附上声音和图像。

电子邮件由信封和内容两部分组成。电子邮件的传输程序根据邮件信封上的信息来传送邮件。这与邮局按照信封上的信息投递信件是相似的。

在邮件的信封上,最重要的就是收件的地址。TCP/IP 体系的电子邮件系统规定电子邮件地址(E-Mail Address)的格式如下:用户名 @ 邮件服务器的域名。

在上式中,符号“@”表示“在”的意思。例如,在电子邮件地址“xyz@abc. com”中,“abc. com”就是邮件服务器的域名,而“xyz”就是在这个邮件服务器中的收件人的用户名,也就是收件人的邮箱名,是收件人为自己定义的字符串标识符。但应注意,这个用户名在邮件服务器中必须是唯一的(当用户定义自己的用户名时,邮件服务器要负责检查该用户名在本服务器中的唯一性)。

4. 博客与微博

博客,为音译,英文名为 Blogger,为网络日志(Web Log)的混成词。博客的作者可以源源不断地往万维网上的个人博客里填充内容,供其他网民阅读。

现在的博客极大地扩充了因特网的应用和影响,成为所有网民都可以参与的一种新媒体,并使得无数的网民有了发言权,有了与政府、机构、企业以及很多人交流的机会。在博客出现以前,网民是因特网上内容的消费者,网民在因特网上搜寻并下载感兴趣的信息。这些信息是其他人生产的,并把这些信息放在因特网的某个服务器上,供广大网民使用。但博客改变了这种情况,网民不仅是因特网上内容的消费者,而且还是因特网上内容的生产者。

微博就是微型博客(Microblog),但微博不同于一般的博客,它可以只记录片段、碎语,三言两语,现场记录,发发感慨,晒晒心情,也可以只记录自己琐碎的生活。微博中不必有太多的逻辑思维,很随便,很自由,有点像电影中的一个镜头。写微博比写其他东西简单多了,不需要标题,不需要段落,更不需要漂亮的词汇。

微博是一种互动及传播性极快的工具,它的实时性、现场感及快捷性都强于博客。

5. 文件传输

FTP 服务即文件传输服务,它允许 Internet 上的用户将一台计算机上的文件传送到另一台计算机上,FTP 服务是由 TCP/IP 的文件传送协议(File Transfer Protocol,FTP)支持的。FTP 服务解决了远程传输文件的问题,无论两台计算机相距多远,只要它们都连入 Internet 并且都支持 FTP 协议,这两台计算机之间就可以进行文件的传送。

FTP 实质上是一种实时的联机服务。在进行工作时,用户首先要登录到目的服务器上,之后用户可以在服务器的目录中寻找所需的文件。FTP 几乎可以传送任何类型的文件,如文本文件、二进制文件、图像文件、声音文件和数据压缩文件等。一般的 FTP 服务器都支持匿名(Anonymous)登录,用户在登录到这些服务器时无须事先注册用户名和密码,只要以Anonymous为用户名和自己的E-Mail地址作为密码就可以访问该FTP服务器。使用匿名FTP进入主机时,通常只能下载文件,而不能上传文件或修改主机中的文件,除非主机管理员允许匿名用户拥有这些权限并对主机做出相应的设置。

4.3 计算机系统安全知识

随着计算机及计算机网络的快速发展与广泛应用,各行各业以及个人对计算机和计算机网络的依赖日益增强。计算机中存放着、网络中传输着关乎个人、单位甚至整个国家切身利益的重要信息,这些信息的泄露、丢失和被篡改,不仅会给个人、单位及国家造成巨大的经济损失,还有可能严重危及国家安全及社会稳定。

如何保护计算机中存放信息的安全及网络中传输信息的安全,越来越受到人们的广泛关注。本节简要介绍和计算机系统安全有关的知识。

4.3.1 计算机系统安全概念

和计算机系统安全相近的概念还有信息安全和网络安全,三个概念目前都没有严格的定义。信息安全的基本含义是采取有效措施保证信息保存、传输与处理的安全;网络安全的基本含义是采取有效措施保证网络运行的安全;计算机系统安全的基本含义是保证计算机系统运行的安全。就目前的实际情况来看,这里所说的信息,主要是存在于计算机系统中的信息以及传输在网络中的信息。计算机网络的主要功能是传输信息(网络通信)和存储信息的共享(网络存储和资源共享)。计算机系统主要包括计算机硬件(包括网络设备)和存储在计算机中的信息(各种软件和数据)。所以,在本章中对计算机系统安全、信息安全和网络安全三个概念不加区分,都是指采取有效措施保证计算机、计算机网络及其中存储和传输的信息的安全,防止因偶然或恶意的原因使计算机软硬件资源或网络系统遭到破坏及数据遭到泄露、丢失和篡改。保证计算机系统的安全,不仅涉及技术问题,还涉及管理和法律等问题,可以从三个方面保证计算机系统的安全:技术安全、管理安全和法律安全。

1. 技术安全

技术安全指从技术层面保证计算机系统中硬件、软件和数据的安全。一是根据系统对安全性的要求,选购符合相应安全标准的软硬件产品;二是采取有效的反病毒技术、反黑客技术、防火墙技术、入侵检测技术、数据加密技术和认证技术等技术措施。

2. 管理安全

管理安全指通过提高相关人员安全意识和制定严格的管理措施来保证计算机系统的安全,主要包括软硬件产品的采购、机房的安全保卫、系统运行的审计与跟踪、数据的备份与恢复、用户权限的分配、账号密码的设定与更改等方面。实际上,很多安全事故都是由于管理措施不到位及内部人员的疏忽造成的,如自己的账号和密码不注意保密导致被他人利用,随便使用外来移动存储设备导致计算机感染病毒，重要数据不及时备份导致被破坏后无法恢复等。

3. 法律安全

法律安全指有完善的法律、规章体系以保证对危害计算机系统安全的犯罪和违规行为进行有效的打击和惩治。随着计算机犯罪行为的不断出现，各国制定了比较完善的打击计算机犯罪的法律体系，同时加强了对计算机犯罪行为的侦查和审判队伍的建设。

技术安全、管理安全和法律安全在保证计算机系统安全上是相辅相成的，是不容忽视的。技术安全固然值得重视，需要不断研究开发出各种新的技术措施，使不法行为难以得逞。如果没有严格的管理措施，系统管理人员和一般用户没有良好的安全意识，可能会出现计算机被盗、不设账号和密码或设置不合理或不注意保管等问题，这时再好的技术措施也是无用的。同样，如果没有法律制裁的威慑，只靠管理措施和安全技术是很难遏制恶作剧者或犯罪分子肆无忌惮的破坏行为的。

4.3.2　计算机病毒

任何一种防火墙只是为网络通信或者数据传输提供更有保障的安全性，但是也不能完全依赖于防火墙。除了靠防火墙来保障安全的同时，也要加固系统的安全性，提高自身的安全意识。这样一来，数据和通信以及 Web 站点就会更有安全保障。

防火墙只是隔离外部网和内部网的安全屏障，它对进入局域网的病毒无能为力，所以要想保证内部网的安全，还必须加强内部网内病毒的防护。各种计算机病毒的泛滥成为局域网内计算机最大的安全问题。

1. 计算机病毒的特征

计算机程序既能实现特定功能，帮助人们解决实际问题，也能破坏其他程序和数据，甚至能破坏计算机本身，致使计算机系统瘫痪，给人们的工作和生活带来不便甚至造成巨大损失。借用生物病毒的概念，把对正常计算机系统的运行具有破坏和干扰作用的计算机程序称为计算机病毒。

计算机病毒与生物病毒具有十分相似的特征，这也是把具有破坏和干扰作用的程序称为计算机病毒的原因。

(1) 传染性

计算机病毒能使自身的代码强行传染到一切符合其传染条件的程序内，通过这些程序的备份与网上传输等途径进一步感染其他计算机。一个 U 盘中存放有带病毒的程序或文件，执行带病毒的程序或打开带病毒的文件，就会把病毒传染给计算机，计算机又会把病毒传染给其他的软盘、U 盘和移动硬盘等，计算机病毒就是这样传染的。现在，计算机网络已成为计算机病毒的一个主要传染途径，而且传染和扩散速度更快。

(2) 寄生性

就像生物病毒寄生在生物体内一样，有一类计算机病毒不是一个完整的程序，需要寄生(附加)在其他程序中才能存在，当被寄生的程序(称为宿主程序)运行时，病毒就通过自我复制而得到繁衍和传播。还有一类计算机病毒本身是一个完整的程序，如网络蠕虫等。

(3) 隐蔽性

大多数计算机病毒都会把自己隐藏起来，如附加在正常程序中、复制到一般用户不会打开的目录下等，其存在、传染和破坏行为不易被计算机操作人员发现。

(4) 触发性

很多计算机病毒都有一个发作条件，这个发作条件可以是时间、特定程序的运行、某类系统事件的发生或程序的运行次数等。如黑色星期五病毒在既是 13 日又适逢星期五的日子发作，宏病毒在使用 Word 文档的宏功能时发作。

(5) 破坏性

计算机病毒发作时，对计算机系统的正常运行会有一些干扰和破坏作用。有一些病毒，不破坏计算机系统中的任何资源，只是干扰系统的正常运行，轻微影响系统的运行效率，这类病毒称为良性病毒。另外一些病毒，破坏计算机系统中的资源，严重影响系统的运行效率，甚至导致整个计算机系统或网络系统的瘫痪，这类病毒称为恶性病毒。

2. 计算机病毒的分类

(1) 按照计算机病毒的寄生部位或传染对象分类

引导型病毒是指寄生在磁盘引导区的计算机病毒。这类病毒是通过带毒盘将病毒装入内存并驻留，夺取操作系统的控制权，从而对其他盘进行传染，所以这类病毒传染速度较快，然而引导型病毒其传染的位置相对固定，而且病毒的程序段长度受到限制，故引导型病毒较为简单。

文件型病毒依附在可执行文件上，可以修改文件数据，对用户的破坏性较大。

网络病毒通过计算机网络传播感染网络中的可执行文件，还有这 3 种情况的混合型，例如，多型病毒(文件和引导型)感染文件和引导扇区两种目标，这样的病毒通常都具有复杂的算法，它们使用非常规的办法侵入系统，同时使用了加密和变形算法。

(2) 按照计算机病毒的链接方式分类

由于计算机病毒本身必须有一个攻击对象以实现对计算机系统的攻击，计算机病毒所攻击的对象是计算机系统可执行的部分。

源码型病毒：该病毒攻击高级语言编写的程序，该病毒在高级语言所编写的程序编译前插入源程序中，经编译成为合法程序的一部分。

嵌入型病毒：这种病毒是将自身嵌入现有程序中，把计算机病毒的主体程序与其攻击的对象以插入的方式链接。如果同时采用多态性病毒技术，超级病毒技术和隐蔽性病毒技术将给当前的反病毒技术带来严峻的挑战。

外壳型病毒：外壳型病毒将其自身包围在主程序的四周，对原来的程序不作修改。这种病毒最为常见,易于编写,也易于发现,一般测试文件的大小即可知。

操作系统型病毒:这种病毒用它自己的程序,意图加入或取代部分操作系统进行工作,具有很强的破坏力,可以导致整个系统的瘫痪。圆点病毒和大麻病毒就是典型的操作系统型病毒。这种病毒在运行时,用自己的逻辑部分取代操作系统的合法程序模块,根据病毒自身的特点和被替代的操作系统中合法程序模块在操作系统中运行的地位与作用以及病毒的取代方式等,对操作系统进行破坏。

(3) 按照病毒破坏的能力分类

不管是良性病毒,还是恶性病毒,都有破坏或干扰计算机系统正常运行的危害。

1) 破坏系统资源

大部分病毒在发作时直接破坏计算机系统的资源,如改写主板上BIOS中的数据、改写文件分配表和目录区、格式化磁盘、删除文件、改写文件等,导致程序或数据丢失,甚至于整个计算机系统和网络系统的瘫痪。

2) 占用系统资源

有的病毒虽然没有直接的破坏作用,但通过自身的复制占用大量的存储空间,甚至于占满存储设备的剩余空间,以此影响正常程序及相应数据的运行和存储。计算机病毒(无论是寄生存在还是独立存在)的运行要抢占内存空间、接口设备和CPU运行时间等系统资源。计算机病毒占用系统资源,即使没有严重的破坏行为,也会影响正常程序的运行速度。

(4) 按照病毒特有的算法分类

伴随型病毒:这一类病毒并不改变文件本身,它们根据算法产生EXE文件的伴随体,具有同样的名字和不同的扩展名(COM)。病毒把自身写入COM文件,当DOS加载文件时,伴随体优先被执行到,再由伴随体加载执行原来的EXE文件。

"蠕虫"型病毒:通过计算机网络传播,不改变文件和资料信息,利用网络从一台机器的内存传播到其他机器的内存,计算网络地址,将自身的病毒通过网络发送。有时它们在系统中存在,一般除了内存不占用其他资源。

寄生型病毒:除了伴随和"蠕虫"型,其他病毒均可称为寄生型病毒,它们依附在系统的引导扇区或文件中,通过系统的功能进行传播。

变型病毒(又称幽灵病毒):这一类病毒使用一个复杂的算法,使自己每传播一份都具有不同的内容和长度。它们一般是由一段混有无关指令的解码算法和被变化过的病毒体组成。

3. 计算机病毒的防治

计算机病毒的危害是严重的,不管是个人用户还是单位用户,时刻都面临着计算机病毒的威胁,严格的预防措施与有效的查杀技术对于减少计算机病毒的危害是十分必要的。

(1) 计算机病毒的传染途径

了解计算机病毒的传染途径是有效预防病毒传染的重要基础,计算机病毒主要通过外存设备和计算机网络两种途径传播。

1）通过外存设备传染

这种传染方式是早期病毒传染的主要途径，使用了带有病毒的外存设备（移动硬盘、光盘和U盘等），计算机（硬盘和内存）就可能感染上病毒，并进一步传染给在该计算机上使用的外存设备。这样，外存设备把病毒传染给计算机，计算机再把病毒传染给外存设备，如此反复，使计算机病毒蔓延开来。

2）通过计算机网络传染

这种传染方式是目前病毒传染的主要途径，这种传染方式使计算机病毒的扩散更为迅速，能在很短的时间内使网络上的计算机受到感染。病毒会通过网络上的各种服务对网络上的计算机进行传染，比如电子邮件、网络下载和网络浏览等。

（2）计算机病毒的预防

1）普及病毒知识

通过各种途径向计算机用户普及计算机病毒知识，使用户了解计算机病毒的基本常识和严重危害，严格遵守有关计算机系统安全的法律法规，强化信息时代的社会责任感，既要有保护自己的计算机系统安全的意识，也要认识到编写和传播计算机病毒是一种违法的犯罪行为。制毒之心不可有，防毒之心不可无。

2）严格管理措施

根据计算机及网络系统的重要程度，制定严格的不同级别的安全管理措施，如尽量避免使用他人的外存设备，如果确有需要，也应先进行查杀病毒处理；不要从网络上下载来历不明的软件，不要打开陌生的电子邮件；系统盘和存放重要文件的外存设备要加以写保护，重要数据要经常进行备份，而且应该有多个备份。

3）强化技术手段

强有力的技术手段也能有效预防病毒的传染，如安装病毒防火墙，可以预防病毒对系统的入侵，或发现病毒欲传染系统时向用户发出警报。

（3）计算机病毒的查杀

就目前的实际情况来看，严格的预防措施只能尽量减少计算机病毒传染的可能，还不能完全避免病毒的感染，感染病毒后，有效的检查和杀除手段就是安装合适的正版杀毒软件并经常及时升级。杀病毒软件具有检查是否感染上某种或某类病毒的功能，有的杀毒软件能查出几百种甚至几千种病毒，并且大部分杀病毒软件可同时杀除检查出来的病毒。杀病毒软件在清除计算机病毒时，一般不会破坏系统中的正常数据。现在的杀病毒软件都有良好的菜单提示，安装、升级和使用都非常简单和方便。

目前，国内用户常用的杀毒软件有瑞星杀毒软件、江民杀毒软件、金山毒霸、卡巴斯基杀毒软件、诺顿杀毒软件及360杀毒等。

4.3.3　防火墙技术

1. 防火墙概念

如何既能和外部互联网进行有效通信，充分利用互联网上的丰富信息，又能保证内部网络或计算机系统的安全？防火墙技术应运而生。

防火墙(Firewall)是建立在内、外网络边界上的过滤封锁机制，是计算机硬件和软件的结合，其作用是保护内部的计算机或网络免受外部非法用户的侵入。内部网络被认为是安全和可信赖的，而外部网络(一般是指互联网)被认为是不安全和不可信赖的。防火墙的作用，就是防止不希望的、未经授权的通信进出被保护的内部网络，通过边界控制来保证内部网络的安全。防火墙并不阻止合法用户的正常访问。

防火墙的本义指古代建造和使用木质结构房屋的时候，为防止外部火灾的蔓延将房屋引燃，人们将不怕火烧的石块堆砌在房屋周围作为屏障，这种石墙被称为防火墙。现在所说的用于网络环境的防火墙是借用了古代真正用于防火的防火墙的喻义，它指的是隔离在本地计算机或网络与外部网络之间的一道防御系统。防火墙可以是多层次的，如教师可以设置防火墙把自己的计算机与学院局域网隔离，学院网管人员设置防火墙把学院局域网与学校局域网隔离，学校网管人员设置防火墙把学校局域网与外部互联网隔离，如图 4-25 所示。

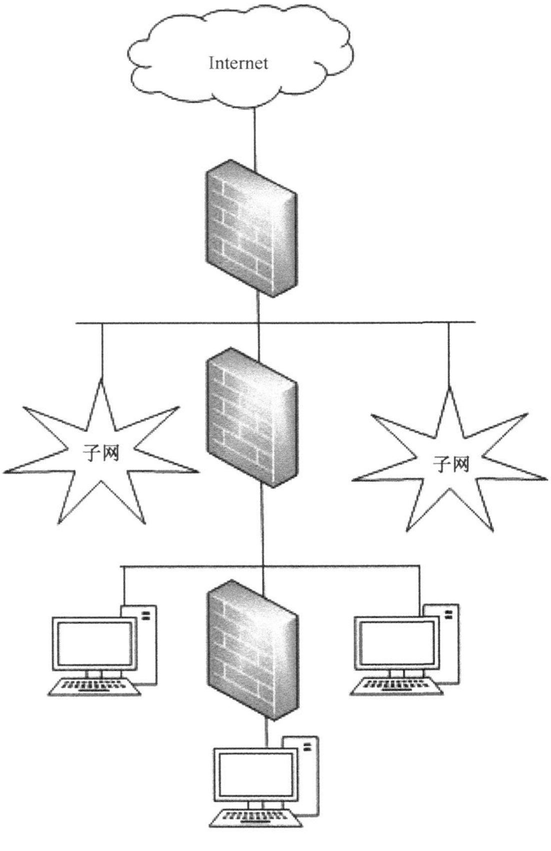

图 4-25　多层防火墙保护

2. 防火墙的功能

防火墙的主要功能如下：

(1) 访问控制。通过禁止或允许特定用户访问特定资源，保护内部网络的数据和软件等资源，防火墙需要识别哪个用户可以访问哪类资源。

(2) 内容控制。根据数据内容进行控制，如可以根据电子邮件的内容识别出垃圾邮件并过滤掉垃圾邮件。

(3) 日志记录。防火墙能记录下经过防火墙的访问行为，同时能够提供网络使用情况的统计数据。当发生可疑访问时，防火墙能进行适当的报警，并提供网络是否受到监测和攻击的详细信息。

(4) 安全管理。通过以防火墙为中心的安全方案配置,能将所有安全措施(如密码、加密、身份认证和审计等)配置在防火墙上。与将网络安全问题分散到各个主机上相比,防火墙的这种集中式安全管理更经济、更方便。

(5) 内部信息保护。利用防火墙对内部网络的划分,可实现内部网重点网段的隔离,从而防止局部重点或敏感网络安全问题对全局网络安全的影响。还有,内部网络中某些信息往往会引起攻击者的兴趣,因而暴露出内部网络的某些安全漏洞。例如,Finger(一个查询用户信息的程序)服务能够显示当前用户名单以及用户详细信息,DNS(域名服务器)能够提供网络中各主机的域名及相应的 IP 地址。防火墙能够封锁这类服务,以防止外部用户利用这些信息对内部网络进行攻击。

3. 防火墙的结构

在防火墙和网络的配置上,主要有 4 种常用结构:包过滤防火墙、双宿主网关防火墙、屏蔽主机防火墙和屏蔽子网防火墙。

(1) 包过滤防火墙

在互联网与内部网的连接处安装一台用于包过滤的路由器,构成包过滤防火墙,如图 4-26 所示。在路由器中设置包过滤规则,路由器根据这些规则审查每个数据包并决定允许或拒绝数据包的通过,允许通过的数据包根据路由表中的信息被转发,不允许通过的数据包被丢弃。

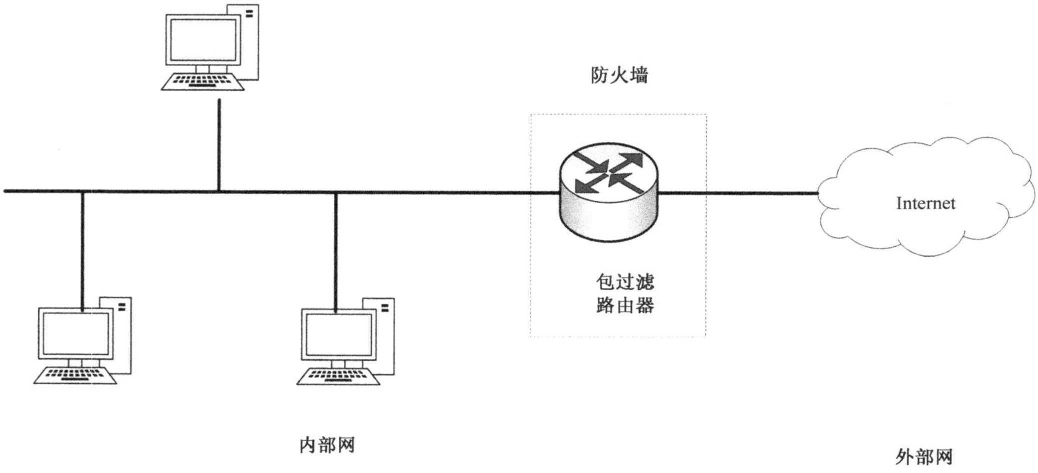

图 4-26　包过滤防火墙

(2) 双宿主网关防火墙

一台带有两个网络接口的主机,一个网络接口用于连接内部网,另一个网络接口用于连接外部网,这就构成了双宿主网关防火墙,一个网络接口相当于一个网关,如图 4-27 所示。外部网中的用户不能直接访问内部网,这就保证了内部网的安全,两个网络之间的通信通过应用层数据共享或应用层代理服务来完成。作为防火墙的主机应具有可靠的身份认证系统,以阻挡来自外部网络的非法访问。

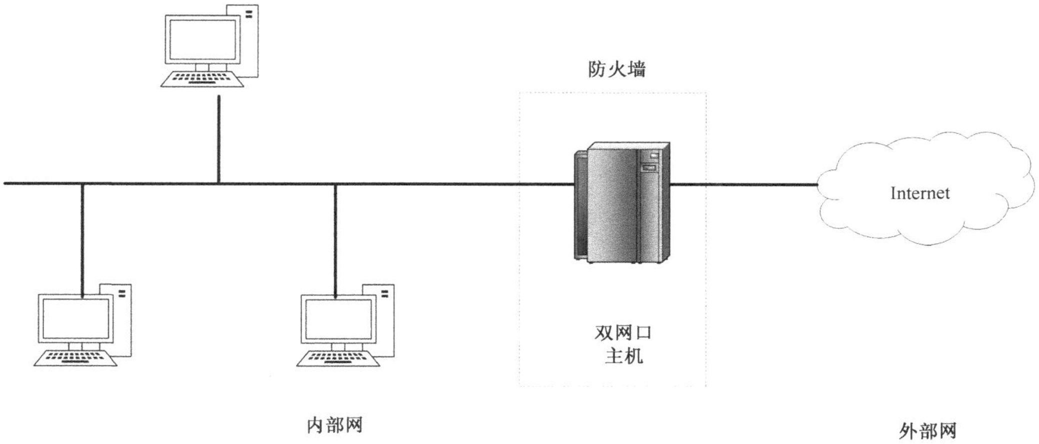

图 4-27　双宿主网关防火墙

（3）屏蔽主机防火墙

屏蔽主机防火墙由包过滤路由器和堡垒主机组成，包过滤路由器安装在内部网和外部网的连接点上，访问内部网所有其他主机必须经过的主机称为堡垒主机，堡垒主机屏蔽（隔离）了外部网对内部网的直接访问，堡垒主机配置在内部网上，如图 4-28 所示。设置了屏蔽主机防火墙，外部网上的用户需经由包过滤路由器，再经由堡垒主机才能访问内部网，包过滤路由器和堡垒主机都可以设置安全策略，所以屏蔽主机防火墙的安全等级要高于包过滤防火墙。

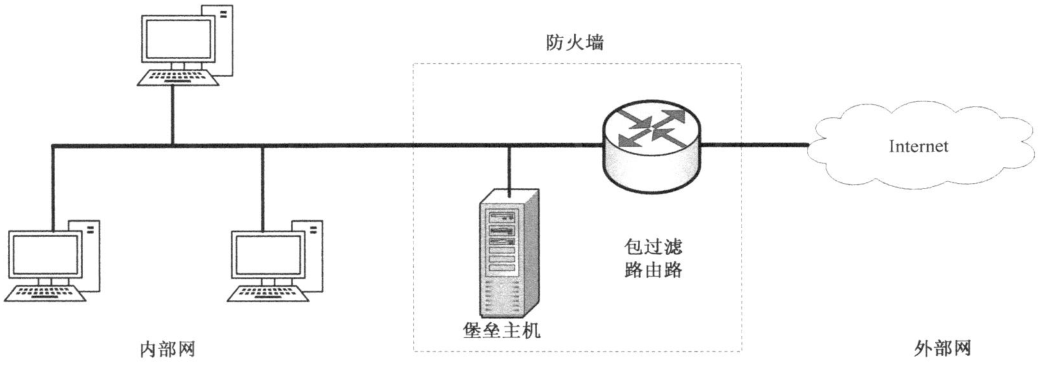

图 4-28　屏蔽主机防火墙

（4）屏蔽子网防火墙

屏蔽子网防火墙由两个包过滤路由器和一台堡垒主机组成，如图 4-29 所示，在两个包过滤路由器之间建立一个内部的屏蔽子网，也称为非军事区（Demilitarized Zone，DMZ）或隔离区。DMZ 是为了解决安装防火墙后外部网不能直接访问内部网服务器的问题，而设立的一个外部网与内部网之间的缓冲区，用于放置堡垒主机以及内部网中需要对外公开的公共服务器等，公共服务器有企业 Web 服务器、FTP 服务器等。

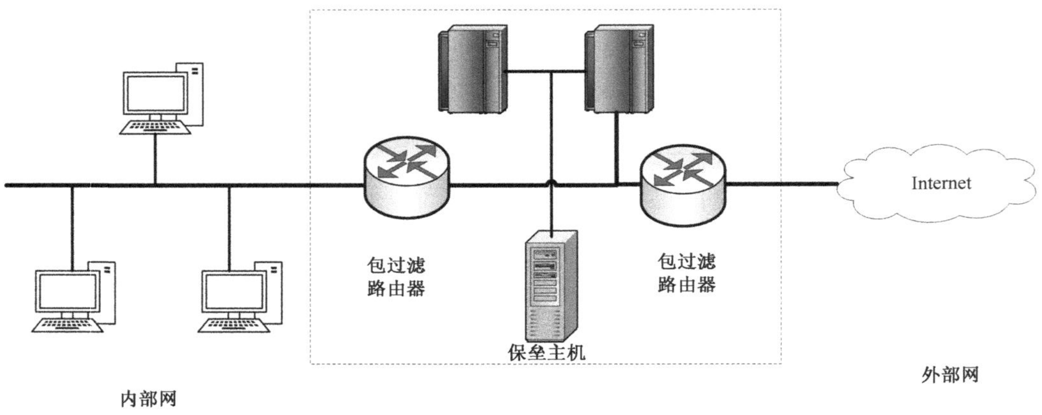

图 4-29 屏蔽子网防火墙

在屏蔽子网防火墙方案中,对于由外部网到内部网的访问,外部包过滤路由器用于阻止外部网的攻击,并管理外部网对 DMZ 的访问。内部包过滤路由器管理 DMZ 对内部网的访问。一个黑客必须通过三个独立的安全区域(外部包过滤路由器、堡垒主机和内部包过滤路由器)才能够到达内部网,提高了攻击难度,也就提高了内部网的安全性,当然成本也比较高。

常用的防火墙产品有美国思科系统公司(Cisco Systems,Inc.)的 PIX 系列产品、美国 Juniper 网络公司的 NetScreen 系列产品、我国的华三通信公司(H3C,原华为 3Com)的 SecPath 系列产品。

4.3.4 数据加密技术

1. 数据加密概述

即使安装了防火墙、入侵检测系统及杀毒软件,也难以完全防止信息被窃取。为此,可以再实施一种安全措施——加密(Encryption)。

加密是把明文通过混拆、替换和重组等方式变换成对应的密文。明文是加密前的信息,有着明确的含义并为一般人所理解。密文是对明文加密后的信息,往往是一种乱码形式,一般人很难直接读懂其真实含义,密文需要按加密的逆过程解密成明文后,才能理解其含义。所以,在信息传输前,甲乙双方约定好加密、解密方式,甲方对明文加密后以密文形式传输给乙方,乙方收到密文后按约定方式解密还原成明文,就能理解甲方所发信息的真实含义。在信息传输过程中,即使有甲乙之外的第三方通过非法途径窃取了传输的密文信息,如果不能同时获取加密、解密约定,是很难直接从密文读懂其真实含义的。所以,加密技术进一步保证了信息传输的安全性。

当然,如果加密、解密约定也被第三方窃取,那信息传输的安全也就丧失了,这时可以说第三方破译了甲乙双方的密文传输,这种保密与窃密的斗争在情报战题材的电视剧和电影中经常出现,甲乙双方极力想办法保密自己的信息传输,有时经常更换加密、解密方式,而第三方(敌方)也在尽力想办法破译甲乙双方的信息传输。

图灵就是破译密码的高手，在第二次世界大战期间，图灵在英国外交部的一个下属机构工作，使用自己研制的译码机破译了德军不少的机密情报，为盟军战胜德国法西斯立了大功，战后被授予帝国勋章。

加密的历史一直可以追溯到文字通信的开始，一些很古老的加密方法在当时起了重要作用，当然现在已不再使用这些加密方法，特别是在计算机的辅助下，这些加密方法很容易破译，但介绍这些方法对于理解加密的基本原理是很有帮助的。

2. 古典加密方法

(1) 恺撒密码

顾名思义，恺撒密码(Caesar Cipher)是由古罗马人恺撒发明的，通过移位的方式实现对原始信息的加密。恺撒密码也称为单字符替换，即对不同位置的字符采用相同的移位方式。

【例 4.1】采用恺撒密码对 computer 进行加密。

设置 26 个英文字母与数字的对应关系如下：

a	b	c	d	e	f	…	u	v	w	x	y	z
0	1	2	3	4	5	…	20	21	22	23	24	25

对明文中的每个字符右移一位(变换成下一个字符)就可以实现对明文的加密。

对于英文单词 computer 中的每个字符右移一位，就变换成了字符串 dpnqvufs，computer 的含义是“计算机”，dpnqvufs 的含义就难以理解了。

从这个例子可以看出，加密是一种变换技术，把人们能理解的明文变换成不能理解的密文。

这种简单移位的加密方法是很容易破译的。用最简单的思路就可以对密文进行右移 1 位、2 位、3 位……，左移 1 位、2 位、3 位……的逐一试探，就能破译。特别是现在借助于计算机，就更容易破译了。

(2) 多字符替换

单字符替换的优点是实现简单，缺点是容易破译。稍微复杂一点的方式是多字符替换，即不同位置的字符采用不同的替换方式。

【例 4.2】采用(+1，-1，+2)的替换方式对 computer 加密。

对明文中的第 1 个字符右移 1 位，第 2 个字符左移 1 位，第 3 个字符右移 2 位，第 4 个字符又是右移 1 位，如此进行下去，完成明文中所有字符的替换。

对 computer 进行(+1，-1，+2)模式的多字符替换后的密文为 dnoqtvfq，密文的含义仍是难以理解的。

破译这种加密方式难度要大一些，特别是手工破译，工作量比较大。但借助于计算机，还是比较容易破译的。

(3) 二进制运算

对于二进制数，除了可以进行算术运算外，还可以进行逻辑运算，主要有与(AND)、或(OR)、非(NOT)和异或(XOR)等。

AND 的运算规则:对应位都是 1,结果位为 1,否则结果位为 0。

OR 的运算规则:对应位都是 0,结果位为 0,否则结果位为 1。

NOT 的运算规则:1 变成 0,0 变成 1。

XOR 的运算规则:对应位相同,结果位为 0,对应位不同,结果位为 1。

【例 4.3】二进制运算示例。

10101100 AND 01101011=00101000

10101100 OR 01101011=11101111

NOT 10101100=01010011

10101100 XOR 01101011=11000111

其中,异或运算有一个对加密来说很有用的特性:一个数和另外一个数进行两次异或运算,结果又变回这个数本身,即 A XOR B XOR B=A。

例如,10101100 XOR 01101011 XOR 01101011=10101100。

【例 4.4】采用异或运算对 computer 进行加密。

对于 computer,首先以 ASCII 码的形式把每个英文字符转换成二进制数。选定一个 8 位的二进制数 00001100 作为加密密码(也称为加密密钥),每个明文字符的 ASCII 码都分别和这个密钥进行异或运算(加密),变换成密文,接收方也用这个相同的密钥再进行一次异或运算(解密),还原成明文。

加密结果如表 4-2 所示。加密前的明文为 computer,加密后的密文为 oca|yxi~。读者可自行对密文进行解密。

表 4-2 基于异或运算的 computer 加密结果

明文字符	明文 ASCII 码	密文 ASCII 码	密文字符
c	01100011	01101111	o
o	01101111	01100011	c
m	01101101	01100001	a
p	01110000	01111100	|
u	01110101	01111001	y
t	01110100	01111000	x
e	01100101	01101001	i
r	01110010	01111110	~

3. 现代加密方法

(1) 私钥加密

私钥加密指加密和解密使用同一个密钥,而且这个密钥属于通信的甲乙双方私有,不能公开让第三方知道。如例 4.4 中的 00001100,既是加密密钥,也是解密密钥。私钥加密也称为单密钥加密或对称密钥加密,形象地说锁信箱和开信箱用的是同一把钥匙,密钥要保密存放,一旦密钥被攻击者窃取,就无密可保。

代表性的私钥加密算法是 DES 算法。数据加密标准(Data Encryption Standard,DES)

是由 IBM 公司在 20 世纪 70 年代开发的，曾经得到了广泛的应用。

DES 算法的加密过程如下：

1）待加密数据被分为 64 位（二进制位）大小的数据块。

2）对第一个 64 位的数据块进行初始变换，即对 64 位的数据按位重新组合，如将第 58 位换到第 1 位，第 50 位换到第 2 位，……

3）将换位后的数据与密钥进行计算（如异或运算），这样的计算共进行 16 轮，每一轮使用一个不同的密钥，这 16 轮的密钥合称 DES 算法的加密密钥，也是日后解密的密钥，如果不是密钥持有人有意或无意的泄露，靠技术手段破译是有一定难度的。

4）把经过 16 轮加密的数据再进行换位操作，这时的换位是初始换位的逆操作，如第 1 位经初始换位后换到了第 40 位，经逆初始换位，再把第 40 位换回到第 1 位。

5）逆初始换位后的结果是第一块数据加密后的密文。

6）对其他每块数据都进行与第一块数据类似的处理，得到全部明文对应的密文。

1998 年之后，不再使用 DES，改用更难以破译的 AES（Advanced Encryption Standard）算法。

（2）公钥加密

公钥加密是与私钥加密相对的一种加密方法。公钥加密有两个不同的密钥，一个用于加密，是公开的，称为公钥；另一个用于解密，是不公开的，称为私钥。可以作这样的设想：我有一个保密信箱，锁信箱和开信箱用的是两把不同的钥匙，锁信箱的钥匙是公开的，就挂在信箱上，谁要是想把信件秘密给我，就可以放在信箱中，并用公开的钥匙锁上信箱。公开的钥匙只能锁信箱，不能打开信箱，打开信箱用的是另一把保密的钥匙，我自己拿着，其他人不知道。这样任何人都可以往我的保密信箱中投放秘密信件，但只有我自己能打开信箱取出信件，从而实现了秘密通信。

代表性的公钥加密算法是 RSA 算法，是由 R. L. Rivest、A. Shamir 和 L. M. Adleman 于 1978 年在美国麻省理工学院研发出来的，为此，三人共同荣获 2002 年度的图灵奖。

RSA 算法中，选定密钥的过程如下：

1）选择两个互异的大素数 p 和 q；

2）使 $n=p\times q$，$t=(p-1)\times(q-1)$；

3）取一个整数 e，使其满足 $1<e<t$，且 $\gcd(t,e)=1$；

4）计算 d，使其满足 $(d\times e) \bmod t=1$；

5）以 $\{e,n\}$ 为公钥，$\{d,n\}$ 为私钥。

其中，gcd 是求最大公约数函数，mod 是求余数函数。

RSA 算法的加密过程如下：

将二进制位串形式的明文信息分组，使得每个分组对应的十进制数小于 n，即分组长度小于 $\log_2{}^n$，然后对每个明文分组 m 作加密计算，得到其对应的密文 $c=m^e \bmod n$。

RSA 算法的解密过程如下：

对每个密文分组进行解密计算,还原成其对应的明文 $m=c^d \bmod n$。

【例 4.5】采用 RSA 算法对 computer 进行加密。

选 $p=7,q=17$。则 $n=7\times17=119,t=6*16=96$。

取 $e=5$,满足 $1<e<t$,且 $\gcd(t,e)=1$;满足 $(d\times e) \bmod t=1$ 条件的 $d=77$。

所以,{5,119)为公钥,(77,119}为私钥。

把 computer 转换成十进制形式表示的 ASCII 码,然后每个字符的 ASCII 码与私钥{77,119}进行加密计算,就能得到 computer 的密文,如表 4-3 所示。

表 4-3　基于 RSA 算法的 computer 加密结果

明文字符	明文 ASCII 码	密文 ASCII 码	密文字符
c	99	29	一控制符
o	111	76	L
m	109	79	O
p	112	91	[
u	117	87	W
t	116	114	h
e	101	33	!
r	114	88	X

如 $99^5 \bmod 119=29$,其他字符的加密解密类似。

RSA 的安全性分析:在 RSA 算法中,$\{e,n\}$为公钥,$\{d,n\}$为私钥。在 n 大到一定程度时,由$\{e,n\}$得到 d 的计算量是很大的,因为把 n 分解成两个互异的素数 p 和 q 是困难的(通过把 n 分解为 p 和 q,才能由 e 计算出 d)。RSA 算法实际上是利用了数论领域这样一个事实:虽然把两个大素数相乘得到一个合数是非常容易的,但要把一个很大的合数分解为两个素数却十分困难,至今没有任何高效的分解方法。

当然,随着新的分解方法和高性能计算机的不断出现,人们的计算能力也在不断提高,RSA-129(n 为 129 位的十进制数或 428 位的二进制数)经过 8 个月的计算于 1994 年 4 月被成功分解,RSA-155(n 为 155 位的十进制数或 512 位的二进制数)于 1999 年 8 月被成功分解,得到两个 78 位的十进制表示的素数。就目前的分解方法和计算能力来看,选择 1 024～2 048 位之间的二进制数作为 n 在一段时间内是安全的。

4.3.5　认证技术

1. 认证系统

认证和保密是信息安全的两个不同的问题,前面所述的信息加密、信息隐藏都是为了实现信息的保密。而认证主要是为了鉴别信源和发送信息的完整性。认证无法提供保密性,而保密也不是本质上就提供认证。在安全的信息认证系统中,同时使用保密技术和认证技术来确保发送信息来源的正确性、完整性、不被修改地、无泄露地到达接收者的手中。

在信息认证系统中,发送者通过网络信道将信息发给接收者,在信息传输过程中,使用保密技术使得信息不被窥视、截取、修改;接收者接收到信息本身的同时,一方面要验证信息是否来自合法的发送者,另一方面要验证信息本身的正确性。如果信息在传输途中被篡改过,那么验证信息将会检验出来,从而接收者可以令发送者再次发送信息。

(1) 数字摘要

数字摘要是采用单向 Hash 函数对文件中若干重要元素进行某种变换运算得到固定长度的摘要码,并在传输信息时将之加入文件一同送给接收方,接收方收到文件后,用相同的方法进行变换运算,若得到的结果与发送来的摘要码相同,则可断定文件未被篡改,反之亦然。

(2) 数字签名

数字签名使用强大的加密技术和公钥基础结构,以更好地保证文档的真实性、完整性和受认可性。一些政府已经立法赋予数字签名法律效力。数字签名技术是实现交易安全的核心技术之一。在电子政务应用中,数字签名是保证政务命令上传下达的安全手段,发布政务信息的政府部门工作人员不能抵赖其所发布的信息,如果这一信息造成了极坏的影响,那么根据数字签名很容易追查到有关负责人员;另外,通过数字签名保证了接收政务信息的正确性,这是政府工作正确执行的基本前提。下面介绍数字签名的基本原理。

以政府部门的工作为例,以往的政府工作文件是根据亲笔签名或印章来证明其真实性的。但在政府信息化时代,网络中传送的文件如何保证其真实性,这就是数字签名要解决的问题。数字签名必须保证以下几点:

1) 接收者能够核实发送者对报文的签名。

2) 发送者事后不能抵赖对报文的签名。

3) 接收者不能伪造对报文的签名。

现在已有多种实现数字签名的方法,但采用公开密钥算法要比常规算法更容易实现。下面就来介绍这种数字签名,如图 4-30 所示。

图 4-30　数字签名过程

发送者 A 用其秘密解密密钥 SKA 对报文 X 进行运算,将结果 DSKA(X)传送给接收者 B。B 用已知的 A 的公开加密密钥得出 EPKA(DSKA(X))=X。因为除 A 外没有别人能具有 A 的解密密钥 SKA,所以除 A 外没有别人能产生密文 DSKA(X)。这样,报文 X 就被签名了。

如图 4-31 所示,假若 A 要抵赖曾发送报文给 B。B 可将 X 及 DSKA(X)出示给第三者。第三者很容易用 PKA 去证实 A 确实发送消息 X 给 B。反之,如果是 B 将 X 伪造成 X',则 B 不能在第三者面前出示 DSKA(X')。这样就证明 B 伪造了报文。可以看出,实现数字签名也同时实现了对报文来源的鉴别。

但是上述过程只是对报文进行了签名。对传送的报文 X 本身却未保密。因为截到密文 DSKA(X)并知道发送者身份的任何人,通过查问手册即可获得发送者的公开密钥 PKA,因而能够理解报文内容,则可同时实现秘密通信和数字签名。SKA 和 SKB 分别为 A 和 B 的秘密密钥,而 PKA 和 PKB 分别为 A 和 B 的公开密钥。

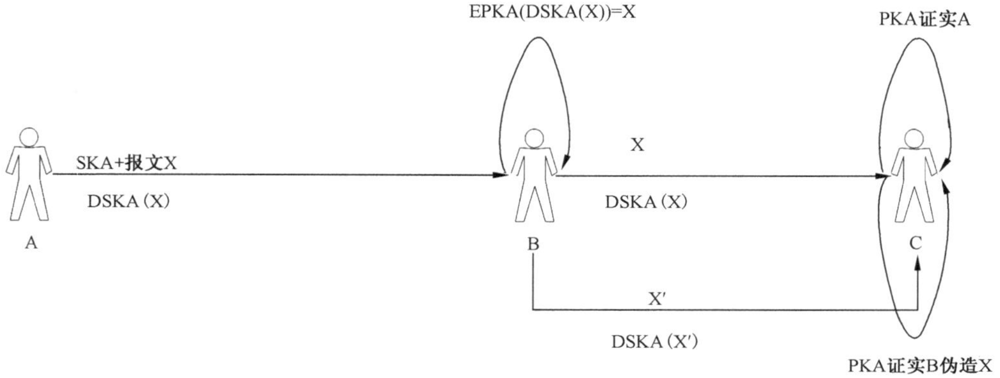

图 4-31 数字签名鉴别过程

随着人们对电子签名逐步深入人心,越来越多的企业和个人会像使用电子邮件一样普遍使用电子签名。2005 年 4 月 1 日,《中华人民共和国电子签名法》正式生效。在《电子签名法》生效后,采用电子签名签署的电子文件就具有与传统签字盖章的纸质文件相同的法律效力。但传统的电子签名由于涉及 CA、数字证书、PKI 等艰深难懂的技术和概念而使普通百姓敬而远之,而 2005 年 3 月 30 日成立的书生电子印章中心提供的电子印章技术却能使电子签名变得与普通的签字盖章一样简单。《电子签名法》打开了电子印章服务于普通商务的大门。有理由相信,随着《电子签名法》的逐渐普及应用,政府部门也会逐渐采用这种方式来进行对民和对国的事务处理。《电子签名法》也是数字签名的法律保障。

2. 认证中心

随着互联网和信息技术的不断发展,电子商务、电子政务的不断实施,认证机构越来越受到重视,其市场也在不断扩大。传统的认证模式,即"用户名+口令",这种认证模式的安全性非常低,用户名和口令易被窃取而导致损失;而且"用户名+口令"的认证方式使用起来也非常不方便,用户常常需要记住复杂的用户名和口令。因此传统的认证模式已远远不能满足许多系统的安全性要求。

证书授权(CA)中心,是信息交互中受信任和具有权威性的第三方,承担公钥体系中公钥的合法性检验的责任。它基于数字证书进行身份验证,可满足安全性要求高的信息应用系统。CA 中心为每个使用公开密钥的客户发放数字证书，当客户方要向服务器方传送数据时，首先客户方用自己不公开的私钥来签名欲传送给服务器方的数据，再用服务器方所公开出来的公钥来进行加密，最后传送给服务器方。当服务器方收到此加密数据便用自己的私钥解开数据，因为只有服务器方拥有其私钥，所以只有服务器方能解密，接下来服务器方取得客户方的公钥来验证解密后的消息的完整性和合法性。

认证中心主要由以下 3 部分组成，如图 4-32 所示。

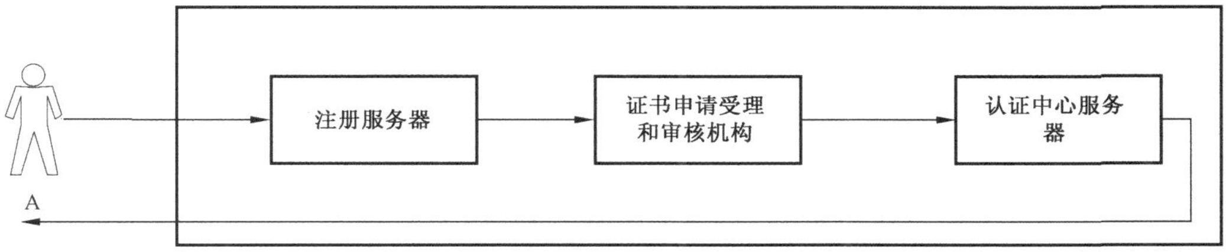

图 4-32　认证中心结构

(1) 注册服务器：通过 Web Server 建立的站点，可为客户提供每日 24 小时的服务。因此客户可在自己方便的时候在网上提出证书申请和填写相应的证书申请表，免去了排队等候等烦恼。

(2) 证书申请受理和审核机构：负责证书的申请和审核，它的主要功能是接受客户证书申请并进行审核。

(3) 认证中心服务器：是数字证书生成、发放的运行实体，同时提供发放证书的管理、证书废止列表(Certificate Revocation List，CRL)的生成和处理等服务。

CA 系统在公钥的整个生命周期中管理公钥的证书。概括地说，认证中心(CA)的功能有证书发放、证书更新、证书撤销和证书验证。CA 的核心功能就是发放和管理数字证书，具体描述如下。

1) 接收验证最终用户数字证书的申请。

2) 确定是否接受最终用户数字证书的申请——证书的审批。

3) 向申请者颁发、拒绝颁发数字证书——证书的发放。

4) 接收、处理最终用户的数字证书更新请求——证书的更新。

5) 接收最终用户数字证书的查询、撤销。

6) 产生和发布证书废止列表(CRL)。

7) 数字证书的归档。

8) 密钥归档。

9) 历史数据归档。

CA 认证所签发的数字证书包括个人数字证书、企业数字证书、服务器身份证书、安全 Web 站点证书、代码签名证书及安全电子邮件证书等。数字证书的应用涉及需要身份认证及数据安全的各个行业，广泛应用于电子商务和电子政务：如支付型和非支付型电子商务活动，包括传统的商业、制造业、流通业的网上交易；公共事业、银行保险证券、社保医疗民政、人事劳动用工、工商税务海关、政府行政办公、教育科研单位等部门的网上申报、网上审批和网上办公等应用。

在电子政务中,无论是数字时间戳服务(DTS)还是数字证书(Digital ID)的发放,都不是靠政府人员自己能完成的,而是需要有一个具有权威性和公正性的第三方来完成。认证中心就是承担网上安全信息收发认证服务、签发数字证书、确认用户身份的服务机构。认证中心通常是企业性的服务机构,主要任务是受理数字证书的申请、签发及对数字证书的管理。认证中心依据认证操作规定(Certification Practice Statement,CPS)来实施服务操作。

4.4 本章小结

计算机之所以能够进入千家万户,逐渐成为人们学习、工作和娱乐的基本工具,主要得益于三个方面:一是微型计算机的出现和快速发展,使计算机的成本快速下降;二是系统软件功能的不断完善和强大,使计算机的操作使用越来越简单方便;三是互联网的快速发展和网络服务的不断丰富,网络应用给人们带来了很大的方便。

计算机网络就是自主计算机的互联集合,主要包括个人区域网、局域网、城域网、广域网和互联网等形式。互联网得到了最广泛的应用,为人们的工作、学习提供网络新闻、信息检索、电子邮件、博客、微博、文件传输、电子商务、电子政务、远程登录、BBS等多种服务,并在一定程度上改变着人们的生活方式。

计算机及网络的广泛应用,极大地促进了经济发展和社会进步,方便了人们的日常工作和生活,但也伴随着出现了计算机病毒、黑客、网络攻击等问题,甚至有人走上了违法犯罪的道路。本章介绍的反病毒技术、反黑客技术、防火墙技术、入侵检测技术、数据加密技术和安全认证技术,再加上高度的道德责任意识、严格的管理制度及完善的法规体系,就能有效地保证计算机及网络系统的安全运行及信息的安全传输。

习　题

一、名词解释

1. 网络;2. 域名;3. 信息安全;4. 计算机病毒。

二、思考题

1. 给出按照计算机网络覆盖地理范围的网络分类。

2. 公钥加密与私钥加密的区别。

3. 计算机网络的拓扑结构。

4. TCP/IP 协议的工作原理。

三、填空题

1. 10101100 XOR 01101011＝(　　)。

2. DES 算法是一种私钥加密算法，RSA 是一种(　　)。

3. 给定域名 ysu.edu.cn，其中 cn 表示(　　)。

4. 文件传输的英文缩写是(　　)。

四、选择题

1. IP 地址有 4 种格式，其中用于特大规模网络，地址最高位为 0，这种网络属于(　　)网络。

A. B 类　　B. A 类　　C. D 类　　D. C 类

2. 将数字信号转换成模拟信号，也可将模拟信号转换成数字信号，这种网络设备称为(　　)。

A. 中继器　　B. 交换机　　C. 路由器　　D. 调制解调器

3. 网络安全中，英文缩写 CA 指的是(　　)。

A. 加密算法　　B. 杀毒软件　　C. 证书授权　　D. 数字签名

4. 在防火墙结构中，一台带有两个网络接口的主机，一个网络接口用于连接内部网，另一个接口用于连接外部网，这种结构称为(　　)。

A. 包过滤防火墙　B. 双宿主网关防火墙　C. 屏蔽主机防火墙　D. 屏蔽子网防火墙

第 5 章

软件系统设计基础

计算机专业人员的一项重要工作是开发软件，开发软件（特别是中大规模软件）以程序设计能力为基础，以软件工程知识作指导，以数据库知识为支撑。在第 2 章介绍程序设计知识的基础上，本章简要介绍与软件开发相关的数据库知识和软件工程知识。

5.1 数据库基础知识

现在是一个什么时代？相信很多同学都会说这是一个大数据的时代。我们每天所产生的数据量多到让人难以置信，按照当前的数据产生速度，每天都会产生 2.5 万亿字节的数据量。

我们现实生活中用水库存水，军火库存军火，仓库是专门用于贮存物品的库房。每天产生这么大数量的数据，把它们存放到什么地方呢？在现实生活中有仓库，而在计算机世界存储数据用的是数据库。

我们现在的程序离不开数据的存储，比如我们登录淘宝才能购物，我们的登录信息就保存在淘宝数据库中。在游戏中，我们需要存储用户的资料、战绩等数据用于游戏的邀请和匹配，如果没有这些数据的存在，那么我们的程序就像一个空壳子，很多功能无法实现，所以说数据库很重要。

5.1.1 什么是数据库

数据库（Data Base，DB）是长期存储在计算机内的、有组织的、可共享的数据集合。对于大批量的数据存储和管理，数据库技术是非常有效的。数据库中的数据按照一定的数据模型组织、描述和存储，具有较低的数据冗余度、较高的数据独立性，并且可以为多个用户所共享。

5.1.2 什么是关系型数据库

1. 关系型数据库（Relation Database）

建立在关系模型基础上的数据库，借助于集合代数等数学概念和方法来处理数据库中的数据。现实世界中的各种实体以及实体之间的各种联系均用关系模型来表示。

关系模型是由埃德加·科德于 1970 年首先提出的。现如今虽然对此模型有一些批评意见,但它还是数据存储的传统标准。标准数据查询语言 SQL 就是一种基于关系型数据库的语言,这种语言执行对关系型数据库中数据的检索和操作。

简单说,关系可以理解为二维表,一个关系模型就是指用若干关系表示实体及其联系,用二维表的形式存储的数据。关系型数据库是由多张能互相连接的二维行列表格组成的数据库。

现在数据处理应用中,关系模型已经成为当今主要的数据模型,关系模型是用二维表格表示实体集。当我们想要将一个实体数据存储到数据库的时候,我们是使用二维表格的形式进行存储的(见图 5-1)。

	studentid	name	sex	age	phone
□	20180081101	小张	男	18	13178638872
□	20180081102	小赵	女	19	15037657866
□	20180081103	小李	女	19	13287683322
□	20180081104	小钱	男	19	13423433322

图 5-1　二维表格

这个表格的每一行叫作记录,一条记录描述一个实体。比如(20180081101,小张,男,18,13178638872)是描述小张这个学生实体,这个表格有五列,第一列为学号,第二列为学生姓名,第三列为性别,第四列为学生年龄,第五列为学生电话,每列都是实体的属性。标记实体属性的命名单位叫作字段,比如,学生表有学号、姓名、年龄、性别、电话等字段。

2. 数据库设计

数据库中这些表又是被怎么设计出来的呢?这就要说到另外一个在设计程序中非常有名的实体关系模型(Entity-Relationship Model,E-R Model),它是陈品山(Peter P. S. Chen)博士于 1976 年提出的一套数据库的设计工具。他运用真实世界中事物与关系的观念,来解释数据库中抽象的数据架构。实体关系模型利用图形的方式来表示数据库的概念设计,有助于设计过程中的构思及沟通讨论。

实体联系图(E-R 模型)被广泛应用于概念模型设计方法。E-R 模型的基本元素是实体、联系和属性。

(1) E-R 模型的基本元素

1) 实体

实体我们前面已经简单介绍过,它是一个数据对象,指应用中可以区别的客观存在的事物。

实体集是指同一类实体构成的集合。

实体类型是对实体集中实体的定义。

一般将实体、实体集、实体类型统称为实体。

在 E-R 模型中,实体用方框表示,方框内注明实体的命名。

2) 属性

实体的某一特性称为属性。在一个实体中,能够唯一标识实体的属性或属性集为“实体标识符”。比如同学们有学号、姓名、性别、年龄等属性。其中我们的学号可以唯一地标识一个学生,不会重复,所以我们的学号为实体标识符。实体标识符有时也称为主键,在 E-R 图中,属性用椭圆表示,加下划线的属性为标识符。

3)联系

在现实世界中,每一个实体都不是孤立存在的,实体和实体之间都是存在联系的。例如:“老师给我们上计算机(软件)工程导论课”是“学生”“课程”“老师”3 个实体之间的联系,所以说实体和实体之间都是存在联系的。

联系也会有属性,用于描述联系的特征,比如借书数量、考试课程分数等。但是联系本身并没有标识符。

在 E-R 图中,联系用菱形框表示,并用线段将其与相关的实体联系起来。实体间的联系分为一对一(1∶1)、一对多(1∶N)和多对多(M∶N)。

如图 5-2 所示,一个学生只能有一个铺位,而一个铺位只能被一个学生住,所以学生和铺位有 1∶1 联系。

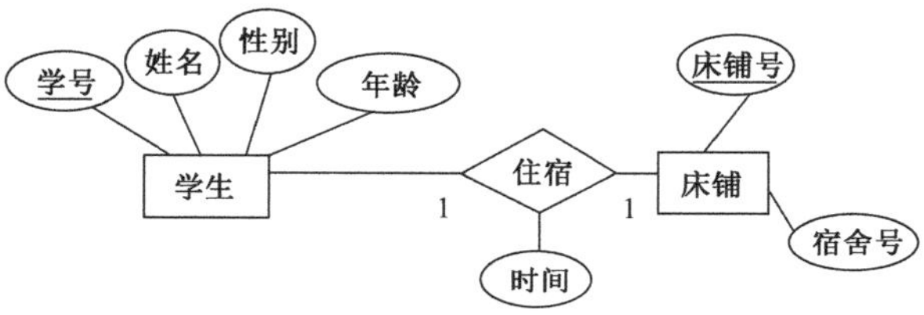

图 5-2　一对一(1∶1)

如图 5-3 所示,一个班级里面有多个学生,多个学生在一个班级里面,班级和学生有 1∶N 联系。

如图 5-4 所示,一个学生可以选择多门课程,一门课程可以被多个学生选择,所以学生和课程有 M∶N 联系。

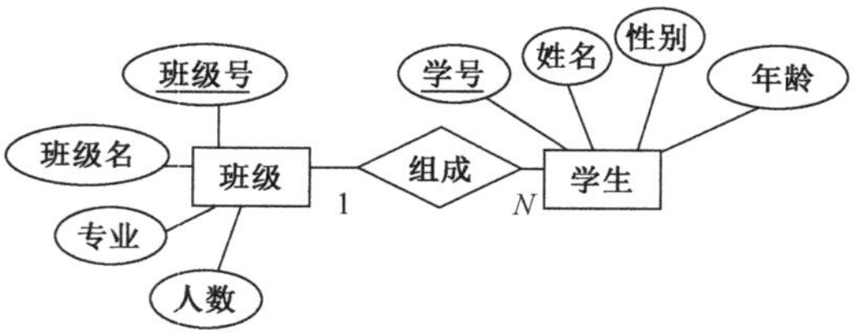

图 5-3　一对多(1∶N)

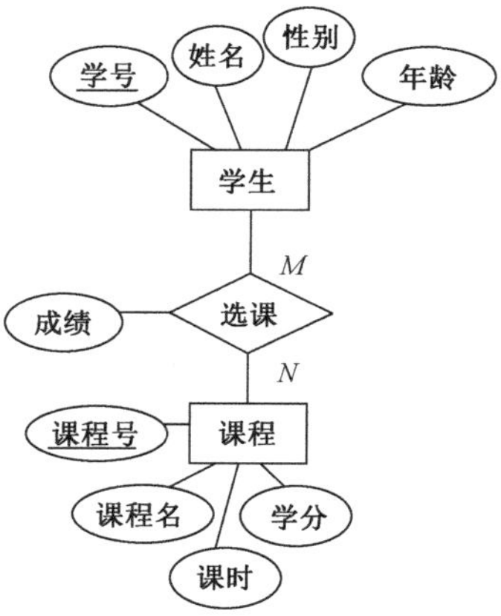

图 5-4　多对多(M∶N)

5.1.3　关系型数据库 SQL 语言(Structured Query Language)

我们知道编程的时候要写代码,相信同学们都听说过 C 语言、Java、Python、C++等编程语言,代码就是通过这些语言来编写的,那么对应到数据库中,是否也存在一种语言能够完成上面的创建表格、删除表格、插入数据、修改数据以及查询数据呢?

确实存在,我们将这个数据库语言称为 SQL。SQL 很强大,能够完成对数据库的任何操作,是我们应用数据库技术必须学会的语言,而且 SQL 语言还可以和其他语言来搭配使用,比如 C 语言、C++、Java、Ada、PL/I、COBOL、Pascal 和 Fortran 等。

结构化查询语言简称 SQL,是一种特殊目的的编程语言,是一种数据库查询和程序设计语言,用于存取数据以及查询、更新和管理关系数据库系统;同时也是数据库脚本文件的扩展名。

结构化查询语言是高级的非过程化编程语言,允许用户在高层数据结构上工作。它不要求用户指定对数据的存放方法,也不需要用户了解具体的数据存放方式,所以具有完全不同底层结构的不同数据库系统,可以使用相同的结构化查询语言作为数据输入与管理的接口。结构化查询语言语句可以嵌套,这使它具有极大的灵活性和强大的功能。

1986 年 10 月,美国国家标准协会对 SQL 进行规范后,以此作为关系式数据库管理系统的标准语言(ANSI X3. 135—1986),1987 年得到国际标准组织的支持成为国际标准。SQL 成为国际标准后,由于各种类似的计算机和 DBS 都采用 SQL 作为其存取语言和标准接口,从而使数据库世界有可能连接为一个统一的整体。

现在 SQL 标准的影响已经超出了数据库领域。它在数据库以外的其他领域也受到了重视并被采用。把 SQL 的数据检索功能和图形功能、软件开发工具结合到一起的产品也越来越多。因此在未来的一段时间之内,SQL 仍然是关系数据库领域的主流语言。

SQL 具有如下特点:

(1) SQL 具有十分灵活和强大的查询功能,其 SELECT 语句能完成相当复杂的查询操作,包括各种关系代数、统计、排序等操作。

(2) SQL 不是一个应用开发语言,它只提供对数据库的操作功能,不能完成屏幕控制、菜单管理、报表生成等功能。但 SQL 既可作为交互式语言独立使用,也可作为子语言嵌入在主语言中使用,成为应用开发语言的一部分。

(3) SQL 是国际标准语言。有利于各种数据库之间交换数据,有利于程序的移植,有利于实现高度的数据独立性,有利于实现标准化。

(4) SQL 的词汇不多,完成核心功能只用了 9 个英语动词,它的语法结构接近英语,因此容易学习和使用。

5.1.4　常用 SQL 语言

SQL 是用于访问和处理数据库的标准的计算机语言,可以理解为专门对数据库进行操作的语言,这类数据库包括:Oracle、SQL Server、MySQL、Sybase、Access 等。下面介绍四种常用使用 SQL 访问和处理数据的语言:

1. SELECT 语句

SELECT 语句用于检索数据库,基本结构是由 SELECT 子句、FROM 子句、WHERE 子句组成的查询块。

语法:SELECT <字段名表>FROM <表或视图名>WHERE <查询条件>;

示例:查询商家为茅台首芳酒业的全部商品(见表 5-1);

select 商品名称,商家,商品品牌,商品编码,成本价,售价,库存,状态

from 商品信息表 a

where a.商家='茅台首芳酒业';

表 5-1　查询商家为茅台首芳酒业的全部商品

商品名称	商家	商品品牌	商品编码	成本价	售价	库存	状态
SF919 干红葡萄酒	茅台首芳酒业	茅台首芳系列	lhsz507936	350	698	500	上架
SF819 干红葡萄酒	茅台首芳酒业	茅台首芳系列	lhsz068791	225	458	500	上架
SF719 干红葡萄酒	茅台首芳酒业	茅台首芳系列	lhsz905184	150	298	500	上架
SF619 干红葡萄酒	茅台首芳酒业	茅台首芳系列	lhsz587230	80	289	750	上架

2. 插入语句:INSERT

基本语法:insert into 数据表(字段 1,字段 2,字段 3 …)values(值 1,值 2,值 3 …)

3. 更新语句:UPDATE

基本语法:update 数据表 set 字段名=字段值 where 条件表达式

4. 删除语句:DELETE

基本语法:delete from 数据表 where 条件表达式

示例:

(1) 插入商品名称为“柳河山庄喜庆干红葡萄酒”的数据

insert into 商品信息表(商品名称,商家,商品品牌,商品编码,成本价,售价,库存,状态) values ('喜庆干红葡萄酒', '茅台首芳酒业','柳河山庄葡萄酒' ,'lhsz108264',100,209,500,'上架');

(2) 将“SF919 干红葡萄酒”的商品售价改为 600,并将该商品下架(注意按主键修改)

update 商品信息表 set 售价=600, 状态='下架' where 商品编码=' lhsz507936';

(3) 删除 SF619 干红葡萄酒(按主键删除)

delete from 商品信息表 where 商品编码='lhsz587230';

最终结果如表 5-2 所示:

表 5-2　最终结果

商品名称	商家	商品品牌	商品编码	成本价	售价	库存	状态
SF919 干红葡萄酒	茅台首芳酒业	茅台首芳系列	lhsz507936	350	600	500	下架
SF819 干红葡萄酒	茅台首芳酒业	茅台首芳系列	lhsz068791	225	458	500	上架
SF719 干红葡萄酒	茅台首芳酒业	茅台首芳系列	lhsz905184	150	298	500	上架
该数据已删除							
喜庆干红葡萄酒	茅台首芳酒业	柳河山庄葡萄酒	lhsz108264	100	209	500	上架

5.2　软件工程基础知识

软件危机的出现表明，必须寻找新的技术和方法来指导大型软件的开发。考虑到机械、建筑等领域都经历过从手工方式演变成严密、规范、完整的工程科学的过程，人们认为大型软件的开发也应该向“工程化”方向发展，逐步发展成一门完整的工程学科。1968 年北大西洋公约组织(North Atlantic Treaty Organization，NATO)的一次学术会议上首次提出“软件工程”(Software Engineering)概念。软件工程采用工程的概念、原理、技术和方法来开发和维护软件，把经过时间考验证明正确的管理技术和当前能够得到的最好的技术和方法结合起来。实践表明，软件工程方法和技术确实对大型软件的开发产生了巨大影响。本节简略介绍软件工程方法，重点阐述系统设计中的总体结构设计及详细设计。

软件的开发是一项复杂的系统工程，几十年来，一些专家、学者及实际开发人员提出了不少的方法，其中结构化方法、快速原型法、面向对象法得到了广泛的应用，并取得了较好的效果。

1. 信息系统分析

信息系统分析是对组织的工作现状和需求进行调查、分析，明确用户的信息需求和系统功能，提出拟建系统的逻辑方案。信息系统分析在整个系统开发过程中，要解决“做什么”的问题，把要解决哪些问题、满足用户哪些具体的信息需求调查、分析清楚，从逻辑上(或者说从信息处理的功能上)提出新系统的方案(即逻辑模型)，为系统设计和系统实施提供可靠、具体的依据。信息系统分析阶段的主要活动有系统调查、可行性研究、系统详细调查和新系统逻辑方案的提出。

2. 信息系统设计

信息系统设计的主要任务是从软件的总体目标出发，根据系统分析阶段对系统逻辑功能的要求，并考虑到技术、经济、运行环境等方面的条件，确定系统的总体结构和系统各组成部分的技术方案，合理选择计算机和通信的软硬件设备，提出系统的实施计划，确保总体目标的实现。信息系统设计阶段的主要工作包括总体结构设计和详细设计。

3. 信息系统实施

在系统分析和设计阶段，主要工作集中在逻辑功能和技术方案设计上，工作成果是系统分析说明书和系统设计说明书。信息系统实施阶段以信息系统分析和信息系统设计阶段的工作成果为依据,信息系统实施阶段主要完成程序设计、系统测试和新旧转换等工作。

程序设计阶段主要做好两项工作,一是认真阅读并准确理解算法设计说明书,二是选用合适的开发工具。目前,比较优秀的开发工具主要有 C++、C#、Java、PowerBuilder、Delphi、Net 系列等。

4. 信息系统运行与维护

新旧系统转换完成后,新系统就进入了运行阶段。虽然经过系统测试和新旧系统转换阶段的工作,系统中的绝大部分错误都已经被发现并得以改正,但仍然无法保证系统运行中就不会出现错误,发现错误就要改正。再有,随着系统环境的变化和用户需求的变化,系统也要作适当的改进和完善。系统维护就是在系统运行阶段,为了改正错误或满足新的需要而修改、完善系统的过程。系统维护内容包括应用程序维护、数据维护、编码维护和硬件设备维护,其中应用程序维护是最主要的工作。

5.3 信息系统设计

系统设计是完成一个信息系统建设极其重要的阶段,也是计算机专业学生在工作中经常用到的知识,本节重点介绍系统设计的主要内容。

系统设计的主要目的是为下一阶段的系统实现(如编程、调试、试运行等)制定蓝图。在系统设计阶段,主要任务就是在各种技术和实施方法中权衡利弊,精心设计,合理地使用各种资源,最终勾画出新系统的详细设计方案。到目前为止,系统设计所使用的主要方法还是自顶向下结构化的设计方案,但是在局部环节上(或是针对某些规模较小的系统)可能使用原型方法、面向对象的方法。这是目前比较流行的发展趋势。

系统设计阶段的主要依据是系统分析报告和开发者的知识和经验。系统设计的主要内容包括新系统总体结构框架设计、编码设计、数据库设计、输入/输出设计、处理流程及模块功能的设计。系统设计的结果是一系列的系统设计文件(蓝图),这些文件是物理地实现一个信息系统(包括安装硬件设备和编制软件程序)的重要基础。

5.3.1 信息系统设计的内容

信息系统设计一般包括总体设计和详细设计两部分。信息系统设计是在信息系统分析提出的逻辑模型的基础上,科学合理地进行物理模型的设计,以解决信息系统“如何做”的问题。具体来说,信息系统设计就是根据新信息系统逻辑模型所提出的各项功能要求,结合系统的实际情况,详细地设计出新信息系统的处理流程和基本结构,并为信息系统实施阶段的各项工作做好实施方案和必要的技术资料。

信息系统设计的基本目标就是要使所设计的系统必须满足信息系统逻辑模型的各项功能要求,同时尽可能地提高信息系统的性能。信息系统设计的目标是评价和衡量信息系统设计方案优劣的基本标准，也是选择信息系统设计方案的主要依据。

1. 信息系统总体结构设计

信息系统总体设计是要根据信息系统分析的要求和组织的实际情况来对新信息系统的总体结构形式和可利用的资源进行大致设计，主要包括以下几个方面的内容：

（1）划分子系统

把整个信息系统按功能划分成若干子系统，明确各子系统的目标和功能。该部分的主要工作已经在信息系统分析阶段完成，根据实际需要，可以进一步优化和调整。

（2）功能结构图设计

按层次结构划分功能模块，画出功能结构图。

（3）数据流图设计

设计信息系统中数据处理过程及传递关系。

（4）程序流程图设计

通过图示描述模块内部处理过程，作为程序设计的基本依据。

（5）物理系统配置方案设计

这包括设备配置、网络的选择和设计以及数据库管理系统的选择等。

2. 详细设计

信息系统详细设计的任务是在信息系统总体设计的指导下，对信息系统各组成部分进行细致、具体的物理设计，使得信息系统总体设计阶段所作出的各项决定具体化。

详细设计阶段主要完成以下几方面的工作：

（1）编码设计

为了便于整个信息系统的信息交换和系统数据资源共享，也为了便于计算机处理，要对数据对象进行统一的分类编码，确定编码对象和编码方式。

（2）数据库设计

主要是根据信息系统分析阶段所得到的数据流程图和数据字典，利用E-R图，进行数据文件结构设计和数据库设计。

（3）人机界面设计

根据数据处理的要求及用户的使用习惯，设计数据输入/输出方式和格式。

两个设计阶段的工作完成以后，信息系统设计人员就要按照规定的格式，将设计结果进行汇总，整合为一个完整、清楚的设计文档——信息系统设计说明书。信息系统设计说明书是信息系统设计阶段的成果，它是信息系统设计的主要内容，说明信息系统设计的指导思想、采用的技术方法和设计结果，为信息系统实施提供依据。

5.3.2 信息系统设计的原则

信息系统设计的任务是将信息系统的逻辑模型转化为物理模型。信息系统设计应遵循以下原则：

(1) 系统性

把信息系统作为一个有机整体进行考虑。信息系统的编码设计要规范、系统,整个信息系统数据采集要保证准确,避免重复。设计规范要符合标准,传递信息要一致。

(2) 可维护性

为了维持较长的信息系统生命周期,要求系统具有很好的环境适应性。为此,信息系统应具有较好的开放性和结构的可变性。在信息系统设计中,应尽量采用模块化结构,提高数据、程序模块的独立性,这样,既便于模块的修改,又便于增加新的内容,以提高信息系统适应环境变化的能力。

(3) 可靠性

可靠性是指信息系统抵御外界干扰的能力及受外界干扰时的恢复能力。设计的信息系统必须具有较高的可靠性、安全保密性、完善的异常处理机制,保证系统具有良好的鲁棒性。

(4) 经济性

在满足系统需求的前提下,尽量节约成本。一方面,在硬件投资上应该以满足系统未来发展需求为前提,不盲目追求高端技术;另一方面,信息系统设计中应尽量避免不必要的复杂化,各模块应该尽量简洁,以便缩短处理流程、减少处理费用。

5.4 信息系统总体结构设计

5.4.1 信息系统总体结构设计的任务与原则

1. 信息系统总体结构设计的任务

系统设计工作应该自顶向下地进行。首先设计总体结构,然后再逐层深入,直至进行每一个模块的设计。总体设计主要是指在系统分析的基础上,对整个系统的划分(子系统)、机器设备(包括软、硬件设备)的配置、数据的存贮规模以及整个系统实现规划等方面进行合理的安排。

信息系统总体结构设计是信息系统设计阶段的第一步,其任务是根据信息系统的总目标和功能将整个信息系统合理划分为若干功能模块,正确处理模块之间的调度关系和数据关系,定义各模块内部结构等。信息系统结构设计是从计算机实现的角度出发,对前一阶段划分的子系统进行校核,使其界面更加清楚和明确,并在此基础上,将子系统进一步逐层分解,直至划分到模块。

2. 信息系统总体结构设计的原则

信息系统总体结构设计应该遵循以下几条主要原则:

(1) 分解协调原则

整个信息系统是一个整体,具有整体的目标和功能,但这个目标和功能的实现又是相互联系的各个组成部分共同工作的结果。在处理过程中需要根据信息系统的总体要求来协调各部分的关系。在系统中,这种分解和协调都具有一定的主要依据。

1）分解的主要依据：按各子系统相对独立完成部分管理功能的要求分解，按业务信息逻辑方式分解，从管理科学化出发进行分解，按开发、维护和修改的方便性分解。

2）协调的主要依据：目标协调，工作进程协调，工作规范和技术规范协调，信息协调，业务内容协调。

（2）模块化原则

结构化设计的基础是模块化，结构化方法规定了一系列模块分解协调原则和技术，将整个信息系统分解成相对独立的若干模块，通过对模块的设计和模块之间的关系协调来实现整个信息系统的功能。

（3）自顶向下的原则

抓住信息系统的总目标，逐层分解，即先确定上层模块的功能，再确定下层模块的功能。将信息系统分解为子系统，各子系统功能的总和为上层系统的总的功能，再将子系统分解为功能模块，下层功能模块实现上层模块功能。这种从上往下进行功能分层的过程就是由抽象到具体，由复杂到简单的过程。这种步骤从上层看，容易把握整个系统的功能，不会遗漏，也不会冗余，从下层看各功能容易具体实现。

（4）层次性原则

分解是按层进行的，同一个层次是同样由抽象到具体的过程。各层具有可比性，如果某层次各部分抽象程度相差太大，那极可能是划分不合理造成的。

（5）一致性原则

要保证整个信息系统设计过程中具有统一的规范、统一的目标和统一的文件模式等。

（6）明确性原则

每个模块必须功能明确、接口明确，消除多重功能和无用接口。

5.4.2　划分子系统

根据上述原则，第一步将整个信息系统划分为若干子系统。划分方式有纵向划分和横向划分两种。

纵向划分即按管理职权的不同级别把信息系统分成战略管理级、战术管理级和作业处理级三个层次。

横向划分则是按照不同的管理对象和管理职能将企业（系统）划分为市场销售、生产计划、物资供应、财务会计、质量管理、设备管理、技术管理、库存管理等。

5.4.3　功能结构图设计

1. 结构化设计的原理

结构化设计方法的基本思想是使信息系统模块化，即把一个信息系统自上而下逐步分解为若干彼此独立而又有一定联系的组成部分，这些组成部分称为模块。

对于任何一个信息系统都可以按功能逐步由上向下，由抽象到具体，逐层将其分解为一个多层次的、具有相对独立功能的模块所组成的信息系统。在这一基本思想的指导下，信息系统设计人员以逻辑模型为基础，并借助于一套标准的设计准则和图表等工具，逐层地将信息系统分解成多个大小适当、功能单一、具有一定独立性的模块。把一个复杂的信息系统转换成易于实现、易于维护的模块化结构系统，如图 5-5 所示。

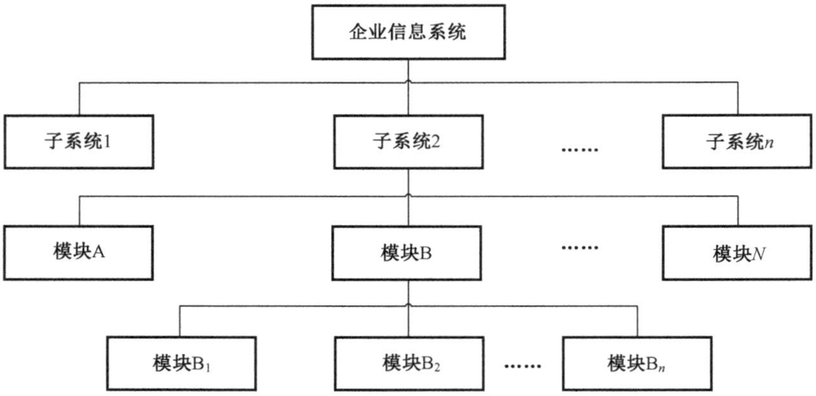

图 5-5　模块分析示例

模块化设计要按照高内聚、低耦合的原则进行。内聚就是指程序内的各个模块之间的关系紧密程度；耦合就是各个外部程序(子程序)之间的关系紧密程度。高内聚——模块之间的关系越紧密，出错就越少。低耦合——子程序间的关系越简单，就不会产生关联性错误。高内聚、低耦合的设计原则会给以后的维护工作带来很多方便。

2. HIPO 图

HIPO(Hierarchy Plus Input/Processing Output)图是美国 IBM 公司 20 世纪 70 年代发展起来的表示软件系统结构的工具。HIPO 图由层次结构图和 IPO 图两部分构成，前者描述了整个信息系统的设计结构及各类模块之间的关系，后者描述了某个特定模块内部的处理过程和输入输出关系。

(1) 层次结构图

层次结构图用来描述系统功能模块的层次结构划分和组织，展示系统的全部内容，如图 5-6 所示。H 图只说明了软件系统由哪些模块组成及其控制层次结构，并未说明模块间的信息传递及模块内部的处理。因此对一些重要模块还必须根据数据流图、数据字典及 H 图绘制具体的 IPO 图。

(2) IPO 图

IPO 图为层次图中每一功能框详细地指明输入、处理及输出。通常，IPO 图有固定的格式，图中处理操作部分总是列在中间，输入和输出部分分别在其左边和右边。由于某些细节很难在一张 IPO 图中表达清楚，常常把 IPO 图又分为两部分，简单概括的称为概要 IPO 图，细致具体的称为详细 IPO 图。图 5-7 为科技项目管理实施的概要 IPO 图。

在 IPO 图中，需要使用详细 IPO 图以指明输入→处理→输出三者之间的关系。

IPO 有时要借助判定树、判定表、问题分析图和过程设计语言等处理逻辑工具来描述比较复杂的过程。

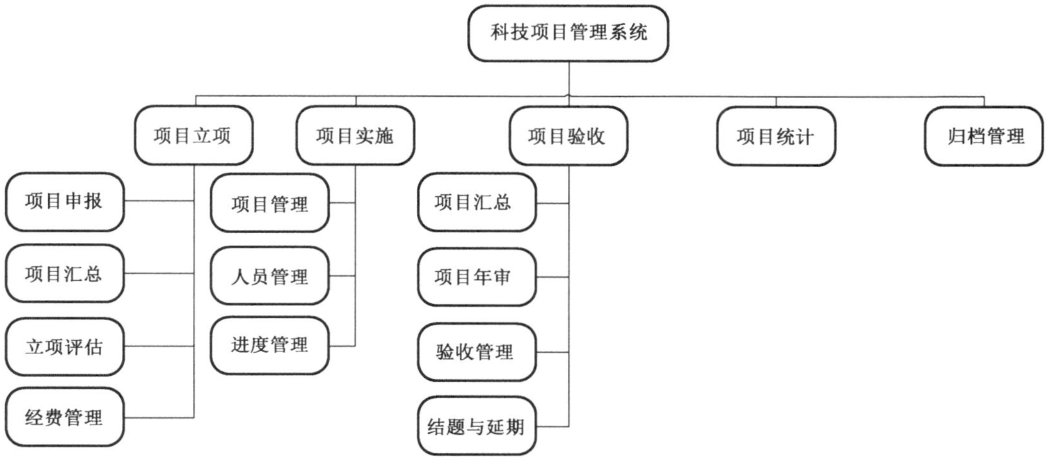

图 5-6　项目管理系统 H 图示例

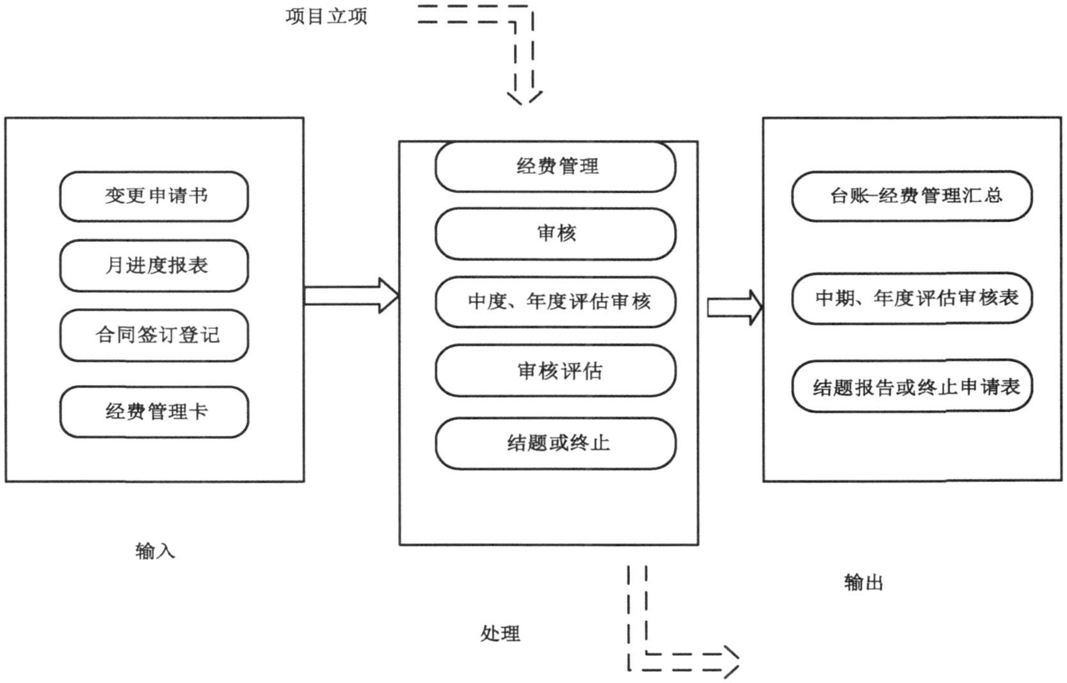

图 5-7　科技项目管理项目实施 IPO 图

IPO 文档系统是编写信息系统文档的一种相当有用的工具，它具有以下几个特点：

(1) 能够帮助系统分析员制作系统分析和设计报告；

(2) 易于绘制和修改；

(3) 使系统能够使用图形来描述系统设计；

(4) 能够使系统之外的系统分析员快速地了解和掌握本系统；

(5) 可以帮助缩短系统评估的周期，同时它可以有效地帮助制订开发进度和工作安排。

5.4.4 数据流图设计

信息系统结构设计的重点在于描述信息系统的功能特征及其各功能模块之间的调用关系,但并未表达各功能之间的数据传递关系,因此为了进一步表达信息系统的处理过程和系统中的数据传递关系,还必须进行信息系统的数据处理流程设计和具体模块的处理流程设计,以便为程序设计提供详细资料。

1. 数据流图

数据流图是对组成一个完整系统的计算机程序、文件、数据库,以及相关手工处理的一种表示方法。它可以帮助建立应用程序结构文档,显示子系统、输入、输出和数据存储。信息系统流程图用图形的方式描述了子系统是系统自动完成,还是需要人工参与的。

信息系统可由独立的子系统和大量的程序块构成。它也用于描述需要执行批处理的系统。这类系统的一个普遍的特点是可将处理按特定的执行顺序分成离散的多步来执行。数据流图最初广泛应用于记录批量事物文件的处理过程和数据流,另外,由于目前开发的信息系统变得更为复杂和全面,应用数据流图能更直观地表现出系统中每部分是如何协调工作的。图 5-8 是数据关系的一般形式,它反映了数据之间的关系,即输入什么数据、产生什么中间数据和输出什么信息之间的关系。最后,把各个处理功能的数据关系图综合起来,形成整个信息系统的数据关系图,即数据流图。

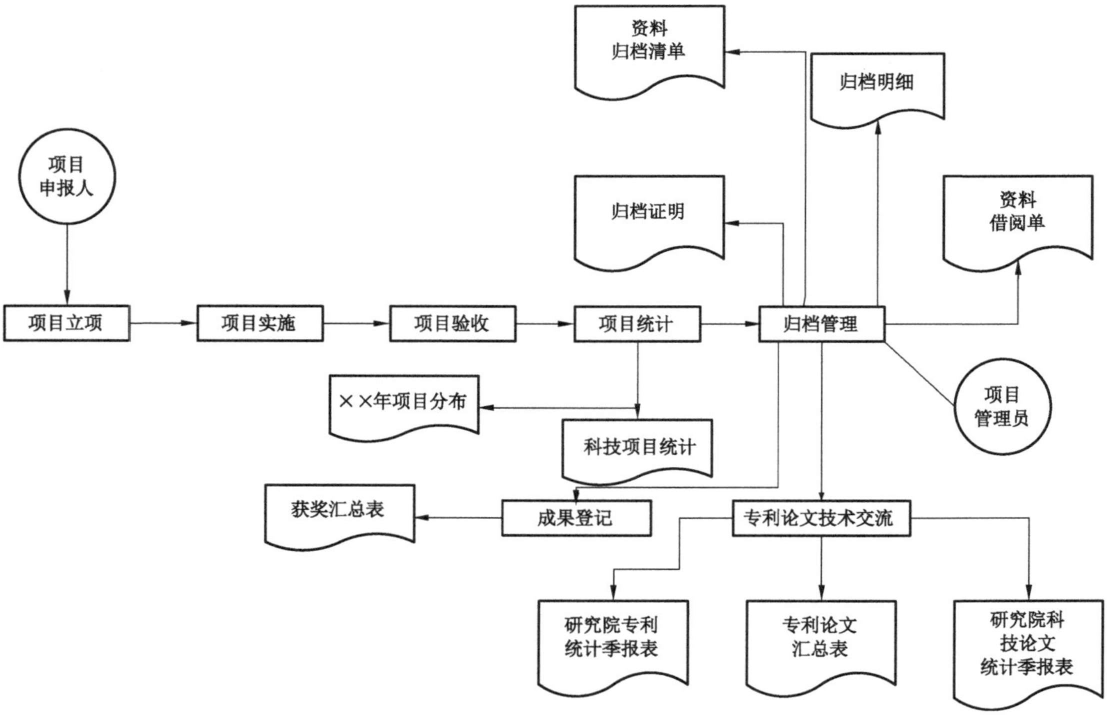

图 5-8 科技项目管理系统的项目数据流图

2. 数据流图的绘制

绘制数据流图应当使用统一符号。目前我国国家标准 GB 1526—1979 信息处理流程图符号和国际标准化组织标准 ISO 1028—2636 以及美国国家标准协会 ANSI 的图形符号大致相同,常用的符号如图 5-9 所示。

从数据流图到系统流程图并非简单的符号改换。系统流程图表示的是计算机的处理流程,而并不像数据流图那样还反映了人工操作。因此绘制数据流图的前提是已经确定了系统的边界、人机接口和数据处理方式,同时还要考虑哪些处理功能可以合并,或进一步分解,把有关的处理视为数据流图中的一个处理功能。

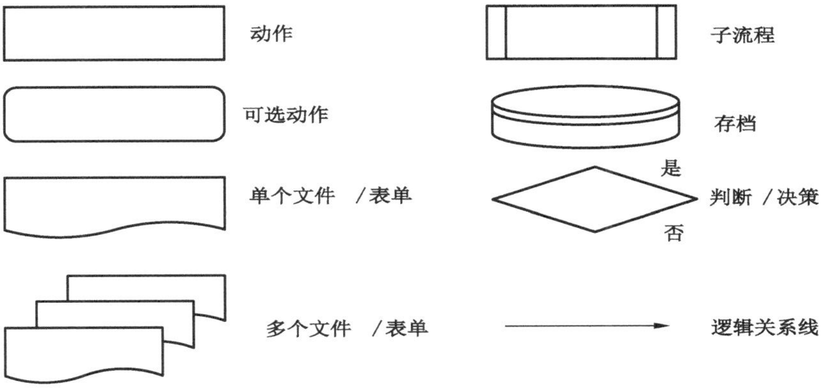

图 5-9 数据流图符号

5.4.5 程序流程图

1. 程序流程图的设计

程序流程图,又称为程序框图。它是用统一规定的标准符号描述程序运行具体步骤的图形。程序流程图的设计是在数据流图的基础上,通过图示描述模块内部处理过程的主要工具。它通过对输入/输出数据的详细分析,然后将具体的处理过程在计算机中的主要运行步骤标示出来,作为程序设计的最基本依据。

由于结构化程序设计方法简单易学,并且能够通过集中基本的处理结构将一个复杂程序的运行步骤简明易懂地描述出来,因此是一种比较好的设计方法。利用结构化程序设计方法描述模块内部的处理过程,主要采用以下三种基本的处理结构,即顺序处理结构、选择处理结构、循环处理结构。这三种基本结构如图 5-10 所示。

在实际的程序流程图设计工作中,遇到的问题要复杂一些,因为它可能包含着多重循环处理或多种选择的嵌套处理。只要能从以上三种基本处理结构出发,根据处理功能的基本要求,确定什么地方应采用顺序处理,什么地方应采用选择处理,什么地方应采用循环处理,最后将这些基本处理结构合理地组合起来,就能够设计出合乎要求的程序流程图。当然,对于一个复杂的处理过程,可能要经过多次的修改,最后才能设计出比较满意的程序流程图。

2. 程序设计说明书

程序设计说明书是对程序流程图注释的书面文件和设计要求。程序设计说明书由系统设计人员编写，以帮助程序设计人员进一步了解程序的功能。因此程序设计说明书必须写得清楚明确，以便提高程序设计人员对所要设计的程序的处理过程和设计要求的理解。

程序设计说明书主要包括以下内容：

(1) 程序名称。它包括反映程序功能的文字名称和标志符号。

(2) 程序所属的系统和子系统名称。

(3) 编写程序所用的语言。

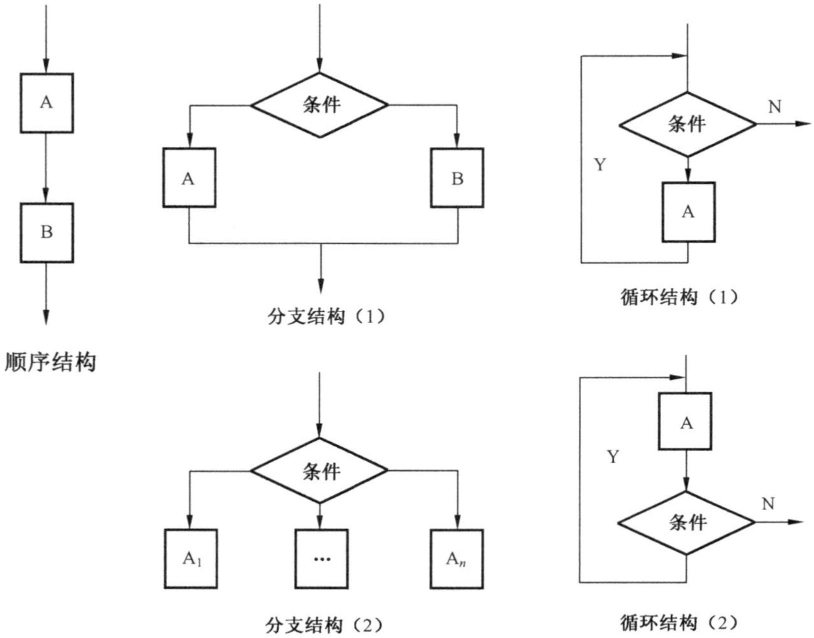

图 5-10　三种基本程序结构

(4) 输入数据的方式与格式。当有多种数据输入时，应当分别对每种数据的输入方式和格式作出具体而详细的说明。

(5) 输出信息的方式与格式。当有多种信息按不同方式输出时，应当分别说明按各种方式输出时的格式要求。

(6) 程序处理过程说明。它包括在程序中使用的计算公式、数学模型和控制方法等。

(7) 程序运行环境的说明。它主要是指对保证程序能够正常运行所需要的输入、输出设备的类型和数量，内部存储器的容量，以及支持程序运行的操作系统等内容进行说明。

编写程序设计说明书的工作必须引起系统设计人员的充分注意，并作为一项重要的工作内容来完成。因为程序设计说明书不仅是程序设计人员进行程序设计时的重要参考，也是信息系统修改和维护的技术依据。在信息系统投入运行之后，由于要经常根据情况的变化对信息系统进行调整和修改，如果没有完善的文档资料，既不利于程序的设计工作，也不利于对信息系统的修改和维护工作。

5.4.6　系统物理配置方案设计

1. 设计依据

（1）系统的响应时间

从用户向系统发出一个作业请求开始，经系统处理后，到给出应答结果的时间称为系统的响应时间。系统的响应时间越短，则计算机的运算速度越快，并且通信线路的传输速率也越高。

（2）系统的可靠性

系统的可靠性可以用连续工作的时间来表示。例如，一般大型金融系统需要每天 24 小时连续工作，可靠性就应该很高。

（3）数据管理方式

数据管理方式基本采用数据库管理，目前流行的是关系数据库；一些小的应用可以采用可扩展标记语言（Extersive Markup Language，XML）；对一些图形图像、影音等复杂的应用，可以使用面向对象数据库。

（4）集中式/分布式

根据系统并发数的数量，最终确定系统是采用集中式还是分布式结构。集中式结构简单，维护性好，但能够应对的并发数有限；分布式结构对大规模并发处理能力强，但系统费用投资较高。

2. 计算机硬件选择

目前计算机主要采用 B/S 结构，服务器选型要考虑带宽、峰值处理能力、可靠性、安全性。计算机硬件的选择取决于数据的处理方式和运行的软件，信息管理对计算机的基本要求是运算速度快、存储容量大、通信能力强、操作灵活方便，除此以外，并发处理能力、可靠性、安全性变得越来越重要，因此，在计算机硬件的选择上应全面考虑。

在计算机机型的选择上，随着 B/S 结构的普及，对客户端要求越来越低，所以客户端的选择可以只考虑可靠性和速度因素。

3. 计算机网络选择

（1）网络的逻辑设计

通常首先按软件将系统从逻辑上分为各个子系统，然后按照需要配备设备，并考虑各个设备之间的连接结构。随着对信息系统安全性要求越来越高，网闸、虚拟专网等网络软硬件的合理配置，可以极大地提高安全性。

（2）网络操作系统

目前流行的网络操作系统主要有 UNIX、Linux、Windows 等。系统设计人员要根据信息系统的负载情况、流量情况、安全性要求选择合适的系统。

4. 数据库系统的选择

管理信息系统都是以数据库系统为基础的,应该根据管理信息系统数据量的多少、并发数以及数据实时响应等情况,选择合适的后台数据库管理系统。衡量一个数据库管理系统的指标主要包括响应时间,数据单位时间吞吐量,数据库管理系统的安全性、保密性、容错能力、数据恢复能力等。

目前市场上数据库管理系统较多,流行的有 Oracle、Sybase、SQL Server、Informix 等。Oracle 一般用于大、中型企业的管理信息系统中。近年来,Microsoft 推出的 SQL Server 2019 数据库管理系统,逐步由小型管理信息系统开发转向大型管理信息系统应用。

5. 应用软件的选择

随着计算机产业的发展,出现了许多商品化应用软件,这些软件技术成熟,设计规范,管理思想先进。直接应用商品化软件既可以节省投资,又能够规范管理过程,加快系统应用的进度。选择应用软件应考虑以下几点:

(1) 软件是否能够满足用户的需求

在软件功能上应注意以下问题:

1) 确定系统必须处理的事件和数据,保证软件能够满足数据表示的需要。如记录的长度、文件的最大长度等。

2) 确定系统能够产生哪些报表、文档或其他的输出,系统要存储的数据量及事件数,系统必须满足的查询需求等。

(2) 软件是否具有足够的适应性

由于用户需求和管理需求的不确定性,系统应用环境经常发生变化,因此应用软件要有足够的适应性,以适应对软件需求变化的要求。

(3) 软件是否能够获得长期、稳定的技术支持

对于商品化软件,稳定的技术支持是必需的。这一方面是为了保证软件能够满足需求的变化,另一方面是便于今后随着系统平台的升级而不断升级。

5.5 详细设计

5.5.1 编码设计

在管理信息系统中,每种实体(人、事、物、部门)都必须有编码。编码是代表事物名称、属性、状态等的符号,一般用数字、字母或它们的组合来表示。

1. 编码设计的功能

在信息系统开发过程中,设计编码的目的主要是使信息系统开发过程中的编码能够唯一标识实体、节省存储单元、提高数据处理效率。

(1) 唯一标识实体

按照计算机处理的需要，要为管理信息系统中每个实体确定唯一的标识，避免二义性。通过编码，可为实体建立起统一的信息编号。

(2) 节省存储单元

通过编码的规范化，可以最大限度地节约存储空间。

(3) 提高数据处理效率

在系统开发过程中使用编码(如排序、查找等)更加方便，达到了统一化，促进了系统内部资源的共享。

2. 编码的设计原则

合理的编码结构是信息处理系统是否具有生命力的一个重要因素，在编码设计时，应遵循以下基本原则：

(1) 唯一性

每一个编码只能唯一地代表信息系统中的一个实体，而一个实体也只能唯一地由一个编码来表示。

(2) 标准性

编码设计时要尽量采用国际或国家的标准编码，以方便信息的交换和共享，并可为以后对信息系统的更新和维护提供有利的条件。

(3) 规范化

编码的结构、类型和编码格式必须严格统一，以便于计算机处理。

(4) 通用性

编码设计必须与编码对象的分类体系相适应，以使编码对编码对象的分类具有标志作用。

(5) 简单性

编码结构要简单，要尽量缩短编码的长度，以方便输入，提高处理效率，并且便于记忆，减少读写的差错。

(6) 易用性

编码设计要尽量反映编码对象的特点，以便于识别和记忆，以方便用户使用。

(7) 可扩充性

当增加新实体时，可直接在原编码系统中扩充，而不用重新组织。编码的设计要能满足3～5 年的使用要求。

为了有效地推动计算机应用和防止标准化工作走弯路，我国十分重视制定统一编码标准的问题，并已公布了 GB 2260—1980 中华人民共和国行政区划编码、GB 1988—1980 信息处理交换的七位编码字符集等一系列国家标准编码。

3. 编码的种类

编码设计在系统分析阶段就应当开始。由于编码的编制需要仔细调查和多方协调，需要经过一段时间,在系统设计阶段才能最后确定。

常用的编码主要有顺序码、区间码、助记码,此外还有缩写码和尾数码。

(1) 顺序码

顺序码又称系列码,它是一种用连续数字代表编码对象的码。顺序码是一种最简单、最常见的编码,它将顺序的自然数字或字母赋予分类对象,只作为分类对象的唯一标志,它代替对象名称,而不提供对象的任何其他信息。例如,一个大学里面的各个学院可以采用顺序编码:

01 管理学院

02 自动化学院

03 电子信息学院

04 机械工程学院

顺序码的优点是简单明了、编码短、易处理。缺点是没有逻辑基础(本身不能说明任何信息的特征),不能反映编码对象的特征,不易于分类处理,编码本身无任何含义。另外,由于编码按顺序排列,新增加的数据只能排在最后,删除数据则要产生空码,缺乏灵活性,所以通常作为其他编码的一个组成部分。

(2) 区间码

区间码把数据项分成若干区间,每一区间代表一个组,码中数字的值和位置都代表一定意义。例如,居民身份证编码即为典型的区间码。这种编码共由 18 位数字组成,分成九个区段:第 1 位和第 2 位表示省、直辖市、自治区级顺序码;第 3 位和第 4 位表示地或市级顺序码;第 5 位和第 6 位表示县或区级顺序码;第 7 位到第 10 位表示年度信息;第 11 位和第 12 位表示月份信息;第 13 位和第 14 位表示日;第 15 位到第 16 位表示户口所归属的派出所信息;第 17 位表示性别;第 18 位是校验码。因此,通过一个编码就可以反映出一个地区所在的省、地和县以及出生年月日和性别等信息。

区间码的优点是从结构上反映了数据的类别,码中的数字(或字母)与位置代表一定的意义,便于计算机分类处理、排序,插入和删除也比较容易。它的缺点是编码的位数一般都比较多。

(3) 助忆码

助忆码用文字、数字或文字数字结合起来描述,其特点是可以通过联想帮助记忆。例如,车牌号用陕 AT 代表陕西省西安市出租车。

助忆码的优点是直观、便于记忆和使用。助忆码适用于数据项数目较少的情况(一般少于 50 个),否则可能引起联想出错。此外,太长的助忆码占用计算机容量太多,也不宜采用,所以这种编码主要用于数据量较少的人工处理系统。

4. 编码的校验

编码作为计算机的重要输入内容之一,其正确性直接影响到整个处理工作的质量。特别是人们重复抄写编码和将它通过人工输入计算机时,发生错误的可能性更大。为了保证输入正确,有意识地在编码设计结构中原有编码的基础上,另外加上一个校验位,使它事实上变成编码的一个组成部分。校验位通过事先规定的数学方法计算出来。编码一旦输入,计算机会用同样的数学运算方法按输入的编码数字计算出校验位，并将它与输入的校验位进行比较，以证实输入是否正确。

校验位可以发现以下各种错误：

抄写错误，例如 3 写成 9；

易位错误，例如 798 写成 789；

双易错误，例如 12354 写成 12453；

随机错误，包括以上两种或三种综合性错误或其他错误。

5. 编码设计的步骤

(1) 确定编码对象。从整体出发，在充分调查分析的基础上，确定对象所属的子系统、需要编码的项目、编码的名称。

(2) 考察是否已有标准编码。如果已有国家标准、部门标准编码，就必须遵循标准；如果没有标准编码，也应该参照国际标准化组织、其他国家、其他部门或其他单位的编码标准，以便适应将来标准化的需要。

(3) 确定编码的使用范围。编码的设计不应该局限于某一企业或某一部门，它应该具有广泛的适应性，不仅能在本单位使用，还能在外单位使用。

(4) 确定编码的使用时间。若无特殊情况，编码可永久使用。

(5) 决定编码方法。根据编码的对象、目的、适用范围、使用期限等特性，选定合适的编码种类及校验方法。

(6) 编写编码表。对编码作详细的说明并通知有关部门，以便正确使用编码。

(7) 编写相应的编码使用管理制度，保证编码的正确使用。

5.5.2　数据库设计

数据库设计需要遵循以下步骤：

1. 需求分析

需求分析需要调查和分析用户的业务活动和数据的使用情况，弄清所用数据的种类、范围、数量以及它们在业务活动中交流的情况，确定用户对数据库系统的使用要求和各种约束条件等，从而形成用户需求规约。

2. 概念设计

概念设计是指对用户要求描述的现实世界，通过对其中诸处的分类、聚集和概括，建立抽象的概念数据模型。这个概念模型应反映现实世界各部门的信息结构、信息流动情况、信息间的互相制约关系以及各部门对信息储存、查询和加工的要求等。所建立的模型应避开数据库在计算机上的具体实现细节，用一种抽象的形式表示出来。以扩充的实体-联系模型(E-R 模型)方法为例，第一步先明确现实世界各部门所含的各种实体及其属性、实体间的联系以及对信息的制约条件等，从而给出各部门内所用信息的局部描述(在数据库中称为用户的局部视图)。第二步再将前面得到的多个用户的局部视图集成为一个全局视图，即用户要描述的现实世界的概念数据模型。

3. 逻辑设计

逻辑设计的主要工作是将现实世界的概念数据模型设计成数据库的一种逻辑模式，即适应于某种特定数据库管理系统所支持的逻辑数据模式。与此同时，可能还需为各种数据处理应用领域产生相应的逻辑子模式。这一步设计的结果就是所谓“逻辑数据库”。

4. 物理设计

物理设计是指根据特定数据库管理系统所提供的多种存储结构和存取方法等依赖于具体计算机结构的各项物理设计措施，对具体的应用任务选定最合适的物理存储结构(包括文件类型、索引结构和数据的存放次序与位逻辑等)、存取方法和存取路径等。这一步设计的结果就是所谓“物理数据库”。

5. 验证设计

验证设计是指在上述设计的基础上，收集数据并具体建立一个数据库，运行一些典型的应用任务来验证数据库设计的正确性和合理性。一般一个大型数据库的设计过程往往需要经过多次循环反复。当设计的某步发现问题时，可能就需要返回到前面去进行修改。因此，在做上述数据库设计时就应考虑到今后修改设计的可能性和方便性。

5.5.3 人机界面设计

人机界面设计是计算机系统与人的接口设计。如今，信息系统与用户之间接口的作用已经越来越重要。好的人机界面设计，可以方便信息系统使用，其操作简单，将会提高用户对整个信息系统的满意程度。人机界面设计包括以下方面：

1. 输出设计

输出设计的目的就是使信息系统能输出满足用户需要的信息。如何根据用户的特点和要求，以最适当的方式输出最合适的信息，是输出设计要解决的主要问题。输出设计的任务要求为确定每个输出类型，为应用设计所要求的特定输出制作一个列表，提供必要的控制来保护输出，设计输出的布局并为其建立原型等。

(1) 输出设计的内容

1) 确定输出内容。确定输出内容包括信息形式是表格还是图形文字，输出项目及数据结构，数据类型、位数及取值范围等，还要考虑数据的生成途径，以及完整性和一致性。

2) 确定输出格式。输出信息的格式设计，是为了给用户提供一种清晰、美观、易于阅读和理解的信息。因此，输出信息的格式必须考虑到用户的要求和习惯，要尽量与现行系统的表格形式相一致。

3) 选择输出设备和确定输出介质。信息的用途决定了输出设备和输出介质。常用的输出设备有终端显示器、打印机、磁带机、绘图仪、微缩胶卷输出器和多媒体设备。常见输出介质有纸张、磁盘、磁带、U 盘、光盘和多媒体介质等。根据用户的需求，结合介质和设备的特点，应合理地选择输出方式。需要送给其他有关人员或者需要长期存档的材料，必须使用打印机打印输出；若是需要作为以后处理用的数据，可以输出到磁带或者磁盘上；如果只是需要临时查询的信息，则可以通过屏幕显示。

（2）输出报告。输出报告是系统设计的主要内容，它定义了系统的输出。输出报告中既标出了各常量、变量的信息，也给出了各种统计量及其计算公式、控制方法。

设计输出报告时应考虑以下因素：方便用户，能为用户提供及时、准确、全面的信息，输出的图形或表格，便于用户阅读和理解；考虑系统的硬件性能，尽量利用原系统的输出格式，如需修改，应与有关部门协商，征得用户同意；输出的格式和大小要根据硬件能力，认真设计，并试制输出样品，经用户同意后才能正式使用；输出表格要考虑系统的发展，输出表格中要为新增项目留有相应的位置。

设计输出报告之前应收集好各项信息的有关内容，并填写在输出设计书上，这是设计的准备工作。

为了提高系统的规范化程度和编程效率，在输出设计上应尽量保持输出内容和格式的同一性，也就是说，同一内容的输出，对于显示器、打印机、文本文件和数据库文件应具有一致的形式。显示器用于查询或预览，打印机输出提供报表服务，文本文件格式用于为办公自动化系统提供剪辑素材，而数据库文件可满足数据交换的需要。

在打印输出时，报告纸有专用纸和通用白纸两种。专用纸上事先已印有表头和文字说明等格式，使用时可直接套打；通用白纸则需打印表头、格式及说明信息。

2. 输入设计

输入设计是整个信息系统设计的关键环节之一，对信息系统的质量起着决定性的影响。系统开发人员进行信息系统输入设计时，需确定将要用作输入的设备和采用的机制，确定所有的输入并拟订一个包括所有数据内容的列表，确定每一个系统输入哪些控制是必需的。

输入设计需要主要考虑三个方面的内容，即输入设备、输入方式及数据校验。

（1）输入设计的基本原则

1）控制输入量。输入形式应尽量接受原始的处理形式并尽量控制数据输入量。输入时，只需要输入基本信息，其他的统计、计算均由计算机来完成。

2）减少输入延迟。可采用周转文件、批量输入等方法减少数据延迟。

3）减少输入错误。进行输入设计时，应采用多种输入检验方法和有效性验证技术，以减少输入错误。

（2）输入设计的内容

1）数据收集。将收集到的信息用计算机能识别的符号记录下来。

2）数据登录。将收集来的数据转换成适合系统处理的形式，登录在专门设计的记录单上或介质上。

3）数据输入。把数据读入计算机中。

（3）输入类型

1）外部输入。这是基本的原始数据输入方式，如会计凭证、订货单和合同等数据的输入。

2) 交互式输入。由人机对话方式进行,在操作过程中需要输入少量数据或对提示进行回答。

3) 内部输入。系统内部运算后产生的信息,如产值、利润等数据。

4) 网络输入。系统内外部的计算机间互相交换或共享的数据,通过通信网的传输得到。

(4) 输入设备

随着计算机技术的发展,输入设备的种类越来越多,常见的输入设备有键盘、扫描仪、触摸屏、多媒体输入设备(话筒、数字相机、数字摄像机等)和光电阅读器等。设计人员必须自己分析输入数据的类型,从方便用户的角度考虑,选择合适的输入设备。

1) 键盘输入。它主要适用于常规少量的数据和控制信息的输入及原始数据的录入。

2) 光电阅读器。采用光笔读入标记条形码或用扫描仪录入纸上文字,适用于自选商场、借书处等少量数据录入的场合。

3) 多媒体输入。通过多媒体设备输入多媒体信息。

4) 网络传送。它既是信息输出方式也是信息输入方式,对下级子系统是输出,对上级子系统是输入。

(5) 输入校验

输入设计的目标是尽可能地减少数据输入中可能发生的错误,并对其进行校验。在输入设计中,要对全部输入数据进行校验,主要有以下几种方法:

1) 人工校验。输入数据后,显示或者打印出来,由人工进行校验。这种方法只适用于少量数据,对于大批量的数据则显得效率太低。

2) 重复校验。对同一数据应输入两次,若两次输入的数据不一致,则认为输入有误。这种方法方便快捷,适用于各种类型的数据。

3) 数据平衡校验。对于财务报表、统计报表等完全数字型报表的数据输入校验,可以采用合计、小计等求和计数手段检验数据各项目之间是否平衡。

3. 用户界面设计

许多人认为,用户界面是在开发过程临近结束时才开发和增加到系统中的。实际上,在交互式的信息系统中,对于系统最终用户来讲,用户界面代表了系统本身,它是最终用户使用系统时所接触到的全部内容,无论是从物理意义、感知意义还是从概念意义上来说,都是如此。

用户界面的物理特征包括用户实际接触到的设备,即键盘、鼠标、触摸品或数字键盘以及界面的其他物理部分,包括参考手册、打印文档及数据输入窗体等一些用户利用计算机完成任务时所设计的内容。用户界面的感知特征包括用户看到、听到及触摸到的所有东西(物理设备除外)。

用户界面的概念特征包括用户了解的有关系统使用的所有内容,即用户正在操作的系统中所有问题域中的“事物”,系统所执行的操作及随后的操作实施过程。

从屏幕上通过人机对话输入是目前广泛使用的方式，因为是人机对话。既有用户输入，又有计算机输出。用户界面设计通常有以下几种形式：

(1) 菜单式。菜单式屏幕设计通过屏幕显示出可供选择的功能，功能由操作者根据需要进行选择。将菜单设计成层次结构，则可以通过层层调用引导用户使用系统的每一个具体功能。

随着软件技术的发展，菜单设计也向着既美观又方便的方向发展。

(2) 填表式。填表式屏幕设计通常用于需要通过终端向系统中输入数据。系统将要输入的项目显示在屏幕上，然后由用户逐项填入有关的数据。另外，填表式屏幕设计也可以用于系统的输出。如果要查询系统中的某些数据，可以将数据的名称按一定的方式排列在屏幕上，然后由计算机将数据的内容自动填写到相应的位置上。由于这种方法设计的画面简单易读，并且不容易出错，所以它是通过屏幕进行输入/输出的主要形式。

(3) 选择性问答式。选择性问答式屏幕设计是指当系统运行到某阶段时，通过屏幕向用户提问，系统根据用户回答的结果决定下一步执行什么操作。这种方法通常用在提示操作人员确认输入数据的正确性，或者询问用户是否继续某项处理等方面。例如，当用户输入完一条记录后，可以通过屏幕向用户询问"输入是否正确(Y/N)?"，计算机根据用户的回答来决定是继续输入数据还是对刚输入的数据进行修改。

用户界面设计应遵循以下规则：

1) 尽量保持一致性。外观和功能的一致性是界面最为重要的设计目标之一。信息在窗体上的组织方式、菜单项的名称及其排列方式、图标的大小和形状及任务的执行次序都是应该贯穿系统始末，保持一致的。

2) 设计完整的对话过程。系统的每一次对话都应该有明确的次序——开始、中间处理过程、结束。任何定义完好的任务也都有开始、中间处理过程和结束三部分。因此系统的用户也要有相同的操作感觉。设计完好的对话过程可以帮助用户更好地界定此项操作是否完成，以便用户能够思路清晰地转向下一项任务。

3) 提供简单的错误处理机制。用户出错是有代价的，既要花费时间改错，又会产生错误结果，因此系统开发人员必须尽可能防止用户出错，主要方法是限制可用选项和允许用户在对话框的任何位置都能选择有效选项。如果出错，系统就要有相应的处理机制来进行处理。一旦系统发现错误，错误消息应该特别说明错误原因并解释要如何改正。

5.5.4　系统设计说明书

信息系统设计的目标是建立目标信息系统的物理模型。如何表述物理模型则成为信息系统设计最后阶段的重要任务。信息系统设计阶段的最后一项工作是将系统设计的各项成果编辑成一套完善的文档资料，即系统设计说明书。

系统设计说明书是整个系统设计的完整描述，是系统设计的阶段性成果的具体体现，也是信息系统实施的最重要依据。对系统设计说明书的具体要求是：应该全面、准确和清楚地阐述信息系统在实施过程中具体采用的手段、方法和技术标准,以及相应的环境要求,同时也要阐明信息系统建设的标准化问题。

系统设计说明书包括以下内容:

1 概述

1.1 系统设计目标

1.2 系统设计策略

2 计算机系统的选择

2.1 计算机系统的选择原则

2.2 方案比较

3 计算机系统配置

3.1 硬件配置

(1) 主机

(2) 外存储器

(3) 终端与外部设备配置

(4) 其他辅助设备

(5) 网络结构

3.2 软件配置

(1) 操作系统(OS)

(2) 数据库管理系统(DBMS)

(3) 服务语言

(4) 语言

(5) 通信软件、网络软件

(6) 软件开发工程

3.3 计算机系统的地理分布

3.4 网络协议文本

4 系统结构

4.1 结构图(自顶向下、逐层扩展的层次化模块结构图)

4.2 模块结构图

5 数据库设计

5.1 数据库总体结构

5.2 数据库逻辑结构

5.3 数据库物理结构设计

5.4 数据库性能(安全性、保密性、完整性、一致性)

6 编码设计

6.1 编码设计原则

6.2 编码设计方案

7 系统故障对策

7.1 故障防治措施

7.2 系统恢复方法

8 系统准备计划及实施方案

9 系统投运计划及人员上岗培训计划

10 系统测试方法与计划

编写好的系统设计说明书,批准后即可正式转入系统实施阶段。

5.6 信息系统分析与设计实例

根据信息系统的分析和设计步骤,本节根据一个物流公司的业务分析,设计了一套快递追踪查询系统。

1. 系统总体目标

快递追踪查询系统是一个比较复杂的系统,数据覆盖面广,结构复杂。它利用条形码、EDI、GPS、GIS等技术,为客户和管理工作人员提供一个现代化的、规范的、友好的查询界面,让客户能够随时了解自己托运货物的状态,以增加快递业务的竞争力;使相关管理工作人员能够了解快递的整个运转过程,为快递安全管理提供依据。

速运集团现阶段使用的很多应用系统都可以为货物的追踪查询提供数据支持,基于数据共享的思想,快递追踪查询系统建设目标分以下两个阶段:

(1) 近期目标。系统尽可能利用各相关系统的数据,实时采集数据,转化为本系统数据,建库保存,并提供数据管理的人工介入功能,保证查询的连续性。

(2) 远期目标。构建快递追踪查询系统共享平台,作为快递信息共享平台的一部分,为快递追踪查询提供数据支持,系统只保留查询功能,不再有数据管理的功能,所需数据完全从平台采集。

2. 需求分析

为了适应日益加剧的市场竞争,物流公司采取了诸多有力措施,包括转变观念,加大内部改革力度、以效益为中心,加强科学管理,加大投资信息系统建设。信息建设过程存在以下问题:

(1) 总部与分支机构地域差异,造成数据传递不及时。作为快递公司,服务网络覆盖范围大,分支机构庞大,相关信息往往不能及时传达给相关责任人。信息传递链路过长,使数据出现人为错误的概率大增。

(2) 信息系统可扩展性较差。可扩展性较差表现在:通常对系统一个普通的需求或一个业务功能的变更都会引起数个信息系统或某些信息系统较大范围的修改。这种可扩展性较差的原因一方面是速运在信息系统构建时缺乏前瞻性的、缺乏从全局考虑的架构设计，另一方面速运业务的高速发展给信息系统建设周期提出了近似苛刻的要求。这样就要求许多项目急忙启动，并且效果要立竿见影，这个过程本身为信息系统缺乏统筹考虑留下了隐患。

(3) 系统缺乏良好协同性。有几十个功能不同的系统在同时运行，某一系统产生的数据可能是另一系统所需要的，而当该数据需要流向另一系统时，往往需要开发复杂的接口。现在系统间的数据接口超过 100 个，并且全知晓这些接口的技术人员几乎没有，每位系统架构师仅知道与自己职责相关的一些系统及接口信息。这样对系统建设容易造成信息孤岛，对开发维护这些系统的同事都造成了视觉上的孤岛，系统间的协同性自然就比较差。并且，随着业务不断拓展和数据量的递增，需要有更宽阔的广度和融合度来满足企业运营的协同发展，将这些信息系统逐步整合于统一的信息平台，减少接口壁垒，集中交换数据，共享信息，统一管理，变得日益重要。

(4) 总部统一管控与分部个性化需求的矛盾。总部信息系统的统一管控是保持运营一致性和派件时效的重要手段。但对各地分部而言，也确实有根据当地实际情况所应对而生的个性化管理需求存在。那么如何应对处理跨地区、跨部门的多样化需求，打造通用数据交换接口，构建统一的柔性信息系统，在保持共性的同时也能包容更多的个性化规则与配置，在大平台上实现完美的协同管控与时效运营，是信息系统综合管控与服务中心下一步的艰巨任务。

(5) 被动反应向主动支持的转变。对许多企业的 IT 部门而言，其与兄弟部门的配合研发工作都存在着滞后性，也就是俗称的“被业务部门推着走”。信息系统综合管控与服务中心也或多或少存在着这样的情况。这是 IT 产业发展的一个阶段，也是一个停顿期。那么如何才能做到超前预测业务发展趋势，即时随着业务部门的需求变化和数据量的增长而改变系统结构，即系统可以主动每日提供个性化信息的主动式管理，通过成熟的运营模型对实时数据进行分析，对不同的结果对应配置不同的优化规则，可以即时设置实时期望，并对不利信息做到即时预警。不再“被业务部门推着走”，这是信息系统综合管控与服务中心未来的工作重点。

3. 组织结构和功能分析

组织结构图用于反映组织内机构设置情况，反映组织机构内各机构之间的关系。组织结构采用层次模块的形式绘制，图的结构为分层树形。总部组织架构如图 5-11 所示。

物流快递公司采用集团、经营本部、区部三级架构，实施垂直一体化集中管控模式，以利于速递产品内在流程的一致性和对时效性、安全性的要求，保证产品及服务质量的稳定。

其中，总公司负责制定企业的发展战略、规划和考核下级子公司的绩效，负责企业的网络建设和业务指导；区域子公司负责处理本区域内跨城市的异地快递业务和下属分公司的管理，下设包含区域调度中心和区域分拣中心，区域调度中心进行车辆的调度和调控，区域分拣中心负责下属分公司跨区域业务货物的中转发运、存储和分拣管理。各地区的分公司负责管理市内业务，下设城市调度中心、城市分拣中心、营业所，城市调度中心负责市内异地业务的货物仓储、配送，城市分拣中心负责处理市内异地业务的分拣管理，营业所负责处理所辖区域中客户的快递业务和接线业务等。

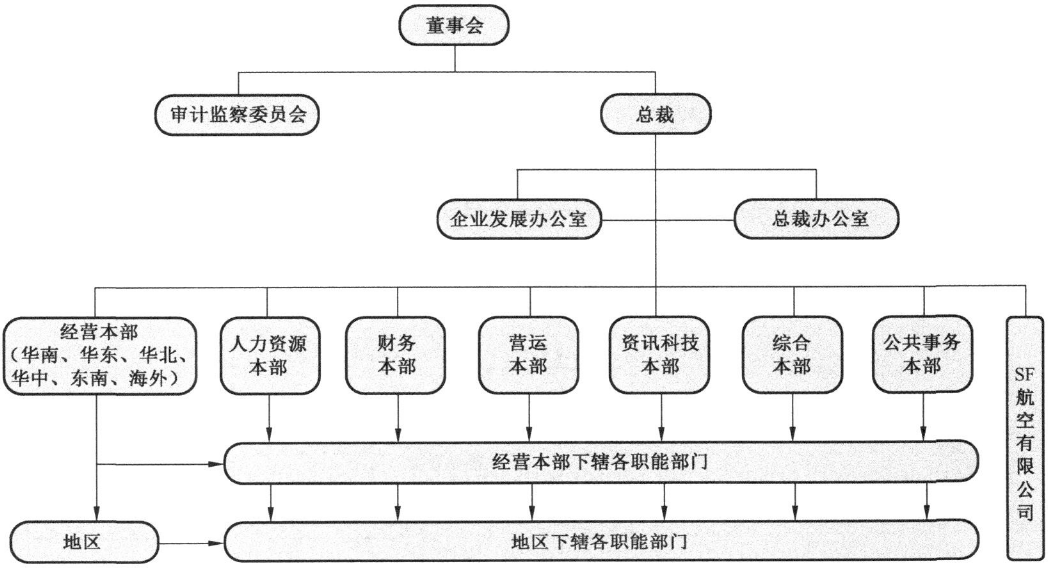

图 5-11　速运集团组织结构图

快递公司在每个区域分部(一般为一个城市)根据需要设置若干营业点和代理点负责快递业务。速运集团的业务分布如图 5-12 所示。

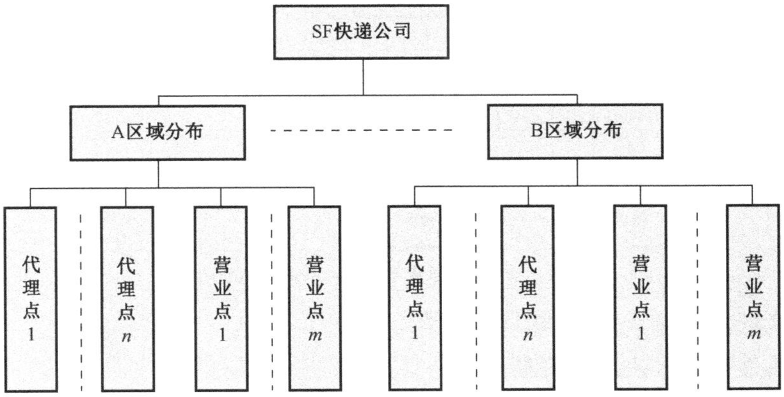

图 5-12　速运集团的业务分布

4. 业务流程分析

业务流程描述如图 5-13、图 5-14 所示。

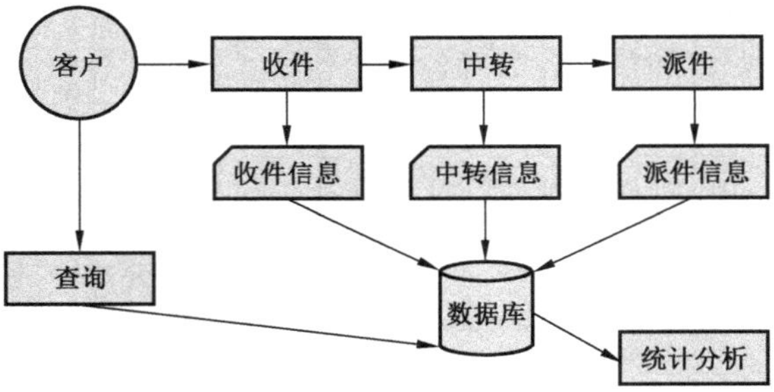

图 5-13　速运集团的业务流程简图

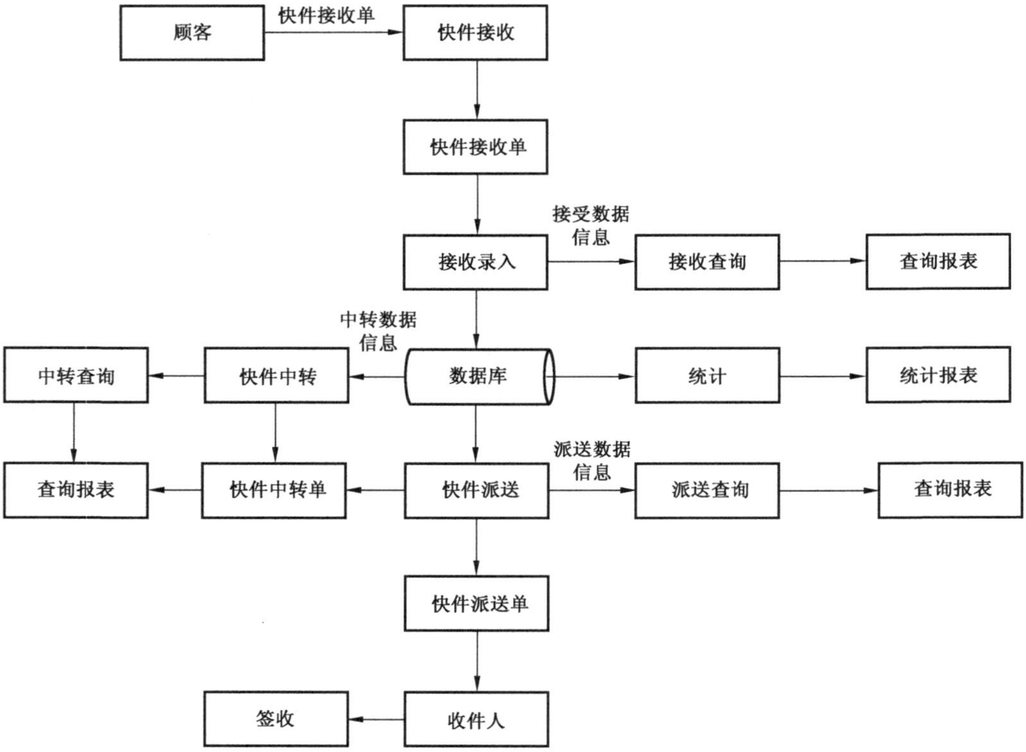

图 5-14　速运集团的业务流程详图

第一步，寄件人填写快递单，收件员检查。

第二步，收件员录入快递单信息。

第三步，快递集中托运至分拨中心中转。

第四步，分拨中心录入收件信息。

第五步，分拨中心把快递交至派件员送件。

第六步，派件员录入派件信息，完成派件任务。

第七步，业务管理部门调用统计信息分析。

5. 数据流程分析

数据流程分析如图 5-15、图 5-16 所示。

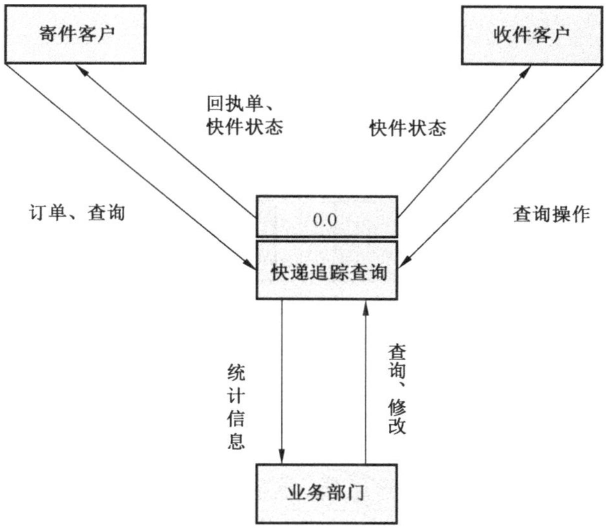

图 5-15　第一层数据流程图

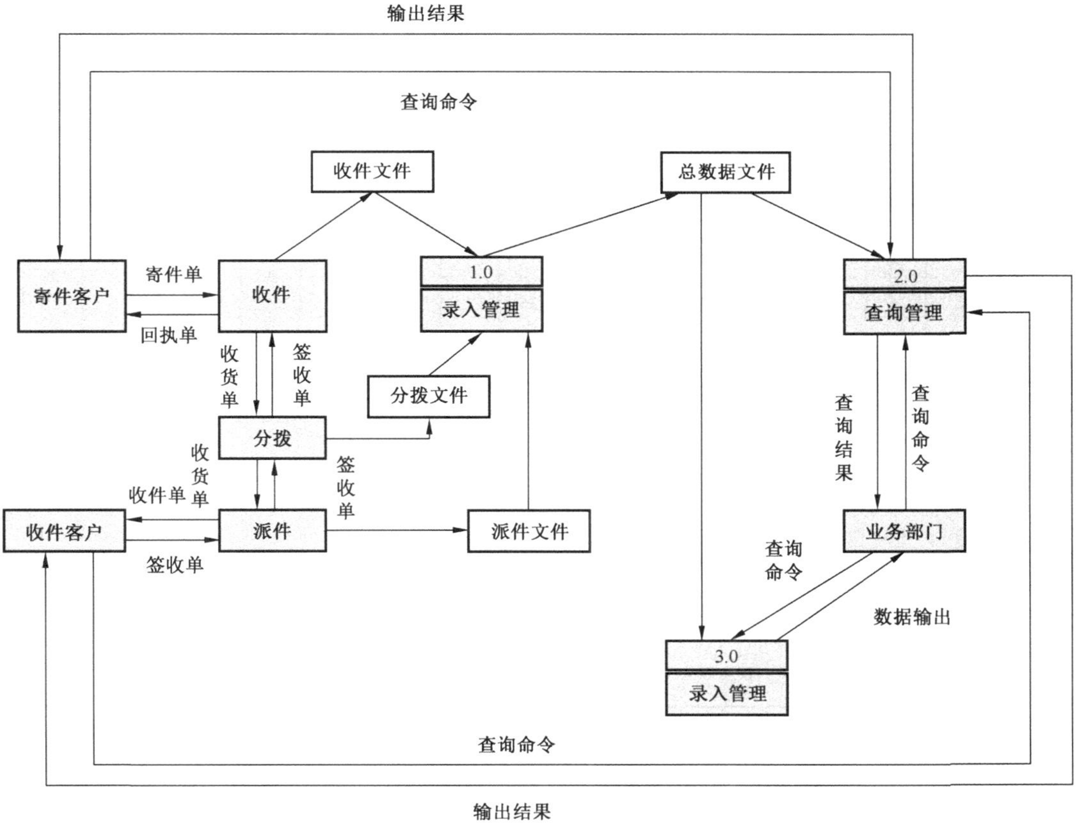

图 5-16　第二层数据流程图

6. 系统总体结构设计

本信息系统分为订单系统、仓储管理信息系统、追踪查询系统、资源调度系统。结构如

图 5-17 所示。

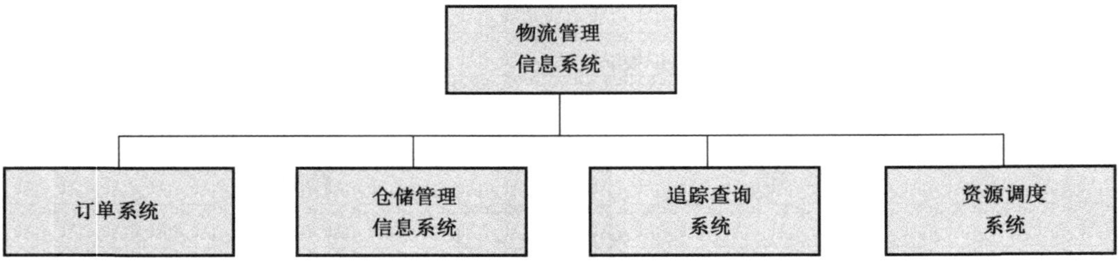

图 5-17　系统总体结构图

快递信息追踪查询系统在提供信息追踪的同时，辅助实现信息共享，跨区域快件信息在始发地输入后通过信息追踪系统发送到终到地所在区域和追踪中心，同时满足追踪查询和快件交付的需要；快件在快递公司内部的储运过程发送并存储到追踪中心，满足追踪查询的需要。快递追踪查询系统由单据录入子系统、单据查询子系统、统计报表三大部分组成，如图 5-18 所示。

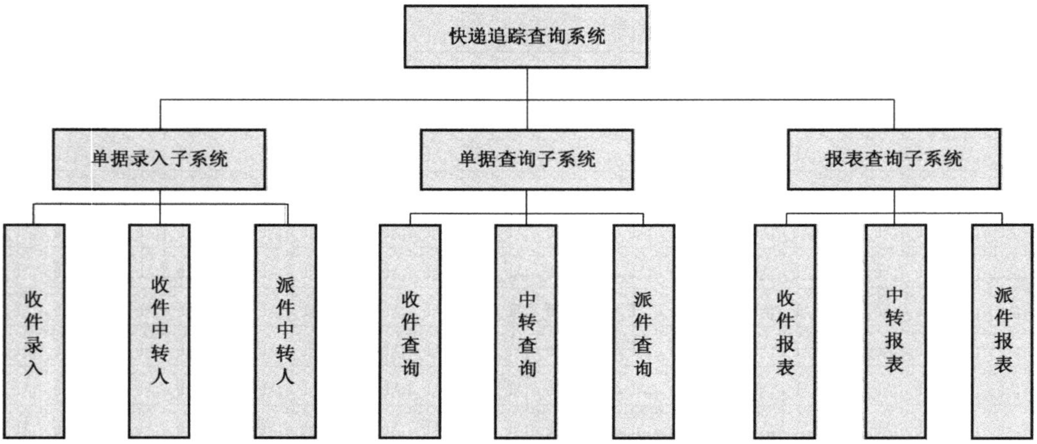

图 5-18　系统总体结构设计

7. 编码设计

编码设计如表 5-3、表 5-4、表 5-5 所示。

表 5-3　快递单号编码表

120613 01 12 02 001 00001	前 6 位代表日期，7、8 位国家代号，9、10 位省份代号，11、12 位市代号，13～15 位代表营业网店编号，后 5 位代表当天的订单序号

表 5-4　快递员编号编码表

1991 01 001 01 001	前 4 位代表出生年份，5、6 位代表所属分支，7～9 位代表营业网点编号，10、11 位代表职位，后 3 位代表人员序号

表 5-5　快递类型编码表

001 001	前 3 位代表寄送范围，后 3 位代表寄送速度要求

8. 数据库结构设计

数据库的概念结构设计的任务是产生和反映企业组织信息需求的数据库概念结构，即概念模型，概念模型不依赖于计算机系统和具体的 DBMS，它采用 E-R 法将现实世界的信息结构统一用属性、实体以及实体之间的联系来描述。

在本系统的实体类型有收件单、中转单、派件单和快递员等，这些实体间的相互联系如下：

(1) 收件单和中转单之间存在联系"承接"，为"1 对 1"的关系；

(2) 中转单和派件单之间存在联系"承接"，为"1 对 1"的关系；

(3) 快递员和收件单之间存在联系"承接"，为"1 对多"的关系；

(4) 快递员和派件单之间存在联系"承接"，为"1 对多"的关系；

(5) 各实体和联系的属性(见图 5-19)。

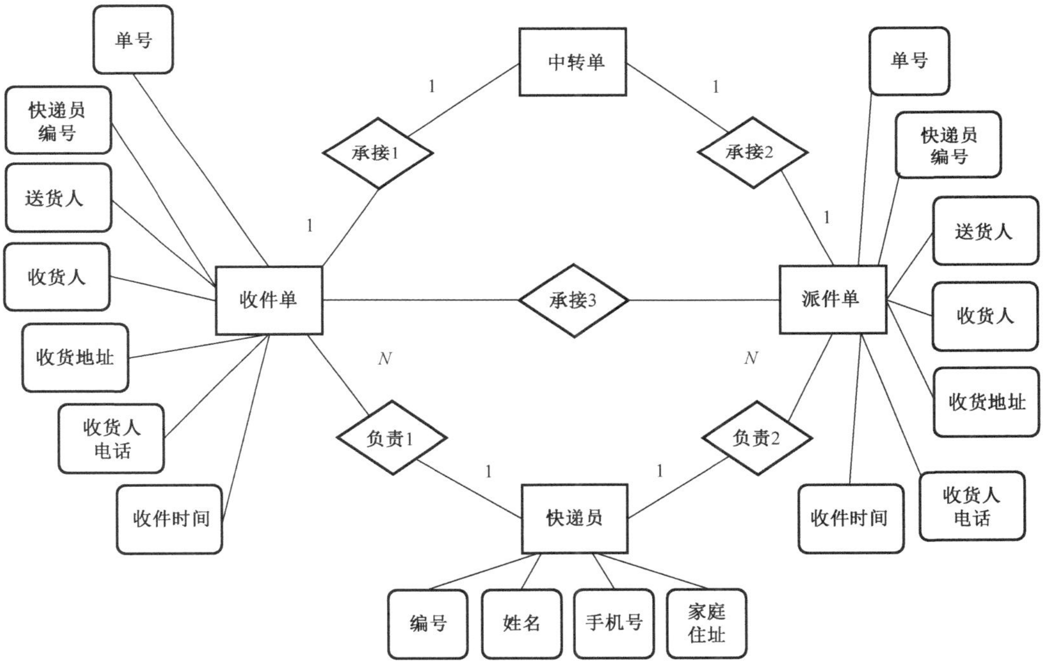

图 5-19　快递信息追踪查询管理 E-R 模型图

9. 逻辑设计

快递信息追踪查询管理关系模型如下：

(1) 收件单：单号、快递员编号、寄件人、收货人、收货地址、收货人电话、收件时间；

(2) 中转单：单号、快递员编号、寄件人、收货人、收货地址、收货人电话、收件时间、分拨中心；

(3) 派件单：单号、快递员编号、寄件人、收货人、收货地址、收货人电话、收件时间；

(4) 快递员：编号、姓名、手机号、家庭住址；

(5) 承接 1：单号、数量、时间；

(6) 承接 2:单号、数量、时间;

(7) 负责 1:快递员编号、单号、数量、时间;

(8) 负责 2:快递员编号、单号、数量、时间。

10. 物理设计

本系统包括一个数据库(expressrecieve. mdb),数据库中包含若干个表,如收件信息表、中转信息表、派件信息表等,表 5-6 为派件信息表的结构。

表 5-6　信息表的结构

字段名	字段类型	字段宽度/Byte
快递单号	Numberic	50
快递员编号	Numberic	50
寄件人	Text	50
收件员	Text	50
收件地址	Text	50
收件人电话	Numberic	50

11. 输入输出设计

(1) 系统登录界面如图 5-20 所示。

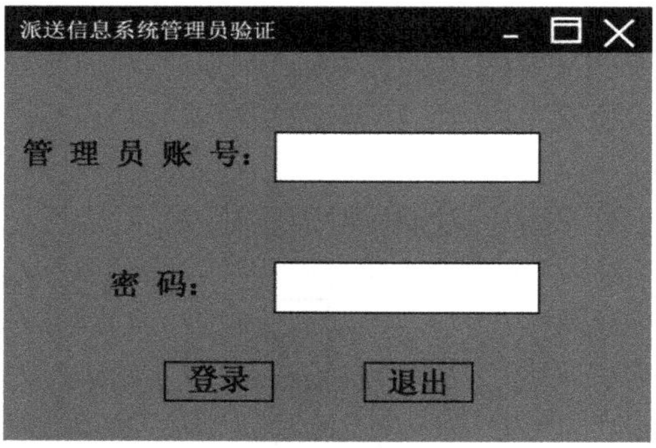

图 5-20　系统登录主界面

(2) 收件录入子系统界面如图 5-21 所示。

(3) 中转子系统界面如图 5-22 所示。

(4) 派件录入子系统界面如图 5-23 所示。

(5) 客户查询子系统界面如图 5-24 所示。

(6) 统计报表子系统界面如图 5-25 所示。

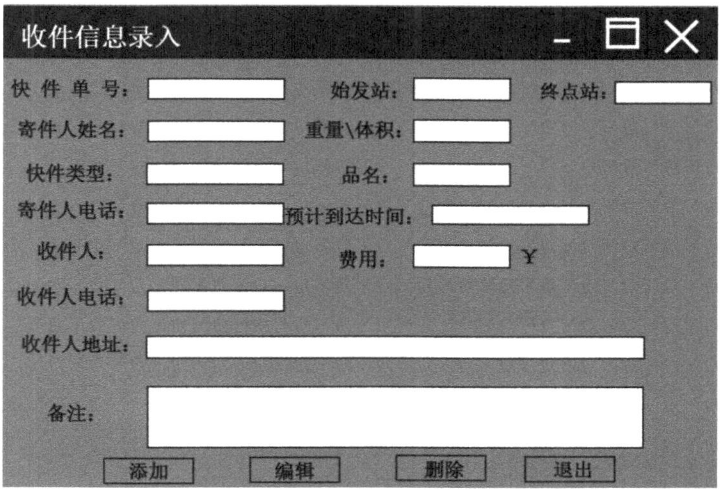

图 5-21　收件录入子系统界面

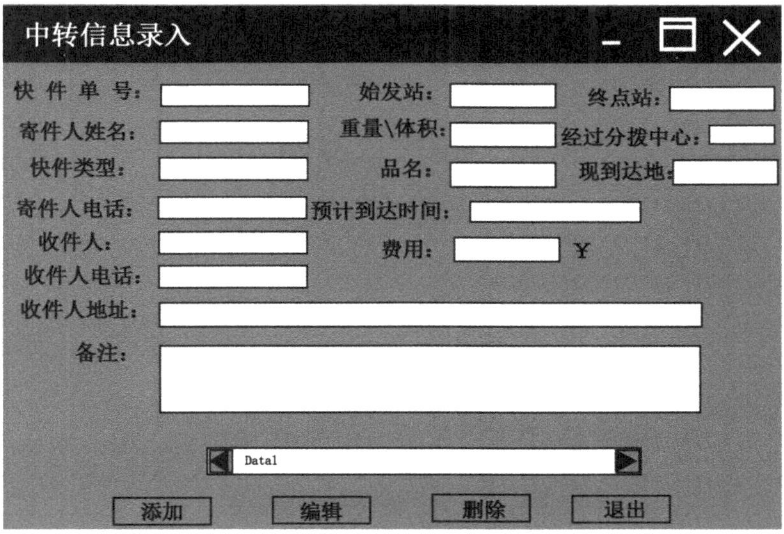

图 5-22　中转子系统界面

快递追踪查询系统是一个比较复杂的系统。该案例结合 GPS、GIS 技术，通过建立网上物流管理平台，通过互联网获得物流服务，并在网上实时查询物流服务的完成情况。条形码、智能标签等自动识别技术在物流中的应用可以实现对物流信息高速准确地采集，及时捕捉作为信息源的物品在出库、入库、运输、分拣、包装等过程中的各种信息，提高物流作业程序的效率。

该系统为客户和管理工作人员提供一个现代化的、规范的、友好的查询界面，让客户能够随时了解自己托运货物的状态，以增加快递业务的竞争力，使相关管理工作人员能够了解快递的整个运转过程，为快递安全管理提供依据。

该系统尽可能利用各相关系统的数据、实时采集数据，转化为本系统数据，建库保存，并提供数据管理的人工介入功能,保证查询的连续性,实现了设计目标。

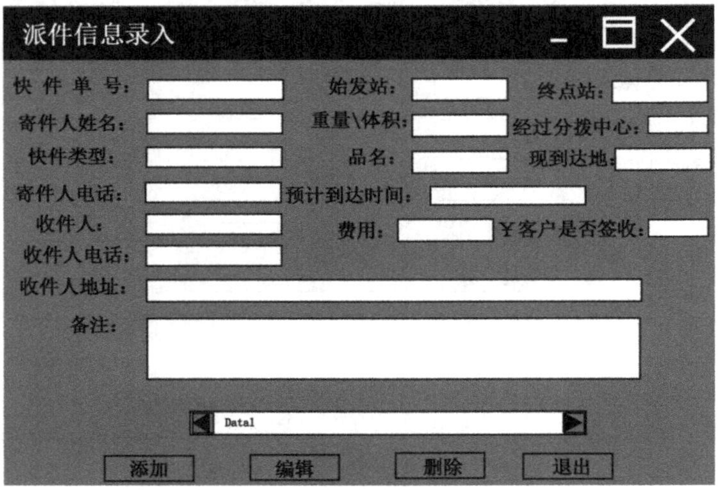

图 5-23　派件录入子系统界面

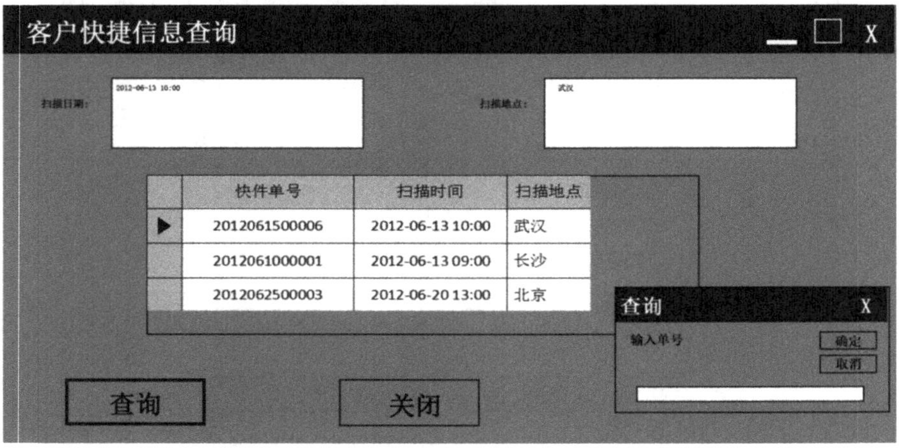

图 5-24　客户查询子系统界面

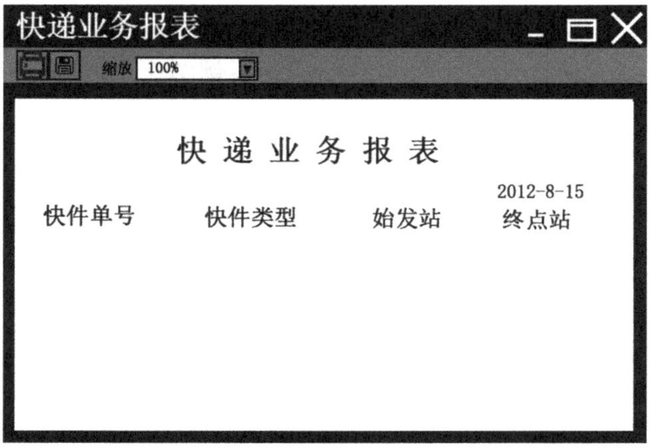

图 5-25　统计报表子系统界面

5.7　本章小结

软件开发是计算机专业人员的主要工作,软件开发能力是计算机专业学生需要培养的最重要能力之一。和软件开发有关的主要知识有程序设计知识、数据库知识和软件工程知识。

软件,特别是应用软件的功能就是进行数据处理和数据分析,如何有效存储大量的数据是数据处理和分析的重要基础,数据库技术是一种先进的数据存储技术,其中关系数据库是目前应用最广泛的数据库技术。在数据库管理系统的支持下,建立数据库并开发相应的应用程序,便构成一个完整的数据库应用系统。信息系统设计阶段主要解决信息系统"怎么做"的问题。通过总体设计,将整个信息系统划分为若干子系统,子系统的划分应满足结构化设计原则。规划系统物理配置方案设计,根据系统流程图,绘制程序流程图。通过编码设计、数据库和人机界面设计,完成系统的基本框架结构。

沿用早期的个人编程方法开发规模比较大的软件,导致了软件危机的产生,为了克服软件危机,人们提出了用工程化的方法来开发大型软件,即软件工程方法。软件开发工作是复杂的,学习软件工程方法并用于指导实际的软件开发工作是十分必要的,但现有方法并不能解决软件开发遇到的所有问题,需要面对新的问题,不断提高新的解决方法,不断丰富和完善软件开发方法。同时,要充分利用现有的软件工具辅助软件的开发,以提高软件开发质量和效率。

习　　题

一、名词解释

1. 关系数据库;2. 实体;3. 结构化设计;4. SQL 语言。

二、思考题

1. 信息系统总体结构设计原则。

2. 详细设计包括的设计内容。

3. 数据库设计步骤。

4. 人机界面设计内容。

三、选择题

1. "学生"实体与"床铺"实体之间的关联关系为(　　)。

A. 1∶1　　B. 1∶N　　C. M∶N　　D. 没有联系

2. 用 TV-C-25 代表 25 寸彩色电视机,这个编码属于(　　)。

A. 顺序码　　B. 区间码　　C. 助忆码　　D. 尾数码

3. 信息系统设计时(　　)。

A. 按用户要求划分子系统　　B. 按领导要求划分子系统

C. 按逻辑功能划分子系统　　D. 按机构划分子系统

4. SELECT 语句中 Where 子句的作用是(　　)。

A. 插入数据　　B. 更新数据　　C. 删除数据　　D. 查询条件

四、填空题

1. 插入语句如下形式:insert into 数据表(字段 1,字段 2,字段 3)values(　　)。

2. 用户向系统发出一个作业请求开始,经系统处理后,到给出应答结果的时间称为(　　)。

3. 给出一种网络操作系统(　　)。

4. 为了保证正确输入数据,有意识地在编码设计结构中原有编码的基础上,另外加上一个位,称为(　　)。

第 6 章

电子商务系统设计

6.1 电子商务概述

6.1.1 电子商务的基本概念

20 世纪 90 年代，互联网技术的突飞猛进使商务活动电子化的想法逐步成熟，电子商务也日益蓬勃发展起来。二十多年来，电子商务的发展经历了起步期、发展期、稳定期和成熟期。“十二五”时期，我国电子商务行业发展迅猛，产业规模迅速扩大，电子商务信息、交易和技术等方面的服务企业不断涌现。电子商务已经受到国家高层的重视，并提升到国家战略层面。2015 年“两会”上，李克强总理提出“互联网＋”行动计划，强调互联网、云计算、大数据等技术与制造业、金融业等传统行业的结合与发展。“互联网＋”将为人们带来一场海啸式的技术革命。电子商务也已经成为国际上各个国家制定经济政策的主要依据之一。以网络和电子商务为主要特征的新经济成为推动全球经济一体化的重要手段和前提条件。

1. 商务与电子商务

(1) 什么是商务

随着我国市场经济的不断完善，企业、政府、个人同市场之间的联系越来越紧密。企业直接面对市场谋求更大的生存和发展空间，政府采购开始采用市场化运作方式，个人消费日趋多样化，商务活动已渗透到社会经济生活的各个领域。商务可以解释为：以营利为目的的市场经济主体，通过实现商品的交换而开展的一系列经营管理活动的总称。对商务含义的解释，大致可归纳如下：

1) 商务主体的多元性，即包括一切以营利为目的的市场经济主体。商务主体涉及企业、政府部门(包括事业单位)、家庭和个人等。

2) 商务的实质是商品交换，即通过买卖方式实现商品所有权转移的交换行为。

3) 商务的对象或客体是所有的经济资源，包括各种有形商品和无形商品。

4) 商务活动包括采购、生产、销售、商贸磋商、价格比较、经营决策、营销策略、推销促销、公关宣传、售前和售后服务、客户关系以及咨询服务等。

(2) 什么是电子商务

电子商务代表着21世纪新经济的发展方向,它的产生是基于两个“全球化”:经济全球化和信息全球化。随着互联网的蓬勃兴起和发展壮大,电子商务已真正走向传统商务活动的各个环节和各个领域,并直接影响和改变着社会经济生活的各个方面。那么,什么是电子商务呢?

电子商务是一个不断发展的概念。IBM公司于1996年提出了Electronic Commerce(E-Commerce)的概念。到了1997年,该公司又提出了Electronic Business的概念。1997年7月,美国政府发表了电子商务白皮书,从此“电子商务”一词正式应用,并受到全世界的瞩目。

事实上,电子商务至今还没有一个较为全面、具有权威性的、能够为大多数人接受的定义。国内外不同的书籍、机构等对电子商务的定义都有差异;各国政府、学者、企业界人士都根据自己所处的地位和对电子商务的参与程度,给出了许多表述不同的定义。本书综合多种说法认为:电子商务是指利用互联网及现代通信技术进行任何形式的商务运作、管理或信息交换。它包括企业内部的协调与沟通、企业之间的合作及网上交易三方面的内容。

狭义的电子商务(Electronic Commerce,EC)仅指在互联网上开展的交易或与交易有关的活动。

广义的电子商务(Electronic Business,EB)是指利用信息技术使整个商务活动实现电子化,包括利用互联网、内联网(Intranet)、外联网(Extranet)等不同形式的网络,以及信息技术进行的商务活动。换句话说,广义的电子商务实际就是将所有商务活动业务流程电子化,不仅包括企业商务活动中面向外部的业务流程,如网络营销、电子支付、物流配送等,还包括企业内部的业务流程。

企业内部业务流程包括:企业资源计划(Enterprise Resource Planning,ERP)利用计算机技术,把企业的物流、人流、资金流和信息流统一起来进行管理,把客户的需要、企业内部的生产经营活动及供应商的资源整合在一起,为企业决策层提供解决企业产品成本、作业效率、资金的运营情况等一系列问题,使之成为能完全按用户需求进行经营管理的一种全新的、行之有效的管理方法。管理信息系统(Management Information System,MIS)主要指的是企业进行日常事务操作的系统。其主要任务是最大限度地利用现代计算机、网络及通信技术,加强企业的信息管理,通过对企业拥有的人力、物力、财力、设备、技术等资源的调查和了解,建立正确的数据,加工处理并编制成各种信息资料及时提供给管理人员,以便进行正确的决策,不断提高企业的管理水平和经济效益。人力资源管理(Human Resource Management,HRM)是指在经济学与人本思想的指导下,通过招聘、甄选、培训、报酬等管理形式对组织内外相关人力资源进行有效运用,满足组织当前及未来发展的需要,以保证组织目标的实现与成员发展的最大化的管理方法。客户关系管理(Customer Relationship Management,CRM)是一个不断加强与顾客交流,不断了解顾客需求,并不断对产品及服务进行改进和提高,以满足顾客需求的连续过程。其内涵是企业利用信息技术(IT)和互联网技术实现对客户的整合营销，是以客户为核心的企业营销的技术实现和管理实现。客户关系管理可能是一种管理理念，也可能是一个软件系统。供应链管理(Supply Chain Management，SCM)是指在满足一定的客户服务水平的条件下，为了使整个供应链系统成本达到最小而把供应商、制造商、仓库、配送中心和渠道商等有效地组织在一起，进行产品制造、转运、分销及销售的管理方法。战略管理(Strategy Management)包括市场管理生产管理、研发管理及财务管理等内容。

(3) 电子商务的概念模型

电子商务的概念模型是对现实世界中电子商务活动的抽象描述。它由电子商务实体、电子市场、交易事务和信息流、资金流、商流、物流等基本要素构成，如图 6-1 所示。

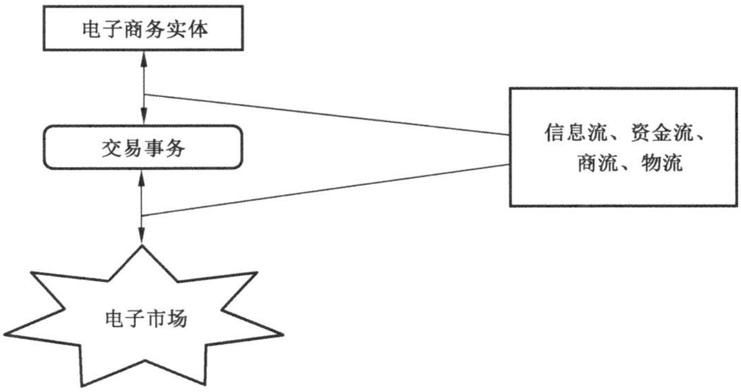

图 6-1　电子商务的概念模型

电子商务实体是指能够从事电子商务活动的客观对象，它可以是企业、银行、商店、政府机构或个人。

交易事务是指电子商务实体之间所从事的具体的商务活动的内容，如询价、报价、转账支付、广告宣传和商品运输等。

电子市场是指电子商务实体从事商品和服务交易的场所，它是由各种商务活动参与者，利用各种接入设备，通过网络连接成的一个统一的经济整体。

任何一笔商务活动都离不开四种基本的“流”，即信息流、资金流、商流和物流。电子商务作为电子化手段的商务活动，也同样如此，电子商务的任何一笔交易都包含信息流、资金流、商流和物流四个基本要素，如图 6-2 所示。

1) 信息流既包括商品信息的提供、促销行销、技术支持和售后服务等内容，也包括询价单、报价单、付款通知单和转账通知单等商业贸易单证，还包括交易方的支付能力、支付信誉和中介信誉等。

2) 资金流主要指资金的转移过程，包括付款、转账、结算、兑换等过程，它始于消费者，终于商家，中间可能经过银行等金融部门。

3) 商流指商品在购销之间进行交易和商品所有权转移的运动过程，具体指商品交易的一系列活动。

4) 物流主要指物质实体(商品和服务)的流动过程,即运输、存储、流通加工、装卸、保管、物流信息管理等各种活动。

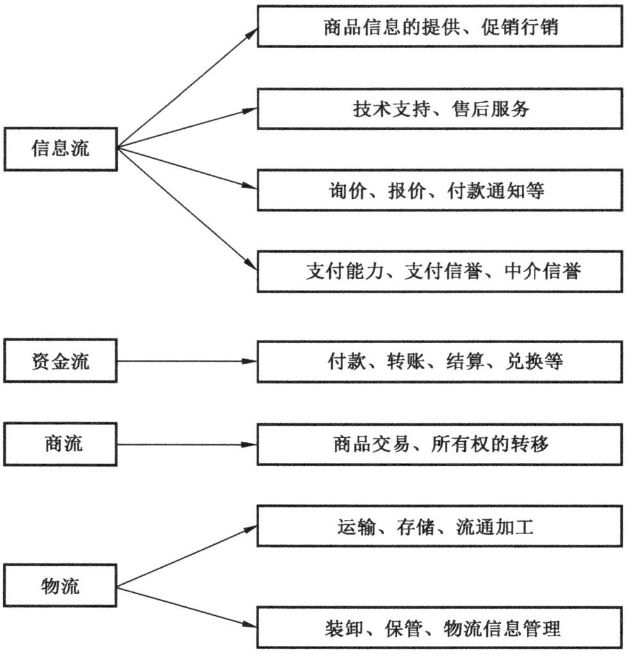

图 6-2　四流的基本功能

在电子商务环境下,信息流、资金流和商流的处理都可以通过计算机和网络通信设备实现。“物流”则是电子商务“四流”中最为特殊的一种,对于少数商品和服务来说,可以直接通过网络传输的方式进行配送,如各种电子出版物、信息咨询服务、软件等。

“四流”的关系可以表述为:以信息流为依据,通过资金流实现商品的价值,通过物流实现商品的使用价值;物流应是资金流的前提与条件,资金流应是物流依托的价值担保,并为适应物流的变化而不断进行调整;信息流对资金流和物流运动起着指导和控制作用,并为资金流和物流活动提供决策的依据;商流是交易的核心,也是交易的最终目的。

2. 传统商务与电子商务的比较

传统商务起源于远古时代,当人们对日常活动进行分工时,商业活动就开始了。每个家庭不再像以前那样既要种植谷物,又要打猎和制造工具了。每个家庭可专心于某一项生产活动,然后用产品去换取所需之物。

电子商务并非新兴之物。早在 1839 年,当电报刚出现的时候,人们就开始了对运用电子手段进行商务活动的讨论。随着电话、传真、电视、移动通信等电子工具的诞生,商务活动中可应用的电子工具进一步扩充。电子商务真正始于 20 世纪 70 年代的电子数据交换(Electronic Data Interchange,EDI)。在这之后,伴随着计算机技术和网络通信技术,特别是互联网技术的不断发展,实现企业内部、企业之间、企业与客户之间的商业活动,成为越来越多企业的要求,并逐渐发展成为一个相对独立的、全新的商务领域。

（1）传统商务与电子商务的运作过程比较

传统商务和电子商务运作过程都是由交易前的准备、贸易磋商、合同与执行、支付与清算等环节组成，但是二者交易具体使用的运作方法是完全不同的。表 6-1 为传统商务和电子商务运作过程比较。

表 6-1　传统商务和电子商务运作过程比较

运作过程	传统商务	电子商务
交易前的准备（实际上是商品信息的发布、查询和匹配的过程）	商品供应方和需求方通过报纸、电视、户外媒体等各种形式的广告和宣传获取商品信息，并进行信息匹配	交易的供需双方都通过网络进行商品信息的发布、查询和匹配
贸易磋商	贸易双方进行口头磋商或纸面贸易单证的传递	贸易双方通过网络进行磋商或将书面单据变成电子单据并且实现在网络上的传递
合同与执行	交易双方必须以书面形式签订具有法律效应的商贸合同	电子商务环境下的网络协议和电子商务应用系统的功能保证了交易双方所有的交易协商文件的正确性和可靠性，并且在第三方授权的情况下具有法律效应，可以作为在执行过程产生纠纷的仲裁依据
支付与清算	一般有支票和现金两种方式	一般采用信用卡、电子支票、电子现金和电子钱包等形式，以网上支付的方式进行

（2）传统商务与电子商务的项目比较

如上所述，电子商务在交易的各个环节都采用了与传统商务不同的运作方法。在许多方面，电子商务都优于传统商务。传统商务与电子商务的项目比较见表 6-2。

表 6-2　传统商务和电子商务的项目比较

项目	传统商务	电子商务
信息提供	根据销售商的不同而不同	透明、准确
流通渠道	企业→批发商→零售商→消费者	企业→消费者
交易对象	部分地区	全球
交易时间	规定的营业时间内	24 小时
销售方法	通过各种关系买卖	完全自由购买
销售地点	需要销售空间	虚拟空间
顾客方便度	受时间与地点的限制	顾客按自己的方式无拘无束地购物
服务顾客	需要用很长时间掌握顾客的需求	能够迅速捕捉顾客的需求，及时应对

6.1.2 电子商务的产生和发展

1. 电子商务产生和发展的条件

20世纪60年代后,计算机和网络技术飞速发展,构建了电子商务赖以存在的环境,并预示着未来商务活动的一种发展方向,人们便提出了电子商务这个概念。其产生和发展的重要条件主要有四个方面:

(1) 信息技术的发展促进了电子商务的产生

信息技术的发展是电子商务产生的物质基础,主要体现在以下两个方面:

1) 计算机的广泛应用。20世纪90年代之后,计算机的处理速度越来越快,处理能力越来越强,价格越来越低,应用越来越广泛,这为电子商务的应用提供了基础。

2) 网络的普及和成熟。由于互联网逐渐成为全球通信与交易的媒介,全球上网用户呈指数增长,网络快捷、安全、低成本的特点为电子商务的发展提供了应用条件。

(2) 信用卡的普及应用为电子商务中的网上支付提供了重要手段

信用卡以其方便、快捷、安全等优点成为人们消费支付的重要手段,并由此形成了完善的全球性信用卡计算机网络支付与结算系统,为电子商务中的网上支付提供了重要手段。

(3) 电子商务是社会经济发展的必然趋势

随着社会经济的发展,大多数商品出现了供应远远大于需求的现象,这时急需一种新的商务模式来提高企业的竞争能力,电子商务承担了这种角色。电子商务是人类社会经济发展的必然趋势。

(4) 政府的支持与推动为电子商务的发展提供了有力的支持

自1997年欧盟发布了《欧洲电子商务协议》后,美国随后发布了《全球电子商务纲要》,电子商务受到世界各国政府的重视。许多国家的政府开始尝试"网上采购",这为电子商务的发展提供了有力的支持。

总之,由于信息技术的进步和商务的发展使社会网络化、经济数字化、竞争全球化、贸易自由化成为必然,现代电子商务产生了。如图6-3所示为电子商务产生和发展的条件。

2. 电子商务的发展阶段

电子商务的发展根据其使用的网络不同可分为三个阶段:基于电子数据交换的电子商务、基于互联网的电子商务和基于3G和4G的移动电子商务。

(1) 基于电子数据交换的电子商务

从技术的角度来看,人类利用电子通信的方式进行贸易活动已有几十年的历史了。早在20世纪60年代,人们就开始利用电报报文发送商务文件;20世纪70年代,人们又普遍采用方便、快捷的传真机来代替电报,但是由于传真文件是通过纸面打印来传递和管理信息的,不能将信息直接转入信息系统中,因此,人们开始采用电子数据交换(Electronic Data Interchange,EDI)作为企业间电子商务的应用技术,这也就是电子商务的雏形。

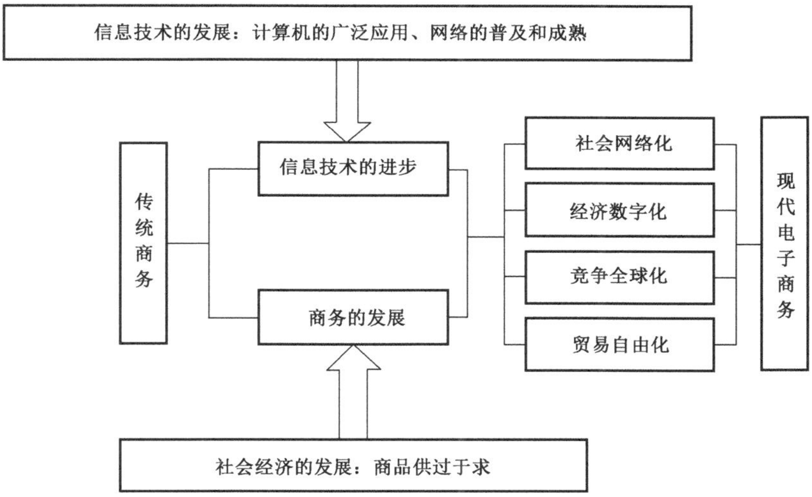

图 6-3　电子商务产生和发展的条件

EDI 在 20 世纪 70 年代产生于美国，是将业务文件按一个公认的标准从一台计算机传输到另一台计算机上的电子传输方法。由于 EDI 大大减少了纸张票据，因此，人们也形象地称之为“无纸贸易”或“无纸交易”。传统 EDI 对于每对商业伙伴，都需要一种专用的增值网络（Value Added Network，VAN），不仅实现起来很困难，而且费用很高，受这些因素的制约，EDI 得不到广泛的普及和发展。20 世纪 90 年代，互联网得到迅速发展，互联网和 EDI 开始结合起来，省去了架设专用网络的费用。

（2）基于互联网的电子商务

20 世纪 90 年代中期后，互联网迅速走向普及化，逐步从大学、科研机构走向企业和百姓家庭，其功能也已从信息共享演变为一种大众化的信息传播工具。从 1991 年起，一直排斥在互联网之外的商业贸易活动正式进入这个王国，电子商务成为互联网应用的最大热点。

基于互联网的电子商务给企业带来了增加产值、降低成本、创造商机等方面的效应，与此同时，信息技术也得到了全面发展，这又为电子商务的发展和应用创造了条件。网上购物起源于 1995 年，它的先驱是不进行传统零售的互联网公司，如亚马逊（Amazon），但 2010 年之后，像美国的沃尔玛（WalMart）这样的传统跨国零售商也建立了自己的网上商店。

2014 年之后，电子商务出现了许多新的发展趋势，如与政府的管理和采购行为相结合的电子政务服务、与个人手机通信相结合的移动商务模式得到了很好的发展，跨境电子商务也成了电子商务发展的一个新突破口。

2015 年政府工作报告中首次提出“互联网＋”行动计划。电子商务是“互联网＋”行动计划的一项重要内容，也是核心内容之一。“互联网＋”不仅仅是技术变革，更是一场思维变革。站在“互联网＋”的风口上，O2O、互联网金融、智能制造、智慧城市等细分领域的创新应用和实践遍地开花，互联网与传统产业的融合发展，不但推动了经济稳步增长，促进了产业结构创新升级，更加快了国家综合竞争新优势的形成，为我国在新一轮全球竞争中脱颖而出创造了机会。

(3) 基于3G和4G的移动电子商务

随着移动通信的发展,手机、平板电脑已成为一种被大众接受的互联网接入方式,手机上网已经成为另一种重要的上网方式。与使用计算机上网相比,手机上网几乎不受时间、空间、设备的限制,这为移动电子商务的进一步推广打下了良好的基础。

3G指第三代移动通信技术。3G移动通信技术与前两代的主要区别是在传输声音和数据的速度上的提升,它能够在全球范围内更好地实现无缝漫游,并处理图像、音乐、视频流等多种媒体形式,提供包括网页浏览、电话会议、电子商务等多种信息服务,同时也要考虑与已有第二代系统的良好兼容性。为了提供这种服务,无线网络必须能够支持不同的数据传输速度。

2014年之后,我国4G移动通信技术快速普及,4G是第四代移动通信技术的简称。

6.1.3 电子商务的分类

电子商务应用范围很广,从不同角度可以将电子商务分为不同的类型。

1. 按参与电子商务的交易主体分类

电子商务通常在三类群体之间进行,即企业(Business)、政府部门(Government)和个人消费者(Consumer)。按信息在这三类群体之间的流向,电子商务可以分为以下八个类型:

(1) 企业与企业之间的电子商务

企业与企业之间的电子商务(Business to Business,B2B)指企业与企业之间通过互联网进行的商务活动。也就是说,进行电子商务的供需双方都是企业(或商家),它们通过网络交换信息,传递各类电子单证(如订单、合同、付款通知等),从而使交易全过程实现电子化和无纸化。B2B是目前应用最广泛的一种电子商务。企业可以是生产企业(如海尔、戴尔等),与上游原材料和零配件供应商、下游经销商、物流运输商、产品服务商等利用各种网络商务平台进行电子商务活动;企业也可以是商家,如某商家通过阿里巴巴平台采购宝洁公司的商品等,这些都属于B2B电子商务。通过专用增值网络(Value Added Network,VAN)进行的电子数据交换是这类电子商务产生、发展的基础和前身。B2B网站的典型代表是阿里巴巴、中国制造网、慧聪网和敦煌网等。

(2) 企业与个人消费者之间的电子商务

企业与个人消费者之间的电子商务(Business to Consumer,B2C)指企业与个人消费者之间进行商品或服务的交易。这类电子商务实际上是电子化的在线零售业。目前,互联网上已遍布各种类型在线零售企业。它们所出售的商品一应俱全,从食品、饮料到计算机、汽车等,几乎包括了所有的消费品;或者提供各类网络服务,如远程教育、在线医疗等。近年来,随着互联网为企业和消费者开辟了新的交易平台,再加上全球网民的增多,B2C得到了较快的发展,成为电子商务发展的主要动力。B2C的典型代表有亚马逊、当当网、京东商城、唯品会和天猫等。

(3) 个人消费者与企业之间的电子商务

个人消费者与企业的电子商务(Consumer to Business,C2B)指先有消费者提出需求,后有生产或商贸企业按需求组织生产、组织货源。通常情况为消费者根据自身需求定制产品和价格或主动参与产品设计、生产和定价,产品和价格等彰显消费者的个性化需求,生产企业进行定制化生产。

1) 消费者群体主导的 C2B,即通过聚合客户的需求组织商家批量生产或组织货源,让利于消费者。团购属于消费者群体主导的 C2B 的一种模式。团购就是将零散的消费者及其购买需求聚合起来,形成较大批量的购买订单,从而可以得到厂商的批发价或较低的折扣价,商家也可以从大批量的订单中享受到"薄利多销"的好处。因此,对消费者与商家而言是双赢的。有的也叫 C2T(Consumer to Team)模式,我国从 2010 年以来发展起来的团购网站有美团网、糯米网、团 800 和拉手网等。

2) 消费者个体参与定制的 C2B,也叫深度定制。消费者能参与到全流程的定制环节。企业可以完全按照消费者的个性化需求来定制。目前这种方式最成熟的行业当属服装类、鞋类、家具类。以定制家具为例,每位消费者都可以根据户型、尺寸、风格和功能完全个性化定制,从而最大限度地满足了消费者对于空间利用及个性化的核心需求,因此正在蚕食成品家具的市场份额。而深度定制最核心的难题是如何解决大规模生产与个性化定制相背离的矛盾。

可以把 C2B 看成 B2C 的反向过程,也可以看成是 B2C 的补充。阿里巴巴创始人马云在 2015 年德国汉诺威 IT 博览会上表示:未来的生意将是 C2B 主导而不是 B2C,是用户改变企业,而不是企业向用户出售,制造商必须个性化,否则将会变得很糟糕。

(4) 个人消费者与个人消费者之间的电子商务

个人消费者与个人消费者之间的电子商务(Consumer to Consumer,C2C)是个人消费者之间通过网络商务平台实现交易的一种电子商务模式。传统的商务模式不能提供便利的方式让消费者出售其所持有的闲置物品,而利用互联网就可以很好地解决此问题。C2C 电子商务中的参与者主要有消费者及为消费者提供网络服务的平台提供商,如淘宝网等。物品持有者可通过这些网上商务平台发布其物品信息,物品需求者也可在此类平台上购买或出价竞买所需要的物品。

(5) 企业与政府之间的电子商务

企业与政府之间的电子商务(Business to Government,B2G)涵盖了政府与企业间的各项事务,包括政府采购、税收、商检、管理条例发布,以及法规和政策颁布等。B2G 电子商务使企业和政府之间通过互联网可以方便、快捷地进行信息交换。一方面政府作为消费者,可以通过互联网发布自己的采购清单,公开、透明、高效、廉洁地完成所需物品的采购;另一方面,政府对企业宏观调控、指导规范、监督管理的职能通过网络以电子商务方式更能充分、及时地发挥。借助于网络,政府职能部门能更及时、全面地获取所需信息,作出正确的决策,快速反应,能迅速、直接地将政策、法规及调控信息传达到企业,起到管理与服务的作用。

(6) 个人消费者与政府之间的电子商务

个人消费者与政府之间的电子商务(Consumer to Government,C2G)涵盖个人与政府之间的若干事务,如个人公积金的缴纳,养老金的领取以及个人向政府纳税等。C2G 电子商务网站是政府工作透明化的重要窗口,也是公民了解政府发布的各项信息和政策的重要集道,如新职业-全国大学生就业公共服务立体化平台(www.ncss.cn)和太原市住房公积金管理中心(zfgjj.taiyuan.gov.cn)等。

(7) B2B2C 电子商务模式

B2B2C(Business to Business to Consumer)模式包括两种形式:第一种形式是生产厂商对商家、商家对消费者的交易链条,例如,出版商将图书出版后,直接将出版的图书交给销售商,销售商在网上销售,消费者可以在网上购买这一商品;第二种形式是生产商同时面对供应商和消费者,如生产商海尔通过海尔招标网采购原材料(B2B),通过海尔商城销售海尔系列产品(B2C)。

(8) O2O 模式

O2O(Online to Offline)模式称为线上购买、线下消费,即将线下商务的机会与互联网结合在一起,让互联网成为线下交易的前台。这样线下服务就可以利用线上来揽客,消费者可以用线上搜索商品,线下完成交易。该模式最重要的特点是:推广效果可查,每笔交易可跟踪。随着互联网上本地化电子商务的发展,信息和实物之间、线上与线下之间的联系变得更加紧密。O2O 让电子商务网站进入一个新的阶段。

B2C、C2C 与 O2O 方式相比较,B2C 和 C2C 在线支付购买的商品会通过物流公司送到消费者手中;而 O2O 是通过在线支付购买线下的商品和服务,然后再到线下去享受服务。

团购与 O2O 相比较,O2O 是网上商城,而团购是低折扣的临时性促销。

如图 6-4 所示为 O2O、团购、B2C、C2C 的区别。

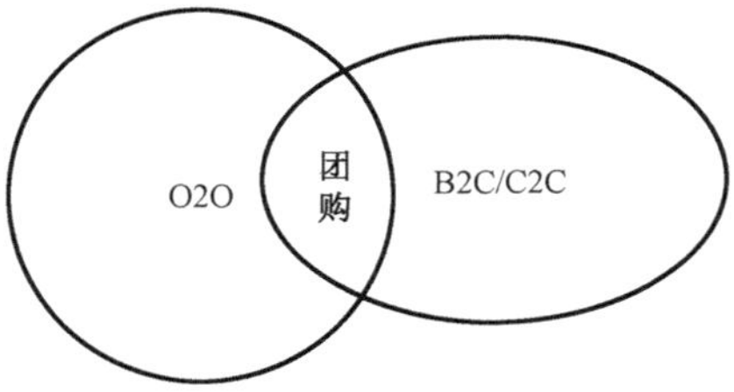

图 6-4 O2O、团购、B2C、C2C 的区别

2. 按商务活动的内容分类

按商务活动的内容,电子商务可分为完全电子商务和不完全电子商务。

(1) 完全电子商务

完全电子商务(也称直接电子商务)即可以完全通过电子商务方式实现和完成整个交易过程的交易。这类电子商务主要针对无形货物和服务的网上交易,如计算机软件,电子杂志的订购、付款和在线交付,金融产品和旅游产品的网上交易,全球规模的信息服务(电子图书和报刊)等。这类交易不需要利用传统渠道,可以使买卖双方不受地域的限制直接在网上完成交易。

(2) 不完全电子商务

不完全电子商务(也称间接电子商务)即无法完全依靠电子商务方式实现和完成整个交易过程的交易。它需要依靠一些外部要素,如运输系统等来完成交易。这类电子商务主要针对有形货物(如书籍、电脑和日用品等)的电子订货。这类交易仍然需要利用传统的渠道

(如邮政服务或快递公司等)送货或实地交割货物。

3. 按开展电子交易的信息网络范围分类

按开展电子交易的信息网络范围,电子商务可分为本地电子商务、远程国内电子商务和全球电子商务三类。

(1) 本地电子商务

本地电子商务通常是指利用本城市内或本地区内的信息网络实现的电子商务活动,电子交易的地域范围较小。本地电子商务系统是利用互联网、内联网或专用网将下列系统连接在一起的网络系统:参加交易各方的电子商务信息系统(包括买方、卖方及其他各方的电子商务信息系统),银行金融机构电子信息系统,保险公司信息系统,商品检验信息系统,税务管理信息系统,货物运输信息系统,本地区电子数据交换中心系统(实际上,本地区电子数据交换中心系统连接各个信息系统的中心)。本地电子商务系统是开展远程国内电子商务和全球电子商务的基础系统。

(2) 远程国内电子商务

远程国内电子商务是指在本国范围内进行的网上电子交易活动,其交易的地域范围较广,对软硬件和技术要求较高,要求在全国范围内实现商业电子化和自动化,实现金融电子化。交易各方具备一定的电子商务知识、经济能力和技术能力,并具有一定的管理水平和能力等。

(3) 全球电子商务

全球电子商务是指在全世界范围内进行的电子交易活动。参加电子交易的各方通过网络进行贸易,涉及有关交易各方的相关系统,国家进出口公司系统、海关系统、银行金融系统、税务系统、运输系统、保险系统等。全球电子商务业务内容繁杂,数据来往频繁,要求电子商务系统严格、准确、安全、可靠。应制定世界统一的电子商务标准和电子商务(贸易)协议,使全球电子商务得以顺利发展。

6.1.4　电子商务的系统组成及一般框架

1. 电子商务系统的组成

电子商务系统的基本组成要素包括电子商务网络系统、供应方和需求方、认证机构、物流中心、网上银行、电子商务服务商等,其系统结构示意如图 6-5 所示。

(1) 电子商务网络系统

电子商务网络系统包括互联网(Internet)、内联网(Intranet)和外联网(Extranet)。互联网是电子商务的基础,是商务、业务信息传送的载体;内联网是企业内部商务活动的场所;外联网是企业与企业,以及企业与个人进行商务活动的纽带。

(2) 供应方和需求方

供应方和需求方统称为电子商务用户,可分为个人用户和企业用户。个人用户使用个人计算机(PC)、个人数字助理(PDA)等接入互联网;企业用户建立企业内联网、外联网和企业管理信息系统,对人力、财力、物力、供应、销售、储存等进行科学管理。企业利用互联网发布产品信息、接受订单,如需要在网上进行销售等商务活动,还要借助电子报关、电子纳税、电子支付系统与海关、税务局、银行等进行有关商务、业务的处理。

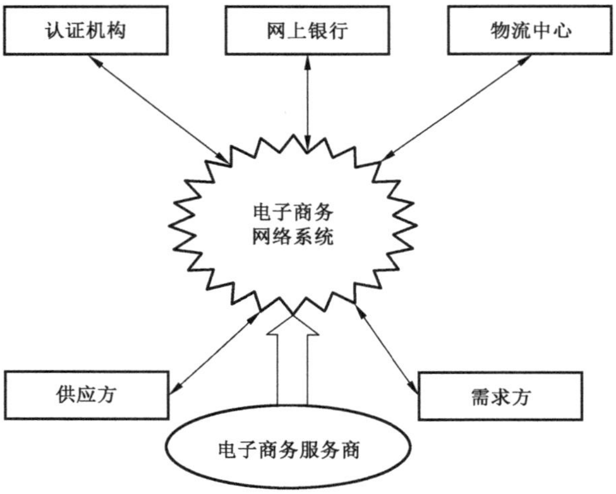

图 6-5　电子商务系统的基本组成

(3) 认证机构

认证机构(CA)是受法律承认的权威机构,负责发放和管理数字证书,使网上交易的各方能互相确认身份。数字证书是一个包含证书持有人、个人信息、公开密钥、证书序列号、有效期、发证单位的电子签名等内容的数字凭证文件。

(4) 网上银行

网上银行在互联网上实现传统银行的业务,为用户提供 24 小时实时服务;网上银行与信用卡公司合作,提供网上支付手段,为电子商务交易中的供应方和需求方服务。

(5) 物流中心

物流中心接受商家的送货要求,组织运送无法从网上直接得到的商品,跟踪商品的流向,将商品送到消费者手中。

(6) 电子商务服务商

电子商务服务商在这里专指提供网络接入服务、信息服务及应用服务的信息技术厂商,如互联网服务提供商(Internet Service Provider,ISP)、互联网内容服务商(Internet Content Provider,ICP)、应用服务供应商(Application Service Provider,ASP)等。

2. 电子商务的一般框架

电子商务的一般框架是指实现电子商务从技术到一般服务所应具备的完整的运作基础。完整的电子商务体系体现于全面的电子商务应用,而这需要有相应层面的基础设施和众多支撑条件构成的环境。这些环境要素从整体上可分为四个层次和两大支柱。其中,电子商务框架结构的四个层次分别是网络层、信息发布与传输层、电子商务服务层、电子商务应用层;两大支柱是指社会人文性的国家政策及法律规范,以及自然科技性的技术标准和网络协议。电子商务的一般框架如图6-6所示。

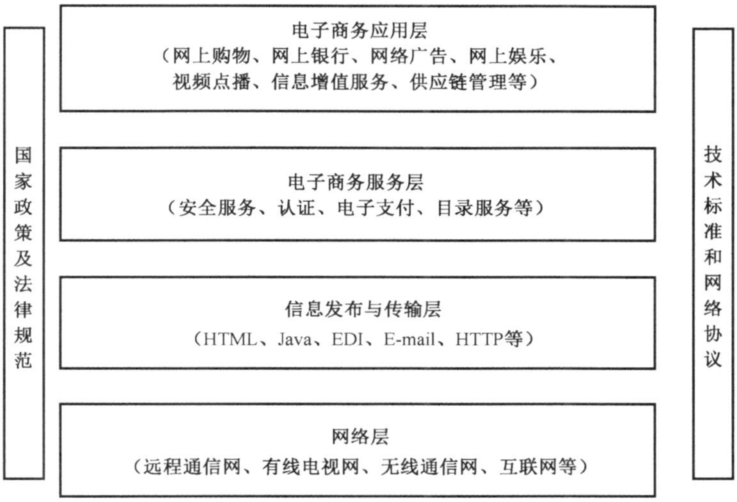

图6-6　电子商务的一般框架

（1）网络层

网络层指网络基础设施，是实现电子商务的最底层的基础设施。它是信息的传输系统，也是实现电子商务的基本保证。网络层包括远程通信网、有线电视网、无线通信网和互联网。因为电子商务的主要业务是基于互联网的，所以互联网是网络基础设施中最重要的部分。

（2）信息发布与传输层

网络层决定了电子商务信息传输使用的线路，而信息发布与传输层则解决如何在网络上传输信息和传输何种信息的问题。目前互联网上最常用的信息发布方式是在万维网上用超文本标记语言（Hyper Text Mark-up Language，HTML）的形式发布网页。从技术角度而言，电子商务系统的整个过程就是围绕信息的发布和传输进行的。

（3）电子商务服务层

电子商务服务层实现标准的网上商务活动服务，如网上广告、网上零售、商品目录服务、电子支付、客户服务、电子认证（CA认证）和商业信息安全传送等。其真正的核心是CA认证。因为电子商务是在网上进行的商务活动，参与交易的商务活动各方互不见面，所以身份的确认与安全通信变得非常重要。CA认证中心担当着网上"公安局"和网上"工商局"的角色，而它给参与交易者签发的数字证书，就类似于网上的"身份证"，用来确认电子商务活动中各方的身份，并通过加密和解密的方法实现网上安全的信息交换与安全交易。

（4）电子商务应用层

在基础通信设施、多媒体信息发布、信息传输以及各种相关服务的基础上，人们就可以进行各种实际应用，如采用供应链管理、企业资源计划、客户关系管理等各种实际的信息系统，还可以在此基础上开展企业的知识管理和竞争情报活动等。而企业的供应商、经销商、合作伙伴及消费者、政府部门等参与电子互动的主体也是在这个层面上和企业产生各种互动。

(5) 国家政策及法律规范

法律维系着商务活动的正常运作,对市场的稳定发展起到了很好的制约和规范作用。进行商务活动必须遵守国家的法律、法规和相应的政策,还要有道德和伦理规范的自我约束和管理,二者相互融合,才能使商务活动有序进行。

随着电子商务的产生,由此引发的问题和纠纷不断增加,原有的法律规范已经不能适应新的发展环境,制定新的法律规范并形成一个成熟、统一的法律体系,成为世界各国发展电子商务的必然趋势。

(6) 技术标准和网络协议

技术标准定义了用户接口、传输协议、信息发布标准等技术细节。它是信息发布和传递的基础,是网络信息一致性的保证。就整个网络环境来说,标准对于保证兼容性和通用性是十分重要的。

网络协议是计算机网络通信的技术标准,对于处在计算机网络中的两个不同地理位置上的企业来说,要进行通信,必须按照通信双方预先约定好的规程进行。这些共同的约定和规程就是网络协议。

6.2 电子商务网站设计

6.2.1 电子商务系统与网站

1. 网站的基本概念

互联网给计算机和通信领域带来了一场前所未有的革命。这种空前的融合能力建立在电报、电话、无线电以及计算机的发明基础上。互联网从一开始就提供了全球广播的能力,提供了信息传播的机制以及在个人和他们的计算机之间进行合作与交互的媒介,而不必顾及他们的地理位置。

早期的互联网主要用于异地计算机之间的数据传输,但随着计算机技术和通信技术的不断发展,人们不再满足于简单的数据传输,因此许多 Internet 服务和技术被开发并得到广泛应用,如电子邮件服务、文件传输服务、远程登录服务等,但是这些服务仅仅适用于文本的形式。随着多媒体技术的快速发展,人们希望在网上不仅仅看到文字信息,更可以欣赏漂亮的图片或者优美的音乐,因此 WWW(World Wide Web)技术诞生了,互联网由此得到了广泛应用,并深受用户的喜爱。

在 Internet 的发展过程中,HTTP 和超 HTML 以及 XML(Extensible Markup Language),使文字、声音、图像、音频以及视频等多媒体信息,源源不断地流向 Internet 的各个角落,并使互联网成为各种组织的信息获取和发布平台,使越来越多的企业和组织汇入互联网的应用潮流中。

在互联网的应用中，网站是一个不可或缺的重要因素。网站是指有独立域名的 Web 站点，其中包括 CN 和通用顶级域名(GTLD)下的 Web 站点，是企业或个人在 Internet 上建立的“信息中心”。通过网站，企业不仅可以宣传自身形象、推广产品、扩大影响力，而且能够寻求多方合作以及为客户提供快速优质的服务。企业通过建立各种类型的网站，能更好地实现其目标。

2. 网站与电子商务系统

(1) 电子商务系统简介

所谓电子商务系统，广义上，是指支持商务活动的电子技术手段的集合。狭义上，是指在 Internet 和其他网络的基础上，以实现企业电子商务活动为目标，满足企业生产、销售、服务等生产和管理的需要，支持企业的对外业务协作，从运作、管理和决策等层次全面提高企业信息化水平，为企业提供商业智能的计算机系统。

电子商务系统与电子商务一样，发展的时间并不是很长，人们对这一系统的体系结构以及设计开发方面也有不同的看法，本书将帮助企业完成电子商务活动的信息系统(包括门户网站、与电子商务相关的企业内部系统等)统称为电子商务系统。电子商务系统是个综合的系统，它集合了计算机技术、网络通信技术、金融信息处理技术等各个方面。

1) 企业内部网络系统

企业在组建电子商务系统时，应该考虑企业的经营对象是谁，如何采用不同的策略与客户进行联系。一般来说，可以将客户分为三个层次并采取相应的对策，对于特别重要的战略合作伙伴，企业允许他们进入企业的 Intranet 系统直接访问有关信息；对于与企业业务相关的合作企业，企业同他们共同建设 Extranet，实现企业之间的信息共享；对普通客户，则可以通过 Internet 进行联系。

2) 企业管理信息系统

企业管理信息系统的作用是在组织中发挥收集、处理、存储和传送信息以及支持组织进行决策和控制。根据组织所具有的不同功能，可以将信息系统划分为营销、制造、财务、会计和人力资源等信息系统。要使各职能部门的信息系统能够有效地运转，必须实现各职能部门信息化。根据组织内部不同的组织层次，企业管理信息系统可划分为操作层、知识层、管理层、战略层四种信息系统。操作层支持日常管理人员对基本经营活动和交易进行跟踪和记录。知识层用知识和数据支持工作人员的工作，帮助公司整理和提炼有用的信息和知识。管理层为中层经理的监督、控制、决策以及管理活动提供服务。管理层提供的是中期报告而不是即时报告。战略层主要关注外部环境和企业内部制度及规划的长期发展方向等问题。

3) 电子商务网站

电子商务网站起着承上启下的作用，一方面，它可以直接连接到 Internet，顾客或者供应商可以直接通过网站了解企业信息并与企业进行交易。另一方面，它将市场信息同企业内部的管理信息系统连接在一起，将市场需求信息传送到企业的管理信息系统，使企业可以根据市场的变化,组织经营管理活动。

(2) 电子商务系统特点

1) 电子商务系统与企业内部的信息系统形成一个整体

目前电子商务系统研究与开发的重点逐渐转向如何利用电子商务技术改进企业的业务流程、规划企业的商务模式改革、在技术上构造更好的电子商务系统等,人们认识到电子商务系统和网站是两个不同的概念。企业管理信息系统是信息加工、处理的工具,而电子商务网站则是电子商务系统的窗口。企业管理信息系统必须与电子商务网站结合起来才能满足企业在 Internet 上开展商务活动的需要,基于这些认识,电子商务系统演变成如图 6-7 所示结构。

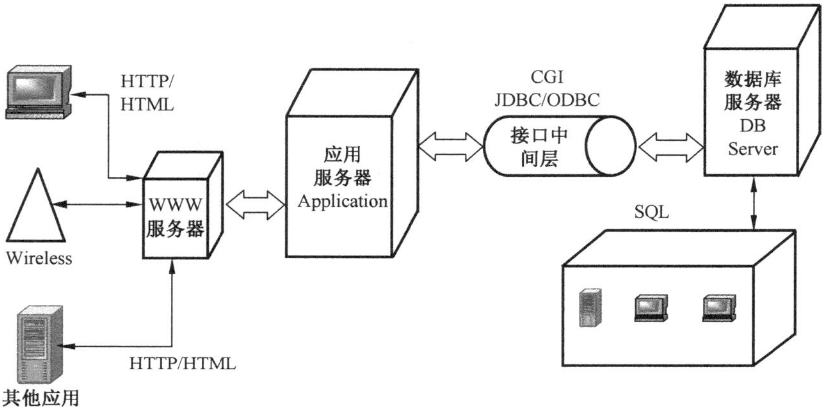

图 6-7　电子商务系统结构示意图

2) 电子商务系统的逻辑结构呈现出清晰的层次结构(如三层结构)

著名的"三层结构"电子商务系统的概念首先由 SUN 公司于 1998 年提出。在其解决方案中,电子商务系统被划分为应用表达层、商务逻辑层和数据层。应用表达层以 Web 服务器为基础,负责信息的发布;商务逻辑层负责处理核心业务逻辑;数据层的基础是数据库管理系统,主要负责数据的组织并向商务逻辑层提供接口,如图 6-8 所示。

3) CA(Customer Authority)中心、支付网关(Payment Gateway)的建立使在线交易具备了安全的环境

支付网关是连接银行专用网络与 Internet 的一组服务器,其主要作用是完成两者之间的通信、协议转换和进行数据加、解密,以保护银行内部网络的安全。支付网关的功能主要有:将 Internet 传来的数据包解密,并按照银行系统内部的通信协议将数据重新打包;接收银行系统内部反馈的响应消息,将数据转换为 Internet 传送的数据格式,并对其进行加密。支付网关的角色是信息网与金融网连接的中介,它承担双方的支付信息转换工作,所解决的关键问题是让传统的封闭金融网络能够通过网关面向 Internet 的广大用户,提供安全方便的网上支付功能。

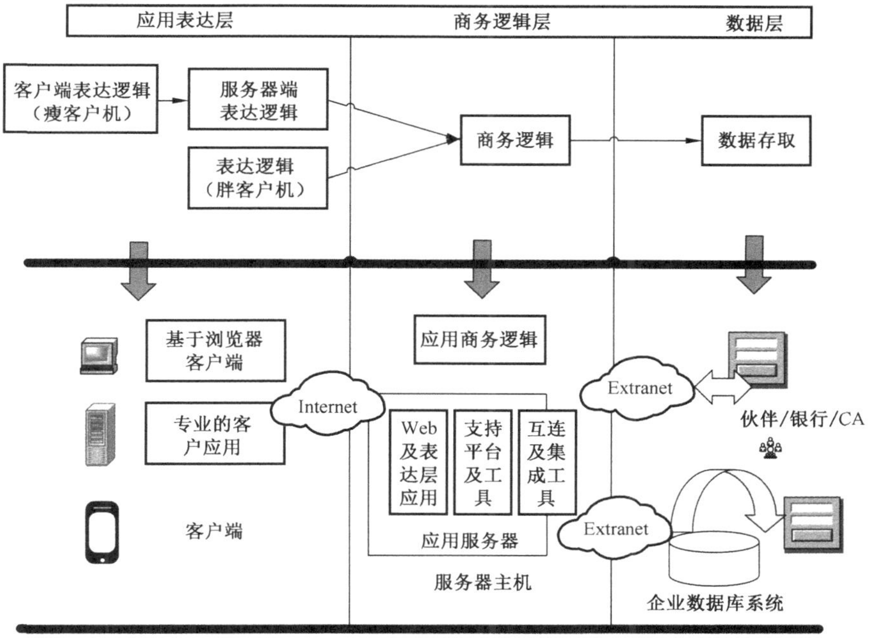

图6-8 电子商务系统总体结构设计

CA认证中心主要负责为Internet上参与网上电子商务活动的各方（包括客户、商家、支付网关、银行）发放与维护数字证书，以确认各方的真实身份，也发放公共密钥及提供数字签名服务的支持等，保证电子商务支付结算的安全与有序进行。它所承担的角色类似于网络上的"公安局"和"工商局"，给个人、企事业单位和政府机构签发数字证书——"网上身份证"，用来确认电子商务活动中各自的身份，并通过加解密方法实现网上安全的信息交换与安全交易。

CA认证中心以及支付网关的出现不仅意味着通过网络实现交易有了可靠的、安全的环境，而且意味着电子商务系统的体系结构趋于完整。

（3）电子商务系统平台的选择与设计

电子商务系统平台对应于系统体系结构中的商务逻辑层和应用表达层，其设计内容一般包括：操作系统；数据库管理系统；应用服务器；中间件软件；开发工具；其他系统软件。

一般在进行系统软件设计时，操作系统、数据库管理系统和中间件软件主要根据电子商务应用软件的需要进行选择。

1）操作系统的选择

目前支持电子商务系统运行的主流操作系统主要有：Windows系列、UNIX/Linux/AIX系列两个家族。各种操作系统各具特色，可以根据电子商务系统大小、企业计算机人员、业务量等确定操作系统的选择。

2）数据库管理系统的选择

电子商务系统处理的数据一般包括两种类型：一种是结构化的数据，这类数据可以选择数据库管理系统进行管理；另外一种是非结构化的数据，如各种网页、声音、图像等，在电子商务系统中这一类数据占有的比重很大。该类数据一般以文件等形式进行管理,目前一些关系数据库也能够对这类数据进行管理。

6.2.2 电子商务网站设计

1. 电子商务网站设计的基本要求

随着网络技术的不断发展,网络应用已经渗透到人类社会的各个角落。在前面章节已经对电子商务系统设计作了介绍,下面主要侧重于电子商务网站设计。

(1) 定位网站的主题和名称

网站的主题也就是网站的题材,是网站设计开始首先遇到的问题。

定位网站的主题和名称遵循的原则如下:

1) 主题要鲜明。

2) 题材最好是你自己擅长的内容。

3) 题材不要太滥或者目标太高。

(2) 定位网站的 CI 形象

所谓 CI(Corporate Identity),意思是通过视觉来统一企业的形象。一个杰出的网站,和实体公司一样,需要整体的形象包装和设计。具体的做法是:

1) 设计网站的标志(Logo)

如同商标一样,标志是站点特色和内涵的集中体现,看见标志就让大家联想起站点。标志的设计创意来自网站的名称和内容。

2) 设计网站的标准色彩

网站给人的第一印象来自视觉冲击,确定网站的标准色彩是相当重要的一步。不同的色彩搭配产生不同的效果,并可能影响到访问者的情绪。例如:IBM 的深蓝色,肯德基的红色条形,Windows 视窗标志上的红蓝黄绿色块,都使我们觉得很贴切,很和谐。适合于网页标准色的颜色有蓝色、黄/橙色、黑/灰/白色三大系列色,要注意色彩的合理搭配。

3) 设计网站的标准字体

和标准色彩一样,标准字体是指用于标志、标题、主菜单的特有字体。一般网页默认的字体是宋体。为了体现站点的"与众不同"和特有风格,可以根据需要选择一些特别字体。例如,为了体现专业可以使用粗仿宋体,体现设计精美可以用广告体,体现亲切随意可以用手写体等。

4) 设计网站的宣传标语

网站的宣传标语也可以说是网站的精神、网站的目标。用一句话甚至一个词来高度概括。类似实际生活中的广告金句。例如,雀巢的"味道好极了";麦斯威尔的"好东西和好朋友一起分享";Intel 的"给你一颗奔腾的心"等。

(3) 确定网站的栏目

建立一个网站好比写一篇文章,首先要拟好提纲,文章才能主题明确,层次清晰。栏目的实质是一个网站的大纲索引，索引应该将网站的主题明确显示出来。一般的网站栏目安排要注意以下几方面：

1）紧扣主题

将主题按一定的方法分类并将它们作为网站的主栏目。主题栏目个数在总栏目中要占绝对优势，这样的网站显得专业，主题突出，容易给人留下深刻印象。

2）设立最近更新或网站指南栏目

设立“最近更新”的栏目，是为了照顾常来的访客，使主页更人性化。如果主页内容庞大，层次较多，而又没有站内的搜索引擎，设置“本站指南”栏目，可以帮助初访者快速找到他们想要的内容。

3）设立可以双向交流的栏目

设立论坛、留言本、邮件列表等，可以让浏览者留下他们的信息。

4）设立下载或常见问题回答栏目

网络的特点是信息共享，可在主页上设置一个资料下载栏目，便于访问者下载所需资料。另外，如果站点经常收到网友关于某方面问题的来信，最好设立一个常见问题回答的栏目，既方便了网友，也可以节约自己更多的时间。

（4）确定网站的目录结构

网站的目录是指建立网站时创建的目录。目录结构的好坏，对浏览者来说并没有什么太大的影响，但是对于站点本身的上传维护、内容未来的扩充和移植有着重要的影响。

（5）确定网站的链接结构

网站的链接结构是指页面之间相互链接的拓扑结构。它建立在目录结构基础之上，但可以跨越目录。建立网站的链接结构有两种基本方式：

1）树状链接结构

首页链接指向一级页面，一级页面链接指向二级页面。这样的链接结构浏览时，一级级进入，一级级退出。优点是条理清晰，访问者明确知道自己在什么位置，不会“迷路”。缺点是浏览效率低，一个栏目下的子页面到另一个栏目下的子页面，必须绕经首页。

2）星状链接结构

类似网络服务器的链接，每个页面相互之间都建立有链接。这种链接结构的优点是浏览方便，随时可以到达自己喜欢的页面。缺点是链接太多，容易使浏览者迷路，搞不清自己在什么位置，看了多少内容。

2. 电子商务网站的构成

从应用的角度看，网站实现的功能主要是体系结构中的表达层、商务应用层和商务支持层的功能。从结构角度看，典型的电子商务网站的基本结构如图 6-9 所示。

一般的电子商务网站主要包括以下的组成部分：

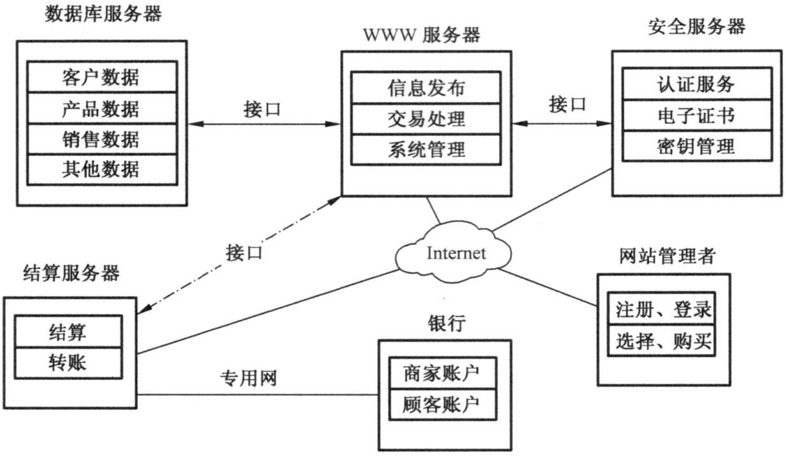

图 6-9　典型电子商务网站的结构

3. 电子商务网站设计过程

电子商务网站的设计既是一项对企业业务流程进行整合和对内外部信息进行集成的工作,也是一个对网络信息资源组织、开发与利用的过程,无论在商务层面上还是在技术层面上都是一项复杂的系统工程。本书针对商务模式设计、功能设计、结构设计和管理设计等电子商务网站设计的核心内容,从总体上进行介绍。

(1) 电子商务网站的商务模式设计

电子商务主要有两种模式:一是 B2B 模式;二是 B2C 模式。企业在实际运作中,往往不会单纯使用一种固定的商务模式。因此,需要针对自身的具体情况,按照自己的需求定制电子商务模式。

(2) 电子商务网站的功能设计

通过需求分析,对商务目标及其业务流程进行详尽的了解和分析,明确系统需要满足的要求,从而确定目标系统的功能。一般而言,一个电子商务网站具有以下功能模块:

1) 企业形象宣传。

2) 产品和服务项目展示。

3) 商品和服务订购。

4) 转账与支付、运输。

5) 信息搜索与查询。

6) 客户信息管理。

7) 销售业务信息管理。

8) 新闻发布、供求信息发布等。

(3) 电子商务网站的结构设计

电子商务网站是由一系列网页和具有商务功能的软硬件系统、数据库等构成的,电子商务网站目前有很多体系结构模型,在此简要介绍一下 Microsoft 的 Windows DNA 模型,如

图 6-10 所示。

该模型将网站体系结构分为三层：

1）表现层：是网站的前端，为用户提供与网站交流的界面，实现商品和信息的发布、信息查询、订单录入等交互功能。

2）商务层：是网站的后端，实现订单处理、支付结算、访问后台数据库等商务过程。

3）数据层：是网站后台数据库，包括产品信息、客户信息、订单信息等，实现商务数据管理。

表现层	DHTML SCRIPT MS Wallet
商务层	COM+ MTS MSMQ IIS(ASP)
数据层	ADO SQL Sever

图 6-10 网站体系结构示意图

(4) 电子商务网站的管理设计

电子商务网站的管理是指对网站的各种软硬件资源和信息流的管理和监控，以保证企业网上业务处理安全顺利进行，并确保整个网站内容的完整性和一致性，从而为企业电子商务的运作提供良好的服务。一般来说，电子商务网站的管理主要包括以下四个层次的内容：

1）系统管理：是指对系统软、硬件资源以及文件传输系统、电子邮件系统、支付系统、数据库系统等支撑系统进行的管理，包括硬件设备监测、网站运行平台管理、管理员权限管理、数据库管理和网站统计管理等内容。

2）应用管理：是指对实现网站功能的应用软件系统所进行的管理，包括购物车管理、个性化服务管理、聊天室管理等内容。

3）内容管理：是指基于业务的管理，即面向电子商务活动中的具体业务而进行的对输入和输出信息流的内容管理。网站内容管理是网站管理的核心，是保证电子商务网站有序和有效运作的基本手段，包括信息发布管理、企业在线支持管理、在线购物管理、客户信息管理等内容。

4）安全管理：是指对针对网站安全威胁的来源所采取的相应管理措施，它贯穿于以上三个层次的管理之中，主要包括网络安全管理、数据库安全管理和应用安全管理等内容。网站安全管理依靠 VPN 技术、防火墙技术、入侵检测技术、安全扫描技术、伪装技术、防病毒技术、加密技术、数字签名、CA 认证、SSI 协议、SET 协议等信息安全技术来实现。

4. 电子商务网站规划设计方法

电子商务网站由于服务器、操作系统、数据库及其支持软件等投资，以及企业本身、网站技术等发展的不确定性，再加上网站开发对组织结构和业务流程的冲击（改变）造成的开发阻力，一般开发风险比较大，因此事先必须有比较周密的应对计划。良好的规划也可以提高开发效率，为网站开发质量提供前期保证。

(1) 需求分析

为了保证所开发的站点对访问者来说有价值，需要分析用户的需求。在确定了需求之后，还需要分析 Web 站点完成后所期望达到的目标。

(2) 市场分析

市场分析主要是通过分析自己和对手的优劣势，从而明确自己的竞争优势。竞争优势是指网站在为浏览者提供价值方面比竞争者更有效。例如,可以提供独特的网页可视化设计、更快的速度或其他便利。明确竞争优势的本质就是排列网站可用于定位的各种要素,确定网站在哪些要素上具有优势的过程。

(3) 网站总体设计

网站总体设计包括分析网站需要实现哪些功能;网站开发使用什么软件、在什么样的硬件环境下运行;需要多少人、多少时间去实现;需要遵循的规划和标准有哪些等。

(4) 网站内容的确定

企业上网不外乎有三个目的:市场营销、技术支持和产品销售。为了达到这些目的,网站必须能吸引目标用户,从而为企业带来利润,因此应分析网站受众,确定网站的访问者,做到有的放矢。首先要考虑网站的定位,与同类型的网站作比较,从而确定网站的访问者,网上调查也是确定网站访问者类型的一个有效方法。

网站访问者类型确定后,即应确定网站的内容。

网站的内容包括很多,有访问者能看到的,也有访问者看不到的。有静态的内容,也有动态的内容。一般来说,我们都把网站的内容按静态和动态划分。

网站的静态内容是指网站内容中相对不变的部分,一个网站的静态内容最主要的作用是维持整个网站的风格,给网站的固有访问者一个熟悉的环境。这些静态的内容在网页的主要部分的代码编写之前就要确定下来。另外一些不经常改变的页面也可以称作网站的静态内容,如公司简介、联系方式、帮助信息、版权信息等。需要补充的是网站静态内容并不是一成不变的,而是风格上的相对稳定。

网站的动态内容是网站经常更新的内容。通常存储在数据库中,通过程序读取数据库的内容自动生成网页,这些程序运行在服务器端,一般是用 ASP、PHP、CGI 等语言编写的。

对于一个企业电子商务网站来说,其网站内容应该以产品/服务为中心,即为用户提供详尽的产品信息以及方便的联系方式,并加大利用网站的宣传推广力度,因为用户对这些信息最感兴趣。一个企业网站主要的访问者有几类,即直接用户、经销商、设备和原材料供应商、竞争者等。企业网站不仅是一个有效的营销工具,还是一个获取用户需求信息的有效途径。针对自己企业的用户开展网上调查,收集用户反馈信息,对制定营销策略具有重要的参考价值。

(5) 页面流程设计

在网站开发时为了使系统的各项功能完整地表现出来,减少设计工作的混乱,可以事先设计各功能模块的业务处理流程。可以把各项内容或各个栏目当作一定的功能模块,通过设计业务流程来规划内容的开发步骤,并安排所需的页面。

页面流程相对于结构设计来说,是一个动态的概念。网站结构是一个静态的概念,它反映的是网站的静态布局,而页面流程反映了访问者在浏览网站时的访问经历,设计者为访问者设计这些浏览经历的工作就是页面流程的设计。

(6) 页面布局设计

页面的布局如同一个产品的外观给人的第一印象,它决定了网页能否吸引读者的视线,增强读者阅读兴趣。页面布局主要涉及以下几个方面：

1）页面的版面布局

版面的布局要合理地运用网页空间，让网页疏密有致，井井有条，留下必要的空白，图片和文字要密切配合，互为衬托，既能活跃页面，又使页面有丰富的内容。

2）页面的风格选定

页面的风格体现了网页设计者的综合素质和艺术修养。不同的网页内容应该有不同的风格，可以吸取成功网站的亮点和长处，加入自己的领悟，融会自己的观点，形成新的组合与创新。

3）页面的尺寸与分辨率

网页的页面尺寸与显示器的大小和分辨率有关，页面尺寸越大，分辨率越高，页面文件的信息量越大。因此应该让浏览者在不同分辨率下都能够看到布局美观的网页。

4）页面的色彩应用

色彩应用的总原则是总体协调、局部对比。

6.2.3　电子商务网站设计常用组件

组件的定义：可执行的代码单元，对相关服务和功能提供了物理上的黑箱封装，只能通过统一的、公开的和规定了操作标准的接口对其进行访问。组件必须能被连接到其他组件上以组成一个应用。在企业信息门户网站开发中，常用到的组件包括：电子目录、购物车、网上聊天和网络电话。

1. 电子目录和购物车

狭义地说，电子目录（Electronic Catalog）是一些包含产品信息（如产品名称、规格描述以及价格等）的静态 WWW 页面的集合。而广义的电子目录则涉及从产品选择到订货、支付等一系列过程，即“发现到支付”的过程，是电子商务的关键组成部分。它是一种基于 Internet 而迅速发展起来的全球性市场的前台，是顾客与厂家、厂家与厂家之间的双向通道，作为一种多功能应用系统，它被广泛用于广告、市场、销售和客户支持，同时又是一种零售渠道。电子购物车（Electronic Shopping Cart）是一种订购处理技术，顾客可以将商品加入购物车，即把新的自己选择的商品加入购物袋中，可多次加入；可以整理购物车，对已在购物车中的商品数量进行增加、减少或者清空；可将购物车中的商品内容发送回 Web 服务器保存，以完成订购。

电子目录是传统商品目录的虚拟化。像纸张目录一样，电子目录包含产品的文字描述和图片，以及关于促销活动、折扣、支付方式和交货方式的信息。电子目录和商务服务器软件所包含的特性使人们可以方便而低成本地建立目录，这类软件通常包含：

1）帮助建立商店和目录网页的模板和向导。

2）允许消费者收集感兴趣的商品直至放入最后付款的电子购物车。

3）基于 Web 可以进行安全购物的订单。

4）用于存储产品特性、价格和顾客订单的数据库。

5) 与第三方软件(税款和装运费用计算、分销处理和订单履行)的集成。

电子商务服务器系统架构如图 6-11 所示。电子商务服务器储存用户信息文件,进行产品展示处理、订单处理和支付处理。另外有单独的数据库被用来存取目录和处理客户订单。电子目录网页是根据存储在目录数据库中的产品描述动态生成的。

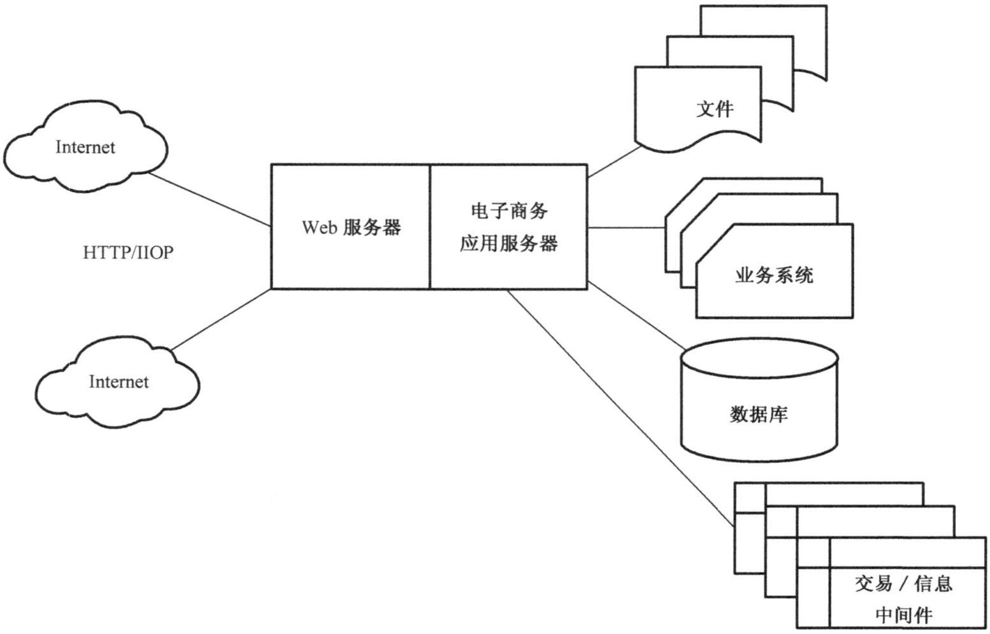

图 6-11　电子商务服务器系统架构

2. 网上聊天

在线论坛(Online Forum)和聊天组(Chat Group)在电子商务中的应用也比较多。在线论坛与 Usenet 新闻组对应(但拥有更好的界面),而聊天组与 Internet 中继聊天(IRC)类似。

在线论坛和聊天组可分为下列几类:

(1) 交流中心

交流中心是以提供虚拟会议场所为主业的企业,其收入来自订购费用或广告收入。

(2) 客户服务

现在许多顾客服务网站都提供 7 天×24 小时的客户服务,顾客可以在网上与服务人员和其他顾客交谈。其中的许多讨论都围绕着产品疑问、产品故障和建议展开。大多数在线支持中心都采用论坛而不是聊天组的形式。通过在线客户服务可以:

1) 拥有更好、更快的客户服务质量

为顾客提供 7 天×24 小时全时段在线自助式服务,快速找到问题的答案,并及时给出满意度反馈。

2) 降低运营成本

减少电话 Call-in 数量,使现有客服人员可以服务更多的客户。

3）减少员工培训时间

公司客服员工可以快速地找到问题答案，增加业务相关知识，给客户提供更好、更专业的服务质量。

4）集中管理个人知识

避免由于员工离职而造成的知识流失。知识库可以跨部门进行共享。

5）快速听取客户意见与问题

客户直接在网上提交的问题会自动进入客户服务系统队列中，并以 E-mail 或短消息方式提醒相关客服人员，免去了客服人员接听电话手工输入时间的问题。同时客户可以在线随时查询提问的状态。

6）跨部门管理、跟踪并获取报表

企业下属的部门分别负责本部门相关的客户提问，使得回答更准确、质量更高。经营管理者可以获取客户满意度反馈和知识库解答质量等数据报表，从而有针对性地提出改进措施。

（3）社区讨论

电子商务网站从营销的目的出发，通过提供论坛和聊天服务来建立由忠诚的用户和支持者组成的社区。

（4）可视聊天

目前一些可视聊天系统是专门针对网上用户设计的即时多媒体通信系统，这些系统在特有的防火墙穿透技术基础上，集即时通信和多媒体视讯会议的优势于一体，实现了即时发送、接收消息，跨防火墙传输文件，以及点对点和多点的语音、视频通信等，这将是下一代的网络聊天系统。

3. 网络电话

网络电话大体可以分成三种：电脑到电脑（PC-to-PC）、电脑到电话（PC-to-Phone）和电话到电话（Phone-to-Phone）。

第一类：电脑到电脑。它利用了先进的电脑多媒体技术，需要专用软件，适合于计算机爱好者使用。通话双方同时利用计算机和 Modem 拨号上 Internet。适用软件有 IPhone、VoxPhone、NetMeeting、Mediaring Talk、Cool Talk 等。软件将从麦克风收集到的声音通过声卡转换成数字信号，并在压缩后通过网络将这些信号传送到接收方一端，再由接收方电脑上的软件将所收到的信号解压缩，通过声卡转换为模拟信号后由音箱或耳机播放出来，从而完成整个通话过程。支持视频信号的软件有 IPhone、NetMeeting 等，其视频传输过程和声音传输是同样的原理。

第二类：电脑到电话。它与“电脑到电脑”使用的技术比较相近，通话时一方利用电脑、Modem 和专用软件直接上网，通过 IP 电话服务器拨到对方电话机上。支持这种功能的软件有 Net2Phone 和 IPhone。在这种情况下，提供电话软件的供应商拥有遍布全球的特殊 Internet 网关。当 Internet 电话用户拨打电话时，该软件将语音压缩后拆成数据包，然后发送到离接听方最近的网关计算机上。当数据包到达网关计算机后,它被重新组合成语音信号,再通过公共电话网交换机传送给接听方。这样,该次通话就是一次本地通话而不是长途通话。

第三类:电话到电话。这种类型又分为三种不同的应用形式:

(1) 通话双方都有电脑与电话直接连接,用户不必直接操作电脑,但是只能进行单点对单点的通话,没有标准的通信服务功能。

(2) 通话双方都不需要使用计算机,只需要各自配备上网账号和专用的 IP 电话设备(Aplio、InfoTalk 等),用来完成电话号码与 IP 地址的互译以及拨叫、通话等功能。

(3) IP 电话服务器支持下的电话到电话方式,由服务提供商提供全套服务,通话双方不需增加任何软硬件设备,只需利用现有电话即可实现 IP 电话功能(单点对多点、多点对单点、普通拨号、随时通话等)。

目前,以上三种类型的 IP 电话在国内都已经有应用。尽管性能有所不同,但不管如何分类,所有的 IP 电话都遵循一个宗旨——利用 Internet 传送语音。

6.3 电子商务示例

6.3.1 系统应用总体架构(见图 6-12)

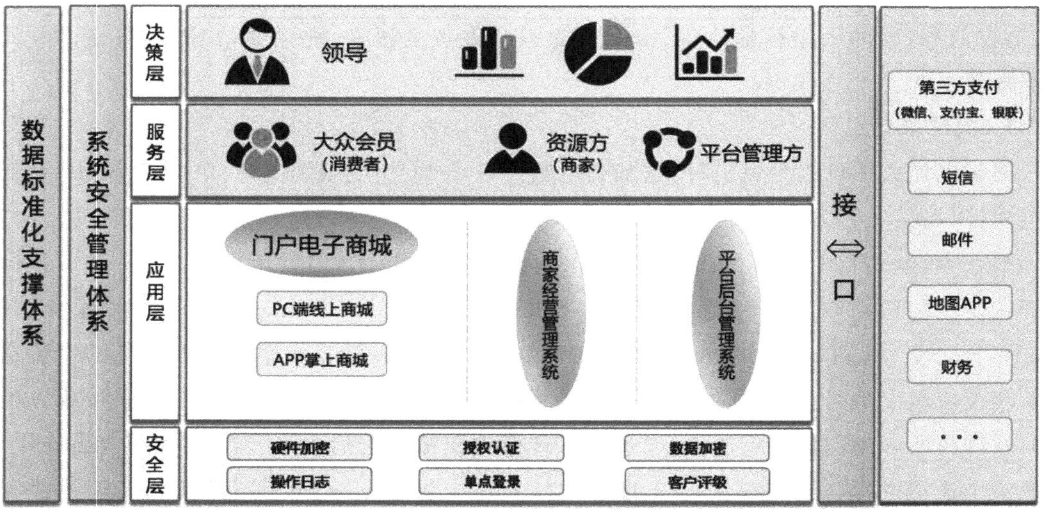

图 6-12 电子商平台系统应用总体架构图

1. 信息化安全与数据标准规范管理控制

信息化安全体系采取统一规划、统一部署、分级分域、管到终端的指导思想,对电商平台应用系统、线上服务、数据中心和基础网络实施等全面管控,需重点关注身份认证、数据完整性、数据机密性、交易的不可否认性等问题。

标准规范体系涵盖平台涉及的各种业务与技术标准、管理与控制规范的框架以及标准规范的内容组成要求，用于指导公司信息管理平台中数据中心、各子系统、基础设施建设中所需的详细标准和规范的具体制定及完善。

管理控制体系涵盖平台建设中涉及的各种管理流程体系框架及该体系的内容组成要求，用于指导平台建设工作的各种详细流程的具体制定和完善。

2. 安全层

应用系统安全是应用系统本身所提供的安全特性，控制用户对应用系统中提供的资源的访问权限，在应用系统中，可能的资源包括数据和功能模块等。为了保护应用系统中的资源，也建立在类似操作系统的安全机制：先对用户进行身份验证，然后对经过身份验证的用户进行授权。本系统安全设计着眼于应用系统的安全性，但在设计应用系统安全性时，充分结合了通信安全性和数据库安全特性，它包括身份认证、通信加密、用户权限管理、日志管理、行为管理等。

3. 应用层

从功能性维度描述系统的应用层，线上服务支撑基于 SOA 架构和共享信息数据模型，由各相关应用系统信息集成和智能响应驱动。

电子商务平台主体包括三大部分：一是线上电子商城，包括 PC 端的线上商城以及手机移动端的掌上电子商城，主要是为大众会员和消费者提供线上购买以及相关信息服务等；二是商家端经营管理系统，用于商家在线进行经营与管理产品；三是平台后台管理系统，主要实现平台对商家以及会员的支撑管理等，保证电商平台的稳定运行。

4. 服务层

在顾客服务层面上，让顾客在商城上全方位获取产品信息、快速进行产品预订支付、回顾产品及服务评价的整个过程中都能得到智能化、精细化的服务。

在资源方企业服务方面，为资源方提供产品营销服务，通过商城开展的各类营销工作，提供分类展示，由商城统一规划业务表现形式，以及服务消费者的功能，把控上下游业务对接，把和各类资源方的合同和结算纳入商城系统管理体系。

在平台管理服务方面，为平台方提供及时准确的产品数据、商家数据以及顾客交易数据等并统一进行数据的汇聚，为平台对商城的管理及运营提供及时准确的数据服务。

5. 决策层

以图形化、报表等方式为领导提供可视化的数据分析服务，为资源方提供数据分析和市场分析作为决策参考，为相关行业管理部门或领导提供行业产业发展、行业管理和市场营销提供重要决策依据。

6. 接口交互

与第三方平台或系统进行接口对接服务，包括微信、支付宝等第三方支付，短信平台，邮件系统，地图，财务系统等，为顾客提供便捷的服务。

6.3.2 系统应用功能设计

1. 系统总体功能(见图 6-13)

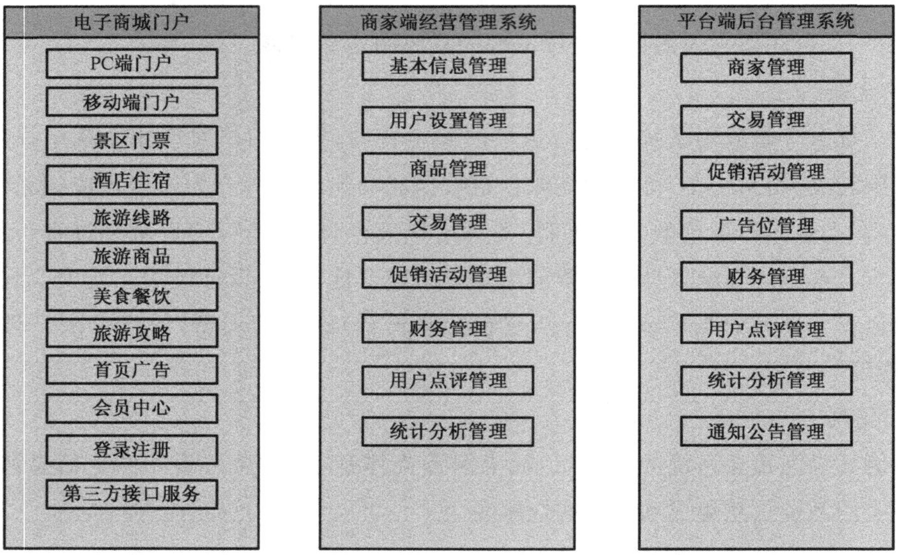

图 6-13 系统功能模块图

电子商务平台主体包括三大部分系统,包括门户电子商城、商家端经营管理系统、平台后台管理系统。

门户电子商城:电商商城包括 PC 端的线上商城以及手机移动端的掌上电子商城,主要是为公众和消费者提供线上购买以及相关信息服务等。

商家端经营管理系统:为商家提供商品在线经营的平台,包括商品管理、交易管理、促销活动管理、财务结算管理、基本信息管理、用户设置管理、数据查询管理等功能,为商家提供商品营销服务与结算服务。

平台后台管理系统:主要实现平台对商家以及平台的整体运营进行全面管理,包括商家管理、交易管理、财务管理、促销活动、广告位管理、点评管理以及统计分析等,支撑电商平台的全线上的运营。

2. 系统详细功能(见表 6-3～表 6-5)

表 6-3 门户电子商城功能

编号	菜单	功能描述
一、	门户商城	
1.1	首页广告	对商家的促销产品优先进行显示,顾客可第一时间了解促销产品
1.2	商品分类	在导航栏对商品进行分类,顾客可快速根据自己的需求进行快速定位商品区域和范围

续表

编号	菜单	功能描述
1.3	搜索功能	顾客可直接搜索所需商品
1.4	客户服务	顾客可直接联系客服人员进行咨询
1.5	通知公告	商城的重大通知公告或促销信息进行公开告之
1.6	商品详情	顾客可查看商品的详细情况
1.7	下单支付	顾客下单并可通过微信、支付宝、银联等进行支付
1.8	地图导航	定位店铺地址以及个人所在位置，可直接启用地图导航功能
1.9	第三方登录	公众可使用账户＋密码以及微信、QQ 等第三方授权认证的方式进行会员注册或直接登录
二、	会员中心	
2.1	基本信息	对会员的基本信息进行维护
2.2	我的订单	实现对订单的查看、确认和回复等功能
2.3	我的购物车	可将商品放入购物车后再进行购买
2.4	我的收藏	会员对感兴趣的商品的收藏
2.5	我的积分	对会员积分的查询管理
2.6	我的地址	提供配送地址管理，供需要配送的商品订单使用
2.7	退款管理	对于发生退款业务的订单，进行统一退款管理
2.8	评价管理	根据已购买的产品订单，对商品进行评价
2.9	我的退换货	如商品发生损坏等情况，对商品进行退换货的申请

表 6-4　商家经营管理系统功能

编号	菜单	功能描述
一、	首页	
1.1	订单提醒	顾客购买的商品订单及时提醒商家进行接单确认
1.2	数据看板	可分类查看当日的订单数据、销售数据等
1.3	重要通知	平台对商家的重要通知
1.4	点评问答	顾客对商家、商品的点评与问答
二、	用户设置	
2.1	手机绑定	绑定手机号后，可使用手机登录
2.2	账号绑定	绑定邮箱后，可使用邮箱登录
2.3	密码修改	修改密码
2.4	账号及权限设置	商家总账号可以创建业务子账号，并设置业务子账号的权限
2.5	订单联系电话设置	为商家业务部门设置订单联系电话及提醒时间

续表

编号	菜单	功能描述
三、	基本信息维护	
3.1	商家基本信息	对商家的基本信息进行维护,并统一提交到平台审核
3.2	资质信息	对商家的资质进行上传的功能,并提交平台审核
3.3	银行账号信息	商家指定设置收款账号,并提交平台进行审核
3.4	操作日志	对商家基础信息的操作日志记录的查询功能
四、	商品管理	
4.1	商品发布	商家录入商品信息及商品价格并进行商品发布
4.2	待售商品	显示待售商品,点击上架按钮后在商城上发布
4.3	在售商品	显示在商城上售卖的商品,并可以随时进行商品的下架
4.4	商品+X服务	在现有的商品基础上,自行增加的其他服务产品
五、	交易管理	
5.1	接单管理	对顾客的订单进行接单确认,接单后可进行发货
5.2	发货管理	商家接单后准备货物,发货后通知顾客商品的物流信息
5.3	退换货管理	对顾客的退换货进行处理,并进行退款
5.4	订单查询	对不同状态的订单进行查询
六、	促销活动管理	
6.1	促销活动	平台向商家推广促销活动,商家可进行促销活动的报名参加
6.2	促销产品	根据促销活动商家选择促销产品后进行发布
6.3	广告位	平台向商家推广首页、导航栏等的广告价位,商家可进行报名
七、	财务结算	
7.1	预付账单	平台在账期内生成的预付账单,商家端进行对账并确认
7.2	付款记录	对平台已向商家付款的账单记录的查询功能
7.3	发票设置	商家自行维护发票信息与邮寄信息,并提交平台进行审核
八、	其他功能	
8.1	用户点评	顾客对商品进行点评后可进行查询
8.2	操作日志	对商家所有的操作日志进行记录查询的功能

表 6-5 平台端管理系统功能

编号	菜单	功能描述
一、	首页	
1.1	审核提醒	对商家提交的信息进行审核提醒,可快速进入审核页面进行审核
1.2	数据分析	对客源地和营业额等进行数据分析或图形展示

续表

编号	菜单	功能描述
二、	商家管理	
2.1	商家开户	为商家开户并创建总管理员账号
2.2	合同管理	录入与商家合同信息并确定佣金比例,同时上传原合同扫描件
2.3	商家审核	对商家提交的基础信息、资质信息、银行账户信息等进行审核
2.4	商家管理	可以按商家查询某商家的全部信息,包括基础信息、订单信息、合同信息、促销信息、统计分析等
2.5	通知公告管理	通过该功能可选择向商家发送通知公告信息
三、	交易管理	
3.1	订单汇总	根据查询时间,可按商家对订单的进行汇总查询
3.2	订单详细	可查询所有的订单明细
3.3	异常订单	对商家拒单和异常赔付的订单进行处理,商家拒单由平台确认后系统自动退款,异常订单由平台确认后,线下进行赔付处理
四、	财务结算	
4.1	预付账单	在账期内生成的预付账单由商家进行确认后,平台再次确认;平台确认后由财务进行线下付款,付款完成后需要线上上传付款凭证扫描件,并将状态更改为已付款状态
4.2	付款记录	对平台已向商家付款的账单记录的查询功能
4.3	发票审核	对商家提交的发票信息与邮寄信息进行审核
五、	促销活动	
5.1	优惠券	促销活动由平台创建,商家在促销推广模块进行报名,商家报名后统一由平台进行发布
5.2	订单满减	
5.3	单品立减	
5.4	限时抢购	
5.5	积分商城管理	
六、	广告位管理	
6.1	广告位推广	向商家发送广告位位置及价格,由商家进行报名
6.2	广告位管理	根据商家报名的广告位及产品,设置该广告位的产品、时间等
七、	点评问答	
7.1	用户点评	管理用户的点评信息,可以控制是否在网站上发布
7.2	评价申述	平台接收商家对用户点评的申诉,并决定是否在网站上发布

续表

编号	菜单	功能描述
八、	统计分析	
8.1	系统具有统计分析的功能,不局限于每日订单统计、每日商品、订单分类统计、商品销售统计等	
……		

6.3.3 系统辅助功能设计

1. 单点登录

采用单点登录,即一次登录认证,多个应用系统(包括不同开发语言开发的系统)中通行,单点登录是一种控制多个相关但彼此独立的系统的访问权限,拥有这一权限的用户可以使用单一的 ID 和密码访问某个或多个系统从而避免使用不同的用户名或密码,或者通过某种配置无缝地登录每个系统。

使用单点登录的网站结构如图 6-14 所示。

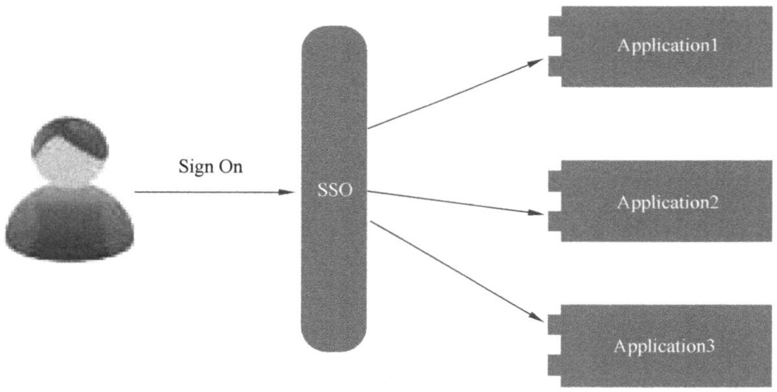

图 6-14　使用单点登录的网站结构

2. 第三方登录

系统设计在传统的账户名和密码注册和登录的方式之外,亦可以使用微信或 QQ 第三方授权认证的方式进行快速注册和登录商城,为大众顾客提供方便,同时保证平台会员的真实性,第三方登录流程设计如图 6-15 所示。

3. 与外部系统对接接口服务

为支撑电商平台的运行,需要与第三方平台或系统建立标准接口,可通过 WEBSERVERS 服务或调用第三方 API,实现数据的传输与接收,具体建立第三方接口视电商平台支撑的实际业务而定,下面介绍一些基本常用的接口:

(1) 支付接口:与第三方支付平台进行对接,通过调用微信、支付宝、银行等第三方提供的标准的 SDK,实现微信、支付宝、银联的在线支付。

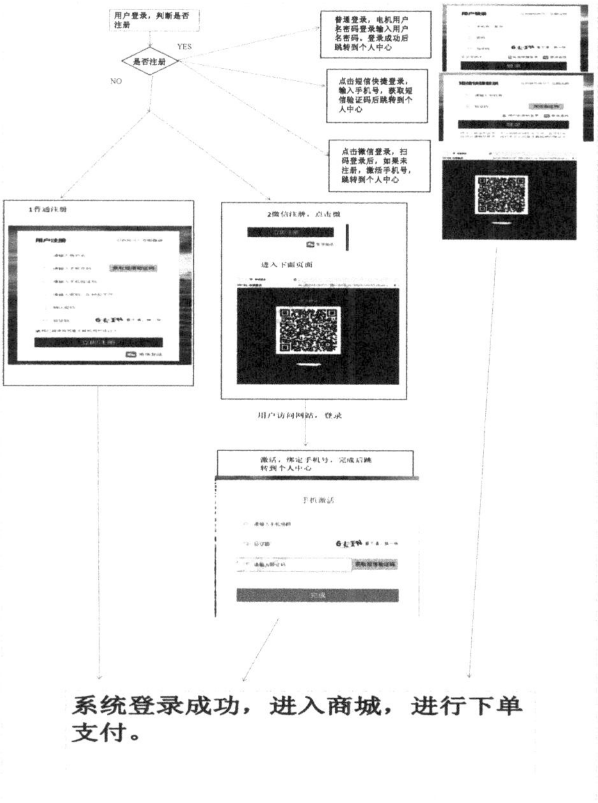

图 6-15　第三方登录流程设计

(2) 短信平台接口：与阿里云短信平台建立接口，调用短信模块，实现短信的消息发送功能。

(3) 邮件平台接口：与邮件平台建立接口，可实现通过企业邮箱转发邮件的功能。

(4) 地图接口：获取个人地理信息位置(经、纬度度坐标)，通过调用百度地图、高德地图等 API，实现地图导航的功能。

(5) 天气接口：通过 WEBSERVERS 服务调用天气接口，获取未来 7～15 天的天气预报数据。

(6) 财务系统接口：根据财务系统需要，系统可生成财务系统所需要的数据，为财务系统提供数据接口或文件，可导成 Excel 或 HTML 文件，用于财务系统的数据接收。

4. 数据库主从热备和读写分离

在电商网站中，数据库性能是导致系统性能瓶颈最主要的因素之一。配置数据库的主从热备一方面可以保护数据，减少数据库突然宕机带来损失；另一方面将写操作在 Master 上执行，读操作分摊到 Slave 上进行，可以大大提高读操作的效率，保证了系统的高可用性。

(1) 主从热备

MySQL 主从热备的原理简单地说：就是主服务器上执行过的 SQL 语句会保存在 Binarylog 里面,其他从服务器把主服务器的 Binarylog 日志同步过来,然后重复执行一遍,那么它们就能一直同步(见图 6-16)。

整体上来说,复制有三个步骤:

1) 作为主服务器的 Master,会把自己的每一次改动(每条 SQL 语句)都记录到二进制日志 Binarylog 中。

2) 作为从服务器 Slave,会用 Master 上的账号登录到 Master 上,读取 Master 的 Binarylog,写入自己的中继日志 Relaylog。

3) 然后从服务器自己的 SQL 线程会负责读取这个中继日志,并执行一遍。

到这里主服务器上的更改就同步到从服务器上了,这种复制和重复都是 MySQL 自动实现的,我们只需要配置即可。

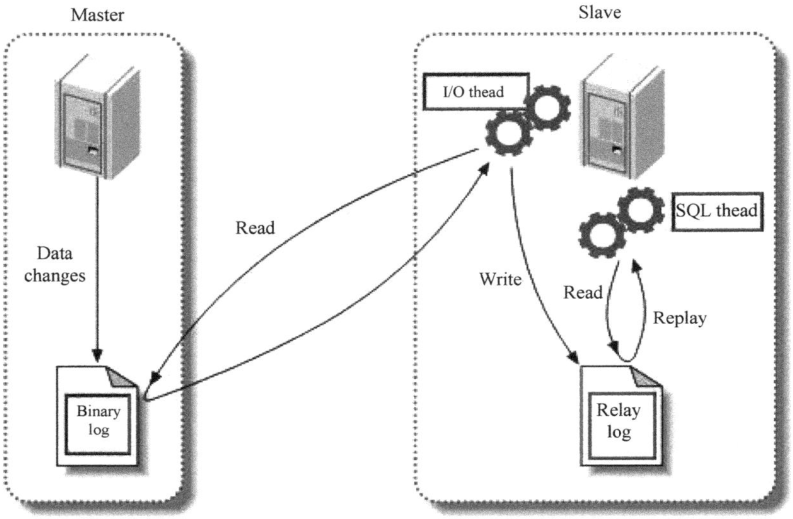

图 6-16 MySQL 主从热备的原理

(2) 读写分离

现在大型的电子商务系统,在数据库层面大都采用读写分离技术,就是一个 Master 数据库,多个 Slave 数据库。Master 库负责数据更新和实时数据查询,Slave 库负责非实时数据查询。因为在实际的应用中,数据库都是读多写少(读取数据的频率高,更新数据的频率相对较少),而读取数据通常耗时比较长,占用数据库服务器的 CPU 较多,从而影响用户体验。通常的做法就是把查询从数据库取出来,采用多个从库,使用负载均衡,减轻每个从库的查询压力。

采用读写分离技术的目标:有效减轻 Master 库的压力,又可以把用户查询数据的请求分发到不同的 Slave 库,从而保证系统的健壮性。

具体到开发中,如何方便地实现读写分离呢?最常用的方式,就是定义两个数据库连接,一个是 Master Data Source,另一个是 Slave Data Source。更新数据时读取 Master Data Source,查询数据时读取 Slave Data Source。

5. 应用服务负载均衡

在网站创立初期，一般都使用单台机器对外提供集中式服务，但是随着业务量越来越大，无论是性能上还是稳定性上都有了更大的挑战。这时候就会考虑通过扩容的方式来提供更好的服务，一般会把多台机器组成一个集群对外提供服务。然而，网站对外提供的访问入口都是一个的，比如 www.yoyanwang.com，那么当用户在浏览器输入 www.yoyanwang.com 的时候如何将用户的请求分发到集群中不同的机器上呢，这就是负载均衡在做的事情。

在应用服务器前面部署负载均衡服务器调度用户请求，根据分发策略将请求分发到不同应用服务器节点。常用的负载均衡技术硬件有 F5，价格比较贵，软件有 LVS、Nginx、HAProxy。

其中，Nginx 的特点是占用内存少，并发能力强，事实上 Nginx 的并发能力确实在同类型的网页服务器中表现较好，中国大陆使用 Nginx 网站的用户有：百度、京东、新浪、网易、腾讯、淘宝等。图 6-17 是使用 Nginx 后架构图。

Nginx 能够配置代理多台服务器。当一台服务器宕机之后，仍能保持系统可用。

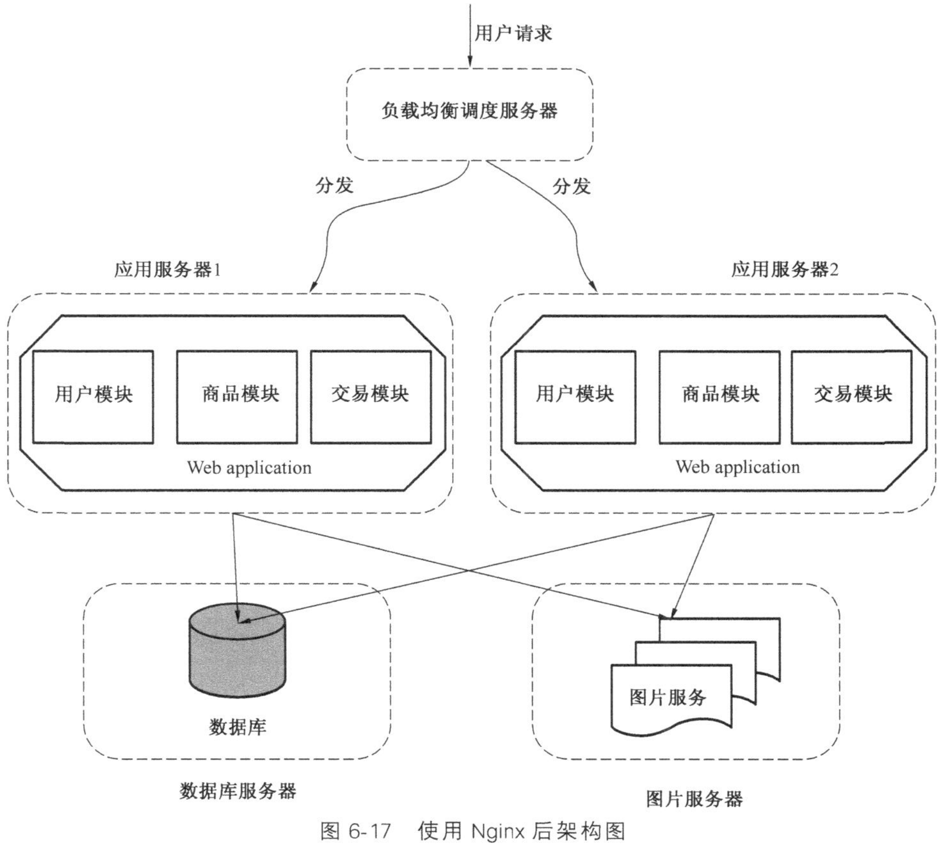

图 6-17　使用 Nginx 后架构图

6.3.4 系统数据库设计

1. 数据库对象命名规则

数据库对象在设计过程中必须采用统一的标准与命名规则。

规则如下：

(1) 数据库(Database)的定义

数据库名称=数据库内容标识(首字大写)

(2) 表(Table)的定义

命名应尽量反映存储的数据内容。

表名前缀：以该表及与该表相关联的一系列表的内容而得到一个该表统一的标识

表名称 =T+"_"+表名前缀+"_"+表内容标识(首字大写)

如基础字典相关联的一系列的表以 b 作为前缀，有表名：T_b_province，T_ci_city

数据库当中的表名的命名，一般不出现空格，假如由多个单词组成，每个单词之间不允许留有空格；每个单词的第一个字母必须大写；如果太长，为了不增加编程的难度可采用缩写的方式，每个单词可取 3～4 个字母表示，也可根据实际情况、实际习惯进行缩写。

(3) 字段(Field)的定义

字段是数据库中用途最广泛的，它的类型非常多，所以必须加类型前缀来标明它的类型。

字段名称=F+字段类型前缀+字段内容标识(首字大写)

为了编程的方便性，前面加上字段类型的前缀，一般取用类型的三个字母，但是不需要下划线，而且这三个字母必须小写；如姓名字段为字符型的话就应该为 chrName；常用字段类型的缩写如表 6-6 所示。

表 6-6 常用字段类型的缩写

缩写	类型
chr	char
nvr	nvarchar
vcr	varchar
num	number
flt	float
dtm	date
lng	long
clb	clob
blb	blob

(4) 视图名

视图的名称="V_" +视图内容标识(首字大写)

如:V_b_city

(5)触发器名

触发名= "tr" + 触发标识 + "_" + 相应的表名。如:trai_Client,trbd_Client。(见表 6-7)

表 6-7　触发类型触发标识

操作	类型	触发标识
Insert	before	bi
Insert	After	ai
Delete	before	bd
Delete	After	ad
Update	before	bu
Update	After	au

(6) 存储过程名

存储过程名称 = Pro + "操作"+"_" + 存储过程内容标识(首字大写)如 Proi_ChkUserPerm。(见表 6-8)

表 6-8　存储过程操作前缀

操作(中文)	操作(英文)	操作前缀简写
插入	Insert	i
删除	Delete	d
修改	Update	u
其他	Other	o

(7) 变量名

前缀+变量名,其中 li_代表数字类型变量、ls_代表字符类型变量、ldt_代表时间或日期类型变量。如:li_fid、ls_EmployeeName、ldt_inserttime。

(8) 命名中其他注意事项

禁止使用中文命名。变量命名都不得超过 30 个字符的系统限制。命名都采用英文字符,每个单词的首个字母要大写。

(9) 主键:pk+表名+主键标识

(10) 外键:fk+表名+主表名+外键标识

(11) 索引:idx+字段标识

(12) Default :df+Default 标识

2. 数据库对象 E-R 关系图(见图 6-18)

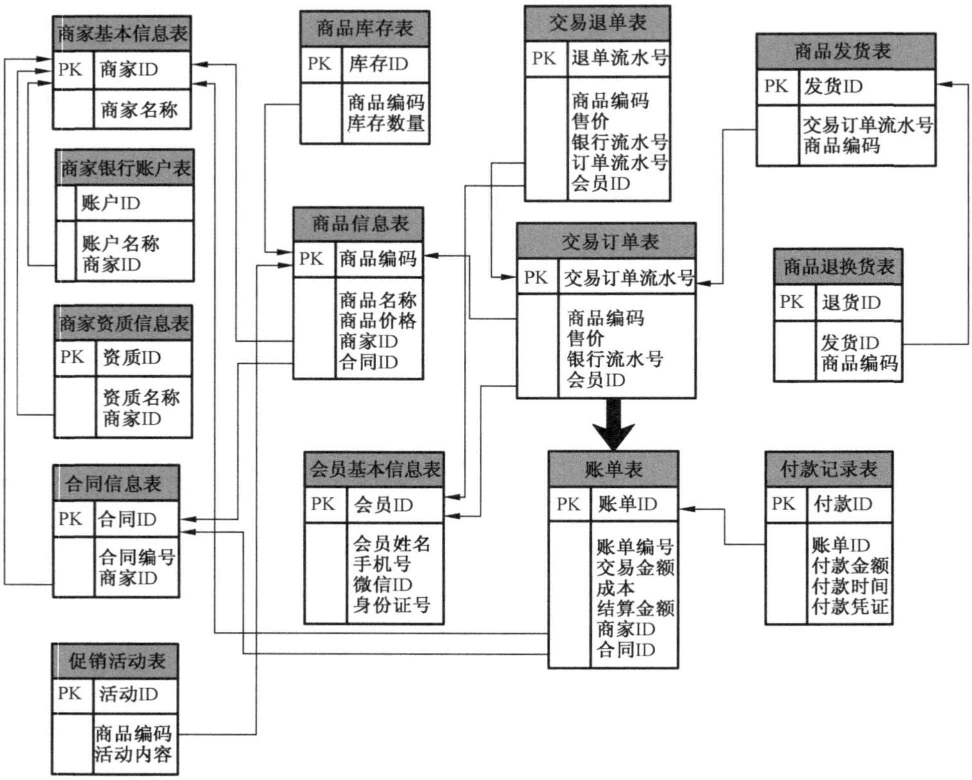

图 6-18 数据库对象 E-R 关系图

6.3.5 UI 界面设计

UI(User Interface)就是用户与界面的关系,在确定产品的需求与功能后开始着手 UI 界面设计,UI 设计时应根据产品的特性进行设计,设计时应考虑以下几点要求:

1. 主色调选择

根据产品特点及用户需求,考虑要用什么主色调,比如同样是团购,糯米用的是桃红色,而美团是黄色。在 UI 设计的时候首先就要考虑主色调的问题。

2. 配色和辅助色用什么颜色

在考虑到产品气质和品牌色的同时,经常要考虑配合衬托产品主色调的辅助色。在不同的产品中,辅助色运用的策略是不同的,比如邻近色、对比色等。

3. 图标画成什么风格

同样是设置、发现、首页,不同的 App 在基本结构一致的情况下也有很多细微的差别。要用圆角的 Icon 还是直角,是用面还是线形? 比如:同样是腾讯的产品,手 Q 和微信的 Icon 就完全不一样,其原因是产品面对的人群不同,手 Q 更偏年轻化。同样,陌陌、来往、易信的聊天 Icon 也是不一样的。这都是需要 UI 设计师一点点抠细节地画出来的。

4. 易操作性

界面设计要简洁大方，针对不同的用户群体（消费者、商家、平台运营管理）设计不同风格的界面，使得用户操作简单，使用方便。

5. 商业色彩

电子商务平台 UI 设计应具有商业色彩，例如首页视觉设计、广告位的设计、商品展示的设计等，电商平台不仅是线上交易的平台，也是产品宣传的平台。

6. 分层次模块设计

界面设计应根据模块分层次进行设计，例如首页设计、二级列表页设计、三级商品详细页界面设计，使得用户在浏览或操作时具有层次感。

7. PC 端电子商城 UI 界面设计效果图（见图 6-19～图 6-22）

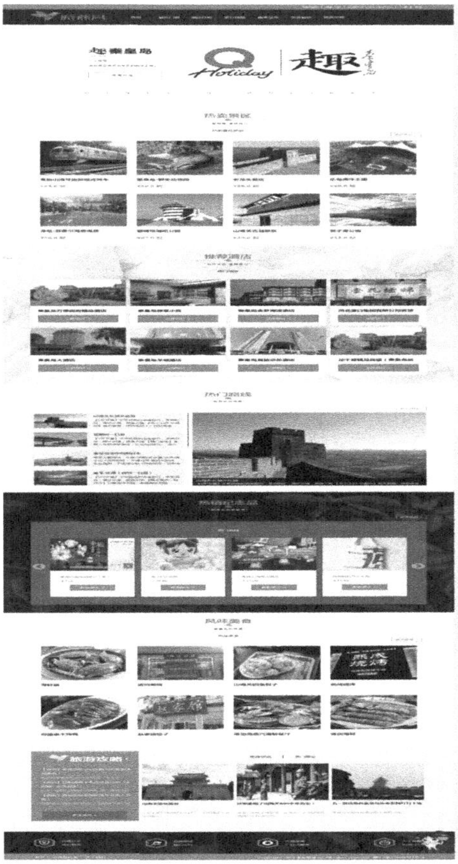

图 6-19　首页设计效果图

图 6-20　商品列表页设计效果图

图 6-21　商品主页设计效果图

图 6-22　商品详情页设计效果图

8. 手机端电子商城 UI 界面设计效果图(见图 6-23～图 6-25)

图 6-23　首页设计效果图

图 6-24　商品列表页设计效果图

图 6-25　商品详情页设计效果图

6.3.6　系统功能介绍及操作说明

电子商务平台由三大主系统组成，即面向大众消费者的线上电子商城、面向商家的商家端经营管理系统、面向平台运营支撑的平台后台管理系统。本例系统功能介绍及操作说明以面向大众消费者的手机端的旅游线上电子商城进行实例说明：

1. 首页功能

旅游线上电子商城包括景区门票、酒店住宿、旅游线路、旅游商品、美食餐饮、旅游攻略六大业务功能，为游客提供吃、喝、娱、乐、玩、购的一条龙服务，并增加限时秒杀、手绘地图、客户服务的增值服务，如图 6-26 所示。

景区门票：点击“景区门票”，进入景区门票专区二级列表页，游客可浏览查询在线的景区介绍，并可线上进行订票。

酒店住宿：点击“酒店住宿”，进入酒店住宿专区二级列表页，游客可搜索查询在线的酒店介绍，并可线上进行订购酒店。

旅游线路：点击“旅游线路”，进入旅游线路专区二级列表页，游客可浏览查询在线的旅游线路，比如一日游、五日游、亲子游等，并可线上进行购买旅行社的游玩线路。

旅游商品：点击“旅游商品”，进入旅游商品专区二级列表页，游客可浏览查询发布的旅游商品或纪念品等，并可线上进行购买并邮寄到指定地址。

美食餐饮：点击“美食餐饮”，进入美食餐饮专区二级列表页，游客可浏览查询当地美食，并可线上进行购买套餐后，凭消费码到店进行消费。

旅游攻略：点击“旅游攻略”，进入旅游攻略专区二级列表页，游客可浏览查询在线的旅游攻略，为游客提供游玩指南、游玩体验、行前必知、旅游心得等，为其他游客提供信息参考。

限时秒杀：点击“限时秒杀”，进入限时秒杀活动专区，为游客提供优惠的商品秒杀活动的服务。

手绘地图：点击“手绘地图”，为游客提供旅游全域与景区内部手绘图的服务。

客户服务：点击“客户服务”，为游客提供咨询、投诉等客户服务。

个人中心：点击“我的”进入个人中心，用户可对个人信息进行维护，并可查询购买商品订单情况。

2. 二级商品列表页功能

景区门票：可按地区、人气、价格等条件进行筛选景区，也可按景区名称进行模糊检索查询，符合条件的景区将依次进行排列。

图 6-26　电子商城首页

酒店住宿：可按销量、价格、评价、酒店名称、住离日期等条件进行检索与筛选符合条件的酒店并依次排列。

旅游线路：可按周边游、本地游、境内游、境外游以及线路名称等进行搜索旅游线路。

旅游商品：按照工艺美术、地方特产、手工艺品、非遗作品等进行分类查询，亦可按照销量、评论、价格、商品名称等进行搜索查询商品。

美食餐饮：可按照地区、销量、评论、价格、美食名称等进行搜索美食餐饮。

旅游攻略：可按照人气、发布时间、攻略名称等进行查询旅游攻略。

3. 三级商品信息详情页功能

景区门票：展示景区名称、地址、开放时间、景区图文简介、交通出行、门票价格信息；提供直接拨打电话的功能；提供地图导航的功能；提供线上下单的功能。

酒店住宿：展示酒店名称、地址、酒店图文介绍、酒店政策、酒店设施、交通出行、房间房型、价格等信息；提供直接拨打电话的功能；提供地图导航的功能；提供线上下单的功能。

旅游线路：展示线路名称、产品图文特色介绍、行程信息、费用说明、预定须知、产品价格等信息；提供线上下单的功能。

旅游商品：展示商品名称、价格、库存、运费、商品图文详情介绍、规格参数、商品评价等信息；提供线上下单的功能。

美食餐饮：展示美食名称、套餐名称、套餐价格、有效期、美食图文详情介绍、交通出行、用户评价等信息;提供线上下单的功能。

旅游攻略:展示发布时间、攻略名称、攻略图文介绍等,点击"游记",游客可分享自己的游玩心得与游玩体验。

4. 个人中心

基本信息:会员对个人基本信息进行维护,包括姓名、生日、性别、身份证号、手机号、头像等。

我的订单:对订单记录进行查询,并根据待付款、待收货、待评价等状态进行分类。

我的购物车:可将商品放入购物车后再进行购买。

我的收藏:会员对感兴趣的商品的收藏。

我的积分:对会员积分的查询管理。

我的地址:提供配送地址管理,供需要配送的商品订单使用。

我的评价:根据已购买的产品订单,对商品进行评价。

我的退换货:如商品发生损坏等情况,对商品进行退换货的申请。

6.4 本章小结

互联网的商业应用价值与日俱增,越来越多的商家开始利用互联网进行商务交往活动,互联网已逐渐成为企业在全球范围内从事商务活动最便捷、最有效的工具。电子商务无论为企业还是个人都带来机遇和挑战,它改变了企业的商务活动方式和人们的消费方式。与此同时社会对应用型电子商务人才的需求日益凸显,这就需要有更多的人了解电子商务的应用知识及相关理论。

通过本章学习,我们对电子商务有了比较全面的认识,掌握了什么是电子商务,电子商务与传统商务有什么区别,电子商务有哪些分类,电子商务的基本框架;了解了电子商务的组成及电子商务的产生和发展;知道了电子商务给社会经济带来的影响。围绕电子商务系统开发过程的各个阶段,详细介绍了电子商务网站设计的基本要求、网站的构成、网站的设计过程及规划设计方法。通过一个个案例介绍了电子商务网站建立的整个过程,首先明确具体需求,再勾勒出整个结构图,然后根据各子功能进行详细的设计,包括代码设计、数据库设计等工作。通过这些案例,我们充分了解了软件开发过程以及电子商务网站的建设过程。

习 题

一、名词解释

1. 商务;2. O2O;3. 企业信息门户;4. 电子商务系统。

二、思考题

1. 电子商务的分类。

2. 电子商务的一般框架。

3. 电子商务网站设计常用组件。

4. 电子商务网站设计的基本要求。

三、选择题

1. 电子数据交换的简称是(　　)。

A. EB　　B. EDI　　C. NET　　D. EC

2. 生产类企业上网采购是一种典型的(　　)电子商务活动。

A. B2C　　B. B2B　　C. C2C　　D. B2G

3. 广义上的电子商务的标准英文是(　　)。

A. E-Business　　B. E-commerce.　　C. E-mail　　D. E-Internet

4. 企业资源规划简称为(　　)。

A. CRM　　B. ERP　　C. SCM　　D. MIS

四、填空题

1. 电子商务的任何一笔交易都包含信息流、资金流、商流和(　　)四个基本要素。

2. 电子商务框架结构的四个层次分别是网络层、信息发布与传输层、电子商务服务层、电子商务应用层,其中电子支付属于(　　)层。

3. “网站的标志”用英文表示(　　)。

4. 电子商务系统中除了结构化数据,还存在着如网页、声音、图像、图形等数据,这些数据称为(　　)。

第 7 章

电子政务系统设计

电子政务是信息技术与行政管理在管理理念和技术方法等多个层面融合的产物。从 20 世纪 90 年代初,美国提出“信息高速公路”建设至今,电子政务的概念和技术已经越来越快、越来越广地从发达国家进入世界所有国家,并且正在从一种政务工具向一种政务模式、政务路径发展。

改革开放以来,我国信息技术得到了飞速发展,与此同时,电子政务也已经悄悄进入我们生活的每一个领域。电子政务在改变政府部门工作方式的同时,也在逐步改变着政府部门工作人员的观念,它甚至提供了体制改革的巨大动力。

电子政务是时代的产物,也是改革的产物,是人类历史发展的标志性成果。

7.1 电子政务的基本概念

电子政务是信息时代的产物。对新兴的、发展迅速的信息技术的理解和实践的不同,导致了人们对电子政务概念理解的差异。对我国来说,电子政务是一个外来概念,对外来语言理解的差异更增加了我们对这个概念的理解分歧。尽管至今我们还不能消除这些理解上的分歧,但它并不影响我们认识发展电子政务的重要意义。

“E-Government”的概念最早是由美国前总统克林顿提出的。1993 年 1 月,克林顿在就职演说中提出,他的目标是将美国联邦政府改造为一个“少纸的”政府,一个利用信息技术提高政府绩效和改造政府内部业务过程的“电子政府”(E-Government)。同年,在时任副总统戈尔所领导的国家绩效评估委员会(National Performance Review,NPR)的报告中,正式使用了“E-Government”的概念。此后,随着克林顿政府对电子政务建设的极力推进,越来越多的人、越来越多的国家了解并接受了这个概念。

1. 电子政务的定义

上述对电子政务的不同理解,对我们认识电子政务这个概念有重要的启示。在充分借鉴各种观点的基础上,我们认为,所谓电子政务,就是政务机构运用现代信息技术,打破原有组织机构界限,优化原有工作流程、办理公务、管理政务、提供公共服务的一种模式。

在理解这个概念时需要注意以下几点:

(1) 电子政务的实施主体是“政务机构”。在我们国家,可以被称为政务机构的就是被列入行政编制的机构,即政务机构不仅包括党委、人大、政府、政协等序列的机构,还包括一些特殊的列入行政编制的人民团体,如工会、青年团、中华全国妇女联合会(简称妇联)、中国残疾人联合会(简称残联)等。

(2) 电子政务实现的前提是现代电子信息技术的运用,这也是电子政务区别于传统政务的根本依据。现代电子信息技术的核心就是计算机技术和网络技术,以及现代通信技术。

(3) 电子政务的重点在“政务”,“电子”只是技术手段,是为“政务”所用的。电子政务中“电子”技术能力发挥的程度和速度,完全取决于使用这个技术的主体。也就是说“政务”主体的观念、改革意愿,才是决定电子政务推进的速度和程度的根本因素。电子信息技术的特性决定了这种技术手段的运用最终将会引发一场管理的革命。

(4) 电子政务可以处理事务的内容涉及整个社会,即其不仅可以处理政府机构内部、政府机构之间的所有事务,也可以被广泛应用于政府对企业、政府对公众个人的全部事务。

(5) 电子政务不是某种固定的工作模式,而是一种受到技术进步和工作需求的不断推动,在实施中不断完善、发展的进程。从一个时间断面看,电子政务是一种工作模式;但是从一段时间看,电子政务就是政府自身不断改革创新的一个过程。这种改革创新的动力来自科技进步,也来自政府必须回应的公众新的需求。电子政务发展的动力不竭,电子政务发展的过程就不会完结。

2. 电子政务的特征

电子政务具有虚拟、开放和透明三个特征。这三个特征又是密切联系的。

(1) 虚拟。这是指电子政务条件下,所有的政务机构采取了虚拟形态,从而所有的政务过程也都采取了虚拟形态。以计算机、网络及通信技术为主要载体形式的电子政务虚拟了所有政务机构,从而也就彻底改变了传统政务机构的面对面办公方式。电子政务条件下,不论是政务机构的公务员,还是需要办事的公民个人或企业,他们都只需面对计算机、手机等终端设备,借助网络就可以顺利沟通,办成要办的事。而且,计算机的巨大信息存储和处理能力,网络的实时、大容量的信息传输能力,还可以将社会信息资源的充分共享变成现实。

(2) 开放。这是指电子政务条件下,虚拟的政务机构可以超越时空限制,将政务机构的“大门”全时段、全天候地向世界所有联通网络地方的公众开放,甚至接办公务。任何一个公民,不论其身处何处,只要有可以联通网络的计算机、手机,就可以随时随地访问任何地方的任何政务机构。不论他是查询信息、咨询政策、办理事务,还是了解当地的历史文化、民情民俗、旅游景区,都可以通过网络来完成,甚至包括查询政要的个人信息、监督政务,无所不能。开放是电子政务的一个重要的特征,这个特征大大缩短了政府与公民之间的距离,公民在享受便捷、高效服务的同时,也会给予政府更多的信任和支持。

(3) 透明。这是指电子政务为政府信息公开、公众监督提供必要的技术支持,从而使得实行了电子政务的机构变得公开、透明。在电子政务条件下,政府机构设置、人员编制、政策法规、办事流程、工作进度等,政务机构及其工作的过程全部上网,彻底打破了政府机构的神秘性，在保证公众知情权的同时，也接受公众的实时监督。透明是电子政务的重要特征，这个特征使电子政务成为政务公开、廉政建设的重要工具。

电子政务的这三个特征是密切联系、互相依存的。其中虚拟是核心，因为虚拟，所以才可以开放和透明。需要特别指出的是，电子政务特征是固有的，但是这些特征是否明显，或者说，能否在电子政务中充分发挥信息技术的功能，完全取决于实施电子政务主体的主观意愿。

3. 电子政务的主要功能

电子政务的实质就是计算机和网络技术在政务领域的运用，所以电子政务最主要的功能是网上信息发布、内部办公自动化、网上交互式办公，以及部门间的资源共享和协同办公。电子政务这些功能发挥的过程就是对原有的政府行为乃至政府形态进行信息化改造的过程，电子政务的发展，最终将催生一个与信息化时代相适应的现代政府。

按照功能实现的难易顺序，可以将电子政务的功能归结为以下几个方面：

(1) 网上信息发布，即建立政府网站后，可以使之成为公众获取政府信息以及在网上接受政府提供的各种服务的网络平台。例如，我国1999年实施“政府上网工程”后，各级政府建立的网站(俗称“政府官网”)，已经成为各地各级政府权威信息的发布平台。

(2) 内部办公自动化，即可以进行文字(图像)处理以及文件传输。这是电子政务的基础内容，如一些政府机关已经实现了的“无纸化办公”。但是内部办公自动化的功能绝不仅仅是把传统办公模式搬到网上，这个功能必定会推进业务流程的优化，甚至会促进政府业务部门的重组。

(3) 部门间协同办公，即多个政府部门、不同层级政府利用协同办公信息化平台，实现网上联合办公，资源共享。这个功能打破了政府间、部门间的信息壁垒和信息孤岛现象，既方便了部门间的工作沟通、协调，也方便了办事公众，为公众提供“一站式服务”。

(4) 公共事务管理，即利用信息技术实现对社会事务和市场的管理，提供公共服务。由于有安全认证等技术作保证，所以电子政务具有安全性、可靠性、保密性、不可抵赖性等特点。网络环境下，可以实现网上虚拟政府与公众或企业的远距离便捷办公，如网上办税、网上审批、网上预约办事、网上调查等。政府也可以提供远程教育、远程医疗、远程救援等公共服务。

7.2　电子政务的基本应用模式

政府(本节使用广义政府的概念)职能的广泛性，决定了电子政务应用的广泛性。研究电子政务的应用模式，可以从不同的角度进行。例如，按照电子政务发展的成熟程度，研究不同发展阶段的应用模式；按照电子政务应用领域的性质，研究管理类或服务类的应用模式，等等。现在我国的国家标准化管理委员会确认的，是按照行为主体划分的应用模式分类，即将电子政务分为G2G(Government to Government，即政府对政府的电子政务)，G2B

(Government to Business,即政府对企业的电子政务)和G2C(Government to Citizen,即政府对公民的电子政务)三种模式。本书即采用这样的观点。

7.2.1 电子政务应用模式概况

按照行为主体划分,电子政务的应用模式有多种,如G2G、G2B、G2C。此外,如果更进一步细分,还可以分为更多类型的电子政务。不过G2G、G2B和G2C三种应用模式是由国家标准化管理委员会确认的,其他模式都是由这三种模式衍生出来的,所以这里将着重研究这三种应用模式。

G2G、G2B和G2C并不是三个各自独立的应用模式,它们之间是互相联系、密不可分的(见图7-1)。

我们在了解电子政务的各种应用模式时,应该首先明确,在虚拟的网络空间里存在的各种组织及个人之间的关系,不仅与我们在现实中看到的一样纷繁,而且由于它的虚拟和透明,我们还可以看到许多现实中看不到的联系,所以电子政务的各种应用模式所链接起来的是更为错综复杂的一个综合性的网络系统。

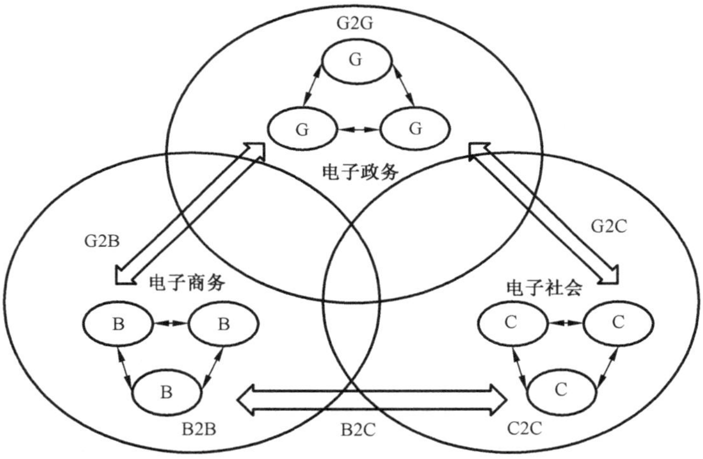

图7-1 电子政务应用模式示意

7.2.2 政府对政府的应用模式

政府对政府的应用模式即G2G,包括两大类型:一是政府机关内部的应用模式,二是政府机关间的应用模式。

1. 政府内部的电子政务

政府内部的电子政务应用模式原本只是办公自动化,但是现在政府机关内部实行的电子政务内容已经远远超出办公自动化的范围,主要包括内部电子信息、内部电子公文处理、内部电子会议管理、内部电子财务管理、内部电子人事管理、内部电子决策等。

(1) 内部电子信息是指机关单位用于展示本单位现状和告知内部人员的各种信息。这些信息以其存在的状态分为静态和动态两类。静态信息主要是介绍本单位的职能、机构、工作制度、相关法规政策、工作成果等内容。动态信息主要是本单位新闻、通知、公告等，如我们常见的用“滚动条”形式发布的动态信息。

(2) 内部电子公文处理是指机关内部日常进行的收文、发文、公文整理及归档工作，即公文的签收、登记、分发、拟办、批办、承办、催办、查办、立卷、归档、销毁等全流程或全过程电子化。办公自动化系统最初就是通过对纸质公文进行虚拟化处理，以实现“无纸化办公”，现在内部电子公文处理仍然是电子政务中公文处理的核心部分。

(3) 内部电子会议管理是指利用网络技术或视频技术举行的会议。现在比较常用的是召开视频会议和电话会议，这两种会议召开方式与传统会议方式比较接近。视频会议一般是在主会场外，用视频技术设置分会场；分会场的信号也可以同步传递到主会场；主会场和分会场的距离可近可远，可以在紧邻的房间，也可以相距万里之遥。电话会议是运用现代通信技术，多部电话同时连接的异地开会方式；在具备可视电话的条件下，也可以召开可视电话会议。电子会议的管理主要是指要安排和调试所需设备，并保证会议期间设备的正常运行。

(4) 内部电子财务管理是指机关内部的收入、支出、拨付款等财务管理工作全部实现电子化，即机关内部的财务状况报告、财务审批、薪酬支付等财务事项的管理，全部通过网络和计算机操作完成。

(5) 内部电子人事管理是指通过内部网络传递各项人事信息，办理各项人事工作。也就是把人事管理的全部工作，包括报名、竞岗、培训、晋级、考评、退休、福利、休假等日常管理工作，以及各种人事制度的公布、人事工作报告、政策调研等全部上传到内部网络，以公开、规范保证公正、廉洁。

(6) 内部电子决策是指运用电子政务提供的数据库与各类报表以及信息反馈作为决策的主要依据和方式。除了电子数据库的超大容量和计算机的超强数据处理能力可以为决策提供科学依据外，电子政务的另一个重要功能，就是可以在最短时间内收集到民众的意愿，为决策提供参考。此外，电子决策内容还包括传统决策方式所没有的建立决策模型、筛选决策方案，以及获得决策反馈。

2. 政府间的电子政务

政府间的电子政务是扩展了的办公自动化。其内容与政府内部的电子政务大致相同，主要包括电子信息共享和数据交换、电子公文传输和管理、电子办公，电子财务管理、电子档案、电子培训及电子监督评价等。

(1) 电子信息共享和数据交换是指政府各部门将本部门的职能、机构、相关法律、规章、政策、相关资料、数据等在门户网站公布，或按照信息内容的密级和设定的权限公开。现在，各地在实现“一站式服务”“一表通式服务”时，这个功能显得特别重要。

(2) 电子公文传输和管理是指不同职能、不同层级的部门间的公文传输和公文管理。在联合发文、多部门审批的事务办理中，电子政务的实施使传统的串联审批方式实际转变为并联审批,加之电子签章的使用,大大提高了审批的时效性;而且电子文档的建立和管理,大大提高了公文管理的规范性和科学性。

(3) 电子办公是指数据统计、对上请示、对下批复、工作会议等日常工作的电子化。各种例行的报表可以网上下载、网上填写、网上报送、网上核查。现在,政府部门间也经常召开跨系统、多部门的视频会议、电话会议。

(4) 电子财务管理是指各部门向上级机关、审计机关、监察机关报告财务状况,各项经费的进出、转换,银行的监控等工作,都在网上完成。

(5) 电子档案是指建立本部门的专业性电子档案。例如,人事管理部门的干部档案、人才库;公安机关建立的指纹档案、利用二代身份证建立的刑事犯罪档案等。建立这样的专业档案,也实现了政府部门间的资源共享。

(6) 电子培训是指通常在进行规范化的基础培训时使用的在线学习、电视教学等形式的培训。一般来说,电子培训教学由于不能进行互动,所以效果不会很好;但这种形式,相对于比较偏远的地区,以及受训人员比较少的情况,是一种低成本的培训方式。

(7) 电子监督评价主要是指上级机关、纪检机关以及审计机关对政府部门的监督、考评。在这方面,电子政务已经充分显示出其不可替代的优势。现在,我国的一些地方政府实施的电子监察,可以实时监控、实时考核,使监督和评价及时、准确、低成本。

7.2.3 政府对企业的应用模式

政府对企业的应用模式就是G2B。我们把政府对企事业单位的管理和服务统称为G2B。按照政府职能分类,这种应用模式主要可以分为市场监管类和公共服务类两种。

1. 市场监管类

市场监管是政府的主要职能之一,在这方面运用电子政务的主要内容有网上审批及证照办理、网上办税、电子采购与招标等。

(1) 网上审批及证照办理是指让企业通过网络办理各种例行的审批及证照办理事项,以缩短审批及办照时间,减轻企业负担。审批制度是政府管理企业的主要形式之一,传统的审批手续需要企业到政府职能部门的办事窗口办理。例如,公司注册一般需要经城市规划、工商、税务、环保、技术监督或卫生监督,甚至更多部门审批,传统的窗口办理方式不仅会让企业费时费力,还易成为滋生腐败的温床。而实行电子政务后,企业注册的申请、受理、审核,企业执照的发放、年检,登记项目的变更、核销,土地证、房产证、建筑许可证、营业执照、卫生许可证等的办理,都可以在网上实现。而且在实行了“一站式服务”“一表通”“限时办结”制度的地方,企业登录政府网站,从一个“窗口”进入,填一份电子表格,就可以在限定的时间里拿到申办的证照。

(2) 网上办税是指企业通过税务系统的专网完成政策咨询、税务登记、申报、税款划拨、纳税查询等事务的办理。实行网上办税不仅大大方便了企业,提高了企业纳税的自觉性,也降低了政府的税收成本,显著增加了政府税收。

(3) 电子采购与招标是指政府通过网络公布政府采购与招标的信息,同时公布相关政策和工作程序,方便企业,尤其是中小企业参与竞标。在电子采购中,政府采购预算单位、供应商、中介机构等参与各方都运用电子政务,从采购物资需求计划录入、询价书编制生成,到询价发布、供应商报价、网上技术交流,以及最后采购意向生成等全过程,都可以在网上完成。

2. 公共服务类

公共服务是政府的又一主要职能,在这方面运用电子政务的主要内容有信息咨询服务、为中小企业提供的服务等。

(1) 信息咨询服务是指政府网站公布各种有关经济贸易的信息,同时提供各种政策咨询,以服务于企业。政府提供的信息也可以分为静态的和动态的两类。静态的是各级政府提供的相关政策、法规、政府部门职能介绍、政府相关工作流程、经贸类统计数据库等信息。在中国加入世界贸易组织以后,政府网站提供的全球经贸资讯,以及一些专家对经济形势的分析、预测等,也成为咨询服务的重要内容。动态的是实时更新的经贸新闻、股市资讯、外汇牌价,以及经济评论等信息;另外还包括在线咨询,即用电子信箱或 BBS 留言方式,随时解答企业的咨询。

(2) 为中小企业提供的服务是指政府网站中专门设置的有关商品交易和小商品生产的资讯板块,以解决中小企业信息闭塞、资金技术有限的困难,扶助中小企业发展。现在,许多地方政府还结合本地土特产的加工、销售、运输等环节,制定了专门的扶持政策,也是通过网络公布并实行的。

7.2.4 政府对公民的应用模式

政府对公民的应用模式即 G2C。政府对于公民最主要的职能就是服务,而公民在生活中的需求是多方面的,政府提供的服务因此也是全方位的。一般 G2C 包括的具体内容有资讯服务、教育培训、就业及社会保障、办证及办税等。

(1) 资讯服务是指为公民提供的各种生活用信息资料。这些资讯既包括静态的,如国家的法律法规、政府部门的职能及其所在地、电话等,本地的房产政策、公共设施和公用事业的基本信息,数字地图、各行业的统计数据等;也包括动态的,如实时更新的国内外新闻、天气预报,以及铁路、航空、公交、路况等交通信息。另外就是在政府网站上设立“举报信箱”“市长信箱”“政策调查”等,直接为公众提供与政府部门和领导沟通的渠道,使之吸纳民意、处理信访,从而促进政府民主化进程。

(2) 教育培训是指政府出资建设的教育培训类网站。这样的网站包括学历教育类、职业培训类以及终身教育类三种。学历教育是指国家资助学校建立校园网及多媒体教室,开展远程教育,即或由政府出资购买电子教材,培训偏远地区的师资;或为偏远地区学生提供高水平的教育;此外,还可以让偏远地区共享电子图书馆的电子书刊数据库资源。职业培训是指通过网络发布职业培训的信息,建立职业培训课堂,如进行计算机培训、外语培训、会计等各种专门职业培训。终身教育是指在网上建立的各种兴趣培训,如老年大学、书法学习等。

(3) 就业及社会保障是指政府开设的网上人才市场或网上劳动力市场,以及为参加社会保险的单位和个人开设的"一条龙服务"。在就业方面,各地政府为解决公民的就业问题,除了开展职业培训,还在网上公布各种就业信息以及职业中介资质查询,而且可以实现网上政策咨询、网上报名、网上就业形势分析、网上就业指导等。在社会保障方面,一些地方政府实现了医疗保险、养老保险、生育保险、工伤保险、失业保险五个险种的联网并库,大大方便了公民办理这"五险"的申请、审定、缴费、保金支付等手续。

(4) 办证及办税是指政府职能部门通过公民数据库系统和电子报税系统,为公众提供更加科学高效的服务。公民在日常生活中必须到政府的职能部门办理各种证件,如出生证、户籍证、身份证、结婚证(离婚证)、死亡证等,此外还有公民需要办理毕业证、学位证、荣誉证等,建立电子数据库后,所有这些信息都可以联网,直接在网上办理或查验。另外,政府税务部门已经完善了网上个人税务申办系统。公民个人可以方便地通过这个系统自助完成相关政策法规查询、申报,以及办理缴纳个人所得税、财产税、房产税等事务。

7.3 电子政务的基本框架

7.3.1 "三网一库"的基本框架

"三网一库"是国务院办公厅提出的我国电子政务建设的基本框架。"三网"为政府机关内部的办公业务网,又简称政务内网;与政务内网有条件互联,实现地区级政府涉密信息共享的办公业务资源网,又简称政务专网;以因特网为依托的政府公众信息网,又简称政务外网。"一库"即政府系统共建共享的政务资源数据库。

1. 政府机关内部办公业务网

政府机关内部办公业务网是指在政府内部建立的局域网,它可以实现各级政府机关内部的电子化和网络化办公,包括从中央到省、市、县多级政府的文电、信息、督查、会务、值班、接待等主要办公业务的数字化、信息化和网络化,该内网不仅可以实现文档管理自动化,还可以支持领导辅助决策。

2. 政府信息专网

政府信息专网是指在政府部门之间建立的信息网络,它可以通过专用计算机网络将各级政府部门局域网进行互联,由此实现政府部门之间信息的共享和实时通信。

3. 政府信息外部网

政府信息外部网是指政府的内部网与互联网连接后形成的政府对外服务的网络,政府可以通过它向公众发布公共信息,如政府的机构设置、工作职责、政策规定、办事流程、工作进度、招商引资、便民服务等,并与公众实现双向的信息交流,同时政府职能部门还可以通过网络为公众提供在线服务,诸如网上申报、审批、注册、年检、采购、招标、举报、信访、纳税、招商等,这样有利于提高政府的工作透明度,增进服务便利化,从而树立良好的政府形象。

4. 政府信息数据库

政府信息数据库是三个网络之间的信息交换中心。通过信息数据库，实现三网间的信息共享与信息交流。政府信息数据库具体包括政府日常公务积累的资料数据，如有关的基础数据、法规文档、典型案例、客户资料等，这些原始数据经过处理、整合储存到数据库中。各个具体的政务应用系统都在统一的数据库基础上进行，减少出现数据混乱、工作数据不一致的问题。

“三网一库”的电子政务基本框架如图 7-2 所示。

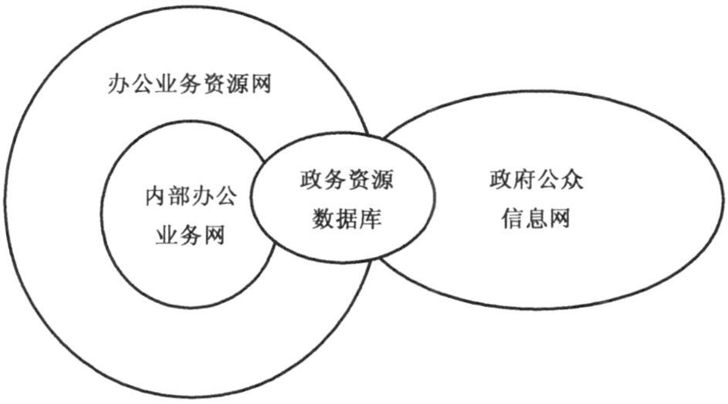

图 7-2 “三网一库”的电子政务基本框架

电子政务内网的建设实际上就是政府部门内部的办公业务网建设，内网建设完成后，关键是建立多部门电子政务局域网的互联，即建设电子政务专网，电子政务外网的建设实际上是以因特网为依托的，与因特网进行连接。政务专网与政务外网之间要有数据隔离措施，同时也要保证它们之间的正常数据交换。

以“三网一库”为基本架构的电子政务可以降低工作者的工作强度，实现信息的共享和快速传递，实现无纸化办公，节省人力、物力与财力，高质量高效率地完成工作。如图 7-3 所示为“三网一库”的系统结构图。

实践证明，以“三网一库”为特征来构建电子政务框架体系，是我国近几年来根据政府信息化建设实践所作出的可行选择，同时也符合我国国情特点、符合政务工作实际、符合信息化发展规律的电子政务网络平台建设思路。

7.3.2 内外网基本架构

在“三网一库”的基础上构建电子政务网络体系，必须对其进行必要的改进和优化。通过专家对“三网一库”结构体系从实践与理论两方面的研究与探讨，于 2003 年 7 月正式在改进优化的基础上，提出了以“政务内外网”结构为特征的电子政务网络基本体系。这一体系是在对“三网一库”结构继承和发展基础上的“扬弃”，其内容和实质与“三网一库”的结构体系都是并行不悖、一脉相承的。因此，“政务内外网”结构体系目前已经得到了党和国家及 IT 界专家的广泛认同。

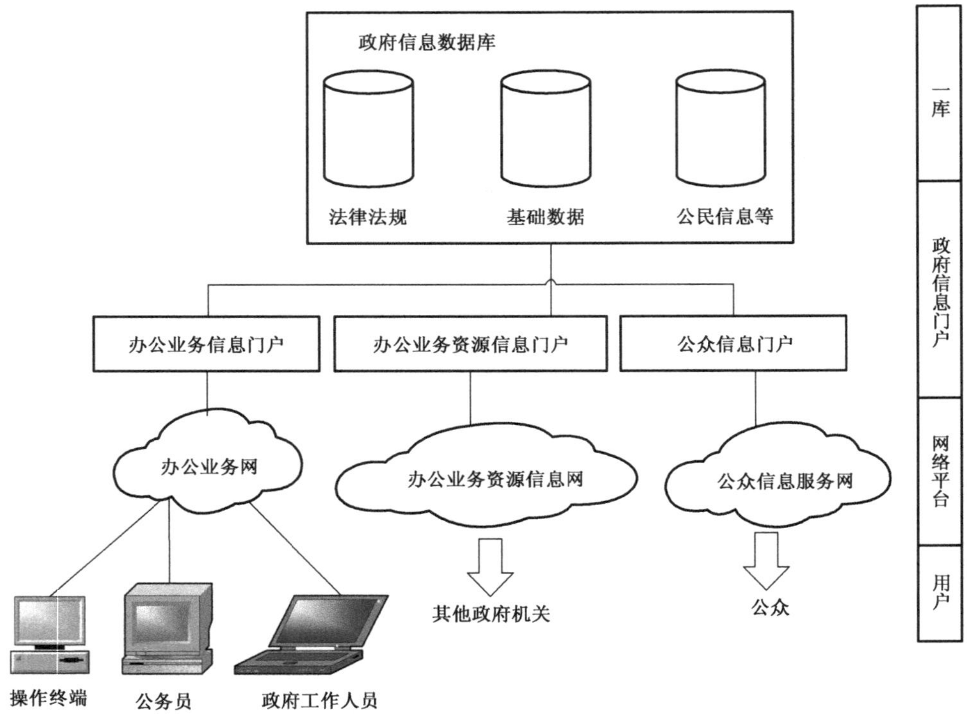

图 7-3 “三网一库”的系统结构图

中共中央办公厅和国务院办公厅在联合转发的《关于我国电子政务建设指导意见》文件中明确指出:“电子政务网络由政务内网和政务外网构成,两网之间物理隔离,政务外网与互联网之间逻辑隔离。”政务内网是典型的层次结构,从中央、省、市到县可分为四级多层,宜实行逐级分层管理。国家级政务内网主要是副省级以上政务部门的办公网。政务外网是政府的业务专网,主要运行政务部门面向社会的专业性服务业务和不需在内网上运行的业务。

从“三网一库”结构转变到“政务内外网”结构,可以基本解决因为业务性质决定的在“三网一库”结构中存在的网络物理隔离与数据交换效率之间的矛盾问题;同时,与“三网一库”结构相比,更适应我国信息化和政府业务的发展特征与趋势。

7.4 电子政务网络的组建

电子政务的基础网络是由交换机、路由器、语音网关、视频设备等多种设备组合在一起形成的综合网络平台。电子政务网络系统是由电子政务内外网建设及业务系统整合而成的。

1. 电子政务网络建设原则

(1) 实用性

电子政务建设应当从实际情况出发,使之达到使用方便且能发挥其作用的目的。要能将新系统与已有的系统兼容,保持资源的连续性和可用性。

（2）可扩展性

电子政务网络建设的长期性和内容的广泛性决定了系统在构建和使用过程中，必然面临着各类扩展性需求，如业务规模的扩展、业务类型的扩展、集成范围的扩展等，这要求系统的架构必须有良好的可扩展性，以适应电子政务网络的未来发展需要。采用符合国际和国内工业标准的协议和接口，从而使电子政务网具有良好的开放性，实现与其他网络和信息资源的互联互通，并可以在网络的不同层次上增加节点和子网。一般包括开放标准、技术结构、系统组件和用户接口等原则。

（3）可靠性

电子政务网络建成后，将成为众多政府部门进行政务处理的平台和向社会公众服务的窗口，系统能否稳定可靠地运行，将直接关系到政府工作的顺利开展，影响政府的公众形象。

（4）安全性

电子政务系统信息的机密性和敏感性及其服务对象的复杂性，决定了该系统必须在选取成熟、可靠的安全技术，完备的安全措施的基础上建立。在解决互联互通问题的同时，还需要在安全机制上提供完整的解决方案。

（5）先进性

在实用的基础上，采用先进、成熟的技术和主流、领导性产品，使网络建设在相当长的时间内保证其先进性，在满足目前的业务需求的前提下，充分考虑信息社会迅猛发展的趋势，在技术上适度超前，能够在未来向更新技术平滑过渡。

2. 政府网络建设方法

电子政务信息网络纵向要能互联，横向要能受控互联，要求电子政务信息网络必须是一个高可靠、高安全性网络。电子政务信息网络建设分两部分，一部分由政府自己组建，包括各省、地市、县政府局域网；另一部分租用运营商的骨干网络，考虑到安全可靠以及横纵向互联等党政信息网的特殊性，目前最适合党政信息网建设的技术为 VPN 技术。

政府网络是电子政务建设的基础性工作，投资大，协调工作复杂。针对具体的政府部门情况有不同的建网方法，从总体上看，我国政府网络的建设要着重借鉴以下两方面内容：

（1）统筹规划，出于信息安全和保密管理的考虑，政府信息网络采取双网双布线，由物理上分离的两个计算机网络组成。一个是政府外网，是政府的业务专网，主要运行政府部门面向社会的专业性服务业务，通过安全措施与因特网相连，供政府与外界交流使用。另一个是政府内网，供政府部门内部使用，以党委政府、人大、政协为中心，下联各县市区及政府部门，是传递内部信息和保密信息并协同工作的渠道。

（2）政府外网的建设要充分利用政府部门已有网络，打破行业界限，由政府搭建主干网，将政府部门现有基础网络资源加以整合利用，使政府的网络资源最大限度地公用化，既保证了政务外网的安全性又避免了重复投资。

下面以某市电子政务网作为典型案例介绍我国电子政务网络的建设。某市电子政务网是全国第一个完全按照国信办 17 号文件精神，将党政各部门业务办公全面与互联网逻辑连接的电子政务网,是由某市各城区核心节点和远郊区县骨干节点共同组成的大型网络系统,承担着主要的政务工作。该网具有开放的、基于标准的、统一的电子政务外网宽带网络平台,能全面支持数据、语音和视频业务,承载全市各级部门的业务应用,实现全市上下各级部门之间的信息交换和资源共享,增强各级部门工作的透明度,提高办公效率,是西南地区电子政务建设的标志性工程。

某市电子政务网的网络结构如图 7-4 所示。

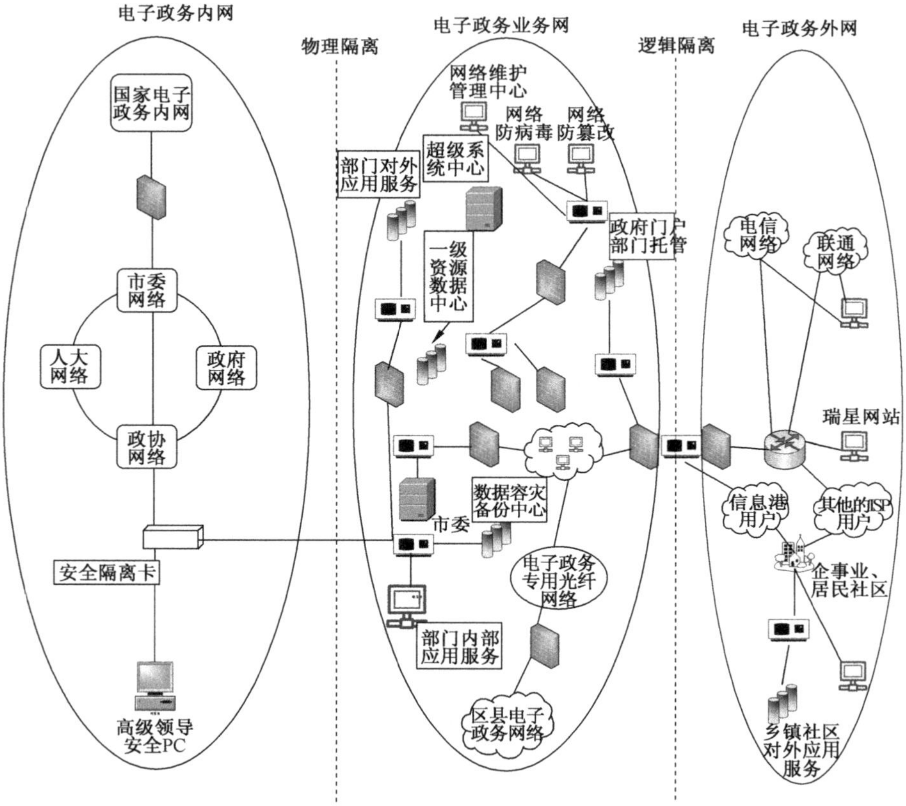

图 7-4　某市电子政务网的网络结构

首先,将该政务网的核心区域分隔成电子政务内部网。内部网由某市各城区核心子网构成,主要职能是负责市政务网与上级政务网之间的政务沟通,并与外部网进行资源交换。该网络采用专门的安全隔离卡与电子政务网进行物理隔离,因此安全状况会好一些,基本不存在来自外部的攻击,但还存在着来自内部人员的非法授权访问及病毒感染的问题,所以应安装入侵检测系统和网络防病毒模块。其次,将一些完全开放、完全对外提供服务的区域分隔成电子政务外部网。该外部网面向终端用户,结构简单、完全开放,直接同 Internet 相连,主要的用户如电子政务移动用户、中国联通用户、中国电信用户居民社区用户等相对独立的用户,它们之间都用专门的交换机或路由器进行连接。

由于用户相对独立,安全由这些用户单独承担,因此无须对外部网作重点防护,只需要在相应的接口处安装防火墙即可。

再次，将机构复杂、网段众多、主要承担电子政务网业务职能的区域分隔成电子政务中层业务网。该业务网是承接内部网与外部网的桥梁，因此结构复杂，有许多中继设备。业务网的几大城区 3 个核心节点组成了业务网的核心网络，该核心网络与区县电子政务网络节点一起构成了业务网的主干网络系统，整个业务网共拥有部门托管、一级资源数据中心、数据灾难备份中心、网络维护管理中心等 8 大主要用户，用路由器作为中间交换设备，并用防火墙进行逻辑隔离。因此该业务网是主要防护的对象，应该重点防护，该方案主要是安装瑞星的分布式网络防病毒体系来进行有效的防毒。

把电子政务的网络区分为内网和外网，政府内部信息交换运行在内部的高速网上，属于政务公开和网上交互式办公的内容，运行在外网和互联网上，内网和外网物理隔离。系统保证任何时刻内部局域网和外网均处于物理断路状态，但同时能将外网信息可控地采集到内网中。网状信息结构既有上下级之间的纵向联系，也有同等级层次之间的横向联系，还有不同等级层次、不同隶属关系的斜向联系，共同组成纵横交错的信息沟通网络，能够克服单一纵向信息结构中信息封锁、信息渠道易于堵塞、传递迟缓等弊端。在内网实施以监测病毒与防内部攻击为主的策略；在中层业务网实施以超级系统中心—系统中心结构为主的防病毒策略，以防火墙为辅的防黑策略；在外网实施以防攻击、防非法登录为主的安全策略。通过在内、中、外三层网络结构中实施不同的安全策略，完全解决了政务网面临的网络安全问题。因此这一网络建设方案值得借鉴。

下面对该网络系统结构中的几个部分进行解释说明：

（1）网络维护管理中心

网络维护管理中心是电子政务平台安全运行和管理的核心，其主要职责如下：

1）规划、分配和管理域名、IP 地址、VLAN 及 VPN 等。

2）实施对网络和通信链路的管理，实现 ISO 规定的配置管理、性能管理、计费管理、安全管理和失效管理等功能。

3）实施对网络用户的安全接入、安全论证、授权管理、密码管理、密钥管理、可信任时间戳管理及网络安全防护，如防火墙、入侵检测、病毒防御、预防篡改等。

4）实施基于高层应用和资源的运行管理，如各种服务器的运行状况、数据库运行和使用情况、各种应用系统的工作情况、用户网站的运行及点击率等。

5）定时或实时备份数据和关键信息。

6）用户服务和技术咨询。

（2）数据容灾备份中心

该中心的主要职责是定时或实时备份电子政务的系统数据和信息，在灾难发生时能临时提供服务，在尽可能短的时间内恢复系统运行。

（3）用户接入方式

电子政务平台的用户接入网络互联的方式通常分为 3 类：①居民用户通过公众网的电话拨号，ISDN、ADSL 等接入平台。②单位局域网用户经网络适配器高速接入。③互联网络用户接入,根据电子政务系统安全等级的不同,可以利用专用光纤、POS、ATM、VPN、DDN、千兆/百兆以太网诸多技术,根据办公节点的分布情况,采用星形、总线形、环形等多种拓扑结构,组建满足各种应用需求的网络平台。

7.5 电子政务的事务处理信息系统

电子政务的事务处理信息系统可以分为外部事务处理信息系统和内部事务处理信息系统两部分。其中外部系统即是指电子政务的 G2B 和 G2C 两种模式的作业信息系统;内部系统即是指电子政务的 G2G 和 G2E 两种模式的事务处理信息系统。

7.5.1 外部事务处理信息系统

政府的外部事务处理信息系统是指各地政府部门利用 Internet 计算机通信技术,在因特网上建立正式站点,发布政府信息,受理 G2B 和 G2C 的网上申请,推动政府网上的便民服务。在网络上实现政府在政治、经济、社会、生活等诸多领域中的管理和服务职能,提高政府工作的透明度,降低办公费用,提高办事效率。

由于该类系统的特点是接受来自企业和公民的海量数据,进行大量的业务处理,因此它符合作业事务型系统的信息处理特征。

政府外部事务处理信息系统分为三个发展阶段:信息发布阶段、受理应用阶段、互动应用阶段。

(1) 信息发布阶段。政府及其相关部门利用互联网,建立自己的门户网站,向公众发布信息,实现与企业、公众的信息沟通、交流。目前,全国绝大多数县、市级以上政府都设有站点,并通过网站向社会发布信息。但多数还停留在信息发布、信息交流的水平。

(2) 受理应用阶段。电子政务受理应用主要指政府部门单向接受企业或公众的网上申报等事项,回复则延续原来的网下渠道进行。

目前,电子政务建设已经开始从传统的单向信息发布、信息公开为主,转向网上受理应用方向。主要以政府门户网站为中心,逐步将各部门注册登记、审批等政务办公项目搬到网上,采取申请、受理、办理与网下取件相结合的方式。该模式如图 7-5 所示。

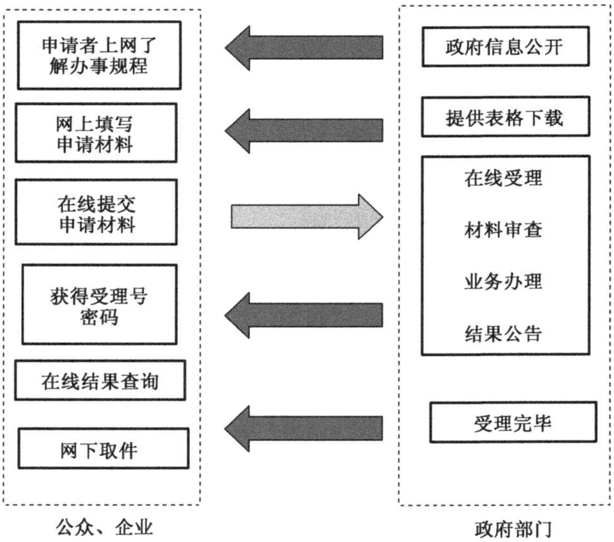

图 7-5 受理应用的过程简图

网上受理应用的典型——网上审批：

1）网上审批系统

网上审批系统是指通过先进的网络平台技术和设计构架，紧密集成办公自动化系统，建立政府与企业及社会公众之间网上办事的通道，实现网上行政咨询、查询、申请、审批等业务功能，成为真正的网上办公、办事的在线服务平台。

通过网上审批系统，企业和个人能够随时随地了解网上审批程序、审批状态和结果。项目申请人员填报、提交相关材料后，该项目申请将自动进入政府审批环节，按照预先设定的工作流程和条件，送到政府各相关部门和办事人员，由政府办事人员在线进行审批处理。政府的各级业务领导，可以在网上查询企业的申请情况、统计数据和办事效率。

网上审批系统的构建思路是在统一标准的前提下，将各个部门现行的工作流程简化。优化后转移到网上，然后逐步构建一个连接协调各个委、办、局的横向统一的信息平台，并在此平台上，按照方便公众的原则实现政府各部门"一网式"的流程整合、"一表式"的数据共享，提高办事的交互透明度。

案例

司法局的网上公证申办

现以司法局的网上申办公证为例说明网上申办流程，如图7-6所示。

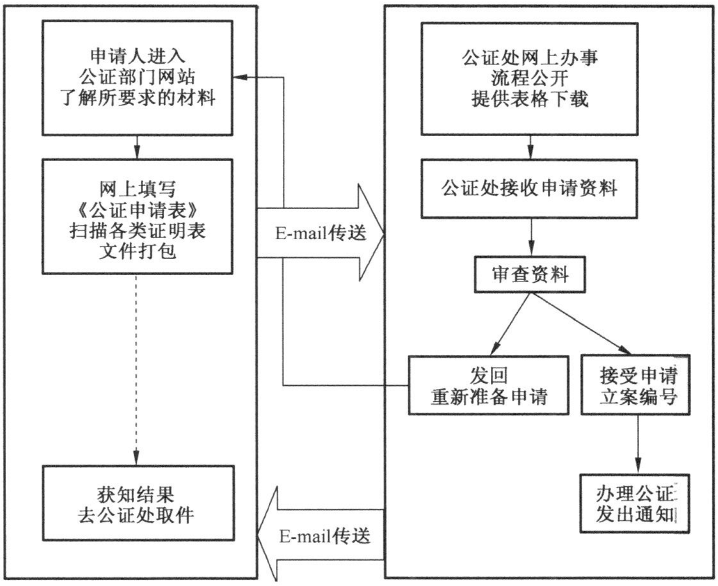

图7-6　网上公证申办过程

网上申办公证种类有10类：出生、亲属关系、死亡、居住公证、未受（已受）过刑事处分、结婚、离婚、未婚、学历/学位/成绩公布单、工作经历。具体流程如下：

（1）仔细阅读并填写有关《公证申请表》，通过电子邮件发给相应的公证处受理，并留下申请人的通信电话和电子邮件。

(2) 提供办理该项公证所需的有关材料(户口簿、身份证等),通过传真机传送到受理公证处。

(3) 如果申请人提交的证明材料不足,受理公证处承办公证员会及时与申请人联系,补交有关材料。

(4) 公证处受理了申请人的网上申办公证后,会给申请人立案、编号、办理。7 天后通知领取公证书。申请人在领取时必须提供有关材料的原件和照片。

(5) 经过核对原件,如果有疑问,则办证时间相应延长。

2) 网上并联审批

并联审批是指用户所申请的审批业务涉及多个政府部门或机构的联合审批,网上并联审批可以直接在网上窗口提交申请和相关的基本信息资料。由主受理单位负责向各个相关的审批单位提交子申请,各个前置审批部门在本业务审批流程内对各自的子申请进行审批,主受理单位汇集这些审批结果后,再完成最后的审批工作。

主受理单位的工作包括通知前置审批、协调处理及自身审批工作。其基本要求是:共同受理,抄告相关部门,并联审批,限时完成,如图 7-7 所示。

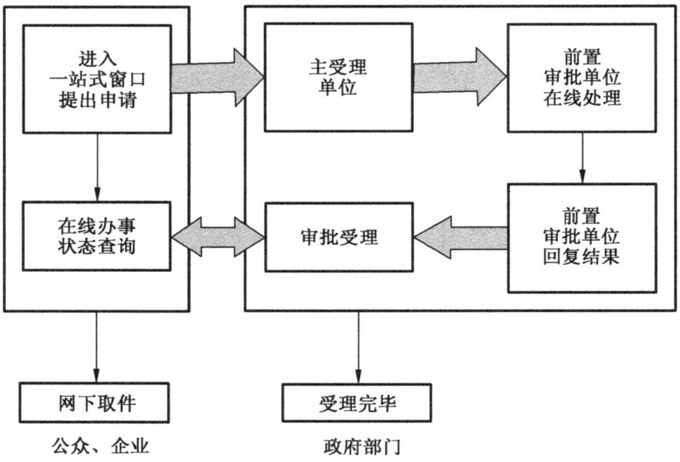

图 7-7　并联审批的过程简图

网上并联审批系统的特点:

① 申请人只需通过“一站式”“一表式”“一网式”提交申请资料,相关部门就可共同受理、审批,且审批结果互相通知,资源共享。

② 申请人可通过移动电话、电子邮件、互联网络、自助终端等多种手段查询审批进度。

③ 根据需要,各部门可以调整审批流程,达到流程重组和优化的目的。

④ 开放式系统接口提供与各级业务部门现有系统的接口。

⑤ 网上并联审批系统还可提供统计数据和报表自动生成。

网上并联审批系统的意义:

① 对于企业和公众:缩短了冗长的办事程序,节省了办事时间,避免了企业和公众的奔

波之苦。

② 对于政府:一方面可规范政府职能部门的各项工作流程,提高办事效率及服务质量,增加政府行政的透明度;另一方面可通过 ISO9000 质量管理体系中的过程监督、管理评审、人力资源等管理要素,积累相关数据,为政府职能部门绩效考核体系提供有效的评估依据。

③ 互动应用阶段。电子政务的互动应用是指政府与用户在网上互动完成各项事物的全过程。政府通过网络可以提供在线互动服务,使企事业单位、公民个人有可能在足不出户的情况下,获得满意的服务。

电子政务的互动应用是在受理应用前提下,将各部门注册登记、审批及处理结果发送等政务办公项目均在 Internet 上实现,采取网上申请、受理、办理、网上通知与分发处理结果一条龙的处理方式。

电子政务互动应用的一般方式如图 7-8 所示:

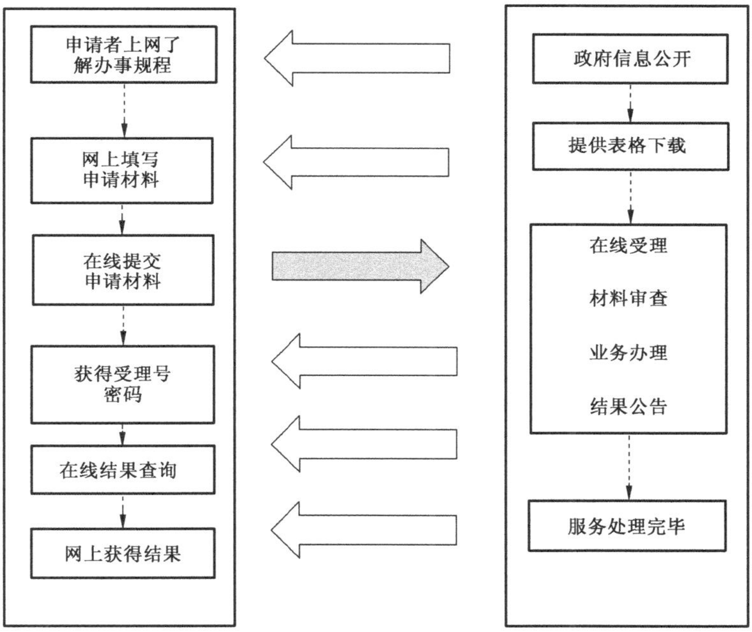

图 7-8 电子政务的互动应用方式图

案例

网上税务的纳税过程

1. 网上税务登记

根据税务机关为企业提供的唯一纳税登记标识和口令在涉税网站进行网上税务登记注册。

2. 网上纳税申报

(1) 对电子商务的纳税人可以实行自行计算税款、自行申报、自行纳税的“三自”征税方式。

(2) 自行计算税款并填写《电子纳税申报表》,法人对其进行"数字签名"。

(3) 在法定的纳税期限内,以税务机关提供的唯一电子税务代码,在网上向税务机关进行纳税申报,并将《电子纳税申报表》等资料传给税务机关,办税员对其进行"数字签名"。

(4) 税务机关根据纳税人网上纳税申报情况,利用计算机自动对其真实性、准确性、逻辑性进行审核,并将审核意见在网上传达给纳税人。

(5) 对审核无误的,同时填开《税收电子缴纳书》,一并传送给纳税人。

纳税人根据税务机关的审核意见,或补充申报,或自行缴纳税款,履行纳税义务。

3. 网上税款征收

在电子商务环境下,电子货币取代了传统的银行转账支票和现金支付等方式。因此,税收征收方式和国库结算方式必须开通电子货币纳税渠道,实行网上税款征收。

7.5.2 内部事务处理信息系统

电子政务内部事务处理信息系统的主体是办公自动化(OA)系统。办公自动化是指利用现代化的办公设备、计算机技术和通信技术来代替办公人员的手工作业,从而大幅度地提高办公效率的信息处理系统。

从应用对象的角度,本书将办公自动化系统分为个人办公自动化系统与群体办公自动化系统两大部分。

1. 个人办公自动化

个人办公自动化主要指支持个人办公的计算机应用技术,这些技术包括数据处理、文字处理、电子报表处理、多媒体系统等内容。

(1) 数据处理系统。从应用软件的角度来看,在一般办公室环境下,数据处理是通过数据库软件、电子报表软件以及应用数据库软件建立的各类管理信息系统或其他应用程序来实现的。它们包括了对办公中所需信息的存储、计算、查询、汇总、制表、编排等内容。

(2) 文字处理系统。文字处理是指应用计算机完成文字工作,其核心部件是文字处理软件。文字处理技术包括文字的输入、编辑排版以及存储打印等基本功能。例如 Office 系列文字处理软件、WPS 文字处理软件等。

(3) 电子表单系统。电子报表是由工作簿、工作表和单元格构成的数据动态管理软件系统。可在单元格中填入、整理和存储数据,可通过系统提供的功能强大、丰富的函数及自建的公式对工作表进行运算,还可以使用数据透视功能根据用户的要求对工作表进行方便、灵活的汇总处理,数据透视表功能可以生成手工情况下要花很多工夫进行很麻烦的处理才能完成的复杂的汇总表,而在电子报表软件下经过简单操作就可生成具有相关的地图和统计图形的图文并茂的图表。此外,电子报表还可以与数据库及其他软件交换和共享数据。

(4)多媒体系统。语音处理系统指计算机对人的语言声音的处理,从应用角度来看,主要包括语音合成和语音识别技术。图像处理系统是指包括图形(像)的生成(绘制)、编辑和修改,图形(像)与文字的混合排版、定位与输出等。汉字的自动识别技术也可以看作是一种对图形的智能化处理技术。

2. 群体办公自动化

群体办公自动化系统是支持群体间动态办公的综合自动化系统，特别是指针对越来越频繁出现的跨单位、跨专业和超地理界限的信息交流和业务交汇的协同化自动办公的技术和系统。协同交互的电子办公能力是新时代环境下组织生存和发展的技术基础。

支撑群体办公的自动化技术的特征是网络化(Internet/Intranet)，即系统是建立在网络上、依靠网络和网络信息的支持而运转，信息系统支持政府管理组织的动态变化和跨地区、跨部门的协同交互业务。

从系统功能的角度看，办公自动化系统包括以下内容，如图 7-9 所示：

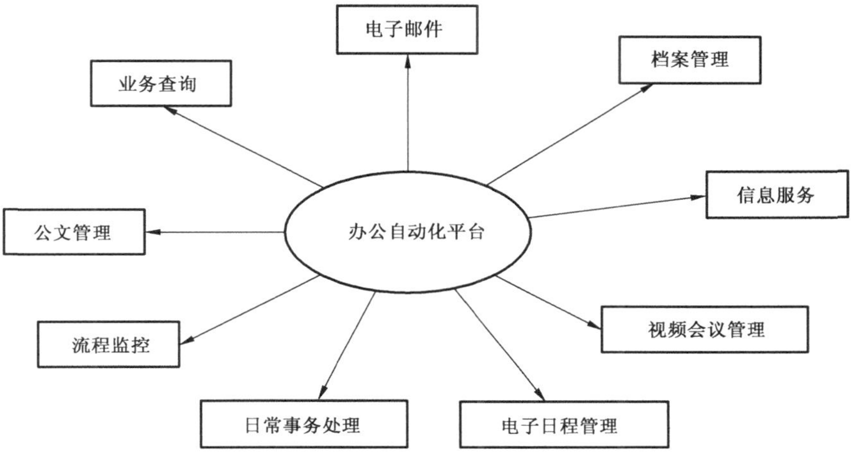

图 7-9　办公自动化系统的功能图

办公自动化的主要功能包括在五个二级模块之中：机关综合服务、工作事务处理、个人事务处理、领导办公和信息服务模块。在二级模块下设的若干三级模块中选择一些主要功能作介绍。

(1) 电子邮件

这是办公自动化系统中最常用的信息交流方式，消息传递、资料交流都可以通过邮件方式快速、高效地实现。政府内部所有人员之间均可以互发电子邮件。

(2) 业务查询

对各项常用的业务信息进行查询，包括单位信息查询、部门信息查询、员工信息查询、列车时刻查询、电话区号查询、邮政编码查询、法律法规查询等。

(3) 公文管理

1) 公文流程管理。公文流程电子化管理的特点是：公文直接在计算机上生成，通过网络进行传递，在计算机服务器与计算机终端上对文件进行实质性的办理，相应的文件管理功能也主要通过计算机系统完成。公文流程电子化将极大提高办公效率和质量，其具有如下功能：

① 公文处理流程的维护,包括:流程的定义——完成流程初始设置,一旦流程定义完成,文件将自动流转,无须干预;流程增加——流程环节的增加;流程修改——更改现有流程;流程删除——删除流程中的冗余环节或不适用的流程定义;流程显示针对有权限的工作人员显示公文处理流程。

② 收文处理,包括:收文登记——对收文的各种基本信息逐项登记,以及纸制公文的电子化处理;拟办——将拟办公文通过网络发送给相关负责人,在计算机上直接签署意见,完成后自动发送到承办部门;承办——通过网络将公文发给承办部门,如果涉及多个部门,则可以群发送;催办——根据公文所处的处理步骤、办理速度和利用情况,由系统实现自动跟踪催办。

③ 发文处理,包括:拟稿——使用文字处理软件、表处理、图形处理等进行电子公文的撰写;核稿——通过网络发给审核负责人,签署审核意见,初稿返回拟稿人处修改;签发——网络发送到签发负责人处,由其签署意见,然后发送给公文管理部门;分发——公文管理部门选择代分发的文件,确定受文单位、报抄单位后进行发送;登记——对发文处理完毕文件的题录项(如文件序号、类型等)进行登记。

2) 公文检索。是指对收文、发文的目录或全文信息都可以按照相应的用户权限进行公文查询。

3) 公文统计。是指对各个阶段、各个时期、各个部门、各个类型的公文状况和公文利用情况作出统计并输出统计报表和图表。

4) 立卷归档。立卷归档是文件的归宿,是文件管理中不可缺少的环节。电子公文的流转过程如图 7-10 所示。

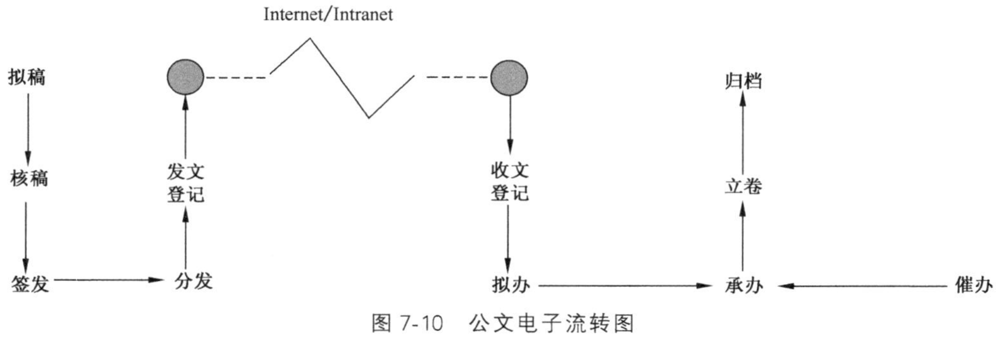

图 7-10　公文电子流转图

3. 视频会议管理

视频会议是指不同地方的个人或群体,通过网络和专门的多媒体设备,实时地互传声音、影像及文件资料,实现即时互动的交流沟通,从而实现异地会议的目的。

视频会议系统是一种集宽带网技术、分布式处理技术及多媒体信息处理技术等于一体的远程异地通信方式。

如图 7-11 所示,视频会议系统的功能一般包括会议管理、媒体流管理、数据会议以及会议文档管理四个部分:

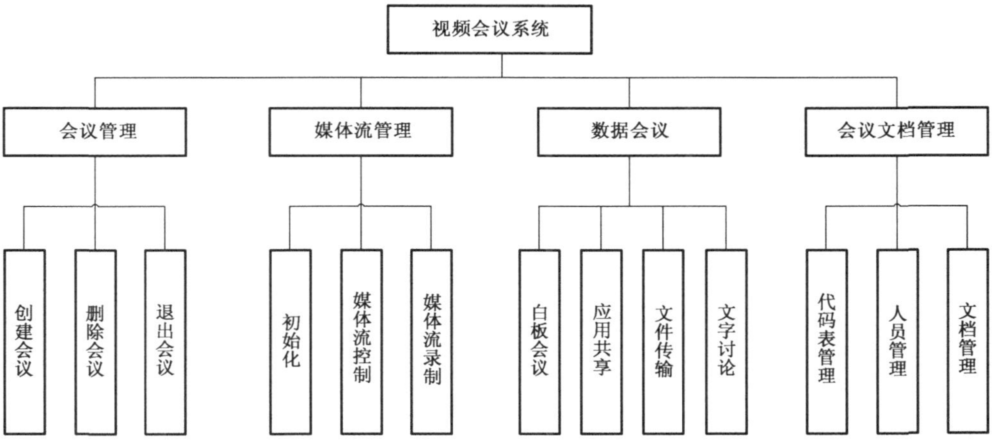

图 7-11　视频会议系统的基本功能

（1）会议管理：包括会议信息查询、会议的创建和删除等。

（2）媒体流管理：包括媒体流的初始化，如媒体流终端的建立、媒体流的建立等。媒体流的控制包括发送方将视频和音频流解压缩并且进行回放、视音频同步等问题。媒体流的录制是将会议过程记录下来，以便日后回放。

（3）数据会议管理：视频会议仅仅提供视音频会议是不够的，为满足会议分发、会议讨论等要求，会议系统还应提供白板共享、应用程序共享、文件传输、文字讨论等功能。

（4）视频会议文档管理：系统应对视频会议的信息加以有效地管理，如会议内容、会议过程、会议时间等，这部分功能由会议文档系统完成。其中文档管理部分对已录制好的多媒体文档进行有效管理；人员管理对与会议相关人员的信息进行管理；代码表管理对与会议有关的地区、职称、职务等信息进行有效管理。

4. 日常事务处理

日常事务处理活动是指对政府机关主要业务发挥保障性作用的活动，包括会议组织、后勤服务等功能。

会议组织功能主要是要求系统能直接实现在计算机上进行会议日程和会议室安排、会议资料准备、会议通知、会议记录、会议决策通报等。

后勤服务指通过对内部各种办公设备、办公用品、器材、车辆等进行统一管理调度，为机关各方面提供后勤保障。后勤服务方面的功能主要是进行登记、确认、服务提供情况记录、服务结算等。

5. 流程监控

流程监控是公务处理系统的重要功能，是指对公务处理过程的监督和控制。流程监控程序可以在各种工作流程的执行过程中随时监督控制流程的进展以及流程结点的人员工作情况，管理者可以利用多级网络和数据库系统的较高权限，直接掌控流程中工作的进展情况、任务完成情况，根据预设的标准和条件找出工作中的偏差，提示或督导有关方面执行相应对策，直至圆满完成任务。

流程监控一般分为在办事务监控和已结案事务监控两类。在办事务监控可通过设置总体工作项、在办工作项、代办工作项及被催办工作项的方式,完成监控任务;结案事务的监控可根据参与者、任务或角色等分别查询结案事务的所有工作项及逾时工作项。

完善的流程监控功能使公务处理的每一具体工作步骤的情况均有记载,有利于追踪工作的执行过程并及时反馈有关情况。

6. 电子日程管理

它是指将具体的活动与日程安排相结合,通过日程管理应用系统的协调,避免各类活动的时间冲突。具体功能包括:日程表的设置、活动输入、活动修改、活动删除、活动查询、自动提醒、自动通知等。

7. 档案管理

根据文件生命周期理论,文件从形成到销毁或永久保存是一个完整的运动过程。电子化公文处理系统提供的档案管理功能包括文件的鉴定、归档、检索、保管等。

鉴定就是判断电子档案的价值,确定其保存期限。鉴定的基本方法包括内容鉴定法和职能鉴定法两种。前者是通过审读档案的内容来判断其价值,后者通过判断形成档案的职能活动的重要程度来鉴别价值。

归档就是将具有保存价值的电子文件向档案部门移交的过程。

检索系统包括存储和查找两个方面。存储那些具有检索意义的档案信息,通过电子档案著录系统实现对档案信息的存储,即分析、组织和记录关于文件内容、结构以及文件系统的信息,并将其纳入电子档案信息数据库中。查找是以被系统著录的项目为查询条件来进行全文查找,在实际中一般通过著录的关键词和分类标识从电子档案信息数据库中进行查找。

电子档案的保管包括数字化载体的保管和电子档案信息的保护。前者要求选择合适的数字化载体,按照载体保护的标准进行管理;后者需要电子文档管理系统能有效地利用信息加密、信息认证、病毒防治、网络安全等技术。

8. 信息服务

信息服务是政府机关公务处理系统的核心功能之一,信息服务功能可以进一步划分为:电子公告、电子讨论、大事记和信息查询等内容。

电子公告相当于日常办公中的公告板,是发布各种信息,如公告、通知或启示等公用办公信息的场所,主要功能包括告知性文件的起草、发布、删除等。

电子讨论就是在线论坛(BBS),包括论坛模块管理、论坛版主管理、论坛浏览、精华公布、论坛排行、论坛权限管理等功能,电子论坛可以作为信息交流的场所。

大事记可以完成机关大事要事信息的录入、整理、汇总和查询功能,是机关大事信息管理的重要场所。

信息查询是信息服务中的关键环节,提供针对机构各类信息的检索服务。

案例

电子政务办公自动化系统案例

某市的办公自动化(OA)系统主要由以下模块组成：公文流转模块、信息发布模块、办公管理模块、日常事务模块、综合业务模块、资源管理模块、行政管理模块等。这些模块的主要功能如下：

1. 公文流转模块

公文流转模块的总体目标是：能够直接运用办公自动化(OA)系统进行文件的收发；采用 Browser/Server 架构；能够加盖公文公章，并保证公章的安全性；采用国产加密算法和硬件加密产品；能够对发送和公文进行电子签名、完整性计算和保密传输；能够对接收的公文进行解密、合法性验证、完整性校验；能够对公文进行过程监控和自动错误处理；能够保证公文在流入 OA 系统之后的安全性；安全、快捷地在 Internet/Intranet 上交换公文。

(1) 应用架构

根据图 7-12 应用架构，一个公文在公文传输系统中的主要流转过程包括：

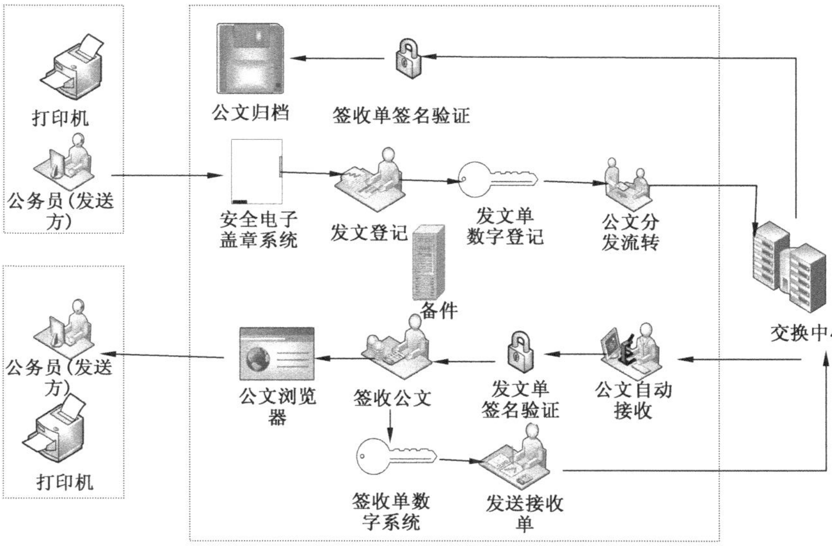

图 7-12　电子公文交换系统整体应用架构

1) 生成公文。

2) 电子公文交换客户端对本地 OA 系统生成的公文进行盖章、完整性计算、数字签名、生成加密密钥，并对公文及其所有信息进行加密，然后送往目的地。

3) 公文以密文的方式送往目的用户在服务器上的数据库。

4) 目的用户从服务器上取得以密文形式存放的公文。

5) 目的用户在本地的电子公文交换客户端对密文进行解密、验证签名和文件完整性，进行红头打印、发送回执。

6) 公文送入本地 OA 流转。

(2) 主要功能

1) 组织结构管理。支持多级组织结构管理,支持多个公文流转交换系统之间的组织结构数据的同步更新。

2) 发文管理。对发文进行登记,生成正式公文,以准备发送;支持多部门联合发文。

3) 公文加密。对公文进行数字签名、软件加密,以实现公文的安全传输。

4) 公文传输。将公文按指定的用户准确发送。

5) 收文管理。对接收到的公文进行解密,数字签名验证、发送回执、归档等操作。

6) 公文归档。提供良好的归档功能以及与市档案局的档案管理系统的接口。

7) 流程控制。收文催收、发文跟踪及监控、发文撤回、发文错误重发、流程定义、统计汇总等。

(3) 安全性

办公自动化和电子公文交换系统使公文等秘密信息的载体发生了显著的变化,一方面信息传播从"有形"走向"无形",另一方面过去的"锁好柜""关好门""看好人"的保密措施已难以适应时代的发展需要,突出表现在:

第一,由于储存在软硬盘上的电子公文易于拷贝、分发、篡改,因此公文管理的安全问题存在着一定的危险性。

第二,电子公文在网络环境,特别是 Internet 中传播,极易受到黑客攻击,造成公文失密,甚至信息被盗、被删除或被改写等严重后果。

为此,要保证在开放环境互联网上,敏感性很高的内部公文和数据能够安全传送和使用,系统的安全性便成为考察甚至衡量一个电子公文交换系统的一项重要指标。

电子公文交换系统参考国家相关法规和条例,采用国产加密算法和硬件加密产品,结合大多数用户的传统办公习惯,依托 CA 认证、电子印章等安全技术,从多层次、多方位上来保证公文交换的安全性和快捷性。集中表现在:

1) 用户身份验证。

2) 公章安全性。

3) 公文信息的完整性校验。

4) 公文信息的数字签名验证。

5) 公文信息在信道中保密传输等。

其公文流转过程的形态,如图 7-13 所示。

(4) 特点功能

1) 可扩展:公文交换平台可以方便地与办公系统和档案管理系统集成,公文异地之间的安全快捷传送与局部的办公自动化流转以及专业档案管理三者相辅相成,共同构建了上通下达、信息流畅的办公系统网。

2) 集中管理:用户集中认证及管理,对用户使用本系统进行统一注册、管理,采用集中统一的用户身份管理中心。可对公文的发送、接收等行为进行记录,并可对其他相关行为进行查询。

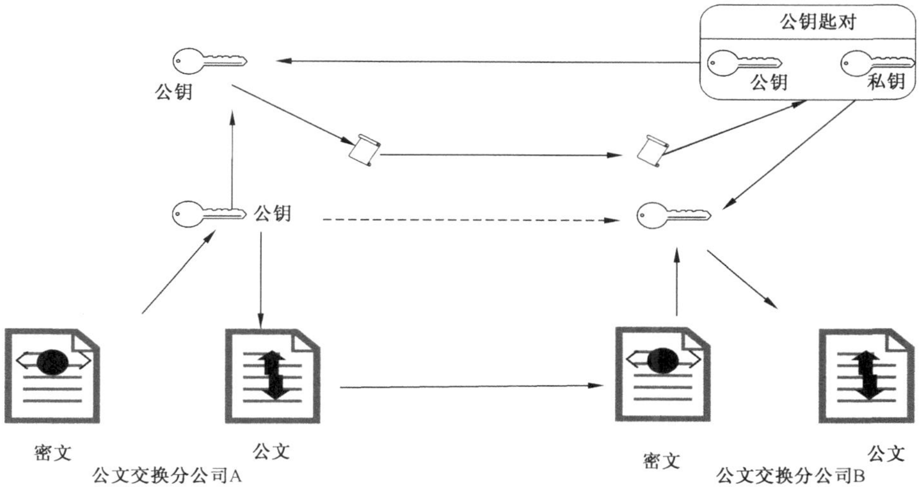

图 7-13 OA 系统的公文流转过程

3）催办、督办与回执：对公文处理过程的监控，确保实时有效地进行处理。

4）日志管理：提供访问、操作日志的查询、导出等相关功能。

5）权限管理：对公文访问、接收、分发、可见级别等权限进行控制。

6）安全处理：公文的存储和传输都经过加密处理，并设置访问权限控制，确保公文本身的合法性、有效性、完整性、不可抵赖性与内容的完整性和保密性。再结合数字签名技术，保证公文具有不可抵赖性；能够确保只有指定身份的用户才能够阅读公文，保证公文的严肃性；提供集中的用户管理，保证有效控制公文访问权限。

7）人性化设计：符合办公习惯的公文处理系统；符合办公习惯的管理与使用流程；改变传统的公文分发机制，提高办公效率。

8）系统稳定可靠：公文交换采用强大的容错处理技术，使用更安全可靠。

2. 信息发布模块

信息发布模块主要包括：站点管理、用户管理、日志管理、消息管理、栏目管理、文章管理、数据统计、回收站、系统配置、文件管理等功能。

3. 办公管理模块

办公管理模块主要包括：个人秘书、待办事宜、电子邮件、日程安排、个人通讯录、个人文档库等功能。

4. 日常事务模块

(1) 发文管理

发文管理是一套可定义、可监控的智能型发文及表单流转系统。它能对本单位或本部门的发文从拟稿到文件的形成进行有效、及时、轻松的管理，包括拟稿、核稿、会签、复核、签发、成文、印发、归档等一系列操作，使发文的起草、发送、传阅、批示、审阅等工作变得非常简单。发文安全权限设置严密灵活，管理员可以在文件审批、成文过程实时地监控、查询；但无关人员则不能打开发文查看处理情况，以保证公文流转的保密性。用户既可以在公文流转前定制流程,又可以在审批流转中按实际情况进行流程的更改,全面满足用户的发文各项要求。模拟流程如图 7-14 所示。

(2) 收文管理

收文系统实现公文登记、拟办、中转、转发、处室拟办、领导审核、承办单位办理、归档、相关单位查询公文等。在系统中特别注重数字化数据的一次性录入,减少重复劳动,提高办公效率。模拟流程如图 7-15 所示。

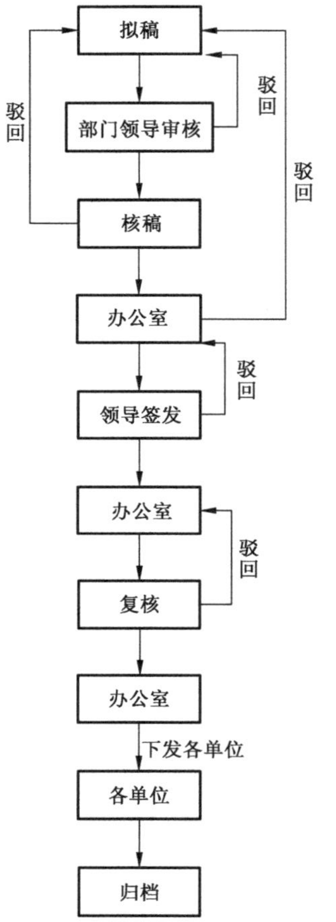

图 7-14　发文管理的模拟流程

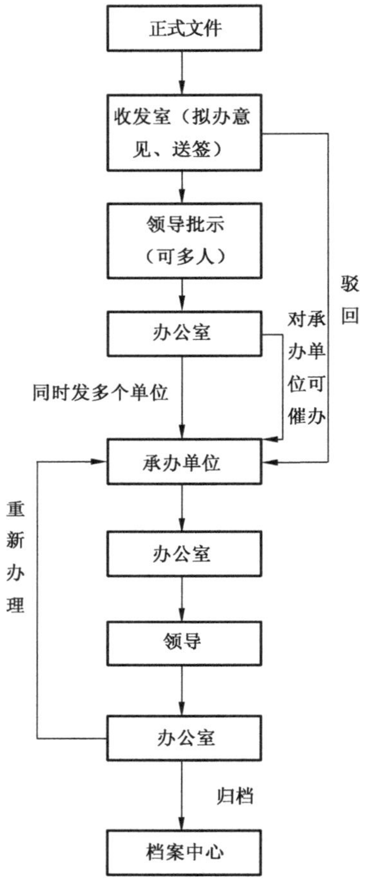

图 7-15　收文管理的模拟流程

日常事务模块中还包括工作简报、请示报告、领导督办、接待管理、档案管理等功能。

5. 综合业务模块

综合业务模块中主要包括:会议管理、通知管理、计划管理、值班管理、培训管理、公共信息、办事指南、公告管理、网上论坛、新闻动态、大事记、制度规划、常用信息、公共通信录、讨论园地等功能。

6. 资源管理模块

资源管理模块主要包括:车辆管理、办公用品管理、图书期刊管理、会议室管理、固定资产管理、人事管理等功能。

7. 行政管理模块

行政管理模块主要包括:规章制度、请假出差管理、报销管理、信访管理、领导查询模块等功能。

7.6　本章小结

随着信息技术及互联网技术的快速发展,政府信息化建设面临新的发展机遇。时至今日,电子政务已在世界范围内广泛应用,而且发挥着越来越重要的作用。在我国,覆盖全国的统一电子政务网络已基本建成,政务信息资源公开和共享机制已初步建立。电子政务作为一门综合性学科已为人们所认同,它内容丰富,领域涉及广泛,具有宽阔的应用主体。提高政府工作效率,促进决策科学化和管理现代化,具有重要的现实意义和深远的历史意义。

电子政务的应用十分广泛,现在比较成熟的应用有 G2G、G2B 和 G2C。这三种应用模式不是各自独立的,而是互相联系、密不可分的。电子政务的总体框架由服务和应用系统、信息资源、基础设施、法律法规与标准化体系、管理体系五个部分组成。这五个部分是一个统一的整体,保障电子政务体系正常运行。电子政务信息系统主要分为三类:信息发布,这主要是由政府网站实现;办公自动化也称为 OA 系统,主要实现交互式的数据和信息交换,以实现公文流转、传递系统、视频会议等功能;协同办公实现网上审批、决策支持等功能。本章所介绍的信息系统,是为了让学生更好地了解电子政务系统建设所需的专业知识。

习　　题

一、名词解释

1. 电子政务;2. 办公自动化;3. 网上审批系统;4. 三网一库。

二、思考题

1. 电子政务的主要功能。

2. 政府内部的电子政务主要包括哪些功能?

3. 视频会议系统的功能包括哪些?

4. 电子政务内网、电子政务业务网及电子政务外网三者之间的关系。

三、填空题

1. 电子政务应用模式分为政府对政府电子政务、政府对企业电子政务和(　　)。

2. 从应用对象的角度,将办公自动化分为个人办公自动化与(　　)。

3. 电子政务具有虚拟、开放和(　　)三个特征。

4. 电子政务网络建设原则包括:实用性、(　　)、可靠性、安全性和先进性。

第8章

计算机新技术及应用

大数据、物联网与移动互联网正在影响着世界，移动互联网、物联网是大数据产生的主要来源，它们蓬勃发展是大数据时代出现的数据基础，而大数据为移动互联网和物联网数据分析提供了支撑，会创造更多效益和价值。

移动互联网，是以移动网络作为接入网络的互联网及其服务，它将移动通信和互联网结合起来，使之成为一体。移动互联网是这个时代的风口，它引领了信息通信业发展的新时代，随着智能手机的不断普及和5G网络的到来，手机上的应用越来越丰富，当前人们使用手机互联网的时间与使用PC互联网的时间相比，前者超过后者8倍，移动互联网融入了我们的生活，人们可以随时、随地、随心使用和分享，这为大数据提供了更多的资讯、信息和数据。

当互联网的移动性已不能满足人们日益增长的精神需求，人们又想到将物品也联入网中，让物品也能“开口说话”，于是出现了物联网(Internet of Things)，它是让万物通过互联网连接到一起，扩展了移动通信的服务范围，从人与人通信延伸到物与物、人与物智能互联，在实现智能化识别、定位、跟踪、监控和管理的过程中，“物”的所有轨迹都可以被记录，每个物联设备都可以成为收集并产生数据的节点，而随着物联网在各行各业的推广应用，每秒钟物联网上都会产生将是百亿甚至是万亿级别的数据，这些数据中所蕴含的价值无法估量。

大规模生产、分享和应用数据的时代正在开启，数据正成为巨大的经济资产，将带来全新的创业方向、商业模式和投资机会。在万物互联的场景下，移动智能终端、所有人、所有场景、所有物品都被连接到一起，在这种连接中，必然会产生大量的数据，而大数据的核心是分析预测，它的发展也必定会促进移动互联网、物联网发展，为实现更加广阔的行业和领域的智慧化应用创造了更多的可能性。

8.1 大数据(Big Data)

互联网时代的来临和移动智能设备的不断普及，使我们玩的游戏由传统的单机闯关模式发展到现在的网络互联模式。现今网络游戏中具有代表性的如由Riot公司开发的《英雄联盟》网络竞技版，其活跃用户已经超过了2000万；而现在大火的手机网游《王者荣耀》注册用户数量更是达到了2亿。除了游戏，在社交软件上，抖音短视频日活跃用户突破了1.5亿，月活跃用户超过 3 亿;微信平均每天有 9.2 亿人登录,日均发送 380 亿条信息;新浪微博月活跃用户共 3.76 亿,经过数年的沉淀,微博内容存量已经超过千亿。由此,每时每刻在互联网上都会产生海量的不同结构的数据,而这些海量数据里所蕴含的价值也是巨大的,这就形成了一个新的概念——大数据。今天我们对大数据的理解,并不单纯地指数字和表格,还可能包括文本、日志、网页、图像、音频、视频等数据,它们涵盖的内容非常丰富,如博客和微博、音频视频分享、通话记录、位置信息、点评信息、交易信息和互动信息等,包罗万象。

8.1.1 大数据的概念及产生根源

1. 概念

国际权威研究机构 Gartner 对大数据的定义是:"大数据"是需要新处理模式才能具有更强的决策力、洞察发现力和流程优化能力的海量、高增长率和多样化的信息资产。

维基百科对大数据的定义是:"大数据,或称巨量资料,指的是所涉及的资料量规模巨大,无法通过目前主流软件工具,在合理时间内达到撷取、管理、处理,并整理成为帮助企业经营决策更积极目的的资讯。"

从以上的这些定义中,可以归结出几个共性:

(1) 大数据是巨量、高增长和多样化的;

(2) 大数据是一种信息;

(3) 大数据是一种资产;

(4) 对大数据的解读和分析需要新的处理模式和思维方式。

由此可见,大数据与传统数据最大的区别,就在于它所能带来的机遇与挑战。大数据是流动的、变化的、快速增长的信息资产,蕴含着巨大的可能和潜力,能够带来无法想象的价值空间,是一个巨大的宝库,而开启这个宝库的钥匙就是人们的头脑,需要以新的思维模式,运用新的技术手段,采取新的模式方法,来解读和分析它,从而获取其中所蕴含的价值。

2. 产生根源

世界著名咨询公司麦肯锡公司在《大数据,是下一轮创新、竞争和生命力的前沿》专题研究报告中指出,"数据,已经渗透到当今每一个行业和业务职能领域,成为重要的生产因素。人们对海量数据的挖掘和运用,预示着新一波生产率的增长和消费者盈余浪潮的到来。大数据的使用将成为个人公司提升竞争力、促进增长的一个关键基础"。那么,大数据究竟是如何产生的呢?

大数据的产生有两个基础:计算机技术的发展是大数据时代出现的技术基础,而互联网和物联网的发展则是大数据时代出现的数据基础。

(1) 大数据产生的技术基础

计算机技术的飞速发展,是大数据时代出现的技术基础。

无线互联技术推动了移动互联网、传感器网络的发展。通过移动互联网,人们可以无时无刻、无处不在地访问互联网,从而持续不断地产生和传播数据。而无线传感器网络更是每天不间断地产生各种信号数据。数据抓取技术,让数据获取变得越来越简便。并行处理技术的发展,大大提升了处理巨量数据的能力和效率。高容量、高可靠性存储技术的发展,让人们可以存储更多的数据,可以更快地存取数据。数据可视化、虚拟现实技术,帮助人们把数据转化为更为形象直观的视觉感受,更为深刻地把握数据背后的价值和含义。人工智能技术,以机器智慧帮助人们挖掘数据之中的价值,更好地辅助决策。

(2) 大数据产生的数据基础

互联网,特别是移动互联网的普及,让网络无处不在,也让数据无处不在。不再局限于传统的企业数据,如信息管理系统、数据库等,还包括各种智能传感设备、智能仪表、监控探头和 GPS 定位等的数据,同时,各种社交媒体,如微博、微信和 Facebook 等社交媒体平台也是数据的主要来源。而当物联网发展到一定规模时,条形码、二维码、RFID(射频识别,Radio Frequency Identification)检测仪、可穿戴设备、智能感知、VR 等技术可实现实时的信息采集和分析。

当物物相连,物物都能产生数据时,汽车、家具、传感器、衣物这些都能产生数据。想想看,会是多么大的数据产出量。互联网上的数据主要依靠人来产生,但人需要休息,可是设备不需要休息,因此,物联网天生就是大数据。

与互联网相比,物联网所产生的数据更为结构化,速率更快、体量更大,主要是客观性的数据,通常为仪器、设备和传感器网络所记录的各种声、光、电、温度、湿度、重力、加速度等数据。

同理,假设网络游戏每天都会有成千上万的人在线玩,所产生的数据:有用户的排名和战绩数据;有记录玩法的贴图或者录屏数据;有将精彩游戏时刻上传到微博和朋友圈的分享数据;还有在 App 商店点评游戏的评论数据,等等。这些数据加起来,日积月累下去,其中有价值的信息值得我们去挖掘,那才能够称之为大数据。简单的数据是结构化的,而大数据则包括了结构化数据和非结构化数据。

8.1.2 大数据的特征

大数据有 4 个特征,简称 4V:Volume、Variety、Velocity、Value。

1. 规模性(Volume)

大数据的特征首先体现为“数据量大”,存储单位从过去的 GB 到 TB,直至 PB、EB。随着网络及信息技术的高速发展,数据开始爆发性增长。社交网络、移动网络、各种智能终端等,都成为数据的来源,企业也面临着数据量的大规模增长,互联网数据中心(Internet Data Center,IDC)的一份报告预测称,到 2020 年,全球数据量将扩大 50 倍。此外,各种意想不到的来源都能产生数据。如图 8-1 所示为近年来数据规模的增长。

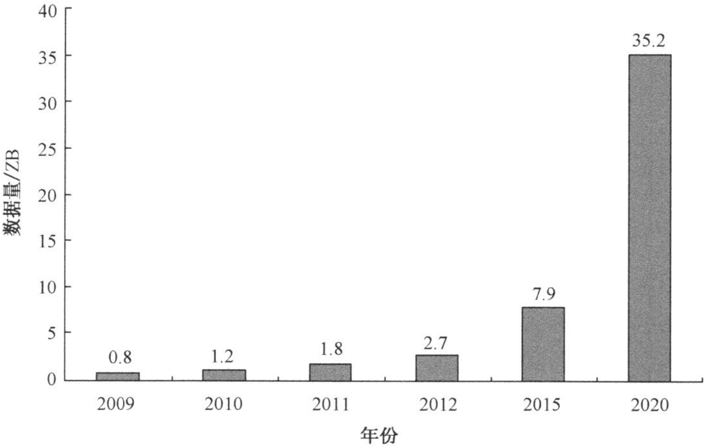

图 8-1　数据规模呈指数级增长

2. 多样性(Variety)

一个普遍观点认为,人们使用互联网搜索是形成数据多样性的主要原因,这一看法部分正确。大数据大体可分为三类:一是结构化数据,如财务系统数据、信息管理系统数据、医疗系统数据等,其特点是数据间因果关系强;二是非结构化的数据,如视频、图片、音频等,其特点是数据间没有因果关系;三是半结构化数据,如 HTML(超文本标记语言,Hyper Text Marked Language)文档、邮件、网页等,其特点是数据间的因果关系弱。

3. 高速性(Velocity)

数据被创建和移动的速度快。在网络时代,通过高速的计算机和服务器,创建实时数据流已成为流行趋势。企业不仅需要了解如何快速创建数据,还必须知道如何快速处理、分析并返回给用户,以满足他们的实时需求。如图 8-2 所示为我国各大互联网企业每分钟产生的数据量。

图 8-2　数据产生的速度

4. 价值性(Value)

相比于传统的小数据,大数据最大的价值在于通过从大量不相关的各种类型的数据中,挖掘出对未来趋势与模式预测分析有价值的数据,并通过机器学习方法、人工智能方法或数据挖掘方法进行深度分析,发现新规律和新知识,并运用于农业、金融、医疗等各个领域,从而最终达到改善社会治理、提高生产效率、推进科学研究的效果。

8.1.3 大数据的构成

大数据分为结构化数据、非结构化数据和半结构化数据三种,如图 8-3 所示。结构化数据是指信息经过分析后可分解成多个互相关联的组成部分,各组成部分间有明确的层次结构,其使用和维护通过数据库进行管理,并有一定的操作规范。通常,信息系统涉及生产、业务、交易、客户等方面的数据,采用结构化方式存储。一般来讲,结构化数据只占全部数据的 20%以内,但就是这 20%以内的数据浓缩了很久以来企业各个方面的数据需求,发展也已经成熟。而无法完全数字化的文档文件、图片、图纸资料、缩微胶片等信息就属于非结构化数据,非结构化数据中往往存在大量的有价值的信息,特别是随着移动互联网、物联网的发展,非结构化数据正以成倍速度快速增长。

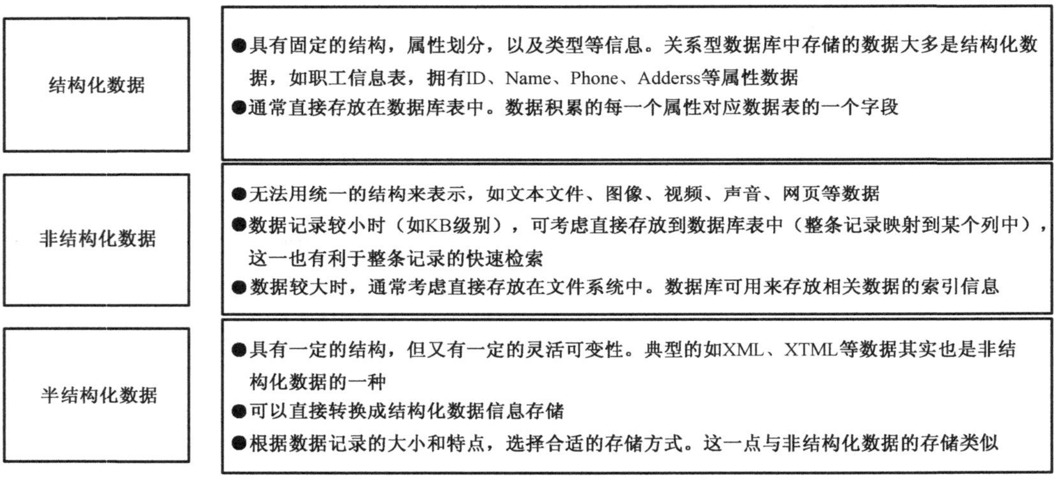

图 8-3 结构化数据

1. 结构化数据

结构化数据是由二维表结构来逻辑表达和实现的数据,也称作行数据,严格地遵循数据格式与长度规范,有固定的结构、属性划分和类型等信息,主要通过关系型数据库进行存储和管理,数据记录的每一个属性对应数据表的一个字段。

2. 非结构化数据

与结构化数据相对的是不适于由数据库二维表来表现的非结构化数据,包括所有格式的办公文档、各类报表、图片和音频、视频信息等。在数据较小的情况下,可以使用关系型数据库将其直接存储在数据库表的多值字段和变长字段中;若数据较大,则存放在文件系统中,数据库则用于存放相关文件的索引信息。这种方法广泛应用于全文检索和各种多媒体信息处理领域。

3. 半结构化数据

半结构化数据既具有一定的结构，又灵活多变，其实也是非结构化数据的一种。和普通纯文本、图片等相比，半结构化数据具有一定的结构性，但和具有严格理论模型的关系数据库的数据相比，其结构又不固定，如员工简历，处理这类数据可以通过信息抽取、转换等步骤，将其转化为半结构化数据，采用 XML、HTML 等形式表达；或者根据数据的大小，采用非结构化数据存储方式，结合关系数据存储。

随着大数据的发展，结构化数据处理技术越来越不能满足我们对数据处理的需求，对非结构化数据的处理越来越重要，非结构数据成为学者研究的方向。IDC 的一项调查报告显示，企业中 80%的数据都是非结构化数据，这些数据每年都按 60%的比例增长。在利用传统的关系型数据库技术存储、检索非结构化数据的技术上，近年来逐渐发展出多种 NoSQL 数据库来应对非结构化数据处现的需求。但 NoSQL 数据库无法替代关系型数据在结构化数据处理上的优势，可以预见关系型数据库和 NoSQL 数据库将在大数据处理领域共同存在，在各自擅长的领域继续发挥各自的优势。

8.1.4　大数据处理技术

大数据技术是新兴的，能够高速捕获、分析、处理大容量多种类数据，并从中得到相应价值的技术和架构。大数据处理的关键技术主要包括：数据采集和预处理、数据存储、基础架构、数据分析和挖掘以及大数据应用。

1. 数据采集

数据是通过射频识别技术、传感器、交互型社交网络以及移动互联网获得的多类型海量数据，这些数据是大数据知识服务模型的根本。

大数据采集一般分为大数据智能感知层和基础支撑层。智能感知层主要包括数据传感体系、网络通信体系、传感适配体系、智能识别体系以及软硬件资源接入系统，可以实现对结构化、半结构化、非结构化海量数据的智能化识别、定位、跟踪、介入、传输、信号转换、监控、初步处理和管理等。基础支撑层主要提供大数据服务平台所需的虚拟服务器，结构化、半结构化及非结构化数据的数据库及物联网资源等基础支撑环境。

2. 数据预处理

数据预处理是数据分析和挖掘的基础，是将接收数据进行抽取、清洗、集成、转换、归约等并最终加载到数据仓库的过程。

(1) 数据抽取：数据抽取是从数据源中抽取数据的过程。数据源采用关系型数据库和非关系型数据库。具体来说，就是搜索整个数据源，使用某些标准选择合乎要求的数据，并把这些数据传送到目的文件中。简单来说，数据抽取就是从数据源中抽取数据的过程。

(2) 数据清洗：现实世界中接收到的数据一般是不完整、有噪声且不一致的。因此，为了提高数据挖掘结果的准确性，数据预处理是不可或缺的一步。数据清洗过程试图填充空缺值，光滑噪声并识别离群点，纠正数据中的不一致。数据清洗过程主要包括数据的默认值处理、噪声数据处理、数据不一致处理,常见的数据清洗工具有ETL和Potter's Wheel。

(3)数据集成:数据集成过程是将多个数据源中的数据合并同时存放到一个一致的数据存储(如数据仓库)中,其中数据源可以包含多个数据库、数据立方体或一般文件。数据集成需要考虑诸多问题,如数据集成中对象匹配问题、冗余问题和数据值的冲突检测与处理问题。

(4)数据转换:将原始数据转化为适合于数据挖掘的数据形式。数据转化主要包括数据泛化、数据规范化和新属性构造。

(5)数据归约:数据归约指在尽可能保持数据原貌的前提下,最大限度地精简数据量,该处理过程主要针对较大的数据集。数据归约主要有两个途径:属性选择和数据采样。这两种途径分别针对原始数据集中的属性和记录进行处理。

3. 数据存储

数据存储过程需要将采集到的数据进行存储管理,建立相应的数据库。根据采集数据多样化的特点,数据主要存储在关系数据库、NoSQL、HTFS等数据库中。

为了保证数据的安全性,数据存储也需要考虑相应的安全技术,主要包括:分布式访问控制、数据审计、透明加解密、数据销毁、推理控制、数据真伪识别和取证、数据持有完整性验证等技术。

单台计算机必然无法完成海量的数据处理工作,需要分布式架构的计算平台。然而高可用性的硬件并不是大数据高效处理的全部决定性因素,合理的软件设计和架构同样必不可少。现有的大数据计算平台主要是MapReduce、Hadoop、Spark等。

4. 数据分析和挖掘

数据分析是指利用相关数学模型以及机器学习算法对数据进行统计、预测和文本分析。数据分析可分为预测性分析、关联分析和可视化分析。数据的主要分析方法有探索性数据分析方法、描述统计法、数据可视化等。

预测性分析是通过大数据中某些特点科学地建立模型,并将最新数据应用到已建立的模型中,达到预测未来数据趋势的目的,从而减少对未来事物认知的不确定性。关联分析的目的是寻找数据之间的内在联系。可视化分析是将大型数据库中的数据以图形图像的形式表示,并利用数据分析和开发工具发现其中未知信息的处理过程。对应处理工具主要有动态分析工具和以图形、表格等可视化元素为主的工具。可视化分析可以直观地呈现大数据的特点。

数据挖掘是利用人工智能、机器学习、统计学等多学科方法从大量的、不完全的、有噪声的、模糊的、随机的实际应用数据集中提取隐含在其中的有价值信息或模式的计算过程。

8.1.5 大数据应用案例

针对大数据的聚集、处理、分析以及可视化的过程,各式各样的技术以及方法被大量提出,涵盖了统计学、计算科学、应用数据、经济学等各个领域。这表明在某一领域,如果想从大数据中获得价值必须要有一个多学科的、灵活的方法。有一些从单一的小数据中总结出的方法，通过改良也可以应用到大数据的处理中。此外，一些公司和学者也提出了一些大数据的处理方法，这些方法都有自身的特定应用领域。

1. 大数据的应用案例之社交网络

由于社交网络的快速发展，社交网络数据已经成为大数据的典型来源。在移动互联网服务的驱动下，人与人之间联系的建立以及有效的沟通不再受地域和时间的限制。现如今，网络用户更倾向于通过移动设备（如智能手机、平板电脑等）而不是传统的台式机获取所需要的数据。自 2014 年以来，全球移动连接设备数量已经超过世界人口数量。典型的应用实例包含人们熟知的社交媒体和社交网络平台，如 Facebook、微博和微信。这些社交平台为人们提供了随时随地分享情感和公开信息的专有社区，并开发了好友推荐机制。事实上，这些社交平台每时每刻都在产生大量且具有实时性的社会信息。另外，通过对社交网络大数据的分析，可以得知某个个体或者组织在社会中的影响力。

以美国的 YouTube 网站为例，该网站通过对访问者的访问数据以及留言数据进行数据挖掘、整理和分析，将每个人的偏好绘成一个图谱，并建立相应的偏好推荐机制或偏好共享机制。早在 2009 年，YouTube 就在其 Logo 旁边加了“1BN”的标志，意为每天十亿点击量，这充分体现了 YouTube 的成功。

2. 大数据的应用案例之交通网络

随着物联网的兴起与发展，智能交通逐渐走进了人们的生活。智能交通的典型应用是基于位置的服务平台，在网络环境中可以进行交通数据的实时采集，如采集的地理位置系统（GPS）信息。GPS 信息不仅包含某些手机用户的移动轨迹信息，还封装了大量的实时交通信息。因此在实际应用中我们可以通过便携式设备（如智能手机）访问共享的实时交通信息。生活中的典型应用有掌上公交、滴滴打车和 Uber 等。社交媒体的广泛传播极大地激励了用户在网上分享与位置相关的信息，并促进了实时监测交通状况的智能交通系统诞生。因此，在普适计算、社交网络和新兴互联网技术应用的综合体系下，逐步形成了以人、车辆、基础设施和服务为基础的新型互联网络关系，即数据驱动的智能交通系统（Intelligent Traffic System，ITS），并且该系统具有实时流量分析和交互控制的功能。

8.2 人工智能及应用

人工智能已经悄然走进我们生活中，成为我们生活的一部分。例如手机中的人脸识别解锁、微信中的语音转文字功能、邮箱中的垃圾邮件过滤、手机语音助手、翻译软件等，都大大提高了我们生活质量。如今的人工智能已然成为一门理论基础日臻完善、应用领域日益广泛的交叉和前沿学科，并在近年来，掀起一阵又一阵的新热潮。

既然人工智能这么厉害、这么火热，那么到底什么才是人工智能呢？

8.2.1 人工智能简介

人工智能（Artificial Intelligence，AI）：由人类制造智能机器或智能系统来模拟人类智能活动的能力,以延伸人类智能的科学。总的来说,人工智能研究的一个主要目标是希望计算机拥有像人一样的智力能力,可以替代人类实现识别、认知、分类和决策等多种功能,是一门融合了计算机科学、系统学、脑神经学和社会科学的前沿综合性学科。

自然进化所造就的智能,称为自然智能,比如早期人类的钻木取火。人类的智能,现在学术界也没有统一的定义,但是,原理上可以理解为人类智能是指:为了不断提高生存发展水平,人类利用知识去发现问题、定义问题(认识世界)和解决问题(改造世界)的能力。

众所周知,人类之所以是自然界最聪明的动物,是因为人类在遇到问题时能够结合以往的经验学习到知识去解决问题,还能在解决的过程中进行思考。但是,机器是没有生命的,更不会像人一样去思考。人工智能也就发展成一门研究如何制造智能机器或智能系统来模拟人类智能活动的能力,以延伸人类智能的学科。总的来说,人工智能研究的一个主要目标是使机器能够胜任一些通常需要人类智能才能完成的复杂工作。

8.2.2 逻辑推理与专家系统

1. 逻辑推理

1956年达特茅斯会议的举行,标志了人工智能这门学科的诞生,而1956年之后的十几年间,H. Simon研发的“逻辑理论家(Logic Theorist)”证明了《数学原理》中全部52条定理,其中某些证明甚至比原著更加巧妙,人们几乎无法相信机器原来可以如此智能。逻辑推理也将人工智能推向第一次高潮。逻辑推理按照推理过程中所用知识的确定性,将推理分为确定性推理和不确定性推理。本章节只简单介绍基本谓词逻辑的确定性推理。应用谓词逻辑演算系统进行的推理方法有:自然演绎推理、归结演绎推理、基于规则的演绎推理。

(1) 自然演绎推理

自然演绎推理是指从一组已知为真的事实出发,直接运用经典逻辑中的推理规则推出结论的过程。在这种推理中,最基本的推理规则是三段论推理,它包括假言推理等。

假言推理:由$P \rightarrow Q$及P为真,可推出Q为真。例如,P代表地球围绕太阳系中心转,Q代表太阳为太阳系中心,$P \rightarrow Q$代表地球围绕太阳转,那么我们就可以根据地球围绕太阳转,而地球只围绕太阳系中心转,可以推断出太阳是太阳系的中心。这种推理过程很自然,容易理解,并且有许多推理规则可用。然而,它容易产生知识爆炸,对于处理复杂的、大规模的问题的推理不利,很难实现。

(2) 归结演绎推理

从自然演绎推理我们可以看到,即使是很简单的结论证明也要许多步骤才能完成,由此我们想到是否能让计算机来完成定理的证明。人工智能的目的之一就是使计算机能模拟人的智能,自动定理证明不仅能使许多数学问题经过定理证明得到解决,而且也能使许多非数学问题(如:医疗诊断、机器人)得到解决。

归结演绎是由鲁宾逊在海伯伦理论基础上提出来的一种基于逻辑的、采用反证法的推理方法,即不是证明一个公式是有效的,而是证明公式之非是不可满足的,这完全是为了方便,并且不失一般性。例如,我们在证明光速是最快的速度时,只需我们列举出比光速更快的速度对,如果列举不出来,那么就证明光速是最快的速度。

2. 专家系统

1980 年,卡内基梅隆大学为 DEC 设计了一套名为 XCON 的“专家系统”。这是一种采用人工智能程序的系统,可以简单地理解为“知识库+推理机”的组合,XCON 是一套具有完整专业知识和经验的计算机智能系统。这套系统在 1986 年之前能为该公司每年节省超过 2500 万美元经费。在巨大的经济效益的诱惑下,涌现出了一个又一个“专家系统”。人们重新对人工智能有了信心,人工智能也迎来了第二个春天。

专家系统是人工智能应用研究最活跃和最广泛的课题之一。那么什么是专家系统呢?

专家系统(Expert System)是一个智能计算机程序系统,其内部含有大量的某个领域专家水平的知识与经验,能够利用人类专家的知识和解决问题的方法来处理该领域的问题。也就是说,专家系统是一个具有大量的专门知识与经验的程序系统,它应用人工智能技术和计算机技术,根据某领域一个或多个专家提供的知识和经验,进行推理和判断,模拟人类专家的决策过程,以便解决那些需要人类专家处理的复杂问题。简而言之,专家系统是一种模拟人类专家解决特定专业领域问题的计算机程序系统。

上面提到的 XCON 专家系统其目的就是按照用户需求,帮助 DEC 为 VAX 型计算机系统自动选择组件,它最终拥有大约 2500 条规则,截至 1986 年,XCON 一共处理了 80000 条指令,准确率高达 98%。通过减少组件选择错误,加速组装流程和增加客户满意度创造利润价值。

(1) 专家系统具有以下特点

1) 启发性:专家系统能运用专家的知识与经验进行推理、判断和决策。

2) 透明性:专家系统能够解释本身的推理过程和回答用户提出的问题,以便让用户了解推理过程,提高对专家系统的信赖感。

3) 灵活性:专家系统能够不断地增加知识,修改原有知识,不断更新。

(2) 专家系统的组成

一个完整的专家系统主要由知识库、综合数据库、推理机、解释器、接口 5 部分组成(见图 8-4)。

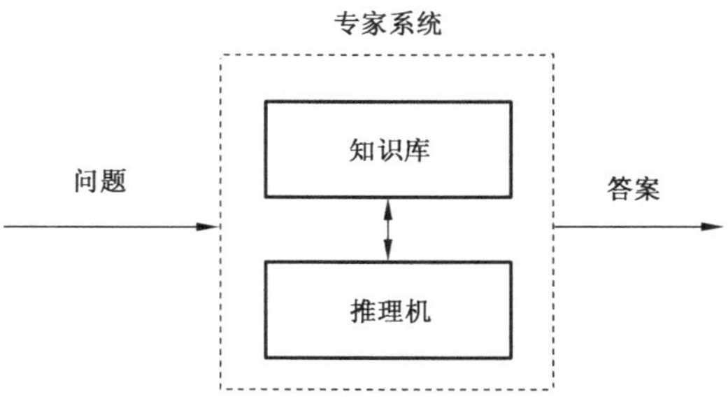

图 8-4　专家系统构造图

1) 知识库:用于存储某领域专家系统的专门知识、包括事实、可行操作与规则等。

2) 综合数据库:又称全局数据库或总数据库,它用于存储领域或问题的初始数据和推理过程中得到的中间数据,即被处理对象的一些当前事实。

3) 推理机:用于记忆所采用的规则和控制策略的程序,使整个专家系统能够以逻辑方式协调地工作。推理机能够根据知识进行推理和导出结论,而不是简单地搜索数据库中的数据。

4）解释器:能够向用户解释专家系统的行为,包括解释推理结论的正确性以及系统输出其他候选解的原因。

5）接口:又称界面,能够使系统与用户进行交互,使用户输入必要的数据、提出问题和了解推理过程及推理结果等。系统则通过接口,要求用户提问,并用户提出的问题,进行必要的解释。

(3）专家系统的分类

专家系统根据不同的用途,主要分为以下几种:

1）解释专家系统:通过对已知信息的数据的分析与解释,确定它们的含义。

2）预测专家系统:通过对过去和现在已知状况的分析,推断未来可能发生的情况。

3）诊断专家系统:根据提供的情况(数据)来推断某个对象机能故障的原因。

4）设计专家系统:根据设计要求,求出能够满足设计问题约束的目标配置。

5）控制专家系统:自适应地管理一个受控对象或客体的全面行为,使之满足预期要求。

6）教学专家系统:根据学生的特点、弱点和基础,以最适当的教学方式和教学规划对学生进行教学和辅导。

(4）新型专家系统

传统专家系统大致是根据基于规则、基于框架和基于模型构建的。近年来,人工智能学者认为,发展专家系统不仅要采用各种定性模型,更要利用现有的计算机新技术,例如分布式、协同式等。

1）并行与分布处理

基于各种并行算法,采用各种并行推理和执行技术,适合在多处理器的硬件环境中工作,即具有分布处理的功能,是新型专家系统的一个特征。系统中的多处理器应该能同步地并行工作,但更重要的是它还应能作异步并行处理。可以按数据驱动或要求驱动的方式实现分布在各处理器上的专家系统的各部分间的通信和同步。专家系统的分布处理特征要求专家系统做到功能合理、均衡地分布,以及知识和数据适当地分布,着眼点主要在于提高系统的处理效率和可靠性等。

2）多专家系统协同工作

在这种系统中,有多个专家系统协同合作。各子专家系统间可以互相通信,一个(或多个)子专家系统的输出可能就是另一子专家系统的输入,有些子专家系统的输出还可作为反馈信息输入到自身或其先辈系统中去,经过迭代求得某种“稳定”状态。

3）智能人机接口

理解自然语言,实现语音、文字、图形和图像的直接输入输出是如今人们对智能计算机提出的要求,也是对新型专家系统的重要期望。这一方面需要硬件的有力支持,另一方面应该看到,先进的软件技术将使智能接口的实现大放异彩,使得接口表现得更加人性化。

专家系统的远期目标是探究人类智能和机器智能的基本原理，研究用自动机模拟人类的思维过程和智能行为。该目标远远超出计算机科学的范畴，几乎涉及自然科学和社会科学的所有学科。因此，目前对专家系统的发展预测集中在近期目标，即建造能用于代替人类高级脑力劳动的专家系统。

随着人工智能应用方法的日渐成熟，专家系统的应用领域也不断扩大。有人类活动的地方，必将有智能技术包括专家系统的应用。专家系统将成为 21 世纪人类进行智能管理与决策的工具与助手。

8.2.3　模式识别

认知也可以被称为认识，是指人认识外界事物的过程，或者说是对作用于人的感觉器官的外界事物进行信息加工的过程，对认知进行研究的科学被称为认知科学。认知科学是 20 世纪世界科学标志性的新兴研究门类，其目的是探究人脑或心智的工作机制。认知科学是一门广泛交叉的学科，其分支领域有计算机科学、心理学、哲学、语言学等，而在计算机科学中，研究认知科学所采用的方式正是人工智能领域的一个重要的方法——模式识别（Pattern Recognition）。

人类智慧的一个重要方面是其认识外界事物的能力。这些能力可能从一个人的孩童时期就具备并且不断增强的，如果仔细分析我们日常所进行的很多活动就会发现，几乎每一项活动都离不开对外界事物的分类和识别。

例如，当我们看到图 8-5 时，我们很明确地得出“这是一只小猫”的结论，这一看似简单的认知过程实际上是由一系列对事物的识别构成的，因为在我们的头脑中已经形成了对“小猫”这一类事物所具有的特征的认识，因此，尽管并不是所有的“猫”我们都见过，但是我们仍然能够丝毫不困难地识别出图片中的“小猫”。

图 8-5　小猫示例

模式识别一词的英文是 Pattern Recognition。在中文里，“模”和“式”的意思相近。根据《说文》：模，法也；式，法也。因此模式就是一种规律。Pattern 主要有两种含义：一是代表事物(个体或一组事物)的模板或原型,二是表征事物特点的特征或性状的组合。“识别”就是把对象分门别类地认出来。模式识别作为人工智能中一个分支学科,其目的就是通过一系列数学方法让机器(计算机)来实现类似人的分类识别能力。

1. 模式识别的主要方法

模式识别从 20 世纪 50 年代兴起,主要被应用于图像分析与处理、语音识别、声音分类等问题,解决模式识别问题的方法可以归纳为基于知识的方法和基于数据的方法两大类。

(1) 基于知识的方法

所谓基于知识的方法,主要是指以专家系统为代表的方法,其基本思想是,根据人们已知的(从专家那里收集整理的)关于研究对象的知识,整理出若干描述特征与类别间关系的准则,建立一定的计算机推理系统,对未知样本通过这些知识推理决策其类别。

(2) 基于数据的方法

在确定了描述样本所采用的特征之后,通过收集一定数量的已知样本,用这些样本作为训练集来训练一定的模式识别机器,使之在训练后能够对未知样本进行分类。这种模式识别的方法可以看作是基于数据的机器学习。

2. 模式识别系统举例

(1) 语音识别

语音识别的目的就是通过语音来确定说话者的身份,而不是识别说话的内容,在这里,每个需要区分的人就成为单独的一个类别。

语音识别与指纹识别、人脸识别等一样,是现代身份鉴别技术的一个重要方面,可用于远程说话人核对、语音命令系统权限管理、手机语音唤醒等。随着科技与时代的发展,语音识别技术也将在大规模多媒体信息检索中发挥关键作用,如图 8-6 所示。

图 8-6 手机所有者语音唤醒

(2) 字符与文字识别

各种形式的字符与文字识别是模式识别的另一个典型的应用,包括印刷体的光学字符识别(OCR)、手写体数字识别、手写体文字识别等。

光学字符识别是指通过扫描仪把印刷体或手写的文字稿件输入到计算机中,并且由计算机自动识别出其中的文字内容,OCR(Optical Character Recognition)的名字也是由早期强调光学输出手段而得名。

目前，文字识别已经发展成为许多手机和掌上计算机的基本配置，如图 8-7 所示，将图片中的文字识别并输出。

图 8-7 OCR 应用软件示例

8.2.4 机器学习

从 20 世纪 70 年代中期开始，人工智能研究进入了“知识工程时期”。专家系统所带来的巨大利润使得各大企业争相研发各个行业的专家系统，大量的专家系统问世，将人工智能推向一个新的高潮。

但是，随着时间的推移，人们开始意识到专家系统面临的“知识工程瓶颈”，简单地说，专家系统是由人将总结好的知识教给计算机，需要耗费大量的人力、财力。这时，研究人员就想，如果机器能够自己学习知识该多好啊。

学习是人类的一项重要的智能行为，但究竟什么是学习，长时间以来各有各的说法。按照人工智能大师西蒙的观点，学习就是系统在不断重复的工作中对本身能力的增强或者改进，使得系统在下一次执行时效率和准确率更高。

那么计算机，能够实现对于经验的学习和利用吗？

1959 年美国的塞缪尔(Samuel)设计了一个西洋跳棋程序，它可以在不断的对弈中提高自己的棋艺。4 年后，这个程序战胜了塞缪尔，又过了 3 年，这个程序战胜了美国一个保持 8 年的冠军。这个程序向人们展示了机器是可以进行学习的。

机器学习(Machine Learning)正是这样的一门学科，它致力于研究如何通过计算的手段，利用经验来改善系统自身的性能。机器学习是继专家系统之后人工智能应用的又一重要研究领域，也是人工智能和神经计算的核心研究课题之一。随着科技的发展和数据量的激增，对计算机“学习”能力也提出了更高的要求。

1. 学习方式

在机器学习发展的短短几十年内，研究人员采用了各种方法，如机械学习、基于解释学习、基于样例学习、类比学习等。20 世纪 80 年代以来，被研究最多、应用最广的就是基于样例学习，即从训练样例中归纳出学习结果。而样例学习中应用最多的方式就是监督学习、非监督学习、半监督学习。

(1) 监督学习

监督学习是指利用一组已知类别的样本调整分类器的参数，使模型能够达到所期望的功能。通俗来讲就是，应用监督学习时，所需要的数据是有标注的，即知道准确结果的。

而监督学习根据任务不同可以分为两大类：回归和分类(Regression and Classification)。两种的区别是，前者的输出的结果为连续的，而后者为离散的。

回归：其数据集是给定一个函数和它的一些坐标点，然后通过回归分析的算法，来估计原函数的模型，求出一个最符合这些已知数据集的函数解析式。然后它就可以用来预估其他未知输出的数据了,输入一个自变量模型解析式就会输出一个因变量,这些自变量就是特征向量,因变量就是标签。而且标签的值是建立在连续范围的。

例如在房价预测问题上,100 平方米→10000 元,200 平方米→20000 元,300 平方米→30000 元,100 平方米等是自变量,10000 元等即为标注,我们可以近似构造出函数:$y=100x$。因为 x 的取值为连续任意值,所以因变量也是一个连续值,所以是一个回归问题。

分类:其数据集,由特征向量和它们的标签组成,当学习器学习了这些数据之后,给学习器一个只知道特征向量不知道标签的数据,预测其所属类别。其和回归问题的主要区别就是输出结果是离散的,因为标签的集合是有限的。

例如,在区别男女的模型中,A→女,B→男,C→男,D→女,E→未知,F→未知,在这一实例中,男和女即为标注,我们已经知道的正确答案。然后将 A、B、C、D 和它们所对应的标注输入到所选择的算法模型进行训练,得到模型 X。最后,将 E 和 F 输入到已经训练好的模型 X 中实现辨别男女的分类预测。

(2) 非监督学习

非监督学习顾名思义,它与监督学习恰恰相反,在现实生活中,我们可能会遇到标注成本过高或没有足够的先验知识的情况,即没有标注的情况。这种情况下,我们就希望计算机能够帮助我们完成部分工作。非监督学习中,所使用到的原始数据是无标注的,我们是不知道标准答案的。非监督学习需要选择合适的算法来发现数据之间的关系。

非监督学习中,最典型的例子就是聚类(Clustering)。聚类的目的在于把相似的东西聚在一起,而并不关心这一类是什么。比如,还是有 A、B、C、D、E、F 6 个人,采取某种聚类算法将他们进行聚类,根据聚类之后的不同数目的聚类结果,我们可以从中分析到不同的联系。例如,如果聚成两类,可能是按照 6 人的性别进行聚类。如果聚成 3 类,可能是因为 6 人不同的身高。聚类的价值就在于能够帮助我们发现数据中潜在的关联关系。

(3) 半监督学习

半监督学习在训练阶段使用的数据是大量未标记的数据和少量标签数据的集合。半监督学习的现实需求非常强烈,因为在现实应用中往往能容易地收集到大量未标记的样本,而标记样本需要耗费大量人力、物力。例如,在进行计算机辅助医学影像分析时,可以从医院获得大量医学影像,我们希望医生将所有的病因都标注出来,但是这样显然是不现实的。还有,在进行网页推荐时需请用户标记出感兴趣的网页,但很少用户愿花时间来提供标记,因此,有标记网页样本少,但互联网上存在无数网页可作为未标记样本来使用。半监督学习恰恰提供了一条利用"廉价"的未标记样本的途径。

要利用未标记样本,必然要做一些将未标记样本所揭示的数据分布信息与类别标记相联系的假设。最常见的是"聚类假设",即假设数据存在簇结构,同一个簇的样本属于同一类别。另一种常见的假设是"流形假设",即假设数据分布在一个流形结构上,邻近的样本拥有相似的输出值,如图 8-8 所示。无论是聚类假设还是流形假设,其本质都是"相似的样本拥有相似的输出"这个基本假设。

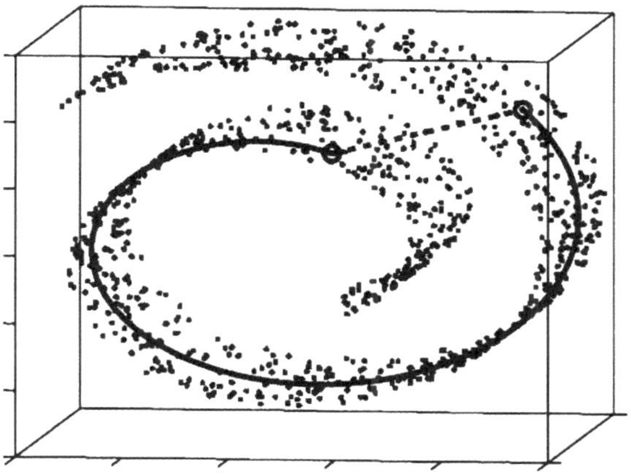

图 8-8　流形假设图(黑点代表数据,分布类似流体图形)

2. 学习过程

一个典型的机器学习步骤如图 8-9 所示,由数据采集、数据预处理、特征提取、模型训练及模型测试五部分组成。

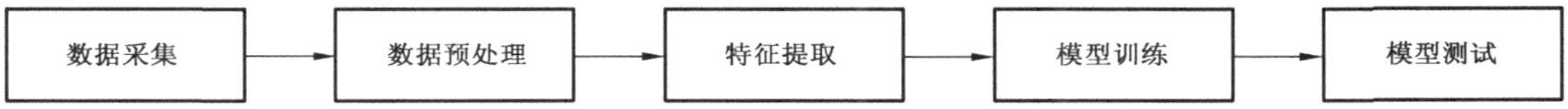

图 8-9　机器学习过程

(1) 数据采集

显然,数据的采集是机器学习的前提条件。一个性能良好的模型一定需要首先捕获到好的训练数据。我们可以通过网络爬取、传感器、特定行业内来获取数据。

(2) 数据预处理

一般来说,获取到的数据是不能直接被训练所采用的。原始数据内含有大量的无关数据和干扰数据。通过对数据的预处理,去除噪声之后,我们才能应用这些数据去训练模型。

(3) 特征提取

预处理完的数据是无法直接进行判别分类的。通常来说,需要将数据从原始的测量空间"变换"到二次空间,而这个二次空间,研究人员一般将它称为特征空间。将数据从原始空间变换到特征空间后,就得到了代表某模式的二次特征,一般我们所指的特征就是这里所谓的二次特征。

(4) 模型训练

当得到特征表示后,根据数据是否含有标签,确定选择监督学习还是无监督学习。如果含有标签,根据任务需求,选择分类模型还是回归模型。确定好确切算法之后,将处理好的特征输入到算法模型中进行训练。

(5) 模型测试

将训练数据输入到算法模型之后,经过调参,确定好模型的最终参数。将需要测试的数据输入到已经确定参数的模型之中,得到测试结果,观察实验结果。如果不符合预期,可以适当更换算法模型,重复以上实验步骤。

3. 常用算法

(1) K-Means 算法简介

K-Means 算法是一种聚类分析算法,属于无监督学习。其中 K 表示类别数,Means 表示均值。顾名思义 K-Means 是一种通过均值对数据点进行聚类的算法。它通过预先设定的 K 值及每个类别的初始质心(质心可以认为是数据集中的一个数据点 P,它是具有相似性的一组数据的中心,即该组中每个数据点到 P 的距离都比到其他质心的距离近。初始质心的选取往往对聚类的结果影响较大)对相似的数据点进行划分,并通过划分后的均值迭代优化获得最优的聚类结果。

1) 拟解决的问题

K-Means 算法主要解决的问题如图 8-10 所示。可以看到,在图中有一些点,用肉眼可以看出来有 4 个点群,但是如何通过计算机程序找出这几个点群呢? K-Means 算法可以解决此类问题。

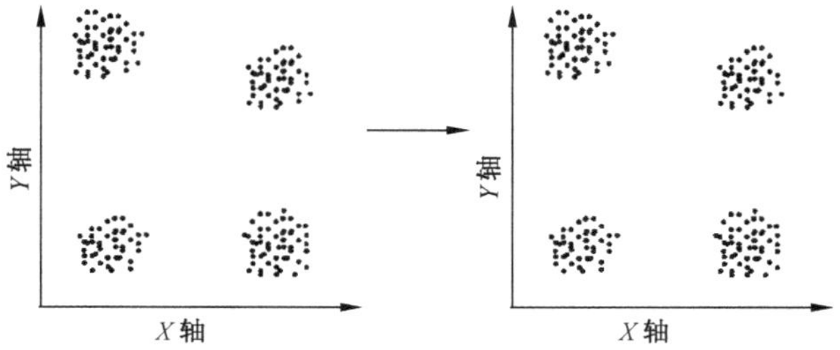

图 8-10 K-Means 要解决的问题

2) 算法过程

这个算法其实很简单,如图 8-11 所示。

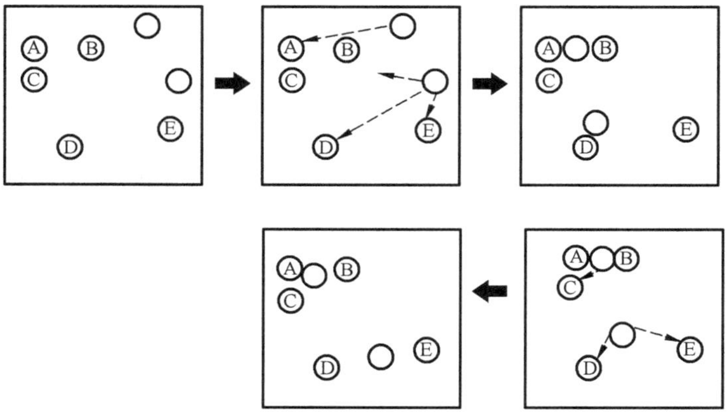

图 8-11 K-Means 算法过程

图 8-11 中有 A,B,C,D,E 五个点。设 K=2,圆圈内的点为设定的种子点。K-Means 的算法如下:

① 随机选取 K（这里 K=2）个种子点。

② 求所有点到 K 个种子点的距离，假如点 B 离上面的种子点最近，那么 B 属于上面的种子点群。（图 8-11 中，可以看到 A、B 属于上面的种子点，D、E 属于下面的种子点）。

③ 重新计算聚集点群的中心，移动种子点到属于它的"点群"的中心，一般来说：求点群中心点的算法是使用各个点到种子点的距离和的平均值，这其实也是 K-Means 算法名字的由来。

④ 重复第②和第③步，直到种子点没有移动（可以看到第④步，上面的种子点聚合了 A、B、C，下面的种子点聚合了 D、E）。

3）K-Means 算法的优缺点

K-Means 算法的优点：

① 算法快速、简单。

② 大数据集有较高的效率并且是可伸缩性的。

③ 时间复杂度近似于线性，而且适合挖掘大规模数据集。K-Means 聚类算法的时间复杂度 $O(nkt)$，其中 n 代表数据集中对象的数量，t 代表着算法迭代的次数，k 代表簇的数目。

K-Means 算法的缺点：

① K 值需要事先给定。但在实际应用中 K 值的选定非常难以估计。很多时候，事先并不知道给定的数据集应该分成多少个类别才最合适。

② 初始种子点随机设定，不同的随机种子点会得到完全不同的结果。

③ 对噪声点敏感，且可能产生空聚簇，特别是当 K 比较大的时候。

针对上述缺点，提出了许多改进的方法。如 ISODATA 算法通过类的自动合并和分裂，可以给出较为合理的 K 初值，K-Means＋＋算法可以有效地选择初始种子点。具体细节，读者可以阅读相关文献。

（2）神经网络

神经网络近来越来越受到人们的关注，因为它为解决大复杂度问题提供了一种相对比较有效的简单方法。神经网络可以很容易地解决具有上百个参数的问题。神经网络常用于两类问题：分类和回归。首先来说明单一神经元模型，图 8-12 示例了一个神经元模型。神经元的模型是人们参照人脑细胞的结构建立的。

人脑细胞有许多的神经末梢，这些神经末梢用于接收来自其他神经元细胞神经中枢的信号，每一个神经元细胞都有一个细胞抑止度，只有当外界的刺激信息超过了神经元细胞的细胞抑止度，神经元细胞才会处于激发状态。

在图 8-12 中的单一神经元可以接收多个输入，这对应着人脑细胞的多个神经末梢：在神经元中设置了一个激发阈值，这对应神经元细胞的细胞抑止度。使用方程 $y=\mathrm{sgn}(F(x_1, x_2, \cdots, x_n)-T)$ 来计算神经元的输出。其中，函数

$$F(x_1, x_2, \cdots, x_n)=\sum_{i=1}^{n} x_i w_i$$

的物理意义是由输入($x_1,x_2,\cdots,x_n$)对该神经元形成的刺激。当 $F(x_1,x_2,\cdots,x_n)>T$ 时,神经元将输出 1,否则输出 0。单一神经元实际上是对输入($x_1,x_2,\cdots,x_n$)在 n 维空间上进行了划分,将 n 维空间划分成"1"和"0"两类元素。对应于决策系统其实是对分析集合进行划分。

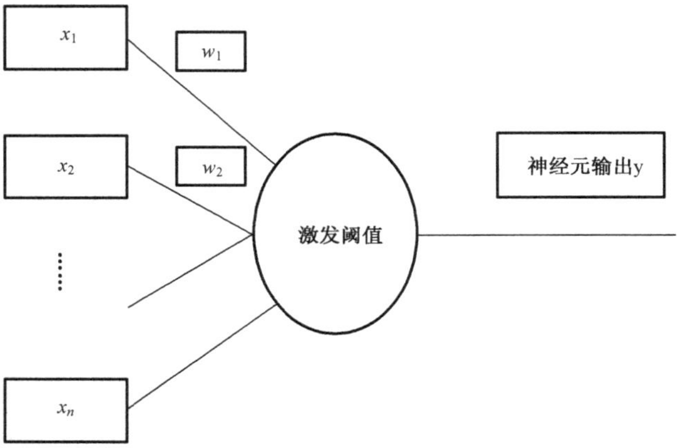

图 8-12　单一神经元模型

在结构上可以把一个神经网络划分为输入层、输出层和隐含层,如图 8-13 所示。输入层的每个节点对应一个个的预测变量。输出层的节点对应目标变量(可有多个)。

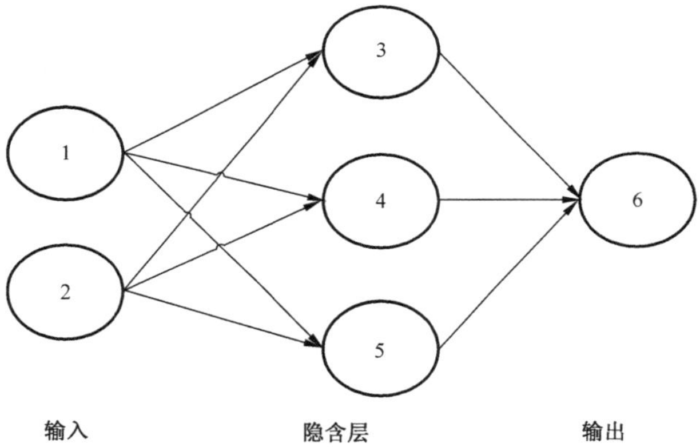

图 8-13　一个前向式神经元网络

除了输入层的节点,神经网络的每个节点都与很多它前面的节点(称为此节点的输入节点)连接在一起,每个连接对应一个权重 w_{ij},此节点的值就是通过它所有输入节点的值与对应连接权重乘积的和作为一个函数的输入而得到的,我们把这个函数称为活动函数或挤压函数。图 8-14 中,节点 4 输出到节点 6 的值可通过如下计算得到:$w_{14}\times$节点 1 的值$+w_{24}\times$节点 2 的值。

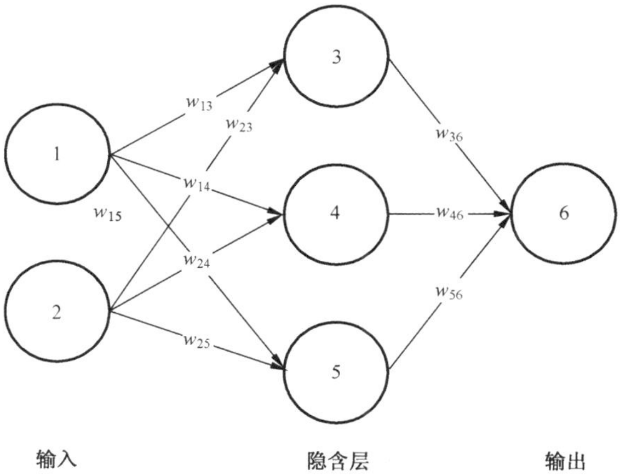

图 8-14 带权重的神经元网络（w_{xy} 表示节点 x 到点 y 的权重）

调整节点间连接的权重就是在建立(也称训练)神经网络时要做的工作。最早的也是最基本的权重调整方法是错误回馈法,现在较新的有变化坡度法、类牛顿法、Levenberg-Marquardt 法和遗传算法等。无论采用哪种训练方法,都需要有一些参数来控制训练的过程,如防止训练过度和控制训练的速度。

决定神经网络拓扑结构(或体系结构)的是隐含层及其所含节点的个数以及节点之间的连接方式。要从头开始设计一个神经网络,必须要决定隐含层和节点的数目,活动函数的形式以及对权重作哪些限制等。如果采用成熟软件工具,它会帮你决定这些事情。

在诸多类型的神经网络中,最常用的是前向传播式神经网络。我们下面详细讨论一下前向传播式网络,为讨论方便假定只含有一层隐含节点。

① 前向传播:数据从输入到输出的过程是一个从前向后的传播过程,后一节点的值通过它前面相连的节点传过来,然后把值按照各个连接权重的大小加权输入活动函数再得到新的值,进一步传播到下一个节点。

② 回馈:当节点的输出值与预期的值不同,也就是发生错误时,神经网络就要“学习”(从错误中学习)。我们可以把节点间连接的权重看成后一节点对前一节点的“信任”程度(它自己向下一节点的输出更容易受它前面相连那个节点输入的影响)。学习的方法是采用惩罚的方法。如果一节点输出发生错误,那么看它的错误是受哪个(些)输入节点的影响而造成的,是不是权重最高的节点使它出错,如果是则要降低它的权重,同时升高那些做出正确建议节点的权重。对那些被降低权重的节点来说,也需要用同样(类似)的方法来进一步调节它前面的节点的权重。就这样把调节过程一步步向前传播直到输入节点为止。

对训练集中的每条记录都要重复这个步骤,用前向传播得到输出值,如果发生错误,则用回馈法进行学习。当把训练集中的每一条记录都运行过一遍之后,我们称完成了一个训练周期。要完成神经网络的训练可能需要很多个训练周期,经常是几百个。训练完成之后得到的神经网络就是通过训练集发现的模型,它描述了训练集中相应变量受预测变量影响的变化规律。

8.3 物联网

物联网(Internet of Things)是新一代信息技术的重要组成部分,顾名思义,物联网就是"物物相连的互联网"。这有两层意思:第一,物联网的核心和基础仍然是互联网,是在互联网基础上延伸和扩展的网络;第二,其用户端延伸和扩展到了任何物体与物体之间。

8.3.1 物联网的概念

物联网概念最早出现于比尔·盖茨 1995 年出版的《未来之路》一书。在《未来之路》中,比尔·盖茨已经提及物联网的概念,只是当时受限于无线网络、硬件及传感设备的发展,并未引起世人的重视。1998 年,美国麻省理工学院(MIT)创造性地提出了当时被称为 EPC 系统的"物联网"的构想。

例如,产品电子代码(Elcctronic Product Code,EPC)旨在为每一件单品建立全球的、开放的标识标准,实现全球范围内对单件产品的跟踪与追溯,从而有效提高供应链管理水平,降低物流成本。产品电子代码是一个完整的、复杂的、综合的系统。产品电子代码的载体是射频识别电子标签,并借助互联网来实现信息的传递。

1999 年,美国 Auto-ID 首先提出"物联网"的概念,主要是建立在物品编码、射频识别技术和互联网的基础上。过去在我国,物联网被称为传感网。中科院早在 1999 年就启动了传感网的研究,并已取得了一些科研成果,建立了一些适用的传感网。

2005 年 11 月 17 日,在突尼斯举行的信息社会世界峰会(WSIS)上,国际电信联盟(ITU)发布了《ITU 互联网报告 2005:物联网》,正式提出了"物联网"的概念。根据国际电信联盟的描述,物联网是指通过在各种日常用品上嵌入一种短距离的移动收发器,使人类在信息与通信世界里将获得一个新的沟通维度,从任何时间、任何地点的人与人之间的沟通连接扩展到人与物和物与物之间的沟通连接。

射频识别(Radio Frequency Identification,RFID)技术又称电子标签或无线射频识别,是一种通信技术,可通过无线电信号识别特定目标并读写相关数据,而无须识别系统与特定目标之间建立机械或光学接触。

2010 年出台的《国务院关于加快培育和发展战略性新兴产业的决定》将物联网作为战略性新兴产业的发展重点。

我国有学者认为,物联网是一种"泛在网络",这种泛在网络就是利用互联网将世界上的物体都连接在一起,使世界万物都可以上网。因此,可以把物联网理解为:通过射频识别装置、红外感应器、定位系统和激光扫描器等种种装置与互联网结合成的一个全新的巨大网络,将现有的互联网、通信网、广电网及各种接入网和专用网连接起来,实现智能化识别和管理。

物联网是基于互联网的一种高级网络形态,它们之间最明显的不同点,是物联网的连接主体从人向“物”延伸，网络社会形态从虚拟向现实拓展，信息采集与处理从人工为主向智能化为主转化。可以说，物联网是互联网发展创新的伟大成果，是互联网虚拟社会连接现实社会的伟大变革，是实现泛在网络目标的伟大实践。

“物联网＋互联网”几乎就等于泛在网络。所谓泛在网络就是运用无所不在的智能网络、最先进的计算技术及其他领先的数字技术基础设施武装而成的技术社会形态，帮助人类实现在任何时间、任何地点、任何人、任何物都能顺畅地通信。从泛在的内涵来看，首先关注的是人与周边的和谐交互，各种感知设备与无线网络不过是手段。泛在网络包含了物联网、传感网、互联网的所有属性，而物联网则是泛在网络实现目标之一，是泛在网络发展过程中的先行者和制高点。

根据上述比较分析，给出物联网的概念：通过各种感知设备和互联网，连接物体与物体的，全自动、智能化采集、传输与处理信息的、实现随时随地和科学管理的一种网络。

8.3.2　物联网的基本特征

根据对物联网的理解，可得出网络化、物联化、互联化、自动化、感知化、智能化是物联网的基本特征。

1. 网络化

这是物联网的基础。无论是机器到机器（Machine to Machine，M2M）、专网，还是无线、有线传输信息，感知物体，都必须形成网络状态；不管是什么形态的网络，最终都必须与互联网相连接，这样才能形成真正意义上的物联网（泛在性的）。目前的所谓物联网，从网络形态来看，多数是专网或局域网，只能算是物联网的雏形。

所谓机器到机器，即以机器终端智能交互为核心的、网络化的应用与服务。机器到机器不是简单的数据在机器和机器之间的传输，更重要的是，它是机器和机器之间的一种智能化、交互式的通信。也就是说，即使人们没有实时发出信号，机器也会根据既定程序主动进行通信，并根据所得到的数据智能化地作出选择，对相关设备发出正确的指令。可以说，智能化、交互式成为机器到机器有别于其他应用的典型特征，这一特征下的机器也被赋予了更多的“思想”和“智慧”。

2. 物联化

人物相联、物物相联是物联网的基本要求之一。电脑和电脑连接成互联网，可以帮助人与人交流。而物联网，就是在物体上安装传感器、植入微型感应芯片，然后借助无线或有线网络，让人们和物体“对话”，让物体和物体之间进行“交流”。可以说，互联网完成了人与人的远程交流，而物联网则完成人与物、物与物的即时交流，进而实现由虚拟网络世界向现实世界的连接转变。

3. 互联化

物联网集成了多种网格、多种应用技术，是一个让人与自然界、人与物、物与物进行交流的平台。因此，在一定的协议关系下，实行多种网络融合，分布式与协同式并存，是物联网的显著特征。与互联网相比,物联网具有很强的开放性,具备随时接纳新器件、提供新服务的能力,即自组织、自适应能力。

4. 自动化

通过数字传感设备自动采集数据;根据事先设定的运算逻辑,利用软件自动处理采集到的信息,一般不需人为的干预;按照设定的逻辑条件,如时间、地点、压力、温度、湿度、光照等,可以在系统的各个设备之间自动进行数据交换或通信;对物体的监控和管理实现自动指令执行。

5. 感知化

物联网在各种物体上植入微型感应芯片,这样,任何物品都可以变得"有感受、有知觉",它主要依靠射频识别设备、红外感应器、定位系统、激光扫描器等信息传感设备来实现。在物联网中,这些传感设备发挥着类似人类社会中语言的作用,借助这种特殊的语言,人和物体、物体和物体之间可以相互感知对方的存在、特点和变化,从而进行"对话"与"交流"。

6. 智能化

所谓智能,是指个体对客观事物进行合理分析、判断及有目的地行动和有效地处理周围环境事宜的综合能力。通过装置在各类物体上的电子标签、传感器和二维码等经过接口与无线网络相连,从而给物体赋予智能,实现人与物体的沟通和对话,也可以实现物体与物体间的沟通和对话。

8.3.3 物联网的体系结构

根据信息生成、传输、处理和应用将物联网分为感知识别层、网络构建层、管理服务层和综合应用层。如图 8-15 所示。

图 8-15 物联网四层模型

1. 感知识别层

感知识别层位于物联网四层模型的最底端,是所有上层结构的基础。通过感知识别技术,让物品"开口说话、发布信息"是融合物理世界和信息世界的重要一环,是物联网区别于其他网络的最独特的部分。物联网的"触手"是位于感知识别层的大量信息生成设备,既包括采用自动生成方式的RFID、传感器、定位系统等,也包括采用人工生成方式的各种智能设备,例如智能手机、PDA、多媒体播放器、笔记本电脑等。信息生成方式多样化是物联网的重要特征之一。

2. 网络构建层

网络构建层在物联网四层模型中连接感知识别层和管理服务层,具有强大的纽带作用,高效、稳定、及时、安全地传输上下层的数据。互联网以及下一代互联网(包含IPv6等技术)是物联网的核心网络,处在边缘的各种无线网络则提供随时随地的网络接入服务。下面简单介绍各种网络形式在物联网中的应用。

(1) 互联网:IPv6扫清了可接入网络的终端设备在数量上的限制。互联网/电信网是物联网的核心网络、平台和技术支持。

(2) 无线宽带网:WiFi、WiMAX等无线宽带技术覆盖范围较广,传输速度较快,为物联网提供高速可靠廉价且不受接入设备位置限制的互联手段。

(3) 无线低速网:ZigBee、蓝牙、红外等低速网络协议能够适应物联网中能力较低的节点的低速率、低通信半径、低计算能力和低能量来源等特征。

(4) 移动通信网:移动通信网络将成为"全面、随时、随地"传输信息的有效平台。高速、实时、高覆盖率、多元化处理多媒体数据,为"物品触网"创造条件。

3. 管理服务层

管理服务层位于感知识别和网络构建层之上,综合应用层之下,是物联网智慧的源泉。人们通常把物联网应用冠以"智能"的名称,如智能电网、智能交通、智能物流等,其中的智慧就来自这一层。当感知识别层生成的大量信息经过网络层传输汇聚到管理服务层,如果不能有效地整合与利用,那无异于入宝山而空返,望"数据的海洋"而兴叹。管理服务层解决数据如何存储(数据库与海量存储技术)、如何检索(搜索引擎)、如何使用(数据挖掘与机器学习)、如何不被滥用(数据安全与隐私保护)等问题。

4. 综合应用层

"实践出真知",无论任何技术,应用是决定成败的关键。物联网丰富的内涵催生出更加丰富的外延应用。传统互联网经历了以数据为中心到以人为中心的转化,典型应用包括文件传输、电子邮件、万维网、电子商务、视频点播、在线游戏和社交网络等;而物联网应用以"物"或者物理世界为中心,涵盖物品追踪、环境感知、智能物流、智能交通、智能电网等。物联网应用目前正处于快速增长期,具有多样化、规模化、行业化等特点。

物联网各层之间既相对独立又紧密联系。在综合应用层以下,同一层次上的不同技术互为补充,适用于不同环境,构成该层次技术的全套应对策略。而不同层次根据应用需求,提供各种技术的配置和组合,构成完整解决方案。总而言之,技术的选择应以应用为导向,根据具体的需求和环境,选择合适的感知技术、联网技术和信息处理技术。

8.3.4 物联网的关键技术

从物联网三层体系结构可以看出,物联网产业链可细分为物体标识、感知、处理和信息传送四个环节,关键技术包括二维码、射频识别、传感器、智能芯片和无线传输网络等。

1. 物品标识技术

(1) 二维码

二维码(2-Dimennsional Bar Code)技术是物联网感知层实现过程中最基本和关键的技术之一。从技术原理来看,二维码在代码编制上巧妙地利用构成计算机内部逻辑基础的"0"和"1"比特流的概念,使用若干与二进制相对应的几何形体来表示数值信息,并通过图像输入设备或光电扫描设备自动识读,以实现信息的自动处理。

与一维码相比,二维码信息容量大,能够把图片、声音、文字、指纹等可以数字化的信息进行编码并表示出来,是一维码信息容量的几十倍;二维码容错能力强,具有纠错功能,译码时可靠性高,当二维码因穿孔、污损等引起局部损坏时,仍可以正确识读,其译码错误率不超过千万分之一,远低于一维码百万分之二的错误率;另外,二维码还可以引入保密措施,其保密性较一维码强很多。而与射频识别相比,二维码最大的优势在于成本较低。

二维码具有储存量大、保密性高、追踪性高、抗损性强、备援性大、成本低等特性,所以特别适用于手机购物、安全保密、追踪、证照、存货盘点和资料备援等方面。

(2) 射频识别技术

射频识别技术也是物联网中非常重要的技术。射频识别是一种非接触式的自动识别技术,它通过射频信号自动识别目标对象并获取相关数据,识别工作无须人工干预,可工作于各种恶劣环境。射频识别技术可识别高速运动物体并可同时识别多个标签,操作快捷方便。

一套完整的射频识别系统,是由阅读器(Reader)与电子标签(TAG,也就是所谓的应答器,Transponder)及应用软件系统三个部分所组成的,其工作原理是阅读器发射一特定频率的无线电波能量给电子标签,用以驱动电子标签电路将内部的数据送出,此时阅读器便依序接收解读数据,送给应用程序进行相应的处理。

射频识别技术可应用到社会各个领域,如安防、物流、仓储、追溯、防伪、旅游、医疗、教育等领域,主要实现产品的识别、追踪和溯源等。

2. 传感器技术

人是通过视觉、嗅觉、听觉及触觉等感觉来感知外界信息的,感知的信息输入大脑进行分析判断和处理,大脑再指挥人做出相应的动作,这是人类认识世界和改造世界的最基本能力。但是通过人的五官感知外界的信息非常有限,例如,人无法利用触觉来感知超过几十甚至上千度的温度,也不可能辨别温度的微小变化,这就需要电子设备的帮助。同样,利用计算机控制的自动化装置来代替人的劳动时,计算机类似于人的大脑,而仅有大脑而没有感知外界信息的"五官"显然是不够的,计算机也还需要它们的"五官"——传感器。

传感器是一种检测装置,能感受到被测的信息,并能将监测感受到的信息,按一定规律变换成为电信号或其他所需形式的信息输出，以满足信息的传输、处理、存储、显示、记录和控制等要求。目前，传感器技术已渗透到科学和国民经济的各个领域，在工农业生产、科学研究及改善人民生活等方面，起着越来越重要的作用。

3. 网络通信技术

传感器依托网络通信技术实现感知信息的交换，传感器的网络通信技术分为两类：近距离通信技术和广域网络通信技术。在广域网络通信方面，互联网、2G 移动通信、3G 移动通信、4G 移动通信、卫星通信技术等实现了信息的远程传输，特别是以 IPv6 为核心的下一代互联网的发展，将为每个传感器分配 IP 地址创造可能，也为物联网的发展创造了良好的网络基础条件。

4. 卫星定位技术

目前，卫星定位技术有四大系统：

(1) 美国全球定位系统(GPS)，由 28 颗卫星组成(其中 4 颗备用)，分布在 6 条交点互隔 60°的轨道面上，军民两用，民用精度约为 10 米，1994 年布设完能覆盖全球 98%的 24 颗卫星。美国 GPS IIF 系列卫星比 GPS 卫星更精准，抗干扰性更强，其由 12 颗卫星组成，2015 年 11 月发射了该系列第 11 颗卫星，这枚卫星入轨道运行后，专门为美国空军服务。

(2) 俄罗斯的“格洛纳斯”系统，由 30 颗卫星组成(其中 3 颗备用)，正式组网比美国全球定位系统早，2011 年 1 月 1 日在全球正式运行，军民两用，民用精度在 10 米左右。

(3) 欧洲的“伽利略”系统，是由欧盟主导发射的新一代民用全球卫星导航系统，预计将于 2020 年实现全部卫星组网。截至 2015 年 12 月，有 12 颗卫星升空，可以组成网络，实现地面导航及搜救功能。欧洲阿丽亚娜航天公司预计未来还将发射 14 颗伽利略导航卫星。

(4) 中国的“北斗”系统。2000 年我国建成北斗导航试验系统，开始向中国及周边地区提供服务，2012 年 12 月 27 日正式对亚太地区提供无源定位、导航、授时服务，2020 年完全建成后将包括 5 颗静止轨道卫星和 30 颗非静止轨道卫星，形成全球覆盖能力。2015 年 3 月 30 日全球组网的首颗卫星发射升空(为第 17 颗在轨卫星)，是北斗系统由区域运行向全球拓展的开始。

除上述四大定位系统外，2014 年印度也开始组建自己的卫星导航系统。

定位系统的用途非常广泛，主要应用在以下几个方面：

(1) 陆地应用，主要包括车辆导航、应急反应、大气物理观测、地球物理资源勘探、工程测量、变形监测、地壳运动监测、市政规划控制等。

(2) 海洋应用，包括远洋船最佳航程航线测定、船只实时调度与导航、海洋救援、海洋探宝、水文地质测量及海洋平台定位、海平面升降监测等。

(3) 航空航天应用，包括飞机导航、航空遥感姿态控制、低轨卫星定轨、导弹制导、航空救援和载人航天器防护探测等。

虽然卫星定位系统可以实现全球覆盖，但在使用过程中，卫星信号可能在一些遮蔽物的阻挡下，无法正常接收，如地下停车场、地铁、建筑物内部、隧道、大桥等。而在这些地方，利用移动通信网络可以取长补短,弥补卫星定位的不足。基于全球卫星定位技术和移动通信网络发展起来的位置服务也越来越受到人们的关注。位置服务在交通、安防、电子商务方面也大放异彩。

8.3.5 物联网的应用

1. 物联网的应用领域

目前,我国物联网发展处于起步阶段,初步具备了一定的技术、产业和应用基础,呈现出良好的发展态势。自 2013 年以后,传感技术、云计算、大数据、移动互联网融合发展,全球物联网应用进入实质推进阶段。

2012 年 2 月 14 日,工业和信息化部正式发布《物联网"十二五"发展规划》。该规划指出,智能工业、智能农业、智能物流、智能交通、智能电网、智能环保、智能安防、智能医疗、智能家居是我国物联网未来发展的重点领域,各领域应用范围如表 8-1 所示。

表 8-1 物联网在各领域应用范围

领域	应用范围
智能工业	生产过程控制、生产环境监测、制造供应链跟踪、产品全生命周期检测,促进安全生产和节能减排
智能农业	农业资源利用、农业生产精细化管理、生产养殖环境监控、农产品质量安全管理与产品溯源
智能物流	建设库存监控、配送管理、安全追溯等现代流通应用系统,建设跨区域、行业、部门的物流公共服务平台,实现电子商务与物流配送一体化管理
智能交通	交通状态感知与交换、交通诱导与智能化管理、车辆定位与调度、车辆远程检测与服务、车路协同控制,建设开放的综合智能交通平台
智能电网	电力设施检测、智能变电站、配网自动化、智能用电、智能调度、远程抄表,建设安全、稳定、可靠的智能电力网络
智能环保	污染源监控、水质监测、空气监测、生态监测,建立智能环保信息采集网络和信息平台
智能安防	社会治安监控、危化品运输监控、食品安全监控,重要桥梁、建筑、轨道交通、水利设施、市政管网等基础设施安全检测、预警和应急联动
智能医疗	药品流通和医院管理,以人体生理和医学参数采集及分析为切入点面向家庭和社区开展远程医疗服务
智能家居	家庭网络、家庭安防、家电智能控制、能源智能计算、节能低碳、远程教育等

2013 年年初,《国务院关于推进物联网有序健康发展的指导意见》印发,提出要实现物联网在经济社会各领域的广泛应用,掌握物联网关键核心技术,基本形成安全可控、具有国际竞争力的物联网产业体系,使物联网成为推动经济社会智能化和可持续发展的重要力量,并发布了顶层设计、技术研发、标准研制、产业支撑、商业模式、法律法规、信息安全等 10 项行动计划。

2014 年 6 月中旬发布的《工业和信息化部 2014 年物联网工作要点》中指出，要开展重点领域应用示范：构建科学合理的标准体系，开展农业、商贸流通、节能环保、安全生产等领域和交通、能源、水利等重要基础设施领域应用示范，推进公共安全、医疗卫生、城市管理、民生服务领域应用示范，依托无锡国家传感网创新示范区开展应用示范，推动电信运营等企业开展物联网应用服务。

在 2015 年“两会”期间，李克强总理提出制订“互联网＋”行动计划——推动移动互联网、云计算、大数据、物联网等与现代制造业结合，促进电子商务、工业互联网和互联网金融健康发展，引导互联网企业拓展国际市场。而物联网在这个过程中也在积极响应“互联网＋”战略号召，借助互联网的深入发展，物联网也逐渐扩张其发展版图，从交通、工业、能源等国计民生领域到家庭、课堂等。物联网在不断深入人们的生活，改变人们与世界相处的方式与体验。

2. 物联网在电子商务领域的应用前景

在电子商务体系里，人、资金、实体店、商品等均成为“物”，这些“物”全部在一个电子系统或平台中连接起来，实现了数据的同步和实时处理，以及信息的共享化和透明化，实现了整个供应链系统的无缝连接，从而提升商务流程的自动化和安全化。

我国的网络购物市场正在转型升级，从鱼龙混杂的集市模式更多地走向了品牌化、品质化竞争时代。新兴的移动电子商务，在市场规模和赢利能力快速发展的同时，也对传统电子商务产业的各个环节提出了新的要求，支付方式，物流配送、产品质量管理等方面的诸多问题成为影响电子商务发展的主要瓶颈。移动电子商务用户开始由原来的少数群体逐渐向普通消费者蔓延、渗透，其影响力也在逐渐增强，但在运营管理上却存在着不少问题。在订单环节，由于网上零售商户以中小卖家为主，库存更新的滞后，导致在订单确认方面浪费了不必要的时间；在支付手段上，网上银行转账或线下自助终端进行充值等方式，对于偏远地区用户来说极不方便；在物流过程中，一旦因操作延误或者某些原因导致货物无法及时到达目的地时，消费者和卖家均不能及时了解货物的准确物流信息；在产品质量方面，用户由于专业知识的欠缺，没有能力准确辨别产品真假，也为部分造假、售假的商户提供了以次充好的可能。

现在的电子商务，在产品的生产、仓储、物流配送的进程等与产品流通相关的各个环节都存在较大的改进空间。而物联网技术在电子商务市场的应用，可以有效地改善目前移动电子商务市场在运营和管理中出现的各种问题。特别是近年来物联网技术与移动通信技术、互联网的完善结合，嵌入电子商务库存、物流、支付、产品质量管理等整体流程，提升移动电子商务的整体水平，让我们可以随时随地利用手机、掌上电脑等无线终端自如开展衣食住行、购物娱乐和商务谈判等活动。

(1) 物联网将使用户消费更方便、快捷

随着移动通信技术的发展以及通信设备的不断升级，越来越多的智能手机终端具有定位功能，而基于位置的服务也随之发展起来，其应用范围极为广阔。移动电子商务由于其个性化、移动性、普及性和使用方便等特性,成为电子商务中不可缺失的部分。移动电子商务与位置服务相结合,则可以为用户提供更个性化、方便快捷的服务。

利用定位技术,手机用户只需通过手机输入目的地,就会选择一条最优的路线。用户可以查看当前位置周边的相关餐饮、娱乐、休闲、银行、住宿、购物、医疗等方面的商家信息,还可以通过手机查询周边商家的优惠打折信息;用户购物时,可以扫描商品二维码查询商品价格及对不同商场进行比价,这些都会使用户的消费变得快捷简单。

(2) 物联网将使支付方式多样化

在支付环节,网上零售商可加强与电信运营商之间的合作,探索比较合理的新商业模式,发展多样化的手机支付业务,借助电信运营商分布极广的充值渠道,改善支付操作的便捷性,降低用户的使用门槛。

随着技术的发展,电子商务支付方式的电子化和移动化是必然趋势,手机支付将最有可能成为撬动移动电子商务时代的支点。与支付宝和微信钱包等软件的扫码支付方式不同,手机支付是以现场支付为基础的,不需要互联网也可完成;和银行卡、信用卡等不同,手机支付立足点是解决小额支付的。将手机支付的芯片(如射频识别物联网智能芯片)植入到手机中,手机就成为现场支付、小额支付的工具。通过通信的作用即可把智能射频支付卡同时扩展到公交地铁、电子门票、门禁、身份识别、会员卡、优惠券等应用,实现支付卡、民生卡和商务卡等多卡合一。

(3) 物联网可以实现自动库存管理

通过物联网,电子商务企业可以实现对每一件产品的实时监控。对物流体系进行管理,不仅可对产品在供应链中的流通过程进行监督和信息共享,还可对产品在供应链各阶段的信息进行分析和预测。通过对产品当前所处阶段的信息进行分析,估计未来的趋势或意外发生的概率,从而及时采取补救措施,极大提高电子商务企业对市场的反应能力,加快企业的反应速度。

在电子商务的库存层面,物联技术可以通过对库存物品信息的实时感知,形成自动化库存,并达到整个网上零售营销体系实现共享的目的。这样一来,既可以降低管理成本,增加营销效率,还可以减少用户订单的确认时间,改善用户消费体验。

(4) 物联网将实现安全物流

在物流领域,可借助物联网和定位技术结合的方式,将配送包裹模块化,让消费者、网上零售商户和物流公司三方实时获悉货物的路线,利用无线视频系统,甚至还可以看到货物运输车辆的现场状态。

物联网通过对包裹进行统一的电子产品码编码,并在包裹中嵌入电子产品码标签,在物流途中通过射频识别技术读取电子产品码信息,并传输到处理中心供企业和消费者查询,实现对物流过程的实时监控。这样,企业或消费者就能实现对包裹的实时跟踪,以便及时发现物流过程中出现的问题,有效提高物流服务的质量,切实增强消费者网络购物的满意程度。

（5）物联网将提供商品追溯系统

据调查统计，相当一部分的网民是因为担心电子商务的售后服务和对产品质量质疑，而放弃在网上购物。另外，网络营销过程中，遇到最多的客户投诉集中在产品质量和物流配送服务质量上。

物联网的应用能够有效地解决这一问题，在产品生产出来之后，厂商即为产品贴上“身份证”——射频识别芯片。芯片上记录了产品的生产厂商和生产日期等相关信息，商家只要将射频识别芯片上的信息传输到互联网，消费者就可以查询到相关信息。物联网使网上零售商加强与电信运营商之间的合作，探索比较合理的新商业模式，发展多样化的支付业务，借助电信运营商分布极广的充值渠道，增加支付操作的便捷性与安全性。厂商无论采用什么方式销售产品，消费者都能很容易地和厂商取得联系，要求合理的售后服务。同时，厂商也可以通过读取商品上的射频识别芯片来辨别商品是否为该厂生产，以此来决定是否要承担售后服务的责任。双方权责的明确，有利于消费者与商家之间的和谐相处，大大地提高了电子商务售后服务水平。

通过物联技术实现产品唯一的识别标志，不仅可以使用户有效地辨别商品，更加清楚地了解商品的具体来源，还可以让用户能够了解从产品生产、仓储到物流配送整个流程环节，对于提升用户的满意度和放心购物起到积极的作用，同时还可以降低用户被骗的风险，进一步提高用户消费的积极性。

8.4 数据仓库和商业智能

由于企业面临的商业竞争日趋激烈，企业的决策任务越来越重，决策频率越来越高，多数企业都开始重视信息的策略性价值，重视数据分析；同时，随着信息技术在企业的广泛应用，企业通过传统的文件方式和数据库系统存储并积累了大量数据，也为数据分析和利用提供了重要的基础。因此，目前企业在面对数据资源时，不再是简单地处理数据，而是更多地关注如何使用数据，采用了数据仓库、联机分析处理、数据挖掘和商业智能等新兴技术。

8.4.1 数据仓库

数据仓库（Data Warehouse）的最终目标是把企业范围内的所有数据集成在一个大仓库中，让用户能运行查询、产生报告、执行分析。

数据仓库之父 W. H. Inmon 在 1991 年出版的《Building the Data Warehouse》一书中指出：“数据仓库是一个面向主题的（Subject Oriented）、集成的（Integrated）、非易失的（Non-Volatile）、随时间变化的（Time Variant）的数据集合，用于支持管理决策。”按这个定义，数据仓库应该是一个大的数据集合；数据仓库的目标是支持企业的管理决策；数据仓库的数据存储和组织方式是面向分析主题的，即根据分析主题的需求把所有相关数据组织在一起；数据仓库中的数据内容不再是零散或细节的，而是集成和综合的，已经消除了数据在表达上和含义上的不一致性；由于数据仓库中的数据加上了时间维度，数据修改的可能性就很小（除非后来发现把某个时间点的数据输错了），几乎不用传统数据库的 Update 操作，因此数据仓库是非易失的；另一方面，正是由于数据仓库中所有基础数据都是针对某时间点的，随着时间的变化，不断需要载入新的数据，或者淘汰旧的数据，即是随时间变化的。

数据仓库的数据来自许多不同的业务数据库，如图 8-16 所示，并按主题进行数据组织。数据仓库的数据导入一般需要 ETL（Extract-Transform-Load，即数据抽取、转换、装载）工具，ETL 过程包括数据抽取（Extract）、转换（Transform）、清洗（Cleaning）、装载（Load）等环节，最终按照预先定义好的数据仓库模型，将数据加载到数据仓库中去。

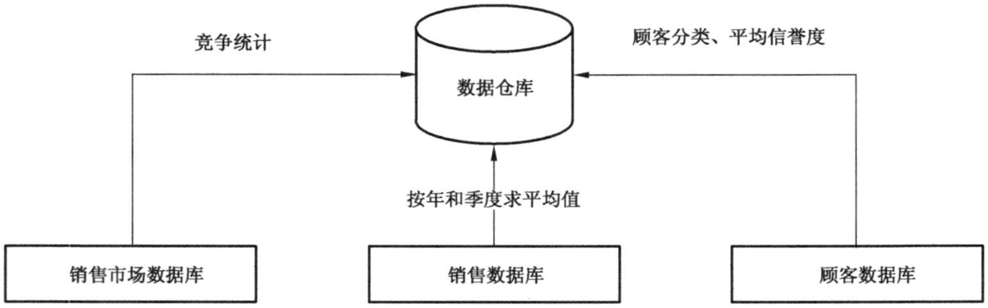

图 8-16　数据仓库源于业务数据库

因为数据仓库的数据几乎没有 Update 操作，数据可以冗余，所以数据仓库中的数据都会分层综合，一般包括原始数据、初步综合数据、中度综合数据、高度综合数据。尽量保证在数据分析过程中不用重新从细节数据开始统计，而是直接查找到相关数据，节约数据分析的处理时间，快速支持企业的管理决策。

8.4.2　联机分析处理

联机分析处理（On-Line Analytical Processing，OLAP）是关系数据库的奠基人 E. F. Codd 于 1993 年提出来的，主要是对大量多维数据的动态综合、分析和归纳。OLAP 中的一个主要操作是“多维分析”，即通过对信息的多种可能的观察形式进行快速、稳定、一致和交互性的存取，允许管理决策人员对数据进行深入分析。OLAP 现在广泛用于市场和销售分析、网站点击率分析，数据库营销、预算、财务报告与整合、管理报告、利益率分析、质量分析等各种领域。

多维分析是在“多维视图”的基础上进行的，多维视图是多维度的立体结构，即它们包含了若干层的行和列，数据用不同层次中的不同维度表达，表示数据的多维度信息图称为超立体结构（Cube）。

OLAP 分析主要是通过对多维组织后的数据进行切片、切块、聚合、钻取、旋转等分析动作，以求剖析数据使用户能够从多种维度、多个侧面、多种数据综合度查看数据，从而了解数据背后蕴含的规律。下面我们逐一说明 OLAP 的分析动作。

1. 数据切片

多维数据是由多个维度组成的，如果在某一维度上选定一个取值，则多维数据就从 n 维下降成了 $n-1$ 维，我们称多维数组的子集(维度 1，维度 2，维度 3，…，维度 i，维度 $i+1$，…，维度 n，度量变量)为多维数组在维度 i 的切片。

图 8-17 示例了数据切片的概念。如果存在一个(时间，城市，产品，价格)的数据立方体，其中时间、城市、产品是 3 个维度，价格是度量变量。在城市维上取定“上海”“广州”，则分别形成两个在城市维上的数据切片，分别显示的是上海和广州各年各种产品的价格情况。再如，图中右下角在产品维中取定“电视机”“电冰箱”，则分别生成两个在产品维上的数据切片，显示的是各个城市各年份电视机和电冰箱的价格情况。

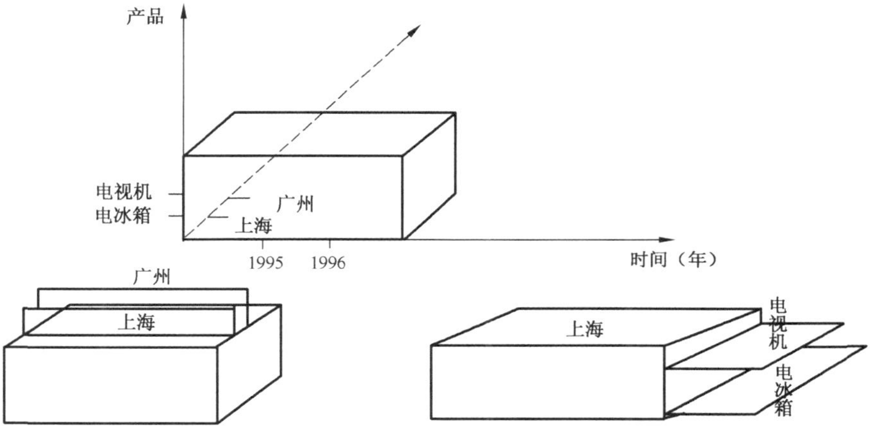

图 8-17　数据切片示意

2. 数据切块

数据切块就是将完整的数据立方体切取一部分数据而得到的新的数据立方体，如图 8-18 所示。

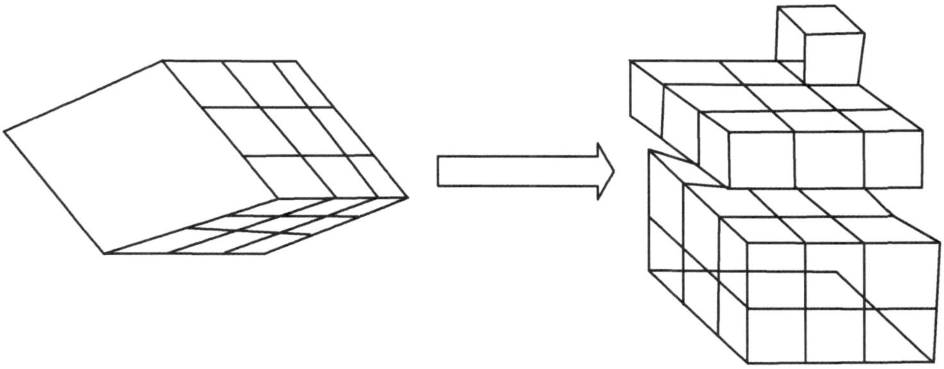

图 8-18　数据切块的示意

选定多维数组(维度 1，维度 2、维度，…，维度 n，度量变量)中若干维度(通常是 3 个维度，图形显示最多只能做到 3 维)的取值范围，从而形成了多维数据的子集(维度 1，维度 2，维度3,…,维度 $i<B_1$,…,维度 $j<B_2$,…,A_3<维度 $k<B_4$,…,维度 n,度量变量),我们将这个子集称为数据切块。

图8-19示例了一个具体数据切块的例子。假设问题同时间维、地理维、产品维相关,指定时间维的取值为1998—2001年,地理维指定为(上海、北京、广州),产品维指定为(计算机、电冰箱、电视机),则可以得到图8-19右侧的数据切块,它是原先完整的数据立方体的一部分。

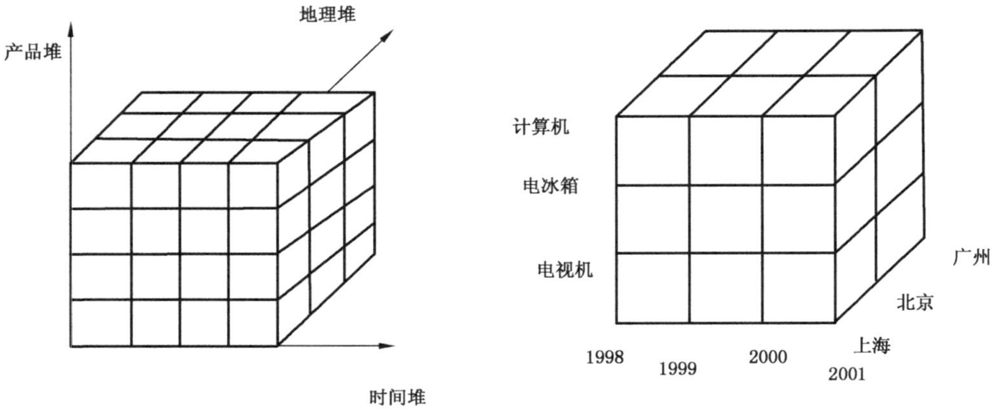

图8-19　数据切块示意图

3. 数据钻取

维度是具有层次性的,如时间维可能由年、月、日构成,维度的层次实际上反映了数据的综合程度。维度层次越高,代表的数据综合度越高,细节越少,数据量越少;维度层次越低,则代表的数据综合度越低,细节越充分,数据越大。数据钻取就是从较高的维度层次下降到较低的维度层次上来观察多维数据。

图8-20展示了一个企业在不同时间和地理上的销售量的分布情况。图中的第一张表,时间层次是"年",如果我们选择时间维度向下钻取,得到图中的第二张表,第二张表显示的是该企业每年每季度在各个分区上的销售情况,显然第二张表中各个季度的销售量总和应当等于第一张表中一年的销量。

同理,如果我们在季度层次上继续向下面钻取,则得到第三张表,它显示的该企业每年、每季度、每月在各个分区上的销售情况,显然第三张表中3个月的销售量总和应当等于第二张表中一个季度的销量。

如果对时间维度只定义了"年""季度""月份"这3个层次关系,第三张表是我们能够得到的最细节的数据,不能再进一步钻取。如果对时间维度定义了"年""季度""月份""周""日"等更多的层次,则还可以进一步钻取。

	1995	1996
华北部	200	230
华南部	456	478
西北部	100	120

	1995				1996			
	1季	2季	3季	4季	1季	2季	3季	4季
华北部	50	50	50	50	50	50	50	80
华南部	120	120	100	116	120	120	120	118
西北部	24	24	24	28	25	25	25	45

	1995											
	1季			2季			3季			4季		
	1月	2月	3月	4月	5月	6月	7月	8月	9月	10月	11月	12月
华北部	15	15	20	20	15	15	15	20	15	15	15	20
华南部	40	40	40	60	40	20	30	30	40	30	30	56
西北部	12	6	6	5	7	12	13	3	8	12	12	4

图 8-20 数据钻取实例

4. 数据聚合

数据聚合实际上是钻取的逆向操作，是对数据进行高层次综合的操作。我们可以将每 3 个月的数据聚合成季度数据，再将 4 个季度的数据聚合成年数据，依此类推。图 8-21 显示了一个数据聚合的例子。

	1995											
	1季			2季			3季			4季		
	1月	2月	3月	4月	5月	6月	7月	8月	9月	10月	11月	12月
华北部	15	15	20	20	15	15	15	20	15	15	15	20
华南部	40	40	40	60	40	20	30	30	40	30	30	56
西北部	12	6	6	5	7	12	13	3	8	12	12	4

	1995				1996			
	1季	2季	3季	4季	1季	2季	3季	4季
华北部	50	50	50	50	50	50	50	80
华南部	120	120	100	116	120	120	120	118
西北部	24	24	24	28	25	25	25	45

	1995	1996
华北部	200	230
华南部	456	478
西北部	100	120

图 8-21 数据聚合实例

5. 数据旋转

数据旋转是改变维度的位置关系，使最终用户可以从其他视角来观察到多维数据。比如，图 8-22 的例子是把横向的时间维度和纵向的地理维度进行了交换，从而形成横向为地理、纵向为时间的报表。

	1995				1996			
	1季	2季	3季	4季	1季	2季	3季	4季
华北部	50	50	50	50	50	50	50	80
华南部	120	120	100	116	120	120	120	118
西北部	24	24	24	28	25	25	25	45

		华北部	华南部	西北部
1995	1季	50	120	24
	2季	50	120	24
	3季	50	120	24
	4季	50	120	28
1996	1季	50	120	25
	2季	50	120	25
	3季	50	120	25
	4季	80	118	45

图 8-22　不同维度间的旋转

图 8-23 中的例子是在维度层次之间进行了交换,这使得最终用户能够更好地对不同年份同时期的数据进行比较。

	1995				1996			
	1季	2季	3季	4季	1季	2季	3季	4季
华北部	50	50	50	50	50	50	50	80
华南部	120	120	100	116	120	120	120	118
西北部	24	24	24	28	25	25	25	45

	1季		2季		3季		4季	
	1995	1996	1995	1996	1995	1996	1995	1996
华北部	50	50	50	50	50	50	50	80
华南部	120	120	100	116	120	120	120	118
西北部	24	24	24	28	25	25	25	45

图 8-23　维度层次上的旋转示例

8.4.3　数据挖掘

数据挖掘(Data Mining)是从大量数据中自动发现隐藏的有用信息的过程,是从大量数据中挖掘“宝藏”的过程。发现的信息可能包括行为模式、数据关联、变化趋势、异常情况和有意义的结构等。数据挖掘和联机分析处理都是使用数据仓库数据的重要工具,但 OLAP 工具主要是展现数据,启发数据分析人员找出规律,得出结论,而数据挖掘可以不用人工参与,主要靠计算机自动发现规律。

数据挖掘的主要方式包括如下几种:

1. 分类(Classification)

分类是从大量数据中找出不同类别对象的特征,从而对新加入对象进行自动分类。例如银行会按客户的信用程度分类,数据挖掘能找出各类客户的数据特征,以后就能快速判断一个新客户的信用类别;分类数据挖挖掘还可用于预测可能流失投奔竞争对手的客户,预测天文望远镜照片上黯淡的点是否为天体等。

2. 聚类(Clustering)

聚类是根据数据特征对数据对象进行自动归类,“聚类”与前面“分类”的不同之处是:“分类”预先知道应该分成哪几类,而“聚类”在操作之前并不知道数据可以分成哪些类别。例加通过聚类操作可以将超市的客户划分成互不相交的客户群,以后超市可以为不同的客户群推荐不同的目标商品。

3. 关联规则发现(Association Rule Discovery)

关联规则发现是在大量数据中找出有关联的数据,或者找出同时发生的事件。关联规则发现的典型应用是在超市的交易数据中发现哪些商品可能会被同时购买,从而寻找哪些商品捆绑销售能够有足够多的受众。

4. 时序模式发现(Sequential Pattern Discovery)

时序模式发现主要寻找事件发生的时序关系,例如通过对超市数据的跟踪和分析,可能会寻找出时序模式:“如果客户购买了电视,几天后他又买了摄像机,那么他在一个月内购买录像机的概率为50%。”

8.5 本章小结

美国互联网数据中心指出,互联网上的数据每年将增长50%,每两年便将翻一番,而目前世界上90%以上的数据是最近几年才产生的。此外,数据又并非单纯指人们在互联网上发布的信息,全世界的工业设备、汽车、电表上有着无数的数码传感器,随时测量和传递着有关位置、运动、震动、温度、湿度乃至空气中化学物质的变化,也产生了海量的数据信息。从技术上看,大数据与云计算的关系就像一枚硬币的正反面一样密不可分。大数据必然无法用单台的计算机进行处理,必须采用分布式计算架构。它的特色在于对海量数据的挖掘,但它必须依托云计算的分布式处理、分布式数据库、云存储和虚拟化技术。

人工智能从诞生以来,理论和技术日益成熟,应用领域也不断扩大,可以设想,未来人工智能带来的科技产品,将会是人类智慧的“容器”。人工智能可以对人的意识、思维的信息过程进行模拟。人工智能不是人的智能,但能像人那样思考,也可能超过人的智能。人工智能是新一轮产业变革的核心驱动力,将进一步释放历次科技革命和产业变革积蓄的巨大能量,并创造新的强大引擎,重构生产、分配、交换、消费等经济活动各环节,形成从宏观到微观各领域的智能化新需求,催生新技术、新产品、新产业、新业态、新模式。人工智能正在与各行各业快速融合,助力传统行业转型升级、提质增效,在全球范围内引发全新的产业浪潮。

物联网简单地说就是物物相联的网络;它的核心理念在于感知、控制、传输和智能。这个复杂的网络系统不但会使得我们社会生产活动中的人与物之间的相互关系得到调整与改变,更会改变我们的生活方式,提升我们的生活效率、工作效率,给我们带来极大的便利。从移动互联网时代过渡到物联网时代,那时候人们的生活会产生翻天覆地的变化,比如物品能够“开口说话”,冰箱能够及时提醒你处理过期的食品,衣服告诉你水温是否合适,商场购物不用排队结账,等等。这一切的成功实现均需建立在先进的科技水平之上。

数据仓库是近年来在信息管理领域得到迅速发展的一种面向主题的、集成的、随时间变化的、非易失性数据的集合,其目的在于支持管理层的决策。数据仓库已经成为有竞争力企业的基础。对其使用主要涉及信息的使用者和知识的挖掘者两大类用户,这两类用户对数据仓库的使用与要求各有差异。当用户使用数据仓库时,可以通过 OLAP、数据挖掘等数据仓库应用工具,对数据仓库进行决策查询分析或知识挖掘。

计算机的发展日新月异,许多新技术不断出现,本章针对这些技术介绍了其基本概念、基础理论,同学们在以后的学习中还需对其进行更深入的学习。

习　　题

一、名词解释

1. 大数据;2. 人工智能;3. 物联网;4. 数据仓库。

二、思考题

1. 大数据处理的关键技术。

2. 监督学习、无监督学习、半监督学习之间的区别。

3. 物联网的基本特征。

4. 联机分析处理(OLAP)对多维视图的几种操作。

5. 解释聚类算法及神经网络原理。

三、填空题

1. 大数据的四个特征包括规模性、多样性、高速性及(　　)。

2. 一个完整的专家系统主要由(　　)、综合数据库、推理机、解释器及接口五部分组成。

3. 物联网分为感知识别层、网络构建层、管理服务层和(　　)。

4. 数据挖掘的主要方式包括分类、聚类、(　　)及时序模式发现。

四、选择题

1. 下列数据类型中属于非结构化的数据是(　　)。

A. 年龄数据　　B. 个人简历数据　　C. E-mail 数据　　D. 图像数据

2. 神经网络模型训练过程中,连接任意两个神经元的权值是(　　)。

A. 一个常数　　B. 各权值相同　　C. 可变量　　D. 线性函数

3. 射频识别属于物联网的(　　)。

A. 感知层　　B. 网络层　　C. 管理服务层　　D. 应用层

4. 数据仓库中的数据是不可以进行(　　)操作。

A. SELECT　　B. INSERT　　C. UPDATE　　D. SORT

参考文献

[1] 薛宏熙，胡秀珠. 计算机组成与设计[M]. 北京:清华大学出版社，2007.

[2] 李建斌,李菲,薛芳.计算机组装与维护[M].北京:清华大学出版社,2016.

[3] 袁方,王兵,李继民.计算机导论[M].3 版.北京:清华大学出版社,2014:77-110.

[4] 蒋本珊.计算机组成原理[M].北京:清华大学出版社,2004.

[5] 高宏泽,等.电脑组装与维修宝典[M].北京:机械工业出版社,2013.

[6] 蔡自兴,蒙祖强.人工智能基础[M].北京:高等教育出版社,2010.

[7] 马静,唐四元,王涛.物联网基础教程[M].北京:清华大学出版社,2012.

[8] 刘莹.基于数据挖掘的商品销售预测分析[J].科技通报,2014(7):140-143.

[9] 李薇,李宛州.基于数据仓库技术的进销存系统的设计与实现[M].北京:机械工业出版社,2001.

[10] 林宇,等.数据仓库原理与实践[M].北京:人民邮电出版社,2003.

[11] 陈京民,等.数据仓库与数据挖掘技术[M].北京:电子工业出版社,2002.

[12] Randal E Bryant,David R O’ Hallaron.深入理解计算机系统[M].北京:机械工业出版社,2001.

[13] 覃征.软件文化概述[M].北京:清华大学出版社,2014.

[14] 汤小丹,梁红兵,哲凤屏,等.计算机操作系统[M].3 版.西安:西安电子科技大学出版社,2007.

[15] 严蔚敏,吴伟民.数据结构(C 语言版)[M].北京:清华大学出版社,2004.

[16] 佘祥宣,崔国华,邹海名.计算机算法基础[M].3 版.武汉:华中科技大学出版社,2006.

[17] 谢希仁.计算机网络[M].北京:电子工业出版社,2008.

[18] 王峰,杨坚争,罗晓静,等.电子商务交易风险与安全保障[M].北京:科学出版社,2005.

[19] 周广学,刘艺.信息安全学[M].北京:机械工业出版社,2003.

[20] 周定康.关系数据库理论及应用[M].武汉:华中科技大学出版社,2005.

[21] 张林,等.软件工程[M].北京:中国铁道出版社,2009.

[22] 薛华成.管理信息系统[M].北京:清华大学出版社,2012.

[23] 万常选,等.数据库系统原理与设计[M].北京:清华大学出版社,2009.
[24] 张建华.管理信息系统[M].2版.北京:中国电力出版社,2014.
[25] 孙细明.精编管理信息系[M].2版.武汉:武汉理工大学出版社,2011.
[26] 孙细明.管理信息系统[M].上海:上海财经大学出版社,2015.
[27] 刘业政,何建民.电子商务概论[M].北京:高等教育出版社,2012.
[28] 叶琼伟,孙细明,罗裕梅.互联网+电子商务创新与案例研究[M].北京:化学工业出版社,2017.
[29] 白东蕊,岳云康.电子商务概论[M].北京:人民邮电出版社,2016.
[30] 张李义.电子商务系统设计理论与案例分析[M].北京:科学出版社,2007.
[31] 吴吉义.电子政务实践、前沿与案例[M].北京:中国电力出版社,2007.
[32] 覃征.电子政务概论[M].北京:清华大学出版社,2010.
[33] 樊博.电子政务[M].上海:上海交通大学出版社,2006.
[34] 徐双敏,田进.电子政务概论[M].北京:科学出版社,2016.